Direito Material e
Processual do Trabalho

Hugo Cavalcanti Melo Filho
Doutor em Ciência Política pela UFPE.
Juiz do Trabalho Titular da 12ª Vara do Trabalho de Recife.
Professor adjunto de Direito do Trabalho da Universidade Federal de Pernambuco.

Fabio Petrucci
Advogado.
Professor adjunto da Universidade Luiss de Roma.
Doutor pela Universidade Tor Vergata em Roma.
Especialista em Direito do Trabalho e Segurança Social na Universidade Sapienza de Roma.

Organizadores

Direito Material e Processual do Trabalho

Uma interlocução entre Brasil e Itália

Volume II

Dipartimento
di Scienze Giuridiche

SAPIENZA
UNIVERSITÀ DI ROMA

LTr

LTr EDITORA LTDA.
© Todos os direitos reservados

Rua Jaguaribe, 571
CEP 01224-003
São Paulo, SP – Brasil
Fone (11) 2167-1101
www.ltr.com.br
Abril, 2018

Produção Gráfica e Editoração Eletrônica: LINOTEC
Projeto de Capa: FABIO GIGLIO
Impressão: BOK2

Versão impressa: LTr 5966.9 — ISBN: 978-85-361-9597-1
Versão digital   : LTr 9344.3 — ISBN: 978-85-361-9609-1

Dados Internacionais de Catalogação na Publicação (CIP)
(Câmara Brasileira do Livro, SP, Brasil)

Direito material e processual do trabalho – uma interlocução entre Brasil e Itália, volume II / Hugo Cavalcanti Melo Filho, Fabio Petrucci (organizadores). – 1. ed. – São Paulo : LTr, 2018.

Bibliografia.

1. Direito do trabalho 2. Direito do trabalho – Brasil 3. Direito do trabalho – Itália 4. Direito material 5. Direito material – Brasil 6. Direito processual do trabalho 7. Direito processual do trabalho – Brasil 8. Direito processual do trabalho – Itália I. Melo Filho, Hugo Cavalcanti. II. Petrucci, Fabio.

18-13464

CDU-34:331(81)
-34:331(450)

Índices para catálogo sistemático:
1. Brasil : Direito material e processual do trabalho 34:331(81)
2. Itália : Direito material e processual do trabalho 34:331(450)

Sumário

APRESENTAÇÃO
  Hugo Cavalcanti Melo Filho e Fabio Petrucci 7

PREFÁCIO
  Prof. Dr. Romulo de Freitas 9

CARTA DE ROMA – JULHO DE 2017 13

PROTEÇÃO INTEGRAL À SAÚDE DO TRABALHADOR: POLÍTICAS PÚBLICAS E OS ESPERADOS EFEITOS DELETÉRIOS DAS REFORMAS TRABALHISTAS E PREVIDENCIÁRIAS
  Ana Maria Aparecida de Freitas e Carolina de Freitas e Silva 17

AS APARENTES PROTEÇÕES AO TELETRABALHO TRAZIDAS PELA LEI N. 13.467/2017 (REFORMA LABORAL) QUE ALTERA A CONSOLIDAÇÃO DAS LEIS DO TRABALHO. O PSEUDODIREITO À DESCONEXÃO DO AMBIENTE LABORAL ENTRE OUTROS DIREITOS DO TRABALHADOR NÃO CONSIDERADOS NESTA REFORMA[1]
  Anelize Klotz Fayad e Marco Antônio César Villatore 31

O DIREITO DE ACESSO À INFORMAÇÃO COMO INSTRUMENTO DE GARANTIA DOS DIREITOS SOCIAIS
  Anjuli Tostes Faria e Hugo Cavalcanti Melo Filho 45

A REDUÇÃO DA TUTELA REINTEGRATÓRIA NA RESCISÃO CONTRATUAL PELA REFORMA JOBS ACT COMO EXEMPLO DA CRISE DO DIREITO DO TRABALHO
  Cristiane Montenegro Rondelli 63

JUS VARIANDI E REENQUADRAMENTO FUNCIONAL DO TRABALHADOR NO MODELO ITALIANO: AS RECENTES ALTERAÇÕES ORIUNDAS DO DECRETO 81/2015
  Eliana dos Santos Alves Nogueira 72

IL SISTEMA PREVIDENZIALE ITALIANO: IN PARTICOLARE I RAPPORTI TRA PRIMO E SECONDO PILASTRO
  Fabio Petrucci 80

AS LIÇÕES DA COMISSÃO DE GARANTIA DO DIREITO ITALIANO AO DIREITO BRASILEIRO
  Ilmar da S. Moreira e Marcelo Ivan Melek 85

AS RELAÇÕES DE TRABALHO NO MERCOSUL E NA UNIÃO EUROPEIA
  Jonathan Sari Fraga 93

FLEXIBILIZAÇÃO TRABALHISTA EM TEMPOS DE CRISE: PARA ALÉM DE UMA VISÃO ECONÔMICA DO DIREITO DO TRABALHO
  Konrad Saraiva Mota 106

A PARASSUBORDINAÇÃO COMO FORMA DE DISCRIMINAÇÃO
  Lorena Vasconcelos Porto 111

ESCRAVIZAÇÃO DE REFUGIADOS E MIGRANTES NO SUL DA ITÁLIA: LIBERDADE RESTRINGIDA PELA MISÉRIA ECONÔMICA E SOFRIMENTO SOCIAL
  Luciana Paula Conforti 120

IL CONTRATTO COLLETTIVO
  Raffaele Del Vecchio 130

BREVE ESTUDO COMPARATIVO DA LICENÇA MATERNIDADE ENTRE BRASIL E ITÁLIA
  Rita de Cássia Andrioli Bazila Peron e Guilherme Fagan Peron 133

REFORMA TRABALHISTA NO BRASIL: A PREVALÊNCIA DO NEGOCIADO SOBRE O LEGISLADO E A COMPARAÇÃO COM O CONTRATO COLETIVO ITALIANO
  Roberto Vinícius Hartmann e Marco Antônio César Villatore 147

O DIREITO DE GREVE NO ORDENAMENTO BRASILEIRO E O TRATAMENTO LEGISLATIVO NO ORDENAMENTO ITALIANO
  Ronald Silka de Almeida e Tatiana Lazzareti Zempulski 156

SÚMULAS, CRISE E ORDEM CONSTITUCIONAL: ALGUNS ELEMENTOS PARA DEBATE
  Valdete Souto Severo 166

Apresentação

Nos meses entre julho de 2016 e julho de 2017 realizaram-se na Università degli studi di Roma I, "La Sapienza", duas edições do curso "Riregolazione dei rapporti di lavoro e del processo in Italia: dalle radici del Diritto Romano all'Ordinamento", destinado a operadores do Direito do Trabalho brasileiros, precipuamente a juízes e procuradores do trabalho. A eles, se somaram servidores da Justiça do Trabalho, advogados brasileiros e italianos e acadêmicos de Direito. Tudo supervisionado pelo Prof. Pasquale Sandulli e coordenado pelos Professores Fabio Petrucci, Hugo Melo Filho e Marco Antônio Villatore.

O corpo docente foi criteriosamente escolhido para cumprimento de rica e instigante programação, composta por temas inovadores e de absoluta atualidade.

A qualidade das exposições e o elevado nível técnico-científico dos alunos nos animaram a editar o segundo volume da obra coletiva *Direito Material e Processual do Trabalho: uma interlocução entre Brasil e Itália*, publicado em 2016, reunindo trabalhos dos professores e dos alunos interessados.

O sucesso do primeiro volume foi decisivo a que se levasse adiante o projeto, que agora se concretiza, com o lançamento deste livro. Aqui os leitores encontrarão dezesseis textos, da lavra de professores e alunos do curso (alguns em salutar coautoria), envolvendo temas de Direito e Processo do Trabalho e de Direito Previdenciário, quase todos de estudo comparado, além da Carta de Roma.

Agradecemos aos autores por suas excelentes contribuições.

Em especial, agradecemos ao Professor Doutor Romulo Nei Barbosa de Freitas Filho, pelo magnífico prefácio, e ao Professor Doutor Everaldo Gaspar Lopes, pelo honroso texto que ocupa as orelhas deste livro. Mais uma vez, agradecemos, penhoradamente, à LTr, pela confiança e pelo apoio, na pessoa do Diretor Armando Casimiro Filho.

Recife e Roma, março de 2018.

Hugo Cavalcanti Melo Filho
Fabio Petrucci
Organizadores

Prefácio

Nem a gregos, nem a Troianos. Embora se proponha a "adequar a legislação às novas relações de trabalho", a Reforma Trabalhista desorienta empregadores e desprotege empregados. A presente obra, com seus temas, redatores e movimento comparado em relação à Itália, é hábil instrumento de compreensão do espírito do tempo para que os operadores do direito, cientistas sociais, administradores de empresas e economistas interpretem e apliquem o direito do trabalho de modo inteligente e responsável.

No capitalismo, quem emprega paga o mínimo necessário imposto pela lei, pelo mercado ou pela eficiência produtiva. Não adianta, contudo, pagar pouco de imediato, sob o risco de desembolso de valores indeterminados *a posteriori*, no bojo de uma reclamação trabalhista. Além de pagar pouco, o capitalista depende de segurança jurídica. Então, a recuperação de poder sobre o custo e a organização do trabalho, limitado e condicionado pela legislação trabalhista, é um movimento constante e perene dos empregadores inseridos em um contexto de Estado do Bem Estar Social. Pretensamente, a Lei n. 13.467, de 13 de julho de 2017, vigente a partir de 11 de novembro de 2017, viria responder a essa demanda. Acontece que a lei não tem essa qualidade. O carro-chefe da desoneração, o prêmio, não serve para formalizar comissões pagas extraoficialmente, nem se aplica genericamente. Além disso, a maioria das micro e pequenas empresas não se adequará ao sofisticado nível de organização necessário para que o cumprimento dos requisitos constitutivos do prêmio, a exemplo das dificuldades que tem atualmente com o cumprimento básico das rotinas previstas em lei. Já a questão da segurança jurídica é enfrentada com um grau espantoso de amadorismo jurídico. Foi construído o mito de uma segurança jurídica baseada na vinculação à interpretação literal do texto. É como se a Justiça do Trabalho fosse surpreendida com o dever de desaprender todo o legado construído ao longo dos últimos dois séculos pelas sucessivas escolas hermenêuticas formadas e consolidadas a partir das revoluções liberais do século XVIII, todas com a finalidade de entregar uma tutela jurisdicional mais justa. As severas restrições à atividade da magistratura não devem prevalecer ao exame do próprio judiciário trabalhista, até alcançar os umbrais do Supremo Tribunal Federal. Até lá, o Brasil deverá experimentar o período de maior guinada na formação de passivo oculto nas empresas. Para aguçar o terreno de incertezas, o Governo Federal editou a Medida Provisória n. 808, de 14 de novembro de 2017, escancarando a porta do ordenamento jurídico nacional à entrada de um número infinito de modificações ao longo do processo legislativo que deverá terminar em março do ano corrente. Vivenciamos o Direito Provisório do Trabalho. Portanto, tudo indica que a Reforma certamente não conseguirá prover o nível de desoneração, poder de organização e segurança jurídica prometido ao capitalista.

Em relação aos empregados, a Reforma é avassaladora. Em primeiro lugar, lhes confere capacidade civil plena para diversas modificações em relação ao salário e tempo, os dois pontos fulcrais da relação de emprego. Contudo, Ripert adverte: "a experiência demonstra que a liberdade não basta para assegurar a igualdade, pois os mais fortes, depressa, se tornam opressores". A Reforma Trabalhista entrega ao trabalhador a corda de sua própria guilhotina. Dado que não há, na perspectiva da jurisprudência e doutrina majoritárias (vejam os excelentes estudos de Hugo Cavalcanti Melo Filho em sentido oposto), garantia de emprego no Brasil, não há resistência em uma negociação. O "não" obreiro implica a imediata substituição de seu emissor pelo primeiro da imensa (e sustentável) fila de desempregados. Imagine o locatário sem as garantias da preservação da posse, o contratante sem o direito à tutela específica para o cumprimento do acordado, o consumidor sem a certeza de manutenção do fornecimento de água, energia, esgotamento sanitário. Diversos estatutos protegem o hipossuficiente, mas isso tem sido mitigado pela Reforma Trabalhista. O Princípio da Proteção estabelece que o contrato de trabalho não pode sobre alterações unilaterais lesivas operadas pelo empregador. Para que aceite condições menos favoráveis: é o único propósito do empoderamento contratual do trabalhador. Os sindicatos também foram munidos de poderes extraordinários, sem que os históricos obstáculos à sua liberdade fossem removidos. Antes, as tradicionais fontes de renda foram extintas e é de conhecimento geral que a maioria dos sindicatos não possui associados espontâneos que paguem mensalidades. Isso significa que os sindicatos serão obrigados a obter renda para sobreviverem, sem, contudo, dispor de uma legislação garantidora da liberdade e da ação sindical. A sabedoria milenar oriental pondera os riscos da vulnerabilidade da pobreza: "duas coisas te pedi; não mas negues, antes que morra: afasta de mim a vaidade e a palavra mentirosa, não me dês nem a pobreza nem a riqueza, mantém-me do pão da minha porção de costume, para que, porventura, estando farto não te negue, e venha a dizer: quem é o Senhor? ou que, empobrecendo, não venha a furtar, e tome o nome de Deus em vão" (Provérbios 30, 7-9). Dar poderes quase ilimitados a uma entidade desprovida de fontes de recurso e liberdade para recrutar associados não é o melhor caminho para a virtude. O Estado e os sindicatos como fiscais da legislação protetiva também foram alvo da Reforma. Mas não é só. A Reforma foi atenciosa com a jurisprudência consolidada nacional. Diversos dispositivos "desjusprudencializante" proibiram o resultado prático de interpretações por anos sedimentadas pelos tribunais brasileiros. Vínculos inseguros e esporádicos também são explorados no texto da Reforma e os advogados são diariamente perguntados sobre o caminho para transformar empregados com demanda permanente e prevista em contratos intermitentes com vistas à redução de custos.

Portanto, a Reforma Trabalhista não tem a qualidade fundamental de toda legislação que visa à aderência ao trato social: a justiça intrínseca de suas disposições. Se a difundida finalidade do direito do trabalho nas democracias industriais ocidentais é a promoção de um meio-ambiente de trabalho seguro e saudável para a obtenção de recursos suficientes para uma vida digna, a lei não se presta a isso. Ela respalda o discurso da análise materialista histórica e da teoria social crítica, tantas vezes utilizada nos artigos desse livro e difundida em nosso país por cientistas como o Presidente de Honra do Instituto Ítalo-Brasileiro de Direito do Trabalho, Profº Everaldo Gaspar Lopes de Andrade, no sentido de que a legislação trabalhista não concede direitos que os trabalhadores organizados não conseguiriam através da livre negociação ou, até, a operação direta dos meios de produção, mas para atordoá-lo e esconder o real poder do movimento sindical. Com efeito, uma legislação trabalhista que promovesse a liberdade sindical, por si só, já promoveria o efeito modernizante prometidos pelas regras discutidas na presente obra.

Os temas abordados no presente volume conferem lucidez ao leitor. Que mantenha a sua própria aquarela filosófica, mas com reflexões serão definitivamente impactadas pelo conteúdo dos artigos deste livro. E é nisso que reside o valor da dialética fundante do regime democrático: a oportunidade de transitar por diversas nuances de pensamento em uma deliberada jornada em busca da melhor solução para os dilemas e conflitos da vida em sociedade a partir da vontade e convencimento, sem o estabelecimento prévio e externo de um caminho único.

Os autores dos artigos, por sua vez, são juristas comprometidos com a democracia e a justiça. Reconhecidos pelo modo responsável com que pensam o Direito para que a sua interpretação e aplicação façam sentido e dialoguem com os valores, princípios e preceitos constitucionais, bem como com os compromissos internacionalmente assumidos pelo Brasil para a promoção de um trabalho digno.

A comparação com a Itália é um ponto de especial relevância do trabalho. A filiação do ponto de vista histórico, em relação ao direito coletivo, é conhecida. Contudo, as inúmeras restrições à efetiva liberdade sindical, ainda sentidas no ordenamento brasileiro, foram revogadas pelos italianos no conjunto de medidas de redemocratização pós-Segunda Guerra Mundial. Já no campo do direito individual, as novas figuras introduzidas no acervo dogmático brasileiro são velhas conhecidas da economia e dos tribunais italianos. Os resultados (e ausência deles) sobre a criação de empregos e a retomada da economia são eloquentes.

Parabenizo a iniciativa dos Profs. Hugo Cavalcanti Melo Filho e Fabio Petrucci. A relação acadêmica entre ambos é frutífera fonte de comparação entre o direito brasileiro e italiano do trabalho. Esta obra é mais um testemunho da solidez e seriedade de suas realizações. Tenho a honra que contar com o entusiasmo do Prof. Hugo Cavalcanti Melo Filho como Vice-Presidente do Instituto Ítalo-Brasileiro de Direito do Trabalho. Já com o Prof. Fabio Petrucci, nutro um amistoso relacionamento desde as minhas primeiras incursões à Itália, desde quando tenho recebido a calorosa acolhida dos colegas italianos, como o Prof. Giancarlo Perone, Presidente da Seção Italiana do Instituto Ítalo-Brasileiro de Direito do Trabalho e da Profª Maria Cristina Cataudella, membro do Instituto e professora de Direito do Trabalho da Universidade Federal de Roma "Tor Vergata".

Vamos ao trabalho e à poesia do que nos significará para a vida e a nossa própria história. A luta pela preservação e desenvolvimento dos marcos civilizatórios vigentes é dever de todos que amam a liberdade, a solidariedade e a Justiça.

Prof. Dr. Romulo de Freitas
Presidente do Instituto Ítalo-Brasileiro
de Direito do Trabalho.

Carta de Roma – julho de 2017

Neste momento histórico do Brasil, a presente manifestação não poderia deixar de ser feita com o objetivo de sintetizar o aprendizado destas duas semanas de estudo (3 a 14 de julho de 2017), e apresentar as reflexões, preocupações e conclusões do grupo que participou do Curso de Alta Formação sobre a regulamentação dos contratos de trabalho e do processo na Itália e sua raiz no Direito Romano do ordenamento europeu, no mês de julho de 2017.

Durante duas semanas, transitamos por um universo rico e complexo a partir da apresentação do Estatuto do Trabalhador de 1970, desde o histórico processo legislativo, que superou qualquer indício do período fascista, e com a clara formulação protetiva inerente à origem do Direito do Trabalho e todo o arcabouço legal e social construído, com suas implicações na administração da Justiça, na aplicação do Direito, na autonomia sindical, chegando até às minúcias dos trâmites das demandas individuais e coletivas.

Foram apresentadas as raízes do Direito do Trabalho italiano, com a forte tutela ao trabalhador concretizada na Lei n. 300/1970 (Estatuto do Trabalhador) e a previsão da estabilidade contratual que prevaleceu até recentemente.

Conhecemos a história do Direito Sindical e as diferentes formas de negociação coletiva centradas no direito à informação e à consulta entre as partes sociais, com a construção dos contratos coletivos, fortalecedores das entidades sindicais. Sistema plural que se sustenta sobre a ideia da maior representatividade, amplo respeito à vontade contratual, mínima interferência do Poder Judiciário porque o sistema funciona bem.

Entendemos o sistema de deflagração de greves e como os conflitos coletivos são tratados, principalmente nos casos de serviços públicos essenciais, com a oportunidade de vivenciarmos uma greve de transporte público neste período. Aprendemos, na prática, sobre o pré-aviso mínimo de 10 dias da suspensão dos serviços e, também, acerca dos exatos horários de início e término da paralisação de um dia, que não deixou de causar bastante transtorno aos usuários.

Percebemos a necessidade de adoção de políticas públicas para a busca de empregos e de melhores investimentos para que os jovens consigam acessar o mercado de trabalho, com ferramentas de formação de experiência (escola/trabalho) e qualificação (cursos profissionalizantes). Além disso, entendemos como é relevante o papel do Estado para eficiência deste sistema, que conta também com benefícios assistenciais e previdenciários, denominados de "amortecedores sociais", todos componentes de um *welfare*, como um mecanismo que auxilia na contenção de conflitos sociais diante da crise econômica.

Ouvimos sobre as questões da saúde do trabalhador e refletimos sobre a redução das tutelas em relação à possibilidade da dispensa, seja individual, seja coletiva, com uma evidente mudança de perspectiva do Direito do Trabalho na Itália, que parece passar por uma flexibilização voltada para proteger mais o mercado de trabalho e as empresas do que o próprio trabalhador.

Pudemos entender um pouco do Processo do Trabalho italiano, com as características de concentração e imediatidade, somadas aos princípios gerais da imparcialidade e do contraditório. Verificamos que os processos trabalhistas, na Itália, embora tenham um rito especial, tramitam no seio de uma Justiça Ordinária e não Especializada, não obstante, haja a Sessão de Trabalho na Corte Suprema.

Visitamos a Corte de Cassação, a Associação Nacional dos Magistrados, o Conselho Nacional da Magistratura, o Conselho Nacional da Economia e do Trabalho e o Parlamento Italiano, além de frequentarmos a Universidade de Roma I, "La Sapienza" para as aulas do curso, proferidas por expoentes jurídicos especializados em cada matéria oferecida.

Num arco temporal de duas semanas, vislumbramos um processo de modificação descendente dos direitos trabalhistas, que vai do ápice do estatuto até o vale das mudanças denominadas de *Jobs Act*, de 2015, e que têm sido aceitas visando uma adequação ao mundo da economia, numa tentativa de compatibilizar a observância das Diretivas da União Europeia com os parâmetros da chamada *flexisecurity*, ou flexibilidade dos contratos de trabalho feita de forma segura.

Foram apresentados exemplos de empresas de alta qualidade tecnológica italiana que buscaram a redução de custos com a mudança de país e, até, com a saída da Europa, e também daquelas que investiram no aumento da qualidade e seguridade para justificar a sua permanência na Itália, ainda que com um custo elevado, tudo isso como efeitos da globalização que acirram a concorrência mundial.

Percebemos que os avanços e retrocessos estão acontecendo também no Mundo Antigo, que volta os olhos para a evolução tecnológica e para os novos tipos de prestação de serviços denominados *smartworking, empresa 4.0, Coworking* e sobre quais recairão os direitos sociais no futuro do trabalho.

Ainda que imersos nesta realidade italiana, nestas duas semanas não deixamos de acompanhar as tensões políticas e legislativas sobre a reforma trabalhista brasileira e fizemos uma inevitável comparação neste período de vivência em um país de primeiro mundo e que tem estrutura jurídica similar em muitos aspectos.

No entanto, ainda que identifiquemos alguns pontos em comum em nosso Direito do Trabalho, com seu caráter protetivo, percebemos a desconstrução desse princípio ontológico e uma exigência da economia globalizada para a redução dos direitos sociais.

A aprovação da reforma trabalhista no Brasil se mostra como um reflexo distorcido de uma imagem também vista na Itália, principalmente no ano de 2015. Um reflexo porque é possível colocar em evidência vários pontos semelhantes, mas distorcidos porque a imagem projetada no Brasil não é exatamente de como ocorreu na Itália, porque a União Europeia é fundamentada também na proteção de direitos sociais e não somente na liberdade econômica.

Alguns pontos pejorativos em comum da reforma são a facilidade de celebração de contratos por prazo determinado; a limitação dos valores indenizatórios com redução do poder discricionário e da autonomia dos juízes; a ampliação do poder diretivo do empregador em relação a funções, horários e período de férias; possibilidade de contratação intermitente e pagamento pelas horas trabalhadas (uso do *voucher* na Itália).

Dentre as formas de flexibilização degradante dos direitos trabalhistas, a mais simbólica na Itália é a transformação da regra geral da estabilidade em exceção, possibilitando-se ao empregador a rescisão unilateral do contrato com o pagamento de indenização legalmente pré-fixada. O que causa espanto num país que tem no primeiro artigo de sua Constituição o fundamento do trabalho (*art. 1 – A Itália é uma república democrática fundada sobre o trabalho*).

O que identificamos como muito positivo no ordenamento trabalhista italiano é o Direito Sindical, a legitimidade dos representantes para a negociação coletiva, e a paridade dos trabalhadores nos contratos de terceirização. Além disso, torna-se de grande relevância o sistema de políticas públicas e sociais na desocupação, bem como a discussão entre os vários setores da sociedade sobre as mudanças em andamento, havendo um amplo diálogo com o legislativo e, sobretudo, contando com a participação ativa dos magistrados, advogados e professores, o que não foi permitido no processo de aprovação, em caráter praticamente emergencial, da reforma trabalhista brasileira.

Na intensidade das duas semanas de estudo na Cidade Eterna, a sensação de retrocesso é tão presente quanto o calor dos dias ensolarados de verão romano, diante dos altos níveis de desemprego na Europa e da escancarada presença de imigrantes, morando nas ruas ou, quando trabalham, nas funções que não exigem qualificação. A concorrência entre os trabalhadores não é mais protegida por esse Direito do Trabalho moderno.

Qual o futuro do trabalho é o tema de muitos estudos atuais, como foi nos apresentado, mas o caráter de proteção humana deste contrato não pode ser alterado nem coisificado pela economia, devendo sempre ser reafirmado para a proteção da dignidade humana e dos direitos sociais.

Com base nesses princípios, e fortalecidos por essa experiência italiana, sem distanciar o olhar da realidade brasileira, concluímos a presente carta, com a certeza de que, mesmo que o discurso econômico sempre queira propor a redução de direitos, estamos seguros de que a dignidade do trabalhador é o fundamento de todo o arcabouço do Direito, Constitucional e Internacional, e nos cabe a defesa deste parâmetro mínimo para se buscar uma justiça equânime.

Por fim, agradecemos toda a organização do curso que nos possibilitou o encontro com a legislação italiana e com os monumentos culturais, mas também com as ruínas históricas e recentes na cidade de Roma, nos fazendo refletir sobre a necessidade de lutar para a restauração dos tesouros sociais que estão sendo destruídos e degradados incessantemente nos últimos tempos.

Proteção Integral à Saúde do Trabalhador: políticas públicas e os esperados efeitos deletérios das reformas trabalhistas e previdenciárias

Ana Maria Aparecida de Freitas[*]
Carolina de Freitas e Silva[**]

1. INTRODUÇÃO

O Brasil ratificou, em 18 de maio de 1992, a Convenção n. 155 da Organização Internacional do Trabalho – OIT que trata, especificamente, sobre Segurança e Saúde dos Trabalhadores, com vigência nacional a partir de 18 de maio de 1993 e promulgação pelo Decreto n. 1.254, de 29 de setembro de 1994, comprometendo-se, dessa forma, a formular, por em prática e reexaminar periodicamente uma política nacional em matéria de segurança e saúde dos trabalhadores e do meio ambiente de trabalho.

Após vários anos, por intermédio do Decreto n. 7.602/2011, foi instituída a Política Nacional de Segurança e Saúde no Trabalho, com objetivos de promoção da saúde e melhoria da qualidade de vida do trabalhador e a prevenção de acidentes e de danos à saúde advindos ou relacionados ao trabalho, por meio de eliminação ou redução dos riscos nos ambientes de trabalho, alicerçada nos princípios da universalidade, prevenção, diálogo social e integralidade, mas, principalmente, na precedência das ações de promoção, proteção e prevenção sobre as de assistência, reabilitação e reparação.

Mesmo em face disso, tais políticas públicas custam a sair do papel, já que o Brasil ocupa o 4º lugar no *ranking* mundial de acidentes do trabalho, segundo dados da OIT de 2013. Sob o aspecto das estatísticas, divulgado em dezembro último, o Anuário Estatístico da Previdência Social de 2015[1] revela que o número de acidentes do trabalho, mesmo com tantas campanhas publicitárias de prevenção e tantos normativos decresce muito lentamente, o que significa dizer que ainda há muito que fazer. Em 2013, a Previdência Social quantificou 725.664 acidentes do trabalho, com decréscimo para 712.302, em 2014. Em 2015, foram 612.632 acidentes, dentre eles 383.663, relativos a acidentes de trabalho típicos, 106.039 acidentes de trajeto e 13.240 decorrentes de doenças do trabalho, totalizando 502.942 acidentes com CAT registrada e mais 109.690 sem emissão da CAT. A região sudeste é a recordista, com 53,9% dos casos, seguida pela região sul, com 22,5% dos casos e pela região nordeste, com 11,8%[2].

---

[*] Juíza do Trabalho – TRT6, mestre em direito pela UNICAP, doutoranda em Direito Laboral da Universidade de Buenos Aires; Professora de graduação e pós-graduação, membro efetivo da Academia Pernambucana de Direito do Trabalho; Gestora Regional dos Programas de Prevenção de Acidentes de Trabalho e de Combate ao Trabalho Infantil e Incentivo à Aprendizagem – TRT6 para o biênio 20015/2017.
[**] Advogada no Brasil e em Portugal, doutoranda em Direitos Sociais pela Universidade Nova de Lisboa e mestre em Direito do Trabalho pela Universidade de Coimbra.
(1) Disponível em: <http://www.previdencia.gov.br/wp-content/uploads/2015/08/AEPS-2015-FINAL.pdf>. Acesso em: 07 mar. 2017. p. 586.
(2) *Idem*. p. 599.

Desnecessário elucidar que os números anteriores destacados dizem respeito aos trabalhadores formais e vinculados ao Regime Geral da Previdência Social[3]. Para melhor análise dos números de trabalhadores, o Relatório Anual da Previdência Social apresenta, para o ano de 2014, um total de 64.131.925 pessoas entre 16 e 59 anos de idade, protegidas pela Previdência Social, em comparação com 24.297.670 pessoas entre 16 e 59 anos de idade, **não** protegidas pela Previdência Social, nesse mesmo ano de 2014, o que significa dizer que a população entre 16 e 59 anos de idade **desprotegida** da Previdência Social representa 37,88%, mais de 1/3 da população dessa faixa etária, percentual bastante expressivo[4].

Desse total de 88.429.595 (64.131.925 pessoas entre 16 e 59 anos de idade, protegidas pela Previdência Social, mais 24.297.670 pessoas entre 16 e 59 anos de idade, **não** protegidas pela Previdência Social), 51.332.955 são contribuintes do Regime Geral da Previdência Social, 6.641.411 são contribuintes do Regime Próprio da Previdência Social (331.017 militares e 6.310.394 estatutários), 5.203.083 são segurados especiais, 954.476 são beneficiários não contribuintes e 24.297.670 são os desprotegidos, ou seja, trabalhadores ocupados, em idade entre 16 e 59 anos, que não são beneficiários e tampouco contribuem para algum regime de Previdência[5]. Não foram divulgados, ainda, os números dos trabalhadores ocupados protegidos e desprotegidos da Previdência Social para o ano de 2015.

A par desses números alarmantes, tanto em relação aos acidentes de trabalho dos últimos 3 anos (2013, 2014 e 2015) como da população ocupada, entre 16 e 59 anos, protegida pela Previdência Social e desprotegida da Previdência Social (2014), a taxa de desocupação no trimestre novembro, dezembro de 2016 e janeiro de 2017 foi de 12,6% (o que representa 12,9 milhões de pessoas), ligeiramente superior à taxa apurada no trimestre anterior (agosto, setembro e outubro de 2016) de 11,8%[6].

Às vésperas da entrada em vigor de uma brutal reforma trabalhista e previdenciária anunciada pelo governo federal, os efeitos deletérios advindos dos cortes orçamentários, da precarização de direitos sociais e trabalhistas, da elevação da idade mínima para aposentadoria e dos anos de contribuição podem ocasionar graves prejuízos a essa Política Nacional de Segurança e Saúde do Trabalhador, o que, *a contrario sensu*, ao invés de alavancar a economia e diminuir os gastos do governo, ocasionará elevação das despesas aos cofres públicos e grande perda à economia nacional, quer em razão da elevação do número de benefícios previdenciários, quer por conta do absenteísmo dos trabalhadores acidentados ou adoecidos de seus postos de trabalho.

2. A SAÚDE DO TRABALHADOR COMO DIGNIFICAÇÃO E VALORIZAÇÃO SOCIAL DO TRABALHO

A ideia de dignificação do homem e de valorização social do trabalho, no curso da história da humanidade, tem trilhado várias nuances e essa ideia está intimamente associada ao reconhecimento de que cada pessoa merece igual respeito do Estado e da comunidade onde está inserida[7], ao ponto de galgar *status* de princípio fundamental, numa escala de hierarquia supralegal que perpassa todos os ramos do Direito. Com o jusnaturalismo, a concepção de direitos humanos, gênero do qual o conceito de dignidade da pessoa humana está inserido, pressupunha que os homens eram dotados de direitos naturais anteriores à própria formação da sociedade[8], com direitos que lhes pertenciam pelo simples fato de serem pessoas humanas.

Dignidade, na Era Antiga, correspondia ao mérito a que uma pessoa estava ligada, podendo este ser aferido pelo dinheiro, título de nobreza, capacidade in-

---

(3) Ver as notas técnicas do MTE – IBGE. Disponível em: <http://ces.ibge.gov.br/images/ces/nota_tecnica_caged_pme.pdf>. Acesso em: 07 mar. 2017. Estas notas técnicas esclarecem as diferenças metodológicas de coletas de dados pelo CAGED – Cadastro Geral de Empregados e Desempregados, instituído pela Lei n. 4.923/1965, cuja função primordial é acompanhar e fiscalizar, mensalmente, o processo de admissão e dispensa de trabalhadores regidos pela CLT e a Pesquisa Mensal de Emprego – PME, realizada pelo IBGE a partir de uma amostra probabilística de domicílios, dimensionando os empregados com vínculo formal, no setor privado e público, bem como os trabalhadores sem carteira assinada, os que trabalham por conta própria, empregadores, trabalhadores familiares sem remuneração e trabalhadores domésticos, com ou sem contratos formalizados. Segundo essas notas técnicas, nessa pesquisa são classificadas como ocupadas as pessoas que tenham prestado algum serviço na semana anterior à entrevista.
(4) Disponível em: <http://www.previdencia.gov.br/wp-content/uploads/2015/08/AEPS-2015-FINAL.pdf>. Acesso em: 07 mar. 2017. p. 862.
(5) *Idem*. p. 864.
(6) Ver dados estatísticos do PNAD Contínua – Pesquisa Nacional por Amostra de Domicílios Contínua. Disponível em: <http://saladeimprensa.ibge.gov.br/noticias?view=noticia&id=1&busca=1&idnoticia=3380>. Acesso em: 07 mar. 2017.
(7) PEDUZZI, Maria Cristina Irigoyen. *O princípio da dignidade da pessoa humana na perspectiva do direito como integridade*. São Paulo: LTr, 2009. p. 17.
(8) DELGADO, Gabriela Neves. Princípios Internacionais do Direito do Trabalho e do Direito Previdenciário. *Revista LTr 74*, n. 03, p. 338, mar. 2010.

telectual[9]. Para os gregos, o que diferenciava os homens dos animais era a capacidade de compreensão e articulação da palavra, ao passo que a ideologia cristã trouxe a ideia de o homem ser a imagem e semelhança de Deus[10], dentro da teologia racional de Santo Tomás de Aquino, ao compreender a superioridade do homem sobre os demais seres[11].

No século XVIII, a concepção de dignidade da pessoa humana findou levando ao constitucionalismo, e o homem passa por um processo de racionalização e laicização[12]. Kant desenvolve o argumento de que o fundamento da dignidade do homem não advém do fato de haver sido criado à imagem e semelhança de Deus, mas em razão de se submeter "às leis por ele mesmo elaboradas e de formar um projeto de vida consciente."[13]

O Protestantismo de Lutero trouxe moralização e ética num período em que o capitalismo também surgia. Max Weber traça um paralelo entre a Reforma Protestante e o surgimento do capitalismo, as principais diferenças entre as doutrinas de Lutero e Calvino e o papel fundamental para o capitalismo insurgente[14]. Com isso, o trabalho transforma-se em mercadoria sob o manto do capitalismo, "detendo uma essência de coisa que existe em si mesma, assumindo um papel simbólico de consagração do homem. Passou a ser compreendido como único meio de vida e meio de libertação."[15]

Com as Revoluções Francesa e Americana, ocorre um reconhecimento legal dos direitos humanos, contemplando a Carta de Direitos da Constituição Americana entre 1791 e 1795 fundamentos como "a liberdade de religião, de palavra, de imprensa, de reunião, o direito de petição; a inviolabilidade da pessoa, da casa, dos papéis e posses de objetos; o direito de defesa, ao juiz natural, ao devido processo legal... a proibição de escravidão e servidão voluntária; a igualdade perante a lei...".[16]

Nessa esteira de pensamento, não há como alijar do conceito de dignidade da pessoa humana a relação que existe, num Estado de Direito, com o Direito do Trabalho, em vista das razões históricas e de lutas de classes que se desenvolveram com a necessidade de o Homem ser visto e aceito como um ser integral, com direitos assegurados à vida, ao bem-estar, ao trabalho decente e à segurança para os eventos doença, morte, envelhecimento. É a partir dos fatos históricos que perpassam os períodos da escravidão, servidão, corporações de ofício até chegar aos séculos XVIII e XIX, que o trabalho em condições degradantes e precárias remete à necessidade de juridificação dos conflitos pelo Estado, numa verdadeira antinomia entre o liberalismo e o intervencionismo estatal, com vista ao equilíbrio imprescindível às relações trabalho-capital, nascidas desiguais desde as suas origens.

É dessa desigualdade e dos conflitos surgidos como decorrência, que se formalizou o Direito do Trabalho, vendo-se obrigado o Estado a reconhecer a necessidade de juridificação, até mesmo como meio de pacificação da ordem, exaltada pelos movimentos coletivos, coalizões e ideologias das lutas operárias, com grandes possibilidades de ruptura da ordem política e econômica.[17]

Indubitável que a tutela de direitos trabalhistas e previdenciários pode ser considerada como um dos eixos jurídicos principais de proteção aos Direitos Humanos, de sorte que a Declaração Universal dos Direitos do Homem revelou-se como meio de universalização de direitos fundamentais, quer no âmbito do Direito do Trabalho, quer na esfera do Direito Previdenciário[18].

A concepção da dignidade da pessoa humana e a valorização do trabalho nem sempre existiu em todos os povos. Ao contrário, dificilmente pode estar ligada à noção de dignidade e valoração do trabalho aos períodos da escravidão, servidão, corporações de ofício.

---

(9) AGRA, Walber de Moura. *Curso de Direito Constitucional*. Rio de Janeiro: Forense, 2009. p. 117.
(10) *Idem, ibidem*. p. 117.
(11) PEDUZZI, Maria Cristina Irigoyen. *O princípio da dignidade da pessoa humana na perspectiva do direito como integridade*. São Paulo: LTr, 2009. p. 21.
(12) *Idem, ibidem*. p. 21.
(13) GOSDAL, Thereza Cristina. *Dignidade do Trabalhador*: um conceito construído sob o paradigma do trabalho decente e da honra. São Paulo: LTr, 2007. p. 52.
(14) WEBER, Max. *A Ética Protestante e o Espírito do Capitalismo*. São Paulo: Martin Claret, 2001, *passim*.
(15) GOSDAL, Thereza Cristina. *Dignidade do Trabalhador*: um conceito construído sob o paradigma do trabalho decente e da honra. São Paulo: LTr, 2007. p. 56.
(16) *Idem, ibidem*. p. 57.
(17) BARROSO, Fábio Túlio. *Manual de Direito Coletivo do Trabalho*. São Paulo: LTr, 2010. p. 27.
(18) DELGADO, Gabriela Neves. Princípios Internacionais do Direito do Trabalho e do Direito Previdenciário. *Revista LTr* 74, n. 03, p. 337-342, mar. 2010.

No Brasil, o art. 1º da CR/88 prevê que a República Federativa do Brasil[19] constitui-se em Estado Democrático de Direito, tendo dentre seus fundamentos a dignidade da pessoa humana (inciso III) e os valores sociais do trabalho e da livre iniciativa (inciso IV).

Há várias definições acerca da dignidade da pessoa humana, dentre as quais se destaca o pensamento de Ingo Sarlet, segundo o qual a dignidade seria uma qualidade existente em cada ser humano, fazendo-o merecedor do mesmo respeito e consideração, tanto por parte do Estado como por parte da própria comunidade onde está inserido. E isso implica em um complexo de direitos e deveres fundamentais a assegurar condições existenciais mínimas para uma vida saudável[20].

Na visão constitucionalista da ministra do Tribunal Superior do Trabalho, Maria Cristina Irigoyen Peduzzi, ao contrário do que defende Sarlet, a dignidade da pessoa humana estaria inserida no ordenamento constitucional de cada país, a partir de cada momento histórico, de sorte que, a partir dele – ordenamento constitucional – seria assegurada a dignidade da pessoa humana[21].

A bem da verdade, à noção de dignidade soma-se a noção das necessidades que um ser humano pode ter, como a exemplo, uma moradia digna, um salário condizente, saúde, lazer, alimentação, educação, segurança, previdência social[22], e estas necessidades são refletidas a partir da própria vontade do povo, descrita no preâmbulo da Constituição da República ao destacar a instituição de "um Estado Democrático, destinado a assegurar o exercício dos direitos sociais e individuais, a liberdade, a segurança, o bem-estar, o desenvolvimento, a igualdade e a justiça como valores supremos de uma sociedade fraterna, pluralista e sem preconceitos, fundada na harmonia social e comprometida, na ordem interna e internacional, com a solução pacífica das controvérsias...".

A Carta de 1988, além de estabelecer a dignidade da pessoa humana como um dos fundamentos do Estado Democrático de Direito, positivando-o no art. 1º, inciso III, ainda perpassa todo texto constitucional, e, no que tange às relações de trabalho, esse princípio distancia-se das realidades não democráticas da relação de trabalho, já que não são desenvolvidas entre iguais, implicando a subordinação do trabalhador[23]. Entretanto, é o trabalho que gera a fonte de recursos e garante seu sustento e formação de sua identidade e reconhecimento social[24].

O conceito de dignidade da pessoa humana é muito relativo e encontra-se atrelado ao fator histórico e social de uma dada comunidade, envolvendo inúmeros aspectos do que pode significar uma vida digna, saudável, plena, com direito à vida, saúde, lazer, educação, trabalho, cultura. Destaque-se que direito à saúde não significa, apenas, direito a não estar enfermo, mas um estado de bem-estar, tanto físico como mental.

No Estado Social, enquanto forma de organização política tendente a que o sistema econômico opere de forma mais eficiente e garanta direitos mínimos aos trabalhadores, não se contenta apenas com a igualdade formal, mas busca a igualdade material, a fim de que os meios econômicos propiciem um "crescimento do homem como ser integral, retirando-o do isolamento individual, fazendo com que possa interagir com seus semelhantes e com a sociedade".[25]

Portanto, o "conceito de dignidade da pessoa humana não é um conceito a priori, que sempre existiu ao longo do tempo, mas foi sendo composto paulatinamente, fruto de diversas circunstâncias históricas".[26] Todos os homens possuem a mesma natureza e são dotados do mesmo valor, independentemente da posição que assume na sociedade, quer de ordem social, econômica, cultural ou racial.[27]

A Carta de 1988 trouxe grande renovação da cultura jurídica brasileira e "produziu um clarão renovador (...) permitindo despontar, no estuário normativo básico do país, a visão coletiva dos problemas, em anteposição à visão individualista preponderante, oriunda do velho Direito Civil".[28]

Nesse diapasão, o art. 194 da Constituição Federal de 1988 prevê que "A seguridade social compreen-

---
(19) BRASIL. *Constituição da República Federativa do Brasil*. Promulgada em 5 de outubro de 1988.
(20) SARLET, Ingo. *Dignidade da pessoa humana e direitos fundamentais na Constituição Federal de 1988*. 5. ed. Porto Alegre: Livraria do Advogado, 2007. p. 62.
(21) PEDUZZI, Maria Cristina Irigoyen. *O princípio da dignidade da pessoa humana na perspectiva do direito como integridade*. São Paulo: LTr, 2009. p. 23-24.
(22) Constituição da República Federativa do Brasil, art. 6º.
(23) *Idem, ibidem*. p. 86.
(24) *Idem, ibidem*. p. 93-94.
(25) AGRA, Walber de Moura. *Curso de Direito Constitucional*. Rio de Janeiro: Forense, 2009. p. 11.
(26) *Idem, ibidem*. p. 117.
(27) *Idem, ibidem*. p. 117.
(28) DELGADO, Maurício Godinho. *Curso de Direito do Trabalho*. 6. ed. São Paulo: LTr, 2007. p. 124-125.

de um conjunto integrado de ações de iniciativa dos Poderes Públicos e da sociedade destinadas a assegurar os direitos relativos à saúde, à previdência e à assistência social".

Essa tríade de direitos sociais – saúde, previdência e assistência social – está inserida em nossa Carta Magna e faz parte das cláusulas pétreas, posto que são direitos fundamentais erigidos em nível constitucional. A Previdência Social passa a ser "um conjunto de direitos relativos à seguridade social (...) e (...) tende a ultrapassar a mera concepção de instituição do Estado-providência (*Welfare State*), sem, no entanto, assumir características socializantes"[29].

Significa dizer que, num Estado Democrático Social de Direito, como o que se espera do nosso país, a Seguridade Social, dentro do texto constitucional, está inserida no capítulo que trata dos direitos sociais, conforme exposto no art. 6º da CR/88, e, portanto, fazendo parte dos direitos fundamentais pétreos da nação.

E isso em razão de a Previdência Social ser considerada como direito humano de segunda geração, em vista da proteção individual gerada em cada um de seus beneficiários, com condições mínimas de igualdade[30], em que os riscos sociais são de todos, não apenas do particular, mas pertencem a toda sociedade, exigindo-se dos direitos sociais atuação concreta, com obrigações positivas do Poder Público, e, consequentemente, demandando recursos financeiros para a sua execução[31], a fim de dar cumprimento efetivo às políticas públicas de segurança e saúde do trabalhador.

3. BREVE PARALELO COM O MODELO ITALIANO DE PROTEÇÃO AO TRABALHADOR: UM OLHAR PARA A HISTÓRIA DESDE OS DIREITOS SOCIAIS[32]

Não é de hoje que se difunde a ideia sobre a inspiração do direito do trabalho e do direito previdenciário brasileiro no modelo italiano. O modelo adotado por Vargas para regulamentação de direitos trabalhistas, previdenciários e sindicais seguiu inspiração do governo fascista de Mussolini, da Itália, com a Carta *Del Lavoro*[33], a qual objetivava a "abolição dos sindicatos independentes, a proibição das greves e a criação do corporativismo: associações ou corporações que incluíam tanto os empregados como os empregadores de um determinado ramo industrial"[34].

Num breve relato histórico, aqui, no Brasil, pode-se dizer que a fase de institucionalização do Direito do Trabalho tem seu marco inicial em 1930, com intensa atividade administrativa e legislativa do Estado, que perdurou durante todo governo de Vargas. Primeiramente, a fim de a administração federal poder coordenar as ações institucionais que se seguiram, foi criado o Ministério do Trabalho, Indústria e Comércio, por meio do Decreto n. 19.443, de 26 de novembro de 1930, a cargo do gaúcho Lindolfo Collor, e, meses após, instituiu-se o Departamento Nacional do Trabalho, por meio do Decreto n. 19.671-A[35].

Depois, como uma segunda fase desse projeto governamental, foi a vez da área sindical, regulamentada pelo Decreto n. 19.770, de 19 de março de 1931, com a criação de uma estrutura sindical oficial, baseada no sindicato único, com submissão ao reconhecimento pelo Estado e compreendido como órgão colaborador[36].

Com a instituição dos sindicatos, ainda como terceira área de desenvolvimento da política trabalhista, surge um sistema de solução judicial de conflitos trabalhistas[37], com a criação de dois órgãos encarregados de dirimir os conflitos individuais e coletivos.

As Juntas de Conciliação e Julgamento foram criadas pelo Decreto n. 22.132, de 25 de novembro de 1932[38], com competência para resolver os dissídios individuais, compostas de um juiz presidente, bacharel em direito, com idoneidade moral, mandato de dois anos, podendo ser reconduzido uma vez, estranho aos interesses das partes, e dois vogais, um representante dos empregados, outro do empregador, além de dois suplentes, escolhidos com base nas listas

---

(29) SILVA, José Afonso. *Comentário Contextual à Constituição*. 2. ed. São Paulo: Malheiros, 2007. p. 187.
(30) IBRAHIM, Fábio Zambitte. *Curso de Direito Previdenciário*. 14. ed. Rio de Janeiro: Impetus, 2009. p. 79.
(31) Idem, ibidem. p. 80.
(32) Alguns pensamentos expostos neste tópico encontram-se relacionados também em FREITAS, Ana Maria Aparecida de. *De Getúlio Vargas ao Processo de Redemocratização: um olhar para a história do Direito do Trabalho e da Justiça do Trabalho*, Temas de Direito do Trabalho em Homenagem aos 70 Anos da CLT. São Paulo: LTr, 2014. p. 77.
(33) Disponível em: <http://www.historia.unimi.it/sezione/fonti/codificazione/cartalavoro.pdf>. Acesso em: 09 mar. 2017.
(34) CAMPOS, Flavio de; MIRANDA, Renan Garcia. *A Escrita da História*. São Paulo: Escala Educacional, 2005. p. 472.
(35) DELGADO, Maurício Godinho. *Curso de Direito do Trabalho*. 9. ed. São Paulo: LTr, 2010. p. 104. Ver também, CAMPOS, Flavio de; MIRANDA, Renan Garcia. *A Escrita da História*. São Paulo: Escala Educacional, 2005. p. 487.
(36) Idem, ibidem. p. 104.
(37) DELGADO, Maurício Godinho. *Curso de Direito do Trabalho*. 9. ed. São Paulo: LTr, 2010. p. 104.
(38) Idem, ibidem. p. 104.

que eram enviadas pelos sindicatos e associações ao Departamento Nacional do Trabalho[39].

A quarta fase de implementação do governo populista de Vargas, e que surgiu logo após a década de 1930, abrangeu o sistema previdenciário, cuja formação também era corporativa e vinculada às respectivas áreas profissionais, com a instituição das Caixas de Aposentadoria e Pensões[40].

Por fim – e aqui é fundamental esse aspecto, pois esclarece o motivo pelo qual a base de sustentação do governo Vargas, que era a grande massa de trabalhadores, teve tantos benefícios sociais, sem que a classe empresarial se insurgisse –, vêm as normatizações[41] que objetivavam a repressão das manifestações políticas e operárias. É como uma orquestra, em que cada instrumento musical tem seu papel definitivo na somatória dos sons, que findam na sinfonia.

A par de tudo isso, a Lei de Nacionalização do Trabalho (Decreto n. 19.482, de 12.12.1930)[42] limitava a entrada de estrangeiros no país, estabelecendo regras rigorosas para entrada e permanência, mas, também, meios de ser privilegiado o trabalhador nacional, com a instituição de um imposto de emergência sobre os vencimentos de todos os funcionários da União, civis e militares, inclusive magistrados, durante o exercício de 1931 (art. 5º), cuja destinação era um fundo especial do Tesouro Nacional e à disposição do Ministério do Trabalho, Indústria e Comércio, para ser empregado no serviço de localização de desempregados nacionais e estrangeiros residentes (art. 6º), com concessão de vários auxílios (desde alimentação até postos de trabalho em núcleos agrícolas) para os agricultores com família constituída.

Em contrapartida, também foi instituída a obrigatoriedade de os desempregados, nacionais e estrangeiros declararem sua condição perante as delegacias de recenseamento do Ministério do Trabalho, Indústria e Comércio, no prazo de noventa dias, sob pena de responderem por processo criminal de vadiagem[43].

É evidente que tais medidas de limitação de mão de obra estrangeira, aliada ao controle estatal dos desempregados e às leis protetivas de amparo ao trabalhador, ao mesmo tempo em que apaziguavam os ânimos da massa operária, também desincentivava manifestações sindicais, até porque os sindicatos nada mais eram do que colaboradores do poder público no desenvolvimento da solidariedade social.

É nesse contexto histórico e social que Getúlio Vargas, por meio do Decreto-Lei n. 5.452, de 1º de maio de 1943, entrega aos trabalhadores a Consolidação das Leis do Trabalho. Férias anuais, jornada de trabalho de oito horas, estabilidade decenal, salário mínimo, regras específicas para a dispensa motivada e a rescisão indireta do contrato de trabalho, dentre vários outros direitos e que, hoje, estão na berlinda, dependentes de toda essa reforma trabalhista e previdenciária que tramita no Congresso Nacional.

Retornando à esteira de pensamento de ligação histórico-social existente entre os dois países – Brasil e Itália – a inspiração vai mais além da referida *Carta del Lavoro*, mas, desta vez, em sentido oposto. Em 9 de março de 2017, o Senado italiano aprovou a concessão de um benefício assistencial para as famílias de baixa renda de 400 a 480 Euros, assemelhado ao Bolsa Família instituído pelo governo Lula, com a finalidade de auxiliar as famílias em dificuldades financeiras, com a destinação de 2 bilhões de Euros (1,6 bilhões de Euros dos cofres italianos e o restante com recursos europeus) para 2017, mesmo valor para 2018[44]. Na esfera previdenciária, em setembro de 2016, Brasil e Itália discutiram melhorias na gestão dos benefícios por incapacidade, em um programa denominado Apoio aos Diálogos Setoriais União Europeia – Brasil, com o tema Gestão do afastamento por incapacidade: ações integradas entre Previdência Social e Saúde Pública na Itália[45].

Há, ainda, uma grande similitude entre os direitos sociais desses dois países, prevendo o art. 32 da Constituição Italiana a tutela da saúde como um direito fundamental do indivíduo e de toda coletividade, bem como conferindo à própria República a tutela do trabalho e de todas as suas formas de aplicação, cuidan-

---

(39) Ver NASCIMENTO, Amauri Mascaro. *Curso de Direito Processual do Trabalho*. 24. ed. São Paulo: Saraiva, 2009. p. 48-51; MARTINS, Sergio Pinto. *Direito Processual do Trabalho*. 33. ed. São Paulo: Atlas, 2012. p. 72-73; ALMEIDA, Isis. *Manual de Direito Processual do Trabalho*. São Paulo: LTr, 1998. p. 197-198.
(40) DELGADO, Maurício Godinho. *Curso de Direito do Trabalho*. 9. ed. São Paulo: LTr, 2010. p. 104.
(41) *Idem, ibidem*. p. 105.
(42) BRASIL. Decreto 19.482, de 12 de dezembro de 1930. Disponível em: <http://www2.camara.gov.br/legin/fed/decret/1930-1939/decreto-19482-12-dezembro-1930-503018-republicacao-82423-pe.html>. Acesso em: 08 mar. 2012.
(43) *Idem*.
(44) Matéria veiculada no Jornal do Brasil. Disponível em: <http://www.jb.com.br/internacional/noticias/2017/03/09/italia-aprova-bolsa-familia-de-400-euros/>. Acesso em: 09 mar. 2017.
(45) Informações disponíveis em: <http://fundacaoanfip.org.br/site/2016/04/brasil-e-italia-discutem-melhorias-na-gestao-dos-beneficios-por-incapacidade/>. Acesso em: 09 mar. 2017 e em <http://www.previdencia.gov.br/2016/04/saude-e-seguranca-brasil-e-italia-discutem-melhorias-na-gestao-dos-beneficios-por-incapacidade/>. Acesso em: 09 mar. 2017.

do da formação e da elevação profissional de todos os trabalhadores (art. 35). Dispõe, ainda, o texto constitucional sobre a retribuição proporcional à qualidade e quantidade do trabalho, e, em todos os casos, suficiente para assegurar para o trabalhador e para a sua família uma existência livre e digna (art. 36)[46]. Aos cidadãos impossibilitados de trabalhar e sem recursos necessários para viver são asseguradas a manutenção e a assistência social, em casos de infortúnio, doença, velhice e desemprego involuntário (art. 38)[47].

Como visto, há direitos sociais elencados nos textos constitucionais dos dois países que se assemelham entre si, mesmo que inseridos em contextos históricos, sociais, geográficos e políticos absolutamente distintos.

Na Itália, um país cuja população alcançou, em 1º de janeiro de 2017, 60.579.000 residentes, numa faixa etária média de 44,9 anos, os indivíduos de 65 anos ou mais superam os 13,5 milhões e representam 22,3% da população total, sendo que a vida média dos homens chega a 80,6 anos, ao passo que as mulheres vivem, em média, 85,1 anos[48]. O órgão governamental encarregado pela Previdência Social é o INPS – *Istituto Nazionale Previdenza Sociale*, com um déficit previdenciário de 93.431.993 (milhares de euros) e uma taxa de cobertura de 70,2%, em 2013, representando uma despesa *per capita* de 5.201.241 (milhares de euros), nesse mesmo ano [49].

4. POLÍTICAS PÚBLICAS DE PROMOÇÃO DA SAÚDE DO TRABALHADOR

A ratificação da Convenção n. 155 da OIT pelo Brasil importou no compromisso social de implementar políticas públicas tendentes a prevenir os acidentes de trabalho e os danos à saúde do trabalhador, bem como minimizar as causas dos riscos inerentes ao meio ambiente do trabalho[50]:

> Art. 4 – 1. Todo Membro deverá, em consulta com as organizações mais representativas de empregadores e de trabalhadores, e levando em conta as condições e as práticas nacionais, formular, pôr em prática e reexaminar periodicamente uma política nacional coerente em matéria de segurança e saúde dos trabalhadores e o meio-ambiente de trabalho.
>
> 2. Essa política terá como objetivo prevenir os acidentes e os danos à saúde que forem conseqüência do trabalho tenham relação com a atividade de trabalho, ou se apresentarem durante o trabalho, reduzindo ao mínimo, na medida que for razoável e possível, as causas dos riscos inerentes ao meio-ambiente de trabalho.

E a própria Convenção n. 155 da OIT traça o delineamento necessário para que esses riscos ocupacionais sejam reduzidos, dividindo as ações em cinco grandes grupos[51]:

> a) projeto, teste, escolha, substituição, instalação, arranjo, utilização e manutenção dos componentes materiais do trabalho (locais de trabalho, meio ambiente de trabalho, ferramentas, maquinário e equipamentos; substâncias e agentes químicos, biológicos e físicos; operações e processos);
>
> b) relações existentes entre os componentes materiais do trabalho e as pessoas que o executam ou supervisionam, e adaptação do maquinário, dos equipamentos, do tempo de trabalho, da organização do trabalho e das operações e processos às capacidades físicas e mentais dos trabalhadores;
>
> c) treinamento, incluindo o treinamento complementar necessário, qualificações e motivação das pessoas que intervenham, de uma ou outra maneira, para que sejam atingidos níveis adequados de segurança e higiene;
>
> d) comunicação e cooperação a níveis de grupo de trabalho e de empresa e em todos os níveis apropriados, inclusive até o nível nacional;
>
> e) a proteção dos trabalhadores e de seus representantes contra toda medida disciplinar por eles justificadamente empreendida de acordo com a política referida no art. 4 da presente Convenção.

Posteriormente, a Política Nacional de Segurança e Saúde no Trabalho, instituída por intermédio do Decreto n. 7.602/11[52], elencou como objetivo a promoção da saúde e a melhoria da qualidade de vida do

---

(46) *La Costituzione Italiana: aggiornata a gennaio/2016, con introduzione di Saulle Panizza e Roberto Romboli*. Pisa: Plus Pisa university press, 2016 – Art. 32 – *La Reppublica tutela la salute come fondamentale diritto dell'individuo e interesse della collettività, e garantisce cure gratuitte agli indigenti. Art. 35 La Reppublica tutela il lavoro in tutte le sue forme ed applicazioni. Cura la formazzione e l'elevazione professionale dei lavoratori. Art. 36 Il lavorattore ha diritto ad una retribuzione proporzionata alla quantità e qualità del suo lavoro e in ogni caso sufficiente ad assicurare a sé e alla famiglia un'esistenza libera e dignitosa.*
(47) Tradução livre do art. 38 da Constituição da República Italiana
(48) Disponível em: <http://www.istat.it/it/archivio/197544>. Acesso em: 09 mar. 2017.
(49) Disponível em: <http://seriestoriche.istat.it/index.php?id=1&no_cache=1&tx_usercento_centofe[categoria]=5&tx_usercento_centofe[action]=show&tx_usercento_centofe[controller]=Categoria&cHash=9789dfecb3efc8fdb6fbe34413b2c38c>. Acesso em: 09 mar. 2017.
(50) Convenção n. 155 da OIT. Disponível em: <http://www.oitbrasil.org.br/node/504>. Acesso em: 07 mar. 2017.
(51) *Idem*, art. 5º, letras *a* a *e*.
(52) Decreto n. 7.602, de 7 de novembro de 2011. Disponível em: <http://www.planalto.gov.br/ccivil_03/_ato2011-2014/2011/decreto/d7602.htm>. Acesso em: 07 mar. 2017.

trabalhador, com a prevenção de acidentes e danos à saúde advindos, relacionados ao trabalho ou que ocorram no curso deste, com a eliminação ou redução dos riscos nos ambientes de trabalho, por intermédio da precedência das ações de promoção, proteção e prevenção sobre as ações de assistência, reabilitação e reparação.

E essa implementação, sob a responsabilidade do Ministério do Trabalho e Emprego, Ministério da Saúde e Ministério da Previdência Social (atualmente, Ministério do Trabalho e Previdência Social e Ministério da Saúde) deve ocorrer por meio de articulação continuada de ações governamentais no campo das relações de trabalho, produção, consumo, ambiente e saúde, com a participação voluntária de organizações representativas de trabalhadores e empregadores.

Como diretrizes dessa política pública foram estabelecidas a inclusão de todos os trabalhadores no sistema nacional de promoção e proteção da saúde; a harmonização da legislação e a articulação das ações de promoção, proteção, prevenção, assistência, reabilitação e reparação da saúde do trabalhador; a adoção de medidas especiais para atividades laborais de alto risco; estruturação de rede integrada de informações em saúde do trabalhador; promoção da implantação de sistemas e programas de gestão da segurança e saúde nos locais de trabalho; reestruturação da formação em saúde do trabalhador e em segurança do trabalho e o estímulo à capacitação e à educação continuada de trabalhadores; e promoção de agenda integrada de estudos e pesquisas em segurança e saúde no trabalho.

Esse arcabouço normativo e de políticas públicas formado no plano interno do país, a partir da necessidade de proteção integral à saúde do trabalhador como meio de dignificação e valorização do trabalho e atendimento aos ditames ratificados pelo Brasil, atualmente, está prestes a ver vilipendiados os esforços dos últimos anos na promoção e proteção da saúde, em razão da tentativa desenfreada de precarização dos direitos sociais.

5. PRECARIZAÇÃO DOS DIREITOS SOCIAIS E OS ESPERADOS EFEITOS DELETÉRIOS DAS REFORMAS TRABALHISTA E PREVIDENCIÁRIA NO BRASIL

Há muito o país encontra-se no trilho da crise econômica e crescimento negativo[53], e ainda mergulha em grave crise política gerada, primordialmente, pelos grandes escândalos de corrupção, sucumbindo, prostrado, diante de pressões externas e internas. Por um lado, as recomendações do Banco Mundial, a atribuição de notas negativas em relação a ativos brasileiros por agências de avaliação de risco[54], a pressão dos mercados em função do desempenho econômico dos chamados Tigres Asiáticos; por outro, a contestação política contra o governo, a falta de recursos públicos, a pressão do empresariado pela reforma fiscal e trabalhista, são fatores que, somados, encaminham o governo para a adoção de políticas públicas de precarização do Estado Social de Direito cada vez mais profundas, com a ampliação de normas reducionistas de direitos sociais[55].

E é em face dessa vontade política tendente à diminuição do Estado, surgida sob o argumento da crise econômica e pelo discurso precarizador dos direitos sociais, e que objetiva desmantelar a moldura normativa existente, que Habermas ressalta a necessidade de legitimação, canalizando "o poder político executivo de organização e de sanção pelas vias do direito", com condições de realização e implementação dos programas de governo[56].

Entretanto, o que se vê são evidências de essa busca pelo Estado mínimo já ensejar, há alguns anos, a flexibilização e a precarização de direitos sociais a partir da criação de normas que versam sobre o contrato por prazo determinado, o teletrabalho, o regime de banco de horas, o trabalho a tempo parcial; normas que promoveram alterações das regras de recebimento do seguro-desemprego[57] e das pensões previdenciárias[58].

Originariamente, o Projeto de Lei n. 6.787, de autoria do Poder Executivo, por intermédio do Ministro

---

(53) Disponível em: <http://g1.globo.com/economia/noticia/pib-do-brasil-fica-na-lanterna-em-ranking-com-38-paises.ghtml>. Acesso em: 08 mar. 2017. Noticiários do país todo veicularam a notícia de o PIB em 2016 ter sido o pior registrado em uma lista de 38 países, ocupando o Brasil a última posição, com um PIB negativo de 3,6%.
(54) Ver, a exemplo, notícias relacionadas com as empresas de avaliação Fitch e Standard & Poor's. Disponível em: <http://www1.folha.uol.com.br/mercado/2015/12/1719698-agencia-de-classificacao-de-risco-fitch-tira-selo-de-bom-pagador-do-brasil.shtml>. Acesso em: 04 fev. 2016.
(55) Ver BARROSO, Fábio Túlio. *Direito Flexível do Trabalho*: abordagens críticas. Recife: Universitária, 2009. Neste livro, o autor demonstra sua preocupação com os novos rumos que o direito do trabalho vem tomando, a partir de alguns institutos como a mediação, arbitragem, flexibilização, privatização, levando a um "Estado diminuto", em afronta a uma ordem jurídica justa. Ver, ainda, BARROSO, Fábio Túlio. *Novo Contrato de Trabalho por Prazo Determinado*: flexibilização laboral e internacionalização das Relações de Trabalho. Curitiba: Juruá, 2004, quando, de igual forma, compreende que não há alternativas contra a "retórica política dos que detêm os meios de produção e comunicação", inexistindo mais ideologias contrárias ao sistema capitalista de produção. (p. 27)
(56) HABERMAS, Jürgen. *Direito e Democracia*: entre facticidade e validade. 2. ed. Rio de Janeiro: Tempo Brasileiro, 2003. p. 169, 171.
(57) Medida Provisória n. 665, de 30 de dezembro pre 2014, convertida na Lei n. 13.134, de 16 de junho de 2015.
(58) Medida Provisória n. 664, de 30 de dezembro de 2014, convertida na Lei n. 13.135, de 17 de junho de 2015.

do Trabalho e Previdência Social Ronaldo Nogueira de Oliveira, pretendia alterar alguns poucos dispositivos (cerca de 10) da Consolidação das Leis do Trabalho. Entretanto, esse PL, ao ser encaminhado para a Câmara dos Deputados, teve designado o deputado federal Rogerio Marinho como relator, e, em seu relatório final, sustentou a alteração de mais de 100 dispositivos da CLT. A seguir, em uma tramitação extremamente célere e sem a devida análise pelo Senado Federal, foi aprovando o texto, na íntegra, vindo, posteriormente, a se tornar a Lei n. 13.467, de 11 de julho de 2017, com prazo de vigência de 120 dias, e vícios flagrantes de inconstitucionalidade.

Destacam-se dispositivos legais violadores de direitos básicos do trabalhador, potencialmente geradores de uma desigualdade social, como a exemplo, a previsão de ser o direito comum a fonte subsidiária do direito do trabalho (art. 8º, § 1º), ou, ainda, dispor que o exame de convenções coletivas ou acordos coletivos de trabalho pela Justiça do Trabalho deverá observar, <u>exclusivamente</u>, a conformidade dos elementos essenciais do negócio jurídico (agente capaz, objeto lícito ou forma prescrita ou não defesa em lei), com atuação pelo princípio da intervenção mínima na autonomia da vontade. A bem da verdade, essa reforma trabalhista objetiva mudar conceitos principiológicos por intermédio da Lei, que estão na base da construção do direito do trabalho e sua vocação protetora, desde seu início.

Observe-se que a Lei n. 13.467/2017 trouxe alterações significativas e precarizadoras do direito material do trabalho, como a prevalência do negociado sobre o legislado (art. 611-A, da CLT), inclusive quanto ao enquadramento do grau de insalubridade (inciso XII desse mesmo dispositivo legal) e a prorrogação da jornada de trabalho em ambiente insalubre, sem licença prévia das autoridades competentes do Ministério do Trabalho (inciso XIII), o que pode resultar uma maior flexibilidade de trabalho em condições impróprias e com maior índice de adoecimento.

No que pertine à prevalência do negociado, em face do legislado, em que pese o art. 611-B, com a alteração implementada pela Lei n. 13.467/2017, considerar objeto <u>ilícito</u> de convenção ou acordo coletivo de trabalho, exclusivamente, o rol elencado nos incisos I a XXX, dentre eles, destacando-se ilícitas normas convencionais que objetivem a supressão ou a redução de normas de saúde, higiene e segurança do trabalho previstas em lei ou em normas regulamentadoras do Ministério do Trabalho (inciso XVII), observe-se que o parágrafo único diz, expressamente, que as regras sobre duração do trabalho e intervalos não são consideradas como normas de saúde, higiene e segurança do trabalho, em frontal violação aos princípios mínimos de saúde e segurança do trabalho, uma vez que inúmeras pesquisas já demonstraram que o excesso de jornada de trabalho ou a não observência aos intervalos mínimos intrajornada, interjornada podem levar ao adoecimento físico e mental.

Ademais, a possibilidade de alteração do enquadramento do grau de insalubridade (10, 20 ou 40%), conforme autorização contida no art. 611-A, inciso XII, como uma das possibilidades de a convenção coletiva ou o acordo coletivo de trabalho poder prevalecer sobre a lei, ou, ainda, a possibilidade de ser prorrogada a jornada de trabalho em ambiente insalubre, sem licença prévia dos órgãos competentes (inciso XIII), pode levar à despreocupação do empresariado de implementação e manutenção de ambiente de trabalho salubre, com os cuidados mínimos de evitar ou minimizar a submissão do trabalhador a agentes insalutíferos, como o excesso de calor ou frio, agentes químicos ou biológicos, se considerado sob o aspecto custo x benefício.

O trabalho intermitente previsto no art. 452-A da CLT, outra novidade nefasta surgida com a reforma trabalhista, prevê o pagamento do salário por hora trabalhada para uma contratação em que o trabalhador não sabe em quais dias ou em quais horários deverá trabalhar naquele determinado mês, já que a imposição legal é a de o empregador lhe avisar, com antecedência de três dias corridos (é assim que consta no § 1º desse dispositivo), tendo o trabalhador um dia útil para dizer se aceita ou não trabalhar naquele determinado dia, e, caso não responda, compreende a lei que houve recusa (§ 2º), podendo ser penalizado com multa de 50% da remuneração que seria devida, caso descumpra o ajustado, sem justo motivo, penalidade a que se sujeita, também, o empregador, caso seja ele a descumprir o acertado. Significa dizer que há a possibilidade de o trabalhador que venha a ser penalizado com essa multa tenha que trabalhar de graça para pagá-la.

A par dessa reforma trabalhista, a Proposta de Emenda à Constituição n. 287/2016, também de autoria do Poder Executivo, Ministro da Fazenda Henrique de Campos Meirelles, diz respeito à pretendida Reforma da Previdência. Este último instituto, ainda em estágio de gestação, que merecem uma atenção mais pormenorizada, neste estudo, já que a aprovação deles, da forma como propostos, decerto levarão ao retrocesso social e ao retrocesso das políticas públicas de proteção à saúde do trabalhador.

Desnecessário dizer aqui que os descansos concedidos no curso do contrato de trabalho, tais como férias, jornada de trabalho máxima de 8 horas diárias e 44 semanais, intervalo para refeição e descanso estão inseridos nas medidas protetivas de saúde ao trabalhador e as limitações impostas pelo ordenamento jurídico atual objetivam conferir oportunidade de recomposição do organismo físico do trabalhador e a prevenção da exaustão ou esgotamento, fatores determinantes do adoecimento físico e mental e dos acidentes de trabalho[59]:

> Em razão das calorias consumidas na execução do trabalho, mais o dispêndio energético para manter o organismo em equilíbrio homeostático, sobrevêm o cansaço e a necessidade de descanso para recomposição.
>
> O prosseguimento das atividades nesse quadro acarretará o agravamento crescente da fadiga, a qual representa uma reação do organismo, sinalizando para a interrupção do trabalho, como mecanismo de conservação da vida. O esforço adicional, como ocorre no trabalho constante em horas extras, aciona o consumo das reservas energéticas e o aceleramento da fadiga pode levar à exaustão ou esgotamento.

A questão relativa à flexibilização das normas vigentes acerca das horas de itinerário, de igual sorte, trarão repercussão extremamente negativa na saúde do trabalhador, conforme previsão atual do art. 58, § 2º, que suprime as horas *in itinere*, mormente a uma camada específica, composta, principalmente, pelos trabalhadores rurais, que, muitas vezes, seguem em transporte fornecido pelo empregador para as frentes de trabalho já a partir das 3 ou 4 horas da manhã, consumindo 2, 3 horas ou mais no percurso de casa para o trabalho e vice-versa, além de sua jornada habitual de trabalho, em atividade extremamente desgastante.

E esses problemas que envolvem o excesso de jornada de trabalho ou a falta de descanso necessário ao restabelecimento físico do trabalhador com os acidentes de trabalho e o adoecimento são tão evidentes, que o Comitê Gestor do Programa Trabalho Seguro instituído pelo Tribunal Superior do Trabalho, em 21 de fevereiro de 2014, editou uma série de enunciados relacionados à saúde do trabalhador e prevenção de acidentes, destacando-se o seguinte:

> 2. PERÍCIA EM ACIDENTES DE TRABALHO E DOENÇAS OCUPACIONAIS. VISTORIA NO LOCAL E NO POSTO DE TRABALHO. ANÁLISE DA ORGANIZAÇÃO DO TRABALHO. I – Nas perícias para avaliação do nexo causal em acidentes de trabalho e doenças ocupacionais, é necessária a vistoria no local e no posto de trabalho, a análise da organização do trabalho, a verificação dos dados epidemiológicos, os agentes de risco aos quais se encontram submetido o trabalhador, consoante estabelece a Resolução n. 1.488/1998 do Conselho Federal de Medicina e demais resoluções dos conselhos profissionais. **II – Consideram-se agentes de risco decorrentes da organização do trabalho, também, horas extras habituais, ritmo intenso, metas abusivas, trabalho penoso, pagamento por produtividade, trabalho noturno, trabalho em turno de revezamento, pressão psicológica, monotonia, dentre outros.** III - A omissão do perito em vistoriar o local e o posto de trabalho atrai a aplicação do art. 437 do CPC, podendo ensejar a realização de segunda perícia, nos termos do art. 438 do CPC. (o grifo não consta no original)

Representa, ainda, um retrocesso social a Lei n. 13.467/2017 ao buscar autorizar, por meio de negociação coletiva de convenções e acordos coletivos de trabalho, o pagamento de remuneração por produtividade, situação em que o trabalhador poderá desenvolver um ritmo frenético de atividade, com o objetivo único de melhorar o valor de sua remuneração, em detrimento de cuidados básicos com a segurança e a saúde. Recorde-se que o aumento da mortalidade de motociclistas levou à edição da Lei n. 12.426, de 6 de julho de 2011[60], vedando às empresas e pessoas físicas empregadoras ou tomadoras de serviços de estabelecer práticas que estimulem o aumento de velocidade, tais como o oferecimento de prêmios por cumprimento de metas por números de entregas ou prestação de serviços (art. 1º, inciso I).

Por outro lado, a reforma da Previdência, consubstanciada na Proposta de Emenda à Constituição n. 287/2016[61], prevê a alteração dos arts. 37, 40, 109, 149, 167, 195, 201 e 203 da Constituição da República e pode ser dividida em 3 eixos principais: tributos (contribuições sociais e para a Seguridade Social) e seguridade social dos servidores públicos e dos trabalhadores da iniciativa privada.

Sob o ponto de vista dos beneficiários da Seguridade Social, a PEC n. 287/2016 prevê que os servidores serão aposentados, compulsoriamente, aos 75 anos de idade (proposta de alteração do art. 40, inciso II da CR) e, voluntariamente, aos 65 anos de idade e 25 anos de contribuição, desde que cumprido o tempo mínimo de 10 anos de efetivo exercício no serviço público e

---

(59) OLIVEIRA, Sebastião Geraldo de. *Proteção Jurídica à Saúde do Trabalhador*. 6. ed. São Paulo: LTr, 2011. p. 175.
(60) Lei n. 12.436, de 6 de julho de 2011. Disponível em: <http://www.planalto.gov.br/ccivil_03/_Ato2011-2014/2011/Lei/L12436.htm>. Acesso em: 09 mar. 2017.
(61) Disponível em: <http://www.camara.gov.br/proposicoesWeb/prop_mostrarintegra;jsessionid=7B34FA5E5594B8F31B769C9CC41CEA47.proposicoesWebExterno1?codteor=1514975&filename=Tramitacao-PEC+287/2016>. Acesso em: 06 fev. 2017.

5 anos no cargo efetivo em que se dará a aposentadoria (inciso III), não podendo ser inferior ou superior ao limite máximo estabelecido para o regime geral da previdência social (§ 2º), correspondendo a aposentadoria por incapacidade permanente para o trabalho e a aposentadoria voluntária a 51% da média das remunerações e dos salários de contribuição, acrescidos de 1% a cada ano de contribuição, até o limite de 100% (§ 3º, inciso I). Na hipótese de a aposentadoria por incapacidade permanente para o trabalho decorrer exclusivamente de acidente de trabalho, o valor será de 100% da média das remunerações (§ 3º-A).

Ora, se os proventos da aposentadoria por incapacidade permanente para o trabalho e da aposentadoria voluntária corresponderão somente a 51% da média das remunerações e dos salários de contribuição, acrescidos de 1% a cada ano de contribuição, é evidente que um pai ou mãe de família não conseguirá suprir suas necessidades básicas e de seus familiares, sem se socorrer de outros meios de sustento.

A proposta de reforma veda o recebimento conjunto de mais de uma aposentadoria (§ 6º, inciso I), de mais de uma pensão por morte deixada por cônjuge ou companheiro (inciso II), de pensão por morte e aposentadoria (inciso III), podendo optar por um dos benefícios. A pensão por morte corresponderá a 50%, acrescida de 10% por dependente, até o limite de 100% (§ 7º), segundo a proposta governamental, mas, caso o dependente perca essa qualidade, essa cota de 10% não é reversível aos demais dependentes, diminuindo, portanto, do valor total 10% a cada dependente que perca essa qualidade.

Na iniciativa privada, a aposentadoria especial somente autorizará uma redução de, no máximo, 10 anos no requisito de idade e de 5 anos, no máximo, para o tempo de contribuição (art. 201, § 1º-A), deixando de existir as aposentadorias especiais de 10, 15 e 20 anos. Significa dizer que, nas atividades exercidas sob condições especiais que efetivamente prejudiquem a saúde, homens e mulheres poderão, no máximo, se aposentar aos 55 anos de idade e 20 anos de contribuição.

Portanto, pela proposta governamental, um trabalhador ou trabalhadora que se submeta a condições que "efetivamente" prejudiquem sua saúde e que inicie sua vida profissional aos 20 anos de idade, por exemplo, terá que trabalhar, nessas condições, mais 35 anos e contribuir por ao menos 20 anos, para ter direito à aposentadoria. Essa mesma situação se aplica aos deficientes. Desnecessário, portanto, grande esforço mental para concluir que, em pouco tempo, os riscos pelo adoecimento ocupacional tendem a se multiplicar, em evidente desrespeito às normas internacionais e políticas de prevenção dos riscos e promoção da saúde do trabalhador, anteriormente já enfocadas.

A aposentadoria será assegurada àqueles que tenham completado 65 anos de idade, se homens, e 62 anos de idade, se mulheres, e 25 anos de contribuição (§ 7º), correspondendo a 51% da média das remunerações e dos salários de contribuição, acrescidos de 1% a cada ano de contribuição, até o limite de 100%, tal como prevê para os servidores públicos (§ 7º-B).

Ademais, seguindo o raciocínio imposto pela PEC n. 287/2016 de necessidade de implementação de dois requisitos para a aposentadoria, com percepção de 51% da média das remunerações – 65 anos de idade (homem) e 62 anos de idade (mulher) e 25 anos de contribuição –, levará, inevitavelmente, ao ingresso de uma parcela maior da população de menor renda ao assistencialismo governamental – benefício assistencial de prestação continuada –, em vista de uma maior informalidade, como, inclusive, é ressaltado na Exposição de Motivos.

Originariamente, a PEC n. 287/2016 desconsiderava, totalmente, as distinções de gênero, no tocante à idade mínima para a aposentadoria, sob o argumento de que "a melhora da oferta educacional na primeira infância contribuiu para a redução do número de mulheres que apenas cuidam das tarefas domésticas"[62], olvidando-se do grande desgaste físico e emocional que atinge mais especificamente estas, em vista da denominada "dupla jornada". Muitos países ainda guardam essa distinção, como a exemplo Bolívia, Colômbia, Argentina, Chile. Na Itália, por exemplo, os homens aposentam-se aos 66 anos, ao passo que as mulheres, aos 62[63].

Após grandes pressões de toda sociedade civil organizada, a proposta de emenda à Constituição passou a prever essa distinção de idade mínima para aposentadoria, sendo 65 anos para homens e 62 anos, se mulher.

Somente nas situações em que a incapacidade permanente para o trabalho decorrer exclusivamente de acidente de trabalho é que o valor da aposentadoria corresponderá a 100% da média dos salários de contribuição (§ 7º-C). Com isso, ressuscita-se um velho fantasma de discrepância de valores entre os benefícios de aposentadoria por invalidez decorrentes

---

(62) Ver p. 21 da PEC n. 287/2016. Disponível em: <http://www.camara.gov.br/proposicoesWeb/prop_mostrarintegra;jsessionid=7B34FA5E-5594B8F31B769C9CC41CEA47.proposicoesWebExterno1?codteor=1514975&filename=Tramitacao-PEC+287/2016>. Acesso em: 06 fev. 2017.
(63) Idem. p. 22.

de doenças e os decorrentes de acidentes de trabalho, e as hipóteses de subnotificações dos acidentes de trabalho e a emissão da CAT trarão prejuízos tanto na esfera trabalhista, como, de fato, já ocorrem[64], como na esfera previdenciária.

A proposta de Reforma da Previdência ainda veda a contagem de tempo de contribuição fictício para efeito de concessão de benefícios e de contagem recíproca (§ 14) e a expectativa de vida, caso aumente, também aumentará a idade mínima para a aposentadoria, conforme os termos do § 15: "sempre que verificado o incremento mínimo de um ano inteiro na média nacional única correspondente à expectativa de sobrevida da população brasileira aos sessenta e cinco anos, para ambos os sexos, em comparação à média apurada no ano de promulgação desta Emenda, nos termos da lei, a idade prevista no § 7º será majorada em números inteiros."

Há, ainda, previsão de cortes significativos na assistência social, majorando a idade do idoso, para fins de recebimento do benefício de prestação continuada, prevista na Lei Orgânica de Assistência Social (Lei n. 8.742, de 7 de dezembro de 1993), de 65 anos (art. 20) para 68 anos (PEC n. 287/2016, alteração do art. 203, inciso V), e possibilidade de revisão, com o aumento da expectativa de vida (§ 3º), podendo a lei alterar os conceitos do valor, requisitos de concessão e manutenção (art. 203, V, § 1º, I), definição de grupo familiar (II), grau de deficiência para fins de acesso ao benefício e do seu valor (III).

Neste aspecto, a exposição de motivos da PEC n. 287/2016 é especialmente cruel. Num país que no trimestre encerrado em julho de 2017[65] tem uma taxa alarmante de desocupação de 12,8%, e em que um trabalhador de 40 anos de idade já é considerado "velho" para o mercado de trabalho, causa náuseas o fato de se estabelecer o benefício de prestação continuada, prevista na Lei Orgânica de Assistência Social (Lei n. 8.742, de 7 de dezembro de 1993), de 65 anos (art. 20) para 68 anos, e, ainda, em valor inferior ao salário mínimo, sob o pífio argumento de o Brasil, em relação ao PIB *per capita*, pagar esse benefício assistencial em percentual superior ao que é pago pelos países da OCDE (Organização para a Cooperação e Desenvolvimento Econômico – que congrega 34 países, dentre eles Áustria, Bélgica, Dinamarca, França, Itália, entre outros, descritos como economias de renda média alta pelo Banco Mundial)[66].

É a tentativa desenfreada e sem limites de desmantelamento de todo arcabouço protetivo do trabalhador, e, consequentemente, da proteção integral à sua saúde.

6. CONSIDERAÇÕES FINAIS

Em que pese o Brasil ser signatário da Convenção n. 155 da OIT e haver instituído uma Política Nacional de Segurança e Saúde no Trabalho e vários instrumentos normativos de promoção da saúde e melhoria da qualidade de vida do trabalhador e a prevenção de acidentes, os dados estatísticos demonstram uma queda ainda pouco expressiva no número de acidentes do trabalho, o que representa um elevado custo financeiro para o Sistema Previdenciário e Assistencial, bem como para o próprio empresariado, em vista do absenteísmo do trabalhador.

A par disso, uma camada representativa da população brasileira (estimada em 37,88%), segundo o levantamento contido no Anuário Estatístico da Previdência Social de 2015, está à margem da proteção previdenciária, tendo a taxa de desemprego subido para 12,6%, no trimestre de novembro, dezembro de 2016 e janeiro de 2017, com o PIB no menor índice dos últimos anos (3,6% negativo em 2016) e a taxa de desocupação de 12,8%, no trimestre encerrado em julho de 2017.

O Projeto de Lei n. 6.787, de autoria do Poder Executivo, Ministro do Trabalho e Previdência Social Ronaldo Nogueira de Oliveira, transformado na Lei n. 13.467, de 13 de julho de 2017, que trata sobre a Reforma Trabalhista e a Proposta de Emenda à Constituição n. 287/2016 sobre a Reforma da Previdência,

---

(64) Nos termos do art. 118 da Lei n. 8.213/1991 (Art. 118. O segurado que sofreu acidente do trabalho tem garantida, pelo prazo mínimo de doze meses, a manutenção do seu contrato de trabalho na empresa, após a cessação do auxílio-doença acidentário, independentemente de percepção de auxílio-acidente.) e do art. 15, § 5º da Lei n. 8.036/1990 (Art. 15. Para os fins previstos nesta lei, todos os empregadores ficam obrigados a depositar, até o dia 7 (sete) de cada mês, em conta bancária vinculada, a importância correspondente a 8 (oito) por cento da remuneração paga ou devida, no mês anterior, a cada trabalhador, incluídas na remuneração as parcelas de que tratam os arts. 457 e 458 da CLT e a gratificação de Natal a que se refere a Lei n. 4.090, de 13 de julho de 1962, com as modificações da Lei n. 4.749, de 12 de agosto de 1965). § 5º O depósito de que trata o *caput* deste artigo é obrigatório nos casos de afastamento para prestação do serviço militar obrigatório e licença por acidente do trabalho), somente o trabalhador afastado por acidente do trabalho tem direito à garantia ao emprego de 12 meses após a cessação do benefício previdenciário e aos depósitos do fundo de garantia.

(65) Ver dados estatísticos do PNAD Contínua – Pesquisa Nacional por Amostra de Domicílios Contínua. Disponível em: <https://www.em.com.br/app/noticia/economia/2017/08/31/internas_economia,896680/taxa-de-desemprego-cai-para-12-8-revela-ibge.shtml>. Acesso em: 15 out. 2017.

(66) Ver a relação dos países que formam o OCDE. Disponível em: <https://pt.wikipedia.org/wiki/Organiza%C3%A7%C3%A3o_para_a_Coopera%C3%A7%C3%A3o_e_Desenvolvimento_Econ%C3%B3mico>. Acesso em: 08 mar. 2017.

também de autoria do Poder Executivo, especificamente do Ministro da Fazenda Henrique de Campos Meirelles, configuram-se em tentativa de precarização dos direitos, representando retrocesso social incomensurável e de grande prejuízo ao arcabouço normativo de proteção integral à saúde do trabalhador.

A busca por um Estado mínimo e a precarização e flexibilização cada vez maior dos direitos sociais a partir da criação de normas que reduzem ou suprimem direitos do trabalhador não auxiliam ou amenizam os efeitos da crise. Ao contrário, quanto menor o arcabouço normativo de proteção, maior é o índice de acidentalidade e doenças relacionadas ao trabalho. Quanto maior o índice de desemprego e supressão de direitos sociais, menor é o índice de consumo de produtos e serviços, de forma que apenas o equilíbrio entre o capital e o trabalho pode retirar o país da recessão em que se encontra.

7. REFERÊNCIAS

7.1. Bibliográficas

AGRA, Walber de Moura. *Curso de Direito Constitucional*. Rio de Janeiro: Forense, 2009.

ALMEIDA, Isis. *Manual de Direito Processual do Trabalho*. São Paulo: LTr, 1998.

BARROSO, Fábio Túlio. *Direito Flexível do Trabalho*: abordagens críticas. Recife: Universitária, 2009.

_____. *Manual de Direito Coletivo do Trabalho*. São Paulo: LTr, 2010.

CAMPOS, Flavio de; MIRANDA, Renan Garcia. *A Escrita da História*. São Paulo: Escala Educacional, 2005.

DELGADO, Gabriela Neves. Princípios Internacionais do Direito do Trabalho e do Direito Previdenciário. *Revista LTr* 74, n. 03, mar. 2010.

DELGADO, Maurício Godinho. *Curso de Direito do Trabalho*. 6. ed. São Paulo: LTr, 2007.

FREITAS, Ana Maria Aparecida de. *De Getúlio Vargas ao Processo de Redemocratização*: um olhar para a história do Direito do Trabalho e da Justiça do Trabalho. Temas de Direito do Trabalho em Homenagem aos 70 Anos da CLT. São Paulo: LTr, 2014.

GOSDAL, Thereza Cristina. *Dignidade do Trabalhador*: um conceito construído sob o paradigma do trabalho decente e da honra. São Paulo: LTr, 2007.

HABERMAS, Jürgen. *Direito e Democracia*: entre facticidade e validade. 2. ed. Rio de Janeiro: Tempo Brasileiro, 2003.

IBRAHIM, Fábio Zambitte. *Curso de Direito Previdenciário*. 14. ed. Rio de Janeiro: Impetus, 2009.

MARTINS, Sergio Pinto. *Direito Processual do Trabalho*. 33. ed. São Paulo: Atlas, 2012.

NASCIMENTO, Amauri Mascaro. *Curso de Direito Processual do Trabalho*. 24. ed. São Paulo: Saraiva, 2009.

OLIVEIRA, Sebastião Geraldo de. *Proteção Jurídica à Saúde do Trabalhador*. 6. ed. São Paulo: LTr, 2011.

PEDUZZI, Maria Cristina Irigoyen. *O princípio da dignidade da pessoa humana na perspectiva do direito como integridade*. São Paulo: LTr, 2009.

SARLET, Ingo. *Dignidade da pessoa humana e direitos fundamentais na Constituição Federal de 1988*. 5. ed. Porto Alegre: Livraria do Advogado, 2007.

SILVA, José Afonso. *Comentário Contextual à Constituição*. 2. ed. São Paulo: Malheiros, 2007.

WEBER, Max. *A Ética Protestante e o Espírito do Capitalismo*. São Paulo: Martin Claret, 2001.

7.2. Eletrônicas

Anuário Estatístico da Previdência Social – 2015. Disponível em: <http://www.previdencia.gov.br/wp-content/uploads/2015/08/AEPS-2015-FINAL.pdf>. Acesso em: 07 mar. 2017.

Carta Del Lavoro. Disponível em: <http://www.historia.unimi.it/sezione/fonti/codificazione/cartalavoro.pdf>. Acesso em: 09 mar. 2017.

Departamento Intersindical de Assessoria Parlamentar – DIAP. Disponível em: <http://www.diap.org.br/index.php/noticias/agencia-diap/25839-55-ameacas-de-direitos-em-tramitacao-no-congresso-nacional>. Acesso em: 09 mar. 2017.

Empresas de avaliação Fitch e Standard & Poor's. Disponível em: <http://www1.folha.uol.com.br/mercado/2015/12/1719698-agencia-de-classificacao-de-risco-fitch-tira-selo-de-bom-pagador-do-brasil.shtml>. Acesso em: 04 fev. 2016.

Jornal do Brasil. Disponível em: <http://www.jb.com.br/internacional/noticias/2017/03/09/italia-aprova-bolsa-familia-de-400-euros/>. Acesso em: 09 mar. 2017.

Decreto Legislativo n. 276/2003. Disponível em: <http://www.historia.unimi.it/sezione/fonti/codificazione/cartalavoro.pdf>. Acesso em: 09 mar. 2017.

Notas técnicas do MTE – IBGE. Disponível em: <http://ces.ibge.gov.br/images/ces/nota_tecnica_caged_pme.pdf>. Acesso em: 07 mar. 2017.

Notícia relacionada ao PIB 2016. Disponível em: <http://g1.globo.com/economia/noticia/pib-do-brasil-fica-na-lanterna-em-ranking-com-38-paises.ghtml>. Acesso em: 08 mar. 2017.

PEC 287/16 – Reforma da Previdência. Disponível em: <http://www.camara.gov.br/proposicoesWeb/prop_mostrarintegra;jsessionid=7B34FA5E5594B8F31B769C9CC-41CEA47.proposicoesWebExterno1?codteor=1514975&filename=Tramitacao-PEC+287/2016>. Acesso em: 06 fev. 2017.

PIB. Disponível em: <http://g1.globo.com/economia/noticia/pib-do-brasil-fica-na-lanterna-em-ranking-com-38-paises.ghtml>. Acesso em: 08 mar. 2017.

PL n. 6.786/2016, referente à reforma trabalhista. Disponível em: <http://www.camara.gov.br/proposicoesWeb/fichadetramitacao?idProposicao=2122076>. Acesso em: 08 mar. 2017.

PLC n. 30/2015, referente à regulamentação dos contratos de terceirização e as relações de trabalho deles decorrentes. Disponível em: <http://www25.senado.leg.br/web/atividade/materias/-/materia/120928>. Acesso em: 09 mar. 2017.

PNAD Contínua – Pesquisa Nacional por Amostra de Domicílios Contínua. Disponível em: <https://www.em.com.br/app/noticia/economia/2017/08/31/internas_economia,896680/taxa-de-desemprego-cai-para-12-8-revela-ibge.shtml>. Acesso em: 15 out. 2017.

Relação dos países que formam o OCDE. Disponível em: <https://pt.wikipedia.org/wiki/Organiza%C3%A7%C3%A3o_para_a_Coopera%C3%A7%C3%A3o_e_Desenvolvimento_Econ%C3%B3mico>. Acesso em: 08 mar. 2017.

Matéria veiculada no Jornal do Brasil. Disponível em: <http://www.jb.com.br/internacional/noticias/2017/03/09/italia-aprova-bolsa-familia-de-400-euros/>. Acesso em: 09 mar. 2017.

Informações disponíveis em: <http://fundacaoanfip.org.br/site/2016/04/brasil-e-italia-discutem-melhorias-na-gestao-dos-beneficios-por-incapacidade/>. Acesso em: 09 mar. 2017 e em <http://www.previdencia.gov.br/2016/04/saude-e-seguranca-brasil-e-italia-discutem-melhorias-na-gestao-dos-beneficios-por-incapacidade/>. Acesso em: 09 mar. 2017.

ISTAT. Disponível em: <http://www.istat.it/it/archivio/197544>. Acesso em: 09 mar. 2017.

_____. Disponível em: <http://seriestoriche.istat.it/index.php?id=1&no_cache=1&tx_usercento_centofe[categoria]=5&tx_usercento_centofe[action]=show&tx_usercento_centofe[controller]=Categoria&cHash=9789dfecb3efc8fdb6fbe34413b2c38c>. Acesso em: 09 mar. 2017.

7.3. Legislativas

BRASIL. *Constituição da República Federativa do Brasil.*

_____. Decreto n. 7.602, de 7 de novembro de 2011. Disponível em: <http://www.planalto.gov.br/ccivil_03/_ato2011-2014/2011/decreto/d7602.htm>. Acesso em: 07 mar. 2017.

_____. Decreto 19.482, de 12 de dezembro de 1930.

_____. Lei n. 12.436, de 6 de julho de 2011. Disponível em: <http://www.planalto.gov.br/ccivil_03/_Ato2011-2014/2011/Lei/L12436.htm>. Acesso em: 09 mar. 2017.

_____. Medida Provisória n. 665, de 30 de dezembro de 2014, convertida na Lei n. 13.134, de 16 de junho de 2015.

_____. Medida Provisória n. 664, de 30 de dezembro de 2014, convertida na Lei n. 13.135, de 17 de junho de 2015.

Disponível em: <http://www2.camara.gov.br/legin/fed/decret/1930-1939/decreto-19482-12-dezembro-1930-503018-republicacao-82423-pe.html>. Acesso em: 08 mar. 2012.

Carta Del Lavoro. Disponível em: <http://www.historia.unimi.it/sezione/fonti/codificazione/cartalavoro.pdf>. Acesso em: 09 mar. 2017.

Convenção n. 155 da OIT. Disponível em: <http://www.oitbrasil.org.br/node/504>. Acesso em: 07 mar. 2017.

Instrução Normativa n. 39/2016. Disponível em: <http://www.normaslegais.com.br/legislacao/Instrucao-normativa-tst-39-2016.htm>. Acesso em: 09 mar. 2017.

La Costituzione Italiana: aggiornata a gennaio/2016, con introduzione di Saulle Panizza e Roberto Romboli. Pisa: Plus Pisa university press, 2016.

As Aparentes Proteções ao Teletrabalho trazidas pela Lei n. 13.467/2017 (reforma laboral) que altera a Consolidação das Leis do Trabalho. O pseudodireito à desconexão do ambiente laboral entre outros direitos do trabalhador não considerados nesta reforma[1]

Anelize Klotz Fayad[*]
Marco Antônio César Villatore[**]

1. INTRODUÇÃO

O crescente avanço da globalização e tecnologia no mercado econômico mundial, fez com que a livre concorrência impulsionasse a diversidade das formas de trabalho, categorias profissionais, produtos e serviços. O capitalismo passou a impor a adoção de procedimentos ágeis e flexíveis para a permanência dos trabalhadores no mercado de trabalho como o uso da tecnologia e da *internet*. A conscientização com a mobilidade das pessoas, em grandes centros urbanos e industriais, passou a conjugada com a proposta de se atingir a felicidade com mais tempo qualitativo voltado ao lazer, é a proposta do emprego do teletrabalho.

Neste contexto se busca demonstrar a importância da convivência com a tecnologia ser obrigatória diante da *internet*, e que, ao mesmo tempo em que aproxima as pessoas, também pode distanciar os sentimentos de humanização entre elas. Traz a nova modalidade de contratação, a *second life* através de avatares, em que, empresas especializadas em recursos humanos buscam, virtualmente, profissionais configurados em perfil determinado para desenvolvimento de atividades virtuais.

O teletrabalho vem reduzir o tempo e o espaço, e é uma das mais flexíveis ferramentas laborais para as novas exigências do mercado e para alcançar harmonia de vida com maior tempo livre ao trabalhador. Apesar disso, mesmo com a recente Reforma Trabalhista se encontra mal regulamentado, e inviabiliza a evolução do mercado global de trabalho, principalmente quanto à flexibilização.

O próprio Estado incentiva a execução do teletrabalho descentralizado fisicamente e geograficamente, mister que a norma regulamentadora desta atividade seja específica e produza efeitos satisfatórios dentro do princípio protecionista que abarca o Direito do Trabalho.

---

[*] Advogada, graduada em Direito pela Faculdades OPET PR (FAO); mestranda em Direito Socioambiental pela PUCPR; especialista em Processo do Trabalho e Direito Previdenciário pela EMATRA PR; administradora graduada pela UFPR, pós-graduada em Marketing e Logística Empresarial na UFPR e pós-graduada em Negócios Internacionais e Logística Internacional pela FAE Business School PR.

[**] Advogado. Pós-Doutor em Direito pela UNIROMA II "*TOR VERGATA*". Doutor em Direito pela Universidade de Roma I, "*La Sapienza*", revalidado na Universidade Federal de Santa Catarina e Mestre em Direito pela Pontifícia Universidade Católica de São Paulo. Coordenador do Curso de Especialização em Direito do Trabalho e Professor Titular de Direito do Trabalho, ambos na Pontifícia Universidade Católica do Paraná (PUCPR), na Graduação e na Pós-graduação (Mestrado e Doutorado), Professor do UNINTER e Professor Adjunto III da UFSC.

[1] A base do presente trabalho se refere à monografia de conclusão do curso de Pós-Graduação na Escola da Magistratura Trabalhista da Nona Região – Paraná (EMATRA IX), da primeira autora, orientada pelo Prof. Dr. Rodrigo Fortunato Goulart, por sua vez, orientado no Mestrado e no Doutorado pelo segundo autor, além de trabalhos publicados e encontrados nas referências deste.

Este objeto de estudo tem por finalidade demonstrar que a Lei n. 13.467, publicada em 13 de julho de 2017[2], da Reforma Laboral, não recepcionou alguns direitos do teletrabalhador favorecendo o lado dos empregadores por parte do legislador. É preciso considerar os direitos conquistados anteriormente, como os limites a serem respeitados entre eles, o direito à intimidade e ao lazer sob o viés constitucional e trabalhista, uma vez que a regulamentação anterior, com o uso análogo, já refletia um hiato remetendo ao descaso ao trabalhador quanto ao trabalho escravo.

A Reforma Laboral ao regulamentar o teletrabalho trouxe a eliminação de alguns direitos conquistados pelos trabalhadores como as horas extras. Nesta polêmica, a Justiça Trabalhista já não demonstrou interesse anterior em prever regulamentação condizente às funções distintas no teletrabalho. Pelo contrário, havia a comodidade em edições de Súmulas que realizava cobertura análoga aos litígios enfrentados, indicando atraso da seara laboral em relação à globalização e à oportunidade de qualidade de vida aos trabalhadores.

A metodologia utilizada neste estudo se caracteriza de modo exploratório, baseado em pesquisas bibliográfica e documental. É possível, a partir de uma revisão da literatura e de determinações legais, refletir sobre a adequada regulamentação do teletrabalho de modo específico à aplicação na atividade executiva, dispensando o uso análogo até então utilizado.

Este objeto se justifica por provocar uma reflexão ao leitor quanto as características materiais descritas na reforma laboral que regulamenta o teletrabalho, e que reconhecendo esta atividade, prescinde de respeito à dignidade aos direitos fundamentais já conquistados.

2. O NOVO CONTEXTO DO TRABALHO

Hodiernamente o efeito pós-modernidade trouxe o anseio por novas oportunidades de trabalho que são criadas dentro da necessidade e crise econômica presentes em uma sociedade. Comumente difundido entre grandes executivos de multinacionais, instituições financeiras, grandes grupos empresariais, o teletrabalho está presente cada vez mais nos ambientes tradicionais até mesmo em alguns órgãos públicos; a Receita Federal do Brasil já possibilita aos seus auditores a realização do expediente laboral em suas próprias residências visando a reduzir o índice de absenteísmo no trabalho.

Há que se analisar a diversidade de perspectivas teóricas do teletrabalho, os riscos e as ameaças pela confusão que se cria diante do direito e da legalidade. Saber a posição do direito e sua regulamentação na modalidade do teletrabalho em que pese o direito ao lazer. Um confronto entre dois direitos sociais previstos no art. 6º da Constituição de 1988 que caminham juntos, mas em direções opostas, e aí está o objetivo do teletrabalho, fazer com que estes direitos se integrem na mesma direção.

Wayne Morrison (2006, p. 12) procura compreender o direito e a evolução da sociedade dentro de uma conjugação única, ao analisar as pessoas como produtos do império do direito. Os adeptos do novo trabalho estariam dentro deste contexto ao considerar que tudo passa por uma jornada histórica de considerações e influências? Ao adaptar esta questão a este estudo seria compreender como o direito é e quais os aspectos a serem reformulados, bem como uma nova interpretação ao conceito de teletrabalho na legislação trabalhista pós-modernidade. Reconhecer uma identidade social ao trabalho para entender se as instituições sociais satisfazem as necessidades humanas e estimulam o desenvolvimento da história jurídica sociopolítica ao mundo pós-moderno.

2.1. O uso da analogia na regulamentação do teletrabalho

As mudanças políticas e estruturais da sociedade são consideradas efêmeras devido à insegurança econômica que permeia as relações trabalhistas. Até a efetividade da Lei n. 13.467/2017, a legislação vigente era em função de julgados com adaptações da então Consolidação das Leis do Trabalho e Súmulas aos casos concretos, padecendo de especificidade engatinhando junto ao mundo real. O Judiciário não acompanhava a intensa quantidade de demandas trabalhistas procurando adaptar a legislação à movimentação crescente de súmulas, desprezando os impactos que a rapidez da tecnologia ocasiona, estendendo a aplicação da Súmula n. 428[3] do Tribunal Superior do Trabalho aos diversos casos de trabalho a distância.

---

(2) BRASIL. Lei n. 13.467, de 13 de julho de 2017. Altera a Consolidação das Leis do Trabalho (CLT), aprovada pelo Decreto-Lei n. 5.452, de 1º. de maio de 1943. *Diário Oficial da União*, Brasília, 13 de julho de 2017. Disponível em: <http://www.planalto.gov.br/ccivil_03/_Ato2015-2018/2017/Lei/L13467.htm>. Acesso em: 15 out. 2017.

(3) Súmula n. 428 do Tribunal Superior do Trabalho: Sobreaviso aplicação analógica do Art. 244, § 2º da CLT (REDAÇÃO ALTERADA NA SESSÃO DO Tribunal Pleno realizada em 14.09.2012) – Res. n. 185/2012, DEJT divulgado em 25, 26 e 27.09.2012: I – O uso de instrumentos telemáticos ou informatizados fornecidos pela empresa ao empregado, por si só, não caracteriza o regime de sobreaviso. II – Considera-se em sobreaviso o empregado que, à distância e submetido a controle patronal por instrumentos telemáticos ou informatizados, permanecer em regime de plantão ou equivalente, aguardando a qualquer momento o chamado para o serviço durante o período de descanso. Brasil. Tribunal Superior do Trabalho. Súmula n. 428 de 14 de novembro de 2012. Sobreaviso: aplicação analógica do art. 244, § 2º da CLT. Disponível em:

É salutar que as formas de regulamentação do teletrabalho e até mesmo Acordos Coletivos de Trabalho ou Convenções Coletivas de Trabalho se voltem para a especificidade da atividade, e não apenas com edição de súmulas pelos tribunais para buscar a solução de conflitos em pontos obscuros não reconhecidos na legislação trabalhista com o uso da analogia, que, segundo Plácido e Silva (2007, p. 106) significa:

> originada do grego, é expressão que significa semelhança ou paridade. Desse modo significa semelhança de casos, fatos ou coisas, cujas características se assemelhem. E quando se trata de relações jurídicas, por esta semelhança e identidade, se mostram elas, por analogia, subordinadas a um princípio ou princípios atribuídos aos casos análogos, se a lei não lhes prescreveu regra própria. Analogia: Quando se refere à interpretação da lei ou do texto legal, se diz que a interpretação extensiva ou indutiva dele, pela semelhança com outra lei ou com outro texto. É a interpretação que foge a lógica restritiva e gramatical do dispositivo legal, e é promovida em face de outros dispositivos, que regulam casos idênticos ou ao da controvérsia.

A partir da Reforma Laboral, vem a existir a regulamentação direcionada para as atividades do teletrabalho, o que faz com que a analogia acabe. Na analogia, o aplicador precisa considerar que o caso em foco não pode contar com amparo de texto legal sobre objeto análogo; ainda é preciso que exista, na doutrina ou outra forma suplementar de expressão do direito, a formulação de preceito jurídico sobre o caso análogo e a razão do direito ao caso previsto deverá ser a mesma do caso não previsto.

A proteção que recebe o operador de telefonia não é mais a mesma que recebia a função de alto executivo de uma multinacional ou a de um servidor público com seu *notebook* ao exercer suas atividades em casa. Este cenário vigorava desde promulgação da Consolidação das Leis do Trabalho, CLT (Decreto-Lei n. 5.452/1943), consequência de períodos sucessivos em que passou a ser amparado por outras legislações, em razão da ausência de previsão das necessidades trabalhistas diante de seu desenvolvimento histórico.

2.2. O Projeto de Lei n. 6.7887-B/2016

O Projeto de Lei n. 6.787-B/2016 (Disponível em: <http://www.camara.gov.br/proposicoesWeb/prop_ mostrarintegra?codteor=1550864&filename=Tramitacao-PL+6787/2016. Acesso em: 31 out. 2017), foi elaborado pelo então Deputado Federal, Rogério Marinho, do Partido da Social Democracia brasileira (PSDB), do Rio Grande do Norte. O texto, quando ainda projeto, já apresentava conteúdo precário às relações trabalhistas com a redução de direitos e impedimento ao acesso à justiça pelos trabalhadores. Assim mesmo, sendo alvo de protesto nacional, por empregados, sindicatos, associações de magistrados, e a Ordem dos Advogados do Brasil, o projeto recebeu aprovação no Congresso Nacional e presidência da República. Recebeu apoio dos empregadores, empreiteiros e grande parte da classe política. (Disponível em: <http://www.jb.com.br/pais/noticias/2017/04/23/reforma-trabalhista-deputados-e-juristas-combatem-projeto-de-mudanca-da-clt/>. Acesso em: 31 out. 2017).

A proposta inovou ao trazer a regulamentação do trabalho a distância que tem sido alvo de controvérsias pelos interessados na seara trabalhista em relação a não concessão de horas extras para o teletrabalho. Mariângela Guerreiro Milhoranza (2009, p. 45) enfatiza que a nova regulamentação traz a jornada flexível como jornada aberta, mas retira dos direitos dos empregados em relação ao teletrabalho, o direito às horas extras.

Em relação às contratações já existentes, estas deverão ser ajustadas gradativamente; já as contratações a partir da data de 11 de novembro do corrente ano[4], estas sim, deverão seguir a nova configuração trabalhista.

A intenção da reforma criou uma celeuma ao direito e não uma solução. Nítido se faz o desconhecimento dos avanços perpetuados pela atividade do teletrabalho, assim como os meios de controle da atividade telemática, adiante comentados, já existentes e das reais necessidades a serem regulamentadas. A reação negativa à retirada dos direitos pode desencadear outros fatores como a realização de tarefas distante da convivência social com colegas e até mesmo familiar, causando consequências de ordem psicológicas ao teletrabalhador.

O teletrabalho tem como um dos pontos mais controvertidos na doutrina a subordinação, considerada como o requisito mais importante para o vínculo de emprego. Em um primeiro momento, erroneamente, pode-se interpretar que, por conta da distância entre as partes do contrato de trabalho, no teletrabalho, não há o que se pensar em prestação de serviços de forma

---

<http:www3.ysy.jus.br/jurisprudência/sumulascomindices/sumulasind401450sum-428>. Acesso em: 31 out. 2017.

(4) A Lei n. 13.467 (Reforma Laboral) foi publicada em 13 de julho de 2017. Sendo assim, sua vigência será após o período de *vacatio legis*, (cento e vinte dias).

subordinada, explicam Villatore e Rodrigues Junior (2017, p. 2). Ao contrário, o teletrabalho é subordinado e por isso há o dever da manutenção dos direitos trabalhistas, entre eles o das horas extras.

Hodiernamente a subordinação não se apresenta em um único superior hierárquico, ela é exercida de modo indireto. A alegação de não existir subordinação demonstra ausência de estudo, além de não se tratar de atividade autônoma, a legislação trabalhista reconhece a jornada de trabalho flexível desde que estabelecida por legislação ou por documentos normativos coletivos da categoria sindical.

No caso do teletrabalho, há o amparo constitucional em garantir o direito à intimidade, conforme o art. 5º, incisos X e XII da CRFB/1988. Em função desta previsão constitucional não há autorização para fiscalização no interior do domicílio onde o trabalhador se encontre e por isso não se pode negar o regime de jornada previsto pela legislação anterior à Lei n. 13.467/2017.

Quanto às comunicações aqui se encontram as mensagens trocadas por correio eletrônico, que mesmo com finalidade laboral, não podem, efetivamente, ser violadas, ou colocadas à disposição da empresa sem requisição judicial. Será, conforme Oscar Joseph de Plácido e Silva (2007, p. 807) uma presunção *juris tantum*.

Por outro lado, a relação de teletrabalho permite o controle do empregador, por meio de programas *on-line* de controle de tempo e rendimento da produção, pois "[...] o que de fato ocorre, é que a subordinação não desaparece, mas sim a tecnologia usada cria uma nova roupagem para este elemento configurador da relação empregatícia". (WOJTECKI; BRUJINSKI, 2014, p. 64).

Pino Estrada (2012, p. 176) manifestou-se contrário à edição de legislação específica para o teletrabalho. Para ele, entendimentos jurisprudenciais eram suficientes, assim como o uso da analogia, mas concordava com a morosidade que estes entendimentos exigem até que se atinja a função do processo.

3. O QUE É O TELETRABALHO

O teletrabalho se realiza a distância ou de modo remoto. Nos Estados Unidos, usa-se a expressão *telecommuting* e para seus praticantes, *telecommuters*; significa o trabalho realizado em casa pelos que nela trabalham. As expressões citadas foram aplicadas por Jack Nilles (Disponível em: <http://www.jala.com/jnmbio.php>. Tradução livre. Acesso em: 02 nov. 2017) e Carla Carrara da Silva Jardim (2004, p. 37) explica que o trabalho a distância apareceu pela primeira vez em 1950, mas que apenas na década de 1970 diante da crise do petróleo com a elevação dos preços dos combustíveis e transportes foi pensado na combinação entre o setor das telecomunicações e informática usando o termo: telemática.

Surge a deslocalização da atividade assalariada na década de 1980 visando à redução da ocorrência de impacto ambiental e melhor organização territorial de grupos empresariais, a redução de custos de mão de obra, de instalações físicas e a motivação social em troca do prometido tempo de lazer. É o uso de mão de obra localizada no país "A", prestando serviços para uma empresa no país "B" que também necessite destes mesmos serviços no país "C", porém a um custo salarial menor que os prestados por "A", e podem espelhar qualificações distintas entre seus teletrabalhadores devido à cultura e infraestrutura ofertada em cada local da prestação de serviços. É um dos fatores negativos presentes ao teletrabalho que precisa de atenção legislativa específica, ponto não abordado pela reforma trabalhista.

Alice Monteiro de Barros (2006, p. 322) entende que apenas quando o trabalhador se utiliza de um terminal como interface entre ele e a empresa, será o teletrabalho.

Com a Lei n. 13.467/2017, a partir do novo capítulo II-A da CLT, há tratamento próprio ao teletrabalho, porém, não adequado como será abordado.

O Art.75-B conceitua o teletrabalho: "toda prestação de serviços preponderantemente fora das dependências do empregador, com a utilização de tecnologias de informação e de comunicação que, por sua natureza, não se constituam como trabalho externo". Solange Inês Biesdorf e Suely Santiago (2011, p. 25) entendem que o exercício do teletrabalho, ocorre "[...] no próprio domicílio do trabalhador, podendo ser assim considerado, nesta modalidade, outro local, como um ambiente familiar que não constitua o seu domicílio efetivo". Esta situação também é chamada de *home office,* não importando se ocorre na residência do empregado ou em centros satélites, ou comunitários, ou até de modo nômade quando não há um local fixo, o que justifica a flexibilidade do teletrabalho.

Os centros satélites são espaços disponibilizados pelo empregador, mas não situados na sede central, ou local da contratação do empregado, mas que dispõem de comunicação telemática permanente. (FINCATO; BUBLITZ, 2011, p. 115).

Os centros comunitários, *telecottages,* se localizam em áreas rurais e periféricas dos centros urbanos que possibilitam oportunidades de trabalho à população que ali reside. A criação destes espaços visa atrair mão de obra qualificada, disponibilizando instalações locais como: escolas públicas, salões de igrejas, galpões em fazendas, com a necessária infraestrutura para o exercício do teletrabalho. (FINCATO; BUBLITZ, 2003, p. 51).

Posto isto, há o alerta para uma interpretação prudente da nova lei, que além de conceituar o teletrabalho como a prestação de serviços fora do espaço central, ou tradicional, do empregador, considere todas as modalidades e locais de realização do teletrabalho.

Quanto ao pressuposto da *pessoalidade*, o teletrabalho possibilita que o empregado se utilize de mão de obra de terceiros e até de seus familiares, o que, aos olhos do Direito do Trabalho, não é o recomendado, pois pode ocasionar discussões a um futuro litígio, caso o contrato não seja regido dentro de previsões legais que respeitem a proteção do trabalhador, bem como favoreçam a iniciativa patronal.

Quanto ao quesito subordinação no trabalho em domicílio, o art. 75-C dispõe que a "[...] modalidade de teletrabalho deverá constar expressamente do contrato individual de trabalho, que especificará as atividades que serão realizadas pelo empregado"[5]. No entanto, a livre manifestação de vontade entre as partes já vale como base contratual sendo emoldurada pelos princípios da liberdade e igualdade, é a chamada descentralização da produção.

O § 1º do mesmo dispositivo prevê a possibilidade de alteração do trabalho presencial para teletrabalho, e vice-versa, por meio de registro em aditivo contratual. Nesse sentido, Jouberto de Quadros Pessoa Cavalcante e Francisco Jorge Neto (2017, no prelo) explicam que esta previsão legal é relativa e não absoluta, devendo ser analisada diante do caso concreto para que não incorra em abuso de direito do empregador (art. 187, CC). Prevalece o Princípio *in dubio pro operario* valorizando-se a vida pessoal e profissional do trabalhador.

Alice Monteiro de Barros (2006, p. 322) ensina que a execução do trabalho à domicílio até então, encontrava-se à margem da intervenção do legislador. Não havia apenas a insuficiência de proteção legal, mas a instabilidade financeira e tributária do país, a não organização sindical, em vias ideológicas advindas do mito liberal apregoado de que o trabalho desta forma permitiria maior autonomia, dignidade e liberdade ao trabalhador; ainda, há a dificuldade de individualizar a figura do trabalhador em um domicílio subordinado. Este último se relaciona ao isolamento dos empregados à domicílio em relação a quem de fato lhes fornece o serviço, pois cruza a responsabilidade patronal que deve estar atrelada a assistência previdenciária para proporcionar proteção à família do trabalhador e aos direitos deste, à aposentadoria entre outros.

Em relação à flexibilidade da jornada de trabalho, o desempenho da atividade pode ocorrer dentro do considerado horário habitual, mas se sujeita a sobrecarga ocasional ferindo o propósito da obtenção de tempo disponível para o lazer.

O que o sujeito realizador do teletrabalho deve preconizar é a autodisciplina, o equilíbrio entre o esforço dispendido e o resultado a alcançar, ter iniciativa com segurança ao avançar em situações que necessitem soluções e decisões sabendo equacionar a esfera social relacionando com outros colegas e com sua família. Absorver as possíveis melhorias na qualidade de vida a partir do teletrabalho para usufruir o tempo ao lazer que é reconhecido como direito.

3.1. A importância da ergonomia no teletrabalho

Outro ponto dos direitos trabalhistas é o respeito às normas de segurança e de higiene do trabalho, para observar os riscos ergonômicos presentes no local onde o trabalho seja desenvolvido que possam afetar o desempenho de quem o execute. Julio Cesar de Sá da Rocha (2013, p. 99-101) ensina que se deve ter em mente que o ambiente ou o posto de trabalho é único e a realização do trabalho humano vem qualificá-lo, por isso se deve dar devida importância.

A ergonomia é ponto de destaque em uma atividade laboral. De acordo com Nivaldo Maranhão Faria (1984, p. 165), o estudo de um posto ou local de trabalho:

> [...] proporciona o conhecimento das exigências das tarefas e o emprego adequado do homem em relação às condições do trabalho, principalmente à condição associada ao manuseio dos equipamentos. No trabalho com máquinas, o operador está sujeito às exigências destas; daí ser indispensável a ajustagem da máquina às exigências humanas. Tal ajustagem dos instrumentos mecânicos de trabalho ao funcionamento eficiente e saudável pelo agente humano depende dos conhecimentos aplicados da psicofisiologia.

Os estudos descritos originaram pesquisas em relação à adaptação de máquinas ao serviço do homem, assim como os instrumentos de trabalho em um am-

---

[5] BRASIL. Lei n. 13.467, de 13 de julho de 2017. Altera a Consolidação das Leis do Trabalho (CLT), aprovada pelo Decreto-Lei n. 5.452, de 1º de maio de 1943. *Diário Oficial da União*, Brasília, 13 de julho de 2017. Disponível em: <http://www.planalto.gov.br/ccivil_03/_Ato2015-2018/2017/Lei/L13467.htm>. Acesso em: 08 set. 2017.

biente propício para o seu desenvolvimento. O homem não pode ser um instrumento isolado para a atividade laboral, tudo em sua volta se relaciona ao trabalho realizado e requer adequação ambiental como boa disposição do equipamento a ser utilizado, iluminação, segurança na realização da atividade para minimizar os riscos de acidentes de trabalho e a fadiga.

O art. 75-D apresentado pela Reforma Laboral determina que o empregado é responsável pela aquisição, manutenção ou fornecimento dos equipamentos tecnológicos e da infraestrutura necessária e adequada ao teletrabalho, e que suas despesas provenientes serão reembolsáveis, desde que isto tenha sido previsto em contrato escrito.

Esta previsão possibilita que os bens pessoais do trabalhador sejam utilizados em favor do empregador, o que é chamado de alteridade: "[...] quando o empregado presta serviços por conta alheia [...] É um trabalho sem assunção de qualquer risco pelo empregador". (MARTINS, 2012, p. 101-102). Isso vai de encontro ao disposto no art. 2º da CLT, em que dispõe que os riscos da atividade econômica são assumidos pelo empregador. Isso envolve o pagamento de despesas como água, energia elétrica, telefone, *internet*, materiais para escritório, entre outros, que em uma relação convencional, seriam absorvidos pelo empregador. (FINCATO, 2003, p. 236).

Não importa se o trabalho é desenvolvido em casa, o ambiente virtual é a própria empresa onde se trabalha e também deve ter a devida atenção e conhecimento de quem o oferece, é a compreensão de Julio Cesar de Sá da Rocha (2013, p. 100-101).

A ideia de meio ambiente laboral sofre alterações constantes e precisa interagir com as evoluções sociais e técnicas, tal entendimento pode ser associado ao teletrabalho por conta de novas tecnologias e recursos desenvolvidos para esta atividade, fazendo com que ao mesmo tempo em que o homem esteja próximo aos demais seres humanos pela *internet*, se distancie do convívio humano físico e real. Mas se um dos pontos positivos do teletrabalho é o lazer, haverá aumento de convívio físico entre os seres humanos que vivem num mundo virtual e imediato onde tudo pode ser resolvido com um simples toque: *enter* ou *submit*?

3.2. A configuração de acidentes no teletrabalho

O conceito para acidente de trabalho, de acordo com o art. 19 da Lei n. 8.213/1991, é aquele decorrente do exercício do trabalho a serviço da empresa ou decorrente do trabalho realizado pelos segurados especiais. Seguindo a ideia de Pereira de Castro e Lazzari (2011, p. 570), esta definição só menciona quem são os segurados que possuem o direito à proteção acidentária. Para brevidade, impõe-se que o acidente de trabalho seja causado, para este estudo, em decorrência de tudo que possa se relacionar ao teletrabalho, que cause alguma lesão corporal ou perturbação funcional que possa causar a morte ou perda ou redução, permanente ou temporária, da capacidade para a execução da atividade laboral.

Nos ensinamentos de Pino Estrada (2012, p. 6.650-6.651) o art. 21, IV, da Lei n. 8.213/1991 destaca o traço comum às alíneas em relação à ocorrência de acidente de trabalho fora das instalações da empresa, que é o vínculo empregatício mantido como o tomador dos serviços. Presente na alínea *a*: execução de ordem; alínea *b*: prestação espontânea de qualquer serviço à empresa; alínea *c*: viagem a serviço; alínea *d*: no percurso da residência para o local de trabalho ou deste para aquela (ESTRADA, 2012, p. 6.652). Neste contexto o autor entende que há acidentes de trabalho também no mundo virtual, nas redes sociais, na convergência tecnológica, na computação em nuvem ou *cloud computing*; isso porque as execuções são realizadas por seres humanos, na empresa ou em qualquer loca de escolha dentro do perfil teletrabalho oferecido pela empresa. Havendo a relação de emprego, há a configuração de acidente de trabalho no teletrabalho com a interpretação extensiva.

A nova lei trabalhista traz, em seu art. 75-E, que o empregador deverá instruir os empregados, de maneira expressa e ostensiva, quanto às precauções a tomar a fim de evitar doenças e acidentes de trabalho. Ainda, dispõe que o empregado deverá assinar termo de responsabilidade comprometendo-se a seguir as instruções fornecidas pelo empregador. Assim, caso o empregado adquira uma doença profissional, o empregador estará isento de qualquer responsabilidade (CASSAR, 2017, p. 36).

Considerando que o disposto no art. 75-E pudesse ser admitido, o empregador deveria propiciar um ambiente laboral adequado ao desenvolvimento do teletrabalho, mesmo que remoto. Mais uma vez, o Princípio *in dubio pro operário* deve ser aplicado.

Nesta seara, Vera Regina Loureiro Winter (2005, p. 56) defende que outros elementos precisam ser atrelados ao acidente de trabalho, como as questões psicossociais em razão do isolamento do indivíduo, a flexibilidade de horário pode reduzir seu tempo de descanso e lazer, sobrecarregando-o; a confusão de papéis sociais e as relações interpessoais na família podem alterar o comportamento do trabalhador gerando doenças como a depressão, baixa imunidade, entre outras.

A relação telecontratual, se não for minuciosamente regulamentada, não servirá para garantir o Direito Trabalhista e direitos fundamentais já conquistados a este segmento, principalmente pela dificuldade da não compreensão do local de trabalho ser o domicílio e não o ambiente extensivo da empresa.

4. O SURGIMENTO DO TELETRABALHO EM BUSCA DA FLEXIBILIZAÇÃO

A globalização trouxe como um de seus efeitos a evolução da tecnologia como influência direta em algumas formas de trabalho. A nova gestão de que a produtividade cresce com investimentos em recursos tecnológicos para aumento do lucro com mão de obra reduzida no ambiente formal de trabalho é ofertada ao trabalhador como vantagem. Justifica-se tal oferta como uma evolução em passar menos tempo no local de trabalho em prol do tempo livre, em outras palavras, uma forma de humanização e qualidade de vida obtida no trabalho por meio de tecnologia.

O trabalho globalizado é o instrumento para obter o capital através da instantaneidade da informação. Multinacionais e unidades financeiras retratam um fenômeno mundial em sua competitividade e suas interações ao buscar atuar em regiões com mais recursos ou mercados potenciais em desenvolvimento com uso de alta tecnologia. A mundialização do capital vem influenciar outras atividades como a econômica, política, planejamento estratégico, ambiente social e cultural, causando a necessidade de mudanças e interações. Resta saber se há capacidade regional para estas mudanças que não podem depender de tempo de adaptação.

A informalidade laboral cresce em países em desenvolvimento como o Brasil pelo excesso de mão de obra disponível e sua baixa qualidade. A amplitude de relacionamentos gerados pela economia e comércio entre os países passou a exigir maior conhecimento tecnológico como forma alternativa para adoção de soluções dinâmicas e eficientes. Estas soluções se aplicam através da flexibilização em que a administração realiza uma reengenharia de procedimentos permitindo a tomada de decisões rápidas e com inovação.

Na reflexão de Marcia Regina Pozelli Hernandez (2011, p. 35), a nova organização não é mais composta por contratos de emprego com expediente integral em que os empregados permaneciam décadas na mesma empresa até o momento de se aposentar. Agora uma função em um posto de trabalho pode ser realizada por mais de uma pessoa em vários turnos e principalmente, fora do ambiente empresarial, em outra cidade e até mesmo em outro país; mas sob o contorno de qual legislação protetiva? A do contratante ou contratado? Seria a brecha para a aplicação da arbitragem nas relações laborais? Mais um ponto a ser debatido na aplicação da legislação do teletrabalho junto à flexibilização para rebater a informalidade.

A flexibilização do trabalho pode ser considerada uma boa resposta ao eventual desemprego se combinada entre os setores público e privado, mas requer uma legislação específica e efetiva e não apenas uma previsão análoga a determinado dispositivo de lei. A crescente proposta pelo teletrabalho se dá não apenas para trabalhadores vinculados, registrados, contratados por determinadas empresas indeterminadamente, ocorrendo também para os trabalhadores autônomos, os prestadores de serviços por tempo fixado e por esta razão há a necessidade de uma política legislativa mais detalhada. É a maturidade do Direito do Trabalho que o torna cada vez mais ramificado por proteger o empregado e por estar atrelado aos demais ramos do direito como o Tributário, o Previdenciário, o Empresarial, o Administrativo, o Econômico, o Ambiental, entre tantos.

Um dos fatores apontados dentro do Direito do Trabalho para o emprego do teletrabalho é o alto custo investido aos postos de trabalho dentro das organizações. Segundo um estudo feito por Pino Estrada (2008, p. 256), "nos países desenvolvidos, o valor do salário é maior, enquanto os encargos são menores. No Brasil, os trabalhadores têm baixos salários, porém os encargos sociais são onerosos para o empregador". Estes encargos influenciam de maneira negativa para a manutenção dos trabalhadores enquanto que de modo inverso também propiciam a opção pelo teletrabalho. Se o empregador puder reduzir seus encargos sociais arcando apenas com o salário do seu empregado, não há porque justificar a presença física do empregado no posto do trabalho.

O mesmo autor (ESTRADA, 2008, p. 258) avalia que elevados encargos sociais incidem sobre a folha de pagamento e os empregadores criam alternativas paralelas para manutenção de seus empregados, como pagar parte dos salários por fora, sendo muitas vezes uma considerada quantia, e a outra parte (menor), pelo comprovante de recibo oficial de pagamento (*hollerites*). Ainda, pode ocorrer que o empregado sequer seja registrado, o que gera a sonegação dos direitos trabalhistas. Em um momento de crise financeira do empregado, este acaba se sujeitando a isto para não permanecer à margem do mercado de trabalho, especialmente se dele dependerem outras pessoas para sustento.

É nítido o desajuste entre a realidade laboral e a legislação que peca pela falta de elasticidade junto ao sistema nacional de encargos sociais e trabalhistas. Há que se considerar que a necessidade de uma reforma tributária auxiliaria e muito a manutenção de postos de trabalho e criações de empregos caso viesse a reduzir os custos presentes na folha de pagamento para o empregador.

4.1. A subordinação no teletrabalho

A subordinação é um importante elemento caracterizador da relação empregatícia, sendo que a sua ausência torna a relação questionável, embora, muitas vezes, apresente-se mais intensa variando conforme a atividade realizada, bem como de forma mais atenuada.

Vólia (2011, p. 266-267) nos traz a seguinte noção:

> A expressão subordinação deriva do termo *subordinare* (*sub* – baixo; *ordinare* – ordenar), isto quer dizer imposição da ordem, submissão, dependência, subalternidade hierárquica. (...). A subordinação nada mais é do que o dever de obediência ou o estado de dependência na conduta profissional, a sujeição às regras, orientações e normas estabelecidas pelo empregador inerentes ao contrato, à função, desde que legais e não abusivas.

Há certa contrariedade acerca da dependência do empregado em relação ao empregador, se econômica, técnica, jurídica ou pessoal. Entendimentos existem com a alegação de que: a subordinação é *econômica*, porque o empregador é quem paga o salário e deste o empregado depende para sobreviver; *técnica*, pelo simples fato de acatar as regras da empresa e desenvolver e executar atividades conforme orientação do empregador; *jurídica*, porque decorrente do próprio contrato laboral, onde o poder diretivo e potestativo pertencem ao empregador; *pessoal* por cumprir jornada de trabalho estipulada pelo empregador, por exemplo.

A subordinação deverá ser analisada no caso concreto para se evidencia ou não uma típica relação de emprego.

A Consolidação das Leis Trabalhistas adotou a subordinação jurídica ou hierárquica às relações empregatícias previstas na lei laboral, e a modalidade de subordinação objetiva, ou seja, aquela subordinação incidente sobre os serviços executados pelo empregado, embora o art. 2º da CLT, parte final, asseverando "... *dirige a prestação pessoal dos serviços...*" passando a ideia de subordinação subjetiva, inadmitida nos dias atuais, visto que esta se reporta a subordinação sobre a pessoa, como no trabalho escravo, na servidão, onde a pessoa pertencia ao seu "dono", o trabalhador era considerado "coisa", "*res*", "*mercadoria*".

A subordinação objetiva é evidente nas atividades desenvolvidas na sede do empregador, *in loco*, posto que o empregado cumpre as atividades de forma e maneira determinadas pelo empregador. A problemática reside nas atividades que são desenvolvidas fora do estabelecimento laboral do empregador, ou seja, como identificar a subordinação jurídica e objetiva de forma inequívoca, sem margem para questionamentos.

O teletrabalho sendo realizado por pessoa física se direciona ao quesito pessoalidade não admitindo o repasse da atividade a um terceiro. Apesar de que os incautos preconizam erroneamente, há subordinação no teletrabalho; caso não houvesse, seria remetido ao teletrabalho autônomo, que não é objeto deste estudo. Define-se que o teletrabalho preenche todos os requisitos de uma relação de emprego prevista na CLT, em seu art. 3º.

Na subordinação no teletrabalho, há a ausência da vigilância do empregador, para não invadir a privacidade do empregado, mas não há a ausência do controle. Pode haver o controle em ambiente distinto, quanto ao uso do correio eletrônico corporativo para assuntos particulares no intuito de proteção quanto à execução de arquivos ou vídeos que possam desencadear efeitos negativos na rede do sistema como a propagação viral, como entende Guilherme Tomizawa (2008, p. 108).

Quanto à segurança em rede para a empresa, o mesmo autor (TOMIZAWA, 2008, p. 108) esclarece que se prioriza a responsabilidade do empregado em cargo de confiança. Nestes cargos, nem sempre ocorre a monitoração de acesso, evitando assim o controle. Há diferença nesta relação de emprego, pois a subordinação existindo, se caracteriza pelos resultados do empregado no teletrabalho e não pela monitoração das atividades, protegendo o direito à privacidade e à intimidade do trabalhador.

A sociedade, por ser um elemento público, requer que o estado a proteja quanto a sua existência e liberdade, paralelamente às conquistas tecnológicas em desenvolvimento.

Logo, a subordinação se faz importante no trabalho em domicílio, no teletrabalho, para evidenciar de forma efetiva a caracterização do vínculo empregatício.

4.2. Formas de controle ao teletrabalho e seus limites

Até onde se limita o poder do empregador em controlar um empregado que não está sendo visto sem ferir o direito a intimidade?

A subordinação implica em um controle com mais ou menos intensidade configurando, como define Karoline Marthos da Silva (2011, p. 215-216), em subordinação jurídica ou telessubordinação. Insere-se a continuidade, para o caso do trabalhador em caráter permanente com a empresa, descaracterizando a eventualidade, mas a continuidade deve ser parte da estrutura empresarial, do roteiro da atividade prestada para não estreitar a linha entre o período de trabalho e o momento de desconexão do mesmo para o lazer.

Segundo a autora (SILVA, 2011, p. 215-216), há a possibilidade de controle via *smartphones*, *laptops*, computadores com câmeras de vídeos acopladas, bem como conversas por celulares, entre outros instrumentos de primeira linha tecnológica. Com o uso destas ferramentas, se constrói uma ativação automática na consciência do empregado que se sente potencialmente vigiado.

Para que isto não contrarie a proposta do teletrabalho em proporcionar motivação ao empregado na realização das tarefas em troca de tempo ao lazer, limites ao poder de controle devem ser previamente estabelecidos para que não se invada a intimidade do empregado.

Correlaciona-se o direito à intimidade como um direito fundamental no que se refere à valoração da dignidade humana, é um direito intransmissível, indisponível, irrenunciável e imprescritível. Assim mesmo, sendo considerada a intimidade um direito protegido a terceiros, há a invasão nas relações de teletrabalho. Parafraseando Karoline Marthos da Silva (SILVA, 2011, p. 215-216), a monitoração remota para uma relação de teletrabalho não pode ultrapassar o cumprimento dos deveres contratuais estabelecidos para não ferir a dignidade do trabalhador.

No teletrabalho, o empregador se deve valer de medidas que se relacionem apenas a verificar o cumprimento das atividades de trabalho ou controle de tarefas. O acompanhamento através de câmeras vai contra a proteção constitucional e contra a relação de trabalho, assim como a gravação de imagens no interior do local do teletrabalho.

4.3. A reforma laboral e seus efeitos legais sobre o lazer e o teletrabalho

O direito à desconexão do trabalhador do seu trabalho diário é de salutar importância no âmbito trabalhista, visto que a todos é garantido usufruir descansos após o encerramento da jornada laboral.

Inegável que o trabalho dignifica e enobrece o homem, tanto, que é um direito social assegurado na Constituição de 1988. Todavia, não poderá ser, o trabalho, utilizado como instrumento de abuso, escravização, excessivo, injusto, por parte do empregador.

Tem-se por desconexão, o direito que todo e qualquer trabalhador possui de usufruir descansos de seu trabalho diário, seja ele dentro da jornada laboral ou ao término, de estar totalmente desvinculado do cargo ou função que exerce, servindo a restabelecer as energias, a suprir suas necessidades biológicas e fisiológicas, ao sono, restando disposto para o próximo período laboral.

A preocupação com a desconexão do trabalhador tem se dado em várias categorias, cargos e funções, e com maior razão na modalidade do teletrabalho, visto que a tecnologia atual permite conexão *on line* 24 horas por dia. Por essa razão, trabalhadores são chamados ao trabalho a qualquer tempo, a qualquer hora e dia, como se estivessem inteiramente à disposição do empregador, resultando no prolongamento do ofício, o que é inadmissível no âmbito do Direito do Trabalho.

O trabalhador possui o direito à desconexão do trabalho assegurado por lei, cuja Constituição de 1988 relaciona como direito fundamental do trabalhador, à saúde, higiene e segurança no trabalho, aos descansos semanais, aos intervalos, às férias, à limitação da jornada, à redução de riscos de doenças e acidentes no trabalho. Tudo, consubstanciado na saúde física e psíquica do trabalhador, a fim de proporcionar o restabelecimento da energia despendida ao trabalho.

O direito à desconexão deveria ser um direito, uma garantia assegurada a todos os trabalhadores e com maior razão aos teletrabalhadores, pela característica peculiar desta modalidade. Desta forma, viabilizar-se-ia a implantação e o desenvolvimento do teletrabalho no nosso ordenamento jurídico.

Assim, o respeito a esses descansos, o direito do trabalhador de permanecer "desconectado" do trabalho e a não exigência de labor nos períodos de lazer é fundamental para a saúde do trabalhador, assim como para a relação empregatícia, visto que, é por meio do trabalho, do esforço humano, que se constrói riquezas e desenvolve a atividade empresarial no mercado econômico.

Há, todavia, uma preocupação com a duração do trabalho, limitação da jornada, posto que nem todas as empresas exigem de forma demasiada atividade laborativa de seus empregados e contribuem para a saúde e proteção destes.

Com fundamento na proteção de seus trabalhadores, preservando-os no que diz respeito aos seus aspectos físicos, psicológicos e convívio social, algumas formas de limitação foram empregadas, como a comunicação empregado/empregador que pode se dar na forma *off line, one way line* e *on line* (LOTTERMANN, Daniela Rodrigues. *A Parassubordinação no Teletrabalho*. Disponível em: <http://www.telework2010.tic.org.ar/papers/6RODRIGUEZ%20LOTTERMAN%20PORTUGUES.pdf>. Acesso em: 02 nov. 2017). A modalidade de comunicação *on-line* é aquela em que o empregado, após executar suas atividades, utiliza-a para entregá-las ao correio convencional ou as entrega pessoalmente, também conhecida como "desconectado"; a *one way line* é aquela em que o empregado executa e utiliza o correio eletrônico de uma única vez ou em um disco flexível, *pen drive* ou "CD" para enviá-las ao empregador; já a comunicação *on-line* é a mais comum, tanto no teletrabalho quanto no trabalho em domicílio (*home office*), sendo a modalidade em que mais se verifica o controle efetivo por parte da empresa, uma vez que as novas tecnologias propiciam a comunicação pelos computadores, pela *internet*, pela *webcam*, pelos celulares, pelo *bluetooth*, por vídeo-chamada, por *Skype*, por *Smartphone*, etc.

Para Vólia (2011, p. 716), a fiscalização do teletrabalhador poderá ser operada, embora haja presunção de ausência de fiscalização por parte do empregador:

> Há forte presunção de que o teletrabalhador não é fiscalizado e, por isso, está incluído na exceção prevista no art. 62, I, da CLT. Se, todavia, o empregado de fato for monitorado por *webcâmera*, *intranet*, intercomunicador, telefone, número mínimo de tarefas diárias, etc., terá direito ao Capítulo 'Da Duração do Trabalho', pois seu trabalho é controlado.

A tecnologia propicia não apenas o trabalho a distância, mas também o controle efetivo deste, pois o empregador possui formas tecnológicas de monitoramento a seu favor, que podem ser utilizadas de forma a beneficiar ou prejudicar o direito à desconexão do trabalhador.

Para facilitar o controle benéfico por parte do empregador, há também a possibilidade de aplicação da jornada móvel ou flexível, conforme demonstram Marco Antônio César Villatore e Ronald Silka de Almeida (2011, p. 123):

> Trata-se de modalidade de jornada através da qual o empregado presta serviços sem que seja observado um período fixo para a execução das tarefas contratadas, entretanto, esta deve ser certa e determinada de forma a serem respeitados os limites de 8 horas diárias e 44 horas semanais, conforme delimitação fixada através da Constituição (art. 7º, XIII) e Consolidação das Leis do Trabalho (art. 58).

Outrossim, é inconteste que a jornada flexível poderá ser utilizada no teletrabalho, até porque, a flexibilidade no horário é a essência deste trabalho, entretanto, deve-se observar a carga de prazos curtos, o cumprimento de metas estipulados pelo empregador que podem influenciar negativamente a atividade laboral, tornando-a exaustiva, comprometendo o tempo de descanso, intervalos e refeições do empregado. Embora este seja o lado nefasto do teletrabalho que pode se dar pelo desvirtuamento do instituto, não poderá ser ignorado.

O relevante neste aspecto a ser considerado é que a tecnologia, a informação, a informática, a *internet* e tantos outros meios tecnológicos devem ser utilizados em benefício da mão de obra obreira, contribuindo para amenização do esforço físico e mental do trabalhador, e não desvirtuando todos esses aparatos tecnológicos para sobrecarregar a força humana laboral em busca de maiores resultados e lucros infindáveis.

Dentro desta análise, é preciso atentar para a jornada de trabalho quanto ao aspecto do regime de sobreaviso, em um contrato de trabalho a distância (teletrabalho), incidindo sobre o direito constitucional ao lazer para o trabalhador.

O trabalhador estando ausente do ambiente físico empresarial, o empregador diante de comunicação virtual deve respeitar as formas de contato não exigindo que o empregado esteja conectado integralmente, para recepção de mensagens, correio eletrônico, chamadas pelo celular. Dentro deste limite de transmissão e recepção de dados, o empregador precisa se conscientizar que o lazer deve ser respeitado sem invasões mascaradas como a exigência de o empregado se encontrar em sobreaviso. É preciso que exista a confiança entre as partes entre o que deve ser feito, o que está sendo executado e entre o que será efetivado.

A conjugação de uma norma regulamentadora junto às atividades na esfera do trabalho virtual visa conhecimento e proteção do teletrabalho. Infelizmente a legislação trabalhista segue um descompasso lento em relação ao avanço da tecnologia.

Com o controle dos meios telemáticos utilizados se considera a configuração da relação de emprego, contudo, há um largo hiato temporal (quase três décadas) entre o emprego da *internet* e a edição da nova regulamentação; considerando que a *internet* entrou no mercado de trabalho em 1993, e somente em 2017, o legislador foi capaz de reconhecer o uso do teletrabalho com a *internet*.

A Organização Internacional do Trabalho (OIT) recepciona o teletrabalho na Convenção n. 177, de 1996, nominando como trabalho a distância, junto com a Recomendação n. 184 que se refere como trabalho em domicílio, sem as características peculiares ao teletrabalho. O Brasil não ratificou esta convenção, mas no Ministério do Trabalho foi criada uma comissão tripartite com representantes do Governo Federal, dos empregadores e dos trabalhadores com o escopo de analisar o texto da convenção, ensinam Biesdorf e Santiago (2011, p. 28).

As diretrizes principais sobre o teletrabalho, segundo a OIT versam, em síntese, sobre o significado do trabalho realizado no domicílio do empregado, ou em outro local, com onerosidade, objetivando executar um serviço ou elaboração de um produto dentro das determinações do empregador sendo independente de que forneça o equipamento ou material necessário para o feito. Ainda considera a igualdade de tratamento aos demais empregados com respeito à remuneração, aos direitos previdenciários, idade mínima de admissão e proteção à maternidade. Para os casos admissíveis de terceirização no trabalho a domicílio, as responsabilidades dos tomadores de serviços e intermediadores serão estabelecidas dentro do que determina a legislação e jurisprudência nacionais de cada país (BRASIL. *Organização Internacional do Trabalho*. Disponível em: <http://www.oitbrasil.org.br/news_all>. Acesso em: 02 nov. 2017).

Conforme Ilse Lora (2013, p. 19), dano à vida de relação consiste na ofensa física ou psíquica, que impede, de modo total ou parcial, que a pessoa usufrua

> as benesses propiciadas por atividades recreativas, fora do âmbito laboral, como praticar esportes, frequentar clubes e igrejas, fazer turismo, dentre outras. A lesão provoca intensa interferência no estado de ânimo e, por consequência, no seu relacionamento social e profissional, reduzindo as chances de progresso no trabalho, com reflexo patrimonial negativo.

Para Flaviana Soares (2009, p. 37), é com a realização destas atividades (ou a possibilidade de realizá-las), que o ser humano encontra a felicidade, a razão de ser de sua existência.

Estes elementos compõem, na verdade, os direitos sociais que, por sua vez, se constituem no "núcleo normativo do Estado Democrático de Direito, no sentido de garantir a todos idênticas condições e oportunidades, ou seja, a igual dignidade para todas as pessoas" (2012, p. 302), de acordo com Dinaura Pimentel Gomes.

Amaro Almeida Neto (*Dano existencial* – A tutela da dignidade da pessoa humana. Disponível em: <http://www.mpsp.mp.br/portal/page/portal/cao.../DANO%20EXISTENCIAL.doc>. Acesso em: 02 nov. 2017) explica ainda mais pormenorizadamente, ao afirmar que o dano existencial fere o direito que todo indivíduo tem de planejar e programar sua vida, de ter ideais e anseios, de ter projetos e

> a constituir uma família, estudar e adquirir capacitação técnica, obter o seu sustento e o seu lazer, ter saúde física e mental, ler, praticar esporte, divertir-se, conviver com os amigos, praticar

sua crença, seu culto, descansar na velhice, enfim, gozar a vida com dignidade. Essa é a agenda do ser humano: caminhar com tranquilidade, no ambiente em que sua vida se manifesta rumo ao seu projeto de vida.

Não há correspondência orientadora sobre o horário considerado para lazer, deixando a direção para a legislação nacional.

5. ENUNCIADOS DA 2ª JORNADA DE DIREITO MATERIAL E PROCESSUAL DO TRABALHO

Convém transcrever os enunciados principais que surgiram na 2ª Jornada de Direito Material e Processual do Trabalho:

Enunciado 1 – TELETRABALHO: CUSTEIO DE EQUIPAMENTOS.

O CONTRATO DE TRABALHO DEVE DISPOR SOBRE A ESTRUTURA E SOBRE A FORMA DE REEMBOLSO DE DESPESAS DO TELETRABALHO, MAS NÃO PODE TRANSFERIR PARA O EMPREGADO SEUS CUSTOS, QUE DEVEM SER SUPORTADOS EXCLUSIVAMENTE PELO EMPREGADOR. INTERPRETAÇÃO SISTEMÁTICA DOS ARTS. 75-D E 2º DA CLT À LUZ DOS ARTS. 1º, IV, 5º, XIII E 170 DA CONSTITUIÇÃO DA REPÚBLICA E DO ART. 21 DA CONVENÇÃO N. 155 DA OIT. (JORNADA DE DIREITO MATERIAL E PROCESSUAL DO TRABALHO, 2, 2017, Brasília. **Comissão 6**: Teletrabalho. Contrato de trabalho intermitente. Contrato de trabalho a tempo parcial. Terceirização. Disponível em: <http://www.jornadanacional.com.br/listagem-enunciados-aprovados.asp?ComissaoSel=6>. Acesso em: 24 out. 2017).

(...)

Enunciado 2 – TELETRABALHO: HORAS EXTRAS

SÃO DEVIDAS HORAS EXTRAS EM REGIME DE TELETRABALHO, ASSEGURADO EM QUALQUER CASO O DIREITO AO REPOUSO SEMANAL REMUNERADO. INTERPRETAÇÃO DO ART. 62, III E DO PARÁGRAFO ÚNICO DO ART. 6º DA CLT CONFORME O ART. 7º, XIII E XV, DA CONSTITUIÇÃO DA REPÚBLICA, O ART. 7º, *E*, *G* E *H* PROTOCOLO ADICIONAL À CONVENÇÃO AMERICANA SOBRE DIREITOS HUMANOS EM MATÉRIA DE DIREITOS ECONÔMICOS, SOCIAIS E CULTURAIS ("PROTOCOLO DE SAN SALVADOR"), PROMULGADO PELO DECRETO N. 3.321, DE 30 DE DEZEMBRO DE 1999, E A RECOMENDAÇÃO 116 DA OIT. (JORNADA DE DIREITO MATERIAL E PROCESSUAL DO TRABALHO, 2, 2017, Brasília. **Comissão 6**: Teletrabalho. Contrato de trabalho intermitente. Contrato de trabalho a tempo parcial. Terceirização. Disponível em: <http://www.jornadanacional.com.br/listagem-enunciados-aprovados.asp?ComissaoSel=6>. Acesso em: 24 out. 2017).

(...)

Enunciado 3 – TELETRABALHO: RESPONSABILIDADE CIVIL DO EMPREGADOR POR DANOS A MERA SUBSCRIÇÃO, PELO TRABALHADOR, DE TERMO DE RESPONSABILIDADE EM QUE SE COMPROMETE A SEGUIR AS INSTRUÇÕES FORNECIDAS PELO EMPREGADOR, PREVISTO NO ART. 75-E, PARÁGRAFO ÚNICO, DA CLT, NÃO EXIME O EMPREGADOR DE EVENTUAL RESPONSABILIDADE POR DANOS DECORRENTES DOS RISCOS AMBIENTAIS DO TELETRABALHO. APLICAÇÃO DO ART. 7º, XXII DA CONSTITUIÇÃO C/C ART. 927, PARÁGRAFO ÚNICO, DO CÓDIGO CIVIL (JORNADA DE DIREITO MATERIAL E PROCESSUAL DO TRABALHO, 2, 2017, Brasília. **Comissão 6**: Teletrabalho. Contrato de trabalho intermitente. Contrato de trabalho a tempo parcial. Terceirização. Disponível em: <http://www.jornadanacional.com.br/listagem-enunciados-aprovados.asp?ComissaoSel=6>. Acesso em: 24 out. 2017).

Muito se deve refletir sobre os assuntos supracitados, pois se tratam de Direitos que não se podem deixar de fora de qualquer trabalhador, muito menos no caso do teletrabalho.

6. CONSIDERAÇÕES FINAIS

A questão social do trabalho passou a ser considerada após o século XIX com a revolução industrial em paralelo aos efeitos do capitalismo, chegando atualmente à necessária transformação legislativa exigida pelo fenômeno da globalização mundial.

Com as revoluções políticas e sociais, o proletariado passa a existir de forma organizada e as indignações com as condições de trabalho foram surgindo de modo a pressionar o empregador, especialmente quanto à forma de remuneração, jornadas e subordinação. Aparecem as ações motivadas para a parcela trabalhadora da sociedade o que fez com que a construção do direito do trabalho passasse a ocupar seu lugar no mundo jurídico dentro da esfera social e da dignidade humana.

A legislação trabalhista passou a se desenvolver de modo não muito ordenado pela diversidade de profissões até então desregulamentada e ausência de estudos específicos a cada função desempenhada. Mas como o direito é um evento em evolução, em 1º de maio de 1943, foi promulgada a CLT, com vistas a uniformizar as legislações vigentes em benefício aos trabalhadores. O direito trabalhista passou a evoluir quanto aos deveres e obrigações tanto aos empregados quanto aos empregadores, contando ainda com o apoio dos sindicatos das categorias profissionais. Esta tríplice composição foi recepcionada pelo texto constitucional de 1988 de modo a estabelecer o princípio protetivo do Direito do Trabalho, com o capítulo II dedicado integralmente a este direito social.

Novas interpretações do trabalho passaram a ser examinadas, pois ao longo dos anos, novas modalidades laborais foram surgindo, pois a norma não pode ter um caráter estanque. Atualizações textuais devem ser consideradas uma vez que os valores se modificam, surgem e desaparecem, ou ainda, por existirem, requerem um controle mais rigoroso pela legislação por atravessarem o espaço e o tempo, tornando-se objetos valiosos sem quantificação, mas de grande influência nas relações de direito.

O Direito do Trabalho é público e o Estado determina como deve ser feita a relação contratual entre empregado e empregador dentro da indisponibilidade de direitos, que envolve as relações de trabalho.

A Lei n. 13.467/2017 que visa regulamentar o teletrabalho, passará a vigorar no corrente ano, mas terá que enfrentar um processo de evolução e estudo pela frente.

Nota-se que é desprovido de estudo adequado, e ausência de visão ao caso concreto, pois propõe a retirada do direito pelas horas extras ao empregado. Isto tendencia à exploração por parte do empregador ao empregado, ao exigir deste, dedicação integral à atividade.

O teletrabalho não será caracterizado mais pela flexibilização do trabalho em busca do lazer, mas pelo trabalho escravo, e até mesmo em cárcere privado, por falta de lucidez informativa e estudo esclarecedor de um legislador. É preciso estudo com as informações pertinentes, elaborar uma legislação eficiente às formas de teletrabalho que já, há muito tempo, tem sido utilizado por grandes corporações dado o evento da globalização, o que chama a atenção por uma legislação que envolva um contexto internacional a ser considerado, pelas oportunidades de emprego, que o teletrabalho oferece, pois contém as características de relação de emprego previstas no art. 6º. da CLT.

A legislação específica deve abranger pontos controvertidos como os elencados, brevemente, neste estudo. Prever limites ao empregador e esclarecer a existência da proteção aos direitos constitucionais do empregado, como a intimidade, e não retirar direitos como as horas extras.

Apesar de o trabalho evoluir para o mundo virtual, através de avatares, como ilustrado ao texto, em relação a *second life*, há a necessária participação humana para criar, executar, e para regulamentar as relações de teletrabalho. A qualificação humana é mais exigida em prol da qualidade das informações prestadas aos produtos e aos serviços transacionados, porque o que passará a ser consumido será o lazer e o que se lucrará será o tempo; assim é a flexibilização no teletrabalho, estreitar o convívio social, familiar, cultural e intelectual.

A nova cultura virtual deve buscar atingir o exercício da felicidade do ser humano. Existindo o direito à desconexão do ambiente de trabalho através de uma legislação específica, o empregador também terá sua vantagem, não só com a redução de custos internos, como maior produtividade e retorno financeiro por uma mão de obra não só qualificada, mas com qualidade.

7. REFERÊNCIAS BIBLIOGRÁFICAS

ALMEIDA NETO, Amaro Alves de. *Dano existencial* – A tutela da dignidade da pessoa humana. Disponível em: <www.mpsp.mp.br/portal/page/portal/cao.../DANO%20EXISTENCIAL.doc>. Acesso em: 02 nov. 2017.

BARROS, Alice Monteiro de. *Curso de direito do trabalho*. 2. ed. São Paulo: LTr, 2006.

BIERSDORF, Solange Inês; SANTIAGO, Suely. *Reflexões Contemporâneas de Direito do Trabalho*. Curitiba: Rosea Nigra, 2011.

BRASIL. Tribunal Superior do Trabalho. Súmula n. 428 de 14 de novembro de 2012. Sobre aviso aplicação analógica do Art. 244, § 2º, da CLT. Disponível em: <http://www3.tst.jus.br/jurisprudencia/Sumulas_com_indice/Sumulas_Ind_401_450.html#SUM-428>. Acesso em: 01 nov. 2017.

_____. Organização Internacional do Trabalho. Disponível em: <http://www.oitbrasil.org.br/news_all>. Acesso em: 02 nov. 2017.

_____. Câmara dos Deputados, Projetos de Lei e Outras Proposições. Disponível em: <http://www.camara.gov.br/proposicoesWeb/prop_mostrarintegra?codteor=1550864&filename=Tramitacao-PL+6787/2016>. Acesso em: 31 out. 2017.

CASSAR, Vólia Bonfim. *Direito do trabalho*. 5. ed. Rio de Janeiro: Impetus, 2011.

_____. *Comentários à Reforma Trabalhista*. São Paulo: Método, 2017.

CASTRO, Carlos Alberto Pereira de; LAZZARI, Joao Batista. *Manual de Direito Previdenciário*. 13. ed. São Paulo: Conceito Editorial, 2011.

CAVALCANTE, Jouberto de Quadros Pessoa; JORGE NETO, Francisco. *A Reforma Trabalhista*: o impacto nas relações de trabalho. Coordenada e/ou organizada pelos Drs Carolina Tupinambá Faria e Fábio Rodrigues Gomes, a ser publicada pela Editora Fórum.

DUTRA, Silvia Regina Bandeira; VILLATORE, Marco Antônio César. Teletrabalho e o Direito à Desconexão. *Revista Eletrônica – Tribunal Regional do Trabalho do Paraná*, v. 3, p. 142-149, 2014.

ESTADOS UNIDOS DA AMÉRICA. Jala International 2015. NILLES, Jack. Disponível em: <http://www.jala.com/jnmbio.php>. Acesso em: 02 nov. 2017.

FARIA, Nivaldo Maranhão. *Organização do trabalho*. São Paulo: Atlas, 1984.

FINCATO, Denise Pires. Teletrabalho: uma análise juslaboral. *Revista Justiça do Trabalho*, v. 20, n. 236, p. 40-56, ago. 2003.

_____. BUBLITZ, Michelle Dias. A negociação coletiva como ferramenta regulamentadora de norma aberta: o teletrabalho e a Lei n. 12551/2011. *Revista do Direito UNISC*, Santa Cruz do Sul, n. 44, p. 107-135, set./dez. 2014. Disponível em: <https://online.unisc.br/seer/index.php/direito/article/view/4647/3954>. Acesso em: 31 out. 2017.

GOMES, Dinaura Godinho Pimentel. Direitos fundamentais sociais. In: *Direito do Trabalho e Direito da Seguridade Social*: Fundamentos Constitucionais e Teoria Geral do Direito do Trabalho. DELGADO, Mauricio Godinho; DELGADO, Gabriela Neves (Org.). São Paulo: Revista dos Tribunais, 2012 (Coleção Doutrinas Essenciais, v. I).

HERNANDEZ, Marcia Regina Pozelli. *Novas perspectivas das relações de trabalho*: o teletrabalho. São Paulo: LTr, 2011.

JARDIM, Carla Carrara da Silva. *O Teletrabalho e suas atuais modalidades*. São Paulo: LTr, 2004.

JORNADA DE DIREITO MATERIAL E PROCESSUAL DO TRABALHO, 2, 2017, Brasília. *Comissão 6*: Teletrabalho. Contrato de trabalho intermitente. Contrato de trabalho a tempo parcial. Terceirização. Disponível em: <http://www.jornadanacional.com.br/listagem-enunciados-aprovados.asp?ComissaoSel=6>. Acesso em: 24 out. 2017.

LORA, Ilse Marcelina Bernardi. O dano existencial e o Direito do Trabalho. *Revista Eletrônica do TRT9*, Ano II, n. 22, p. 19, 2013.

LOTTERMANN, Daniela Rodrigues. *A Parassubordinação no Teletrabalho*. Disponível em: <http://www.telework2010.tic.org.ar/papers/6RODRIGUEZ%20LOTTERMAN%20PORTUGUES.pdf>. Acesso em: 02 nov. 2017.

MARTINS, Sergio Pinto. *Direito do Trabalho*. 28. ed. São Paulo: Atlas, 2012.

MILHORANZA, Mariângela Guerreiro. Breves considerações acerca da relação de emprego e do teletrabalho. *Justiça do Trabalho*, São Paulo, v. 26, n. 310, p. 41-49, out. 2009.

MORRISON, Wayne. *Filosofia do direito dos gregos ao pós modernismo*. São Paulo: Martins Fontes, 2006.

PINO ESTRADA, Manuel Martín. *Análise juslaboral do teletrabalho*. Curitiba: Camões, 2008.

_____. Acidentes de trabalho no teletrabalho. *Trabalho em Revista – Encarte*, Curitiba, n. 182, p. 6.648-6.653, abr. 2012.

_____. O teletrabalho escravo. *Revista de Direito do Trabalho*, São Paulo, v. 38, n. 146, p. 171-187, abr./jun. 2012.

_____. Contrata-se um avatar: o teletrabalho e os avatares nos mundos virtuais. *Justiça do trabalho*, Porto Alegre, v. 30, n. 352, p. 50-58, abr. 2013.

ROCHA, Julio Cesar de Sá da. *Direito ambiental do trabalho*. Mudanças de paradigma na tutela jurídica à saúde do trabalhador. 2. ed. São Paulo: Atlas, 2013.

SILVA, José Afonso da. *Comentário contextual à constituição*. 6. ed. São Paulo: Malheiros, 2009.

SILVA, Karoline Marthos da. Como controlar quem não é visto? Breves reflexões sobre o exercício do poder de vigilância sobre o teletrabalhador e suas implicações jurídicas. *Revista Trabalhista Direito e Processo*, São Paulo, v. 9, n. 37, p. 211-221, jan./mar. 2011.

SILVA, Oscar Joseph de Plácido e. *Vocabulário jurídico*. 27. ed. Rio de Janeiro: Forense, 2007.

SOARES, Flaviana Rampazzo. *Responsabilidade civil por dano existencial*. Porto Alegre: Livraria do Advogado, 2009.

TERRA. Jornal do Brasil. *Reforma trabalhista*: deputados e juristas combatem projeto de mudança da CLT. Publicado em 23 abr. 2017. Disponível em: <http://www.jb.com.br/pais/noticias/2017/04/23/reforma-trabalhista-deputados-e-juristas-combatem-projeto-de-mudanca-da-clt/>. Acesso em: 31 out. 2017.

TOMIZAWA, Guilherme. *A invasão de privacidade através da internet*. Curitiba: J. M. Livraria Jurídica, 2008.

VILLATORE, Marco Antônio César; ALMEIDA, Ronald Silka de. *Manual Prático* – Duração do Trabalho e Controle de Horário – Registro Eletrônico de Ponto (REP) – Sistema de Registro Eletrônico de Ponto (SREP) – Disciplinamentos. Curitiba: LTr, 2011.

_____. RODRIGUES JUNIOR, Edison Luiz. Novidades sobre o teletrabalho e a Lei n. 13.467, publicada em 13 de julho de 2017. O avanço legislativo e o retrocesso de direitos. In: DALLEGRAVE NETO, José Affonso (Coord.). *Reforma Trabalhista*. São Paulo: LTr, 2017 (no prelo).

_____; DUTRA, Silvia Regina Bandeira. Controle de Horário no Teletrabalho? Análises jurídicas, sociais e econômicas. In: CONGRESSO IBERO-AMERICANO DE TELETRABALHO E TELEATIVIDADES, 4., 2011, Porto Alegre. Anais... São Paulo: LEX MAGISTER, 2011. v. 1, p. 149-162.

WINTER, Vera Regina Loureiro. *Teletrabalho*: uma forma alternativa de emprego. São Paulo: LTr, 2005.

WOJTECKI, Caroline Maria Rudek; BRUGINSKI, Márcia Kazenoh. A redefinição da subordinação jurídica no teletrabalho. *Revista Tribunal Regional do Trabalho da 9ª Região*, v. 33, n. 33, p. 58-70, set. 2014.

O DIREITO DE ACESSO À INFORMAÇÃO COMO INSTRUMENTO DE GARANTIA DOS DIREITOS SOCIAIS

Anjuli Tostes Faria[*]
Hugo Cavalcanti Melo Filho[**]

1. ACESSO À INFORMAÇÃO E *ACCOUNTABILITY*[1]

O direito fundamental à informação caracteriza as sociedades democráticas, porque nelas o Estado se obriga a tornar as informações acessíveis aos cidadãos. O contrário disso, a conduta sigilosa do Estado, é, naturalmente, antidemocrática, e, segundo Joseph Stiglitz, serve para interesses pessoais e egoístas[2], pois, ao adotá-la, o governo passa a se valer da falta de informações como instrumento de realização de suas funções, em todos os seus âmbitos de ação. Afirma o mesmo autor[3] que o sigilo atribui aos principais atores da administração controle exclusivo sobre certas áreas de conhecimento, ampliando o poder deles, de um lado, e deteriorando a democracia, de outro.

Um Estado será tanto mais democrático quanto mais transparente for a administração.

A transparência dos dados públicos permite o *accountability* e figura como importante instrumento para conter os abusos na gestão governamental[4]. Com efeito, estruturas democráticas têm por escopo a ampliação da resposabilização dos governantes (*accountability*). Os dirigentes têm o dever de prestar contas aos dirigidos, que os elegeram. A qualidade democrática se amplia na mesma medida em que aumenta a responsabilidade do dirigente em relação aos dirigidos.

A ideia de *accountability* vincula-se ao exercício do poder mediante a utilização de recursos públicos, que impõe aos administradores a justificação dos seus atos. O conceito de *accountability* está intimamente li-

---

(*) Advogada Popular, Auditora Federal de Finanças e Controle e Especialista em Gestão Pública.
(**) Juiz do Trabalho Titular da 12.ª Vara do Trabalho do Recife; Professor Adjunto de Direito do Trabalho da Universidade Federal de Pernambuco; Mestre e Doutor em Ciência Política pela Universidade Federal de Pernambuco; Presidente da Associação Latino-americana de Juízes do Trabalho.
(1) As considerações sobre *accoutability* foram parcialmente retiradas de MELO FILHO, Hugo. *Judiciário Oligárquico*: déficit democrático e informalidade na administração dos tribunais e no governo da magistratura no Brasil. São Paulo: LTr, 2014.
(2) STIGLITZ, Joseph. Sobre a liberdade, o direito de conhecer e o discurso público. In: SANTI, Eurico Marcos Diniz de; CHRISTOPOULOS, Basile Georges; ZUGMAN, Daniel Leib; BASTOS, Frederico Silva. *Transparência fiscal e desenvolvimento*: homenagem ao Professor Isaias Coelho. São Paulo: Fiscosoft. p. 47. Tradução de Mariana Pimentel Fischer Pacheco. *Apud* SCAPIN, Andréia e BOSSA, Gisele. *Transparência e democracia*: para um governo com poderes visíveis. Disponível em: <http://www.revistadoutrina.trf4.jus.br/index.htm?http://www.revistadoutrina.trf4.jus.br/artigos/edicao065/AndreiaScapin_GiseleBossa.html>. Acesso em: 05 jul. 2017.
(3) *Ibidem*, p. 48.
(4) Devemos a observação, ainda, a SCAPIN, Andréia e BOSSA, Gisele. *Transparência e democracia*: para um governo com poderes visíveis. Disponível em: <http://www.revistadoutrina.trf4.jus.br/index.htm?http://www.revistadoutrina.trf4.jus.br/artigos/edicao065/AndreiaScapin_GiseleBossa.html>. Acesso em: 05 jul. 2017.

gado à teoria do agenciamento (aqui em sua aplicação à esfera pública), o qual tem por unidade de análise a relação que existe entre o principal (que são os administrados/eleitores) e o agente (dirigente/eleito). O principal é quem delega poderes e responsabilidades ao agente, surgindo para este o dever de prestar contas da aplicação correta dos recursos[5].

O'Donnel distingue duas espécies de *accountability*: horizontal e vertical. À possibilidade de existência de agências estatais legalmente autorizadas a atuar nos casos de ações ilegais ou omissões de outros agentes do Estado (1998) denomina-se indisponibilidade do sistema legal para os governantes, *ou horizontal accountability* (1999:641). Trata-se, aqui, de uma relação entre iguais. Já *accountability* vertical diz respeito ao relacionamento entre desiguais, entre os governantes e os governados, e se fundamenta no dever de transparência, na liberdade de expressão, no amplo acesso à informação, na capacidade reivindicatória e na possibilidade de avaliação e sanção dos governantes.

> Desta forma, *accountability* horizontal é a transparência das ações das gestões públicas em relação aos agentes que podem fiscalizá-las e puni-las, assim como *accountability* vertical é a transparência das gestões em relação aos eleitores, que podem assim fiscalizá-las e puni-las, principalmente através do voto em eleições livres e justas. Mas não somente isto, no caso da *accountability* vertical, a participação dos governados no processo de tomada de decisões vai além da ação corretiva e da fiscalização punitiva, mas relaciona-se principalmente com a ação preventiva, no sentido de poder co-participar da gestão pública no processo deliberativo. (AMARAL, 2007:35).

Se a responsabilização dos agentes públicos, existente em qualquer democracia, pela via das eleições livres e justas, com a exclusão daquele que procede mal, revela-se insatisfatória, porque realizada posteriormente ao cometimento dos atos passíveis de repreensão, outros mecanismos deverão ser adotados para um efetivo controle dos poderes políticos.

Pode-se, ainda, falar em um terceiro tipo de *accountability que seria* favorecido pela democratização interna do Poder Judiciário: a *accountability* social, relacionada às entidades da sociedade organizada: imprensa, organizações não governamentais, sindicatos (e demais movimentos sociais), associações, entre outros, que cuidam de fiscalizar e cobrar a responsabilização dos agentes públicos[6].

> Tal conjunto de atores e iniciativas incluem diferentes ações destinadas a supervisionar o comportamento de funcionários ou agências públicas, denunciar e expor casos de violação da lei ou de corrupção por parte das autoridades, e exercer pressão sobre as agências de controle correspondentes para que ativem os mecanismos de investigação e sanção que correspondam. Este conjunto heterogêneo de atores sociais desenvolve novos recursos que se somam ao repertório clássico de instrumentos eleitorais e legais de controle das ações de governo.
>
> O surgimento de novas formas de intervenção civil, organizadas em torno de uma política de direitos e de prestação de contas, indica a presença de um salutar processo de renovação política [...]. (PERUZZOTTI, [s.d.]:3).

Este controle societal sobre os gestores, a cargo da sociedade civil organizada, é exercido por entidades que não têm competência legal para a fiscalização e a investigação. Por isso mesmo, estes elementos da sociedade não têm como sancionar agentes públicos. Podem, entretanto, denunciar os desvios constatados, no exercício da liberdade constitucional de expressão, às autoridades competentes, especialmente Ouvidorias, Tribunais de Contas e Ministério Público, ou mesmo sensibilizar a opinião pública[7].

Uma vez incrementados os três tipos de *accoutability*, transparência, participação e prestação de contas, as três dimensões mais relevantes da *accountability*, estariam contempladas e reciprocamente estimuladas.

Um Estado será mais ou menos democrático de acordo com o nível de transparência na ação dos agentes públicos, de acesso às informações, de possibilidade de participação dos cidadãos e de prestação de contas por parte dos gestores.

Não é por outra razão que, em muitos países, é percebido um grande esforço para assegurar o aceso às informações, preservando-se, apenas, aquelas legalmente protegidas, como condição de prevenção da corrupção e fortalecimento das instituições[8].

---

(5) Sobre teoria do agenciamento, entre outros, Albuquerque *et alii* ([s.d]).
(6) Nesse sentido, Peruzzotti e Smulovitz (2001). Em outra perspectiva, mas em sentido coincidente, Cremades (2009).
(7) Neste sentido, Miguel (2005).
(8) Sobre o fortalecimento das instituições, *vide*: LISBOA, Marcos de Barros; LATIF, Zeina Abdel. *Brazil*: democracy and growth. Legatum Institute, Centre for Development and Enterprise, 2013. *Apud* SCAPIN, Andréia e BOSSA, Gisele. *Transparência e democracia*: para um governo com poderes visíveis. Disponível em: <http://www.revistadoutrina.trf4.jus.br/index.htm?http://www.revistadoutrina.trf4.jus.br/artigos/edicao065/AndreiaScapin_GiseleBossa.html>. Acesso em: 05 jul. 2017.

Conforme explica Joseph Stiglitz[9], a participação significativa do cidadão no processo democrático exige participantes informados, especialmente no momento em que deve eleger seus governantes. Nesse sentido, afirmou James Madison:

> Um povo que pretende ser seu próprio governante deve se armar com o poder que o conhecimento oferece. Um governo popular sem informações populares ou sem os meios para adquiri-las nada mais é do que um prólogo para uma farsa ou uma tragédia, ou talvez ambos[10].

Scapin e Bossa trazem o exemplo da Suécia, onde o Estado mantém informações sobre a renda média dos cidadãos acessíveis a todos, na *web*. Assim, como informam as autoras mencionadas, "a transparência é percebida pelo funcionário público como legítima garantia do exercício do direito à liberdade de expressão do servidor para prestar contas à sociedade sobre seus atos"[11].

2. O DIREITO DE ACESSO À INFORMAÇÃO NOS INSTRUMENTOS NORMATIVOS INTERNACIONAIS

O acesso à informação como direito fundamental, como não poderia deixar de ser, é reconhecido por importantes organismos da comunidade internacional, como a Organização das Nações Unidas (ONU) e a Organização dos Estados Americanos (OEA), como evidenciam os trechos de alguns tratados, convenções e declarações a seguir transcritos:

• Declaração Universal dos Direitos Humanos de 1948 (art. 19):

> *"Todo ser humano tem direito à liberdade de opinião e expressão; este direito inclui a liberdade de, sem interferência, ter opiniões e de procurar, receber e transmitir informações e idéias por quaisquer meios e independentemente de fronteiras."*

• Pacto Internacional dos Direitos Civis e Políticos de 1966 (art. 19):

> *"Toda pessoa terá direito à liberdade de expressão; esse direito incluirá a liberdade de procurar, receber e difundir informações e ideias de qualquer natureza (...)."*

• Declaração Interamericana de Princípios de Liberdade de Expressão de 2000 (item 4):

> *"O acesso à informação mantida pelo Estado constitui um direito fundamental de todo indivíduo. Os Estados têm obrigações de garantir o pleno exercício desse direito."*

• Convenção das Nações Unidas contra a Corrupção de 2003 (arts. 10 e 13):

> *"Cada Estado-parte deverá (...) tomar as medidas necessárias para aumentar a transparência em sua administração pública (...) procedimentos ou regulamentos que permitam aos membros do público em geral obter (...) informações sobre a organização, funcionamento e processos decisórios de sua administração pública (...)."*

3. O DIREITO DE ACESSO À INFORMAÇÃO NA ORDEM JURÍDICA BRASILEIRA

Já ficou assentado que a transparência e o acesso à informações são expressões do Estado Democrático de Direito e, para além disso, é pressuposto de tratamento digno do cidadão.

No Brasil, a Constituição da República erige, no art. 5º, XXXII, o direito à informação como direito fundamental. Coube à Lei n. 12.527/2012 – Lei de Acesso à Informação (LAI) a regulamentação da matéria. Esta lei exclui das informações acessíveis apenas as situações em que o sigilo seja necessário para a segurança da sociedade ou do Estado. Nessa linha é que, por expressa determinação legal (art. 2º, II, LAI), a transparência é regra e o sigilo só é admitido em casos expressamente motivados, nas circunstâncias mencionadas.

Conforme obtemperam Scapin e Bossa, a LAI quer "que o acesso à informação seja igualitário, amplo e facilitado, atingindo todos os cidadãos que estejam interessados em obtê-la", para que o Estado não seja o único controlador. Segundo as autoras, "a transparência viabiliza a criação de formas de responsabilização deliberativa e circular e permite que todos sejam capazes de responsabilizar todos e que cada organização possa ser responsabilizada por indivíduos que dela participam"[12].

---

(9) STIGLITS, Joseph. Op. cit., p. 55.
(10) MADISON, James. Artigos Federalistas. *Apud* STIGLITS, Joseph. Op. cit., p. 55.
(11) FUCS, Ildo. Na Suécia, até a monarquia se submete à transparência. *Revista Consultor Jurídico*, 13 set. 2013. Disponível em: <http://www.conjur.com.br/2013-set-13/ildo-fucs-suecia-monarquia-submete-transparencia>. Acesso em: 05 jul. 2017.
(12) SCAPIN, Andréia e BOSSA, Gisele. *Transparência e democracia:* para um governo com poderes visíveis. Disponível em: <http://www.revistadoutrina.trf4.jus.br/index.htm?http://www.revistadoutrina.trf4.jus.br/artigos/edicao065/AndreiaScapin_GiseleBossa.html>. Acesso em: 05 jul. 2017.

Com efeito, a Lei de Acesso à Informação (Lei n. 12.527 de 18 de novembro de 2011) trouxe uma nova ferramenta poderosa à sociedade, que representou uma mudança de paradigma na relação desta com o Estado. A Lei dispõe sobre os procedimentos a serem observados pela União, Estados, Distrito Federal e Municípios com o fim de garantir o acesso à informações previsto no inciso XXXIII do art. 5º, no inciso II do § 3º do art. 37 e no § 2º do art. 216 da Constituição Federal.

Além de alcançar todas os entes federativos, a Lei também abrange os órgãos públicos integrantes da administração direta dos Poderes Executivo, Legislativo, incluindo as Cortes de Contas, e Judiciário e do Ministério Público, assim como as autarquias, as fundações públicas, as empresas públicas, as sociedades de economia mista e demais entidades controladas direta ou indiretamente pela União, Estados, Distrito Federal e Municípios. Também aplicam-se as disposições desta Lei, no que couber, às entidades privadas sem fins lucrativos que recebam, para realização de ações de interesse público, recursos públicos diretamente do orçamento ou mediante subvenções sociais, contrato de gestão, termo de parceria, convênios, acordo, ajustes ou outros instrumentos congêneres.

Os procedimentos previstos nesta Lei destinam-se a assegurar o direito fundamental de acesso à informação, prevendo a observância da publicidade como preceito geral e do sigilo como exceção. As exceções à publicidade advêm de informações sujeitas a sigilos legais (como o bancário e o fiscal), pessoais ou classificadas (consideradas imprescindíveis à segurança da sociedade ou do Estado). As informações, porém, não permanecem classificadas eternamente, mas apenas pelo prazo máximo de 25 (vinte e cinco) anos, no caso de informações ultrassecretas. Já as informações pessoais terão seu acesso restrito pelo prazo máximo de 100 (cem) anos a contar da sua data de produção. Não poderá ser negado acesso à informação necessária à tutela judicial ou administrativa de direitos fundamentais.

A garantia do direito de acesso à informação é compreendida como dever do Estado, que será franqueada mediante procedimentos objetivos e ágeis, de forma transparente, clara e em linguagem de fácil compreensão.

Qualquer cidadão poderá apresentar pedido de acesso a informações aos órgãos e entidades públicos, por qualquer meio legítimo. O órgão ou entidade pública deverá autorizar ou conceder o acesso imediato à informação disponível. Não sendo possível conceder o acesso imediato, o órgão ou entidade deverá responder o pedido no prazo de até 20 (vinte) dias.

No caso de indeferimento de acesso a informações, o cidadão poderá interpor recurso contra a decisão no prazo de 10 (dez) dias a contar da sua ciência, que será dirigido à autoridade hierarquicamente superior à que exarou a decisão impugnada. Esta terá um prazo de 5 (cinco) dias para decidir sobre o recurso. Caso a negativa persista, o cidadão ainda pode recorrer, sucessivamente, à Controladoria-Geral da União (CGU) e à Comissão Mista de Reavaliação de Informações (CMRI), esta última um colegiado composto por dez ministros de Estado. Casos de omissão de respostas pelo órgão ou entidades são passíveis de reclamação, direcionadas diretamente à CGU e, sucessivamente, à CMRI.

A Lei de Acesso à Informação prevê como conduta ilícita, que enseja responsabilidade do agente público ou militar, a recusar em fornecer informação requerida, o retardo deliberado no seu fornecimento ou o fornecimento intencional de forma incorreta, incompleta ou imprecisa, entre outras condutas que prejudiquem a efetividade da Lei, prevendo para estas a pena de, no mínimo, suspensão aos servidores estatutários e transgressões militares médias ou graves àqueles sujeitos aos regulamentos disciplinares das Forças Armadas.

A pessoa física ou entidade privada que detiver informações em virtude de vínculo de qualquer natureza com o poder público e deixar de observar o disposto na Lei estará sujeita a diversas sanções, dentre as quais a rescisão do vínculo com o poder público e a declaração de inidoneidade para licitar ou contratar com a administração pública.

4. O DIREITO DE ACESSO À INFORMAÇÃO NA ORDEM JURÍDICA ITALIANA

4.1. União europeia e a disciplina dos tratados

Inicialmente, faça-se uma diferenciação entre o direito internacional e o direito comunitário, assinalando que enquanto o direito internacional é o direito típico da coexistência ou cooperação, o direito comunitário é o direito da integração[13]. Conforme salienta Sandulli (2013:41) "o primeiro [direito internacional] produz norma que só pode penetrar no ordenamento nacional através de lei de ratificação e de execução de tratado que a contêm; o segundo

---

(13) Semelhante panorama do ordenamento jurídico da União Europeia é dado em MELO FILHO, Hugo. Unificação Europeia e precarização do trabalho: o caso italiano. In: MELO FILHO, Hugo *et* PETRUCI, Fabio. *Direito material e processual do trabalho*: uma interlocução entre Brasil e Itália. São Paulo: LTr, 2016.

[direito comunitário], com base em uma limitação preliminar de soberania dos Estados Partes da União Europeia, também produz normas que atuam diretamente no ordenamento nacional, prevalecendo sobre o interno".

A União Europeia se constitui em um autêntico ordenamento jurídico que há de conviver e coordenar-se com os ordenamentos dos Estados Membros. O ordenamento comunitário, em primeiro lugar, está composto de uma variedade de fontes de alcance e natureza distintas. As normas básicas do ordenamento comunitário são, como é lógico, os Tratados Constitutivos (Tratado da União Europeia – TUE e Tratado de Funcionamento da União Europeia – TFUE, além da Carta de Direitos Fundamentais da União Europeia – Carta de Nice), que atuam como uma espécie de constituição da comunidade e que formam o núcleo do denominado "direito originário" ou "primário".

Abaixo desse se situa o "direito derivado", integrado por uma variedade de fontes, entre as quais se destacam dois instrumentos de ação normativa: diretivas e regulamentos. As diretivas comunitárias são normas de caráter geral que pretendem fixar as grandes linhas de regulação de uma matéria, assim como os objetivos que devem alcançar os Estados membros, que são responsáveis pela complementação dessa regulação. De acordo com o TFUE, "a diretiva obrigará o Estado membro destinatário quanto ao resultado que se deve conseguir, deixando, entretanto, às autoridades nacionais a escolha da forma e dos meios" (art. 288, antigo art. 249/TCE). Os regulamentos, que não devem ser confundidos com as normas internas de mesma denominação, tendem a esgotar a regulação de um assunto sem deixar margem de ação aos Estados, ou deixando a estes uma margem de discricionariedade mínima; segundo o art. 288 do TFUE (antigo art. 249/TCE), "o regulamento terá um alcance geral. Será obrigatório em todos os seus elementos e diretamente aplicável e cada Estado membro"[14].

A existência de um ordenamento próprio da União Europeia e que, como tal, espraia seus efeitos em todos os Estados membros, projeta numerosos problemas de articulação com os ordenamentos nacionais, gerando, em alguns momentos, conflitos entre as normas e princípios de um e outros. Ambos os ordenamentos são ordenamentos autônomos, com campos de atuação próprios, como vêm decidindo os tribunais europeus.

Pietro Magno (2000:313) acrescenta a isso o problema da má qualidade da redação da legislação comunitária, derivada da necessidade de fixar compromissos comuns para os Estados membros que adotam distintas posturas normativas internas. Essa característica é considerada um importante problema pelo autor, porque dificulta o conhecimento da legislação pelos europeus. Para Magno, "isto é tanto mais evidente quando se tem em conta que os textos são tudo menos um modelo, com repetições, obscuridade, até mesmo contradições, bem como acréscimos e distinções com protocolos depois firmados" (*ibidem*).

No âmbito da União Europeia, o direito de acesso ao atos das instituições foi reconhecido pela primeira vez, como direito independente do cidadão, na Declaração n. 17, anexa ao Tratado de Maastricht[15], que cometeu à Comissão a tarefa de encontrar medidas destinadas a aumentar o acesso público às informações detidas pelas instituições:

"A conferência acredita que a transparência do processo de decisão reforça o caráter democrático das instituições, bem como a confiança do público na administração. A Conferência recomenda, por conseguinte, que a Comissão apresente um relatório ao Conselho até 1993, com medidas para aumentar o acesso público às informações disponíveis nas Instituições."

O acesso passa a ser visto como um direito pelo Tratado de Amsterdam, que introduziu disposição nesse sentido (agora art. 15 do Tratado sobre o Funcionamento da União Europeia, TFUE) e reconheceu a todos os cidadãos da União o direito de acesso aos documentos da Comissão Europeia, do Parlamento e do Conselho. Por um lado, a disposição estabelece o direito de acesso para todos os cidadãos e pessoas físicas e jurídicas que tenham residência em um Estado-Membro, reconhecendo-o como um direito relevante ao exercício da cidadania. Por outro, de um ponto de vista sistemático, é colocado na parte do Tratado dedicado ao funcionamento das instituições.

Todavia, o Tratado de Amsterdam, ao reconhecer o direito de acesso apenas em relação aos documentos da Comissão Europeia, do Parlamento e do Conselho, nada disciplinou quanto às outras instituições e ao numerosos organismos e agências no sistema comunitário.

O quadro jurídico mudou radicalmente com a entrada em vigor do Tratado de Lisboa. Em primeiro

---

(14) Além dos tratados, diretivas e regulamentos existem outras fontes jurídicas, de caráter geral ou particular, emanadas dos órgãos comunitários: acordos internacionais, decisões, recomendações, atos atípicos, etc.

(15) Devemos as informações sobre o desenvolvimento do direito de acesso à informação nas União Europeia a Margherita Salvadori. Cf. Il diritto di accesso all'informazione nell'ordinamento dell'Unione Europea. Disponível em: <http://www.evpsi.org/evpsifiles/UE-Diritto-accesso--Salvadori.pdf>. Acesso em: 20 dez. 2018.

lugar, foi conferido um efeito vinculativo à Carta dos Direitos Fundamentais, em que, na parte dedicada aos direitos de cidadania, o direito de acesso aos documentos está expressamente previsto:

> "Todo cidadão da União, bem como qualquer pessoa singular ou coletiva que resida ou tenha a sua sede num Estado-Membro, tem o direito de acessar os documentos das instituições, órgãos e repartições da União, independentemente de sua concordância."

O direito de acesso aos documentos, como corolário do princípio da transparência, assume, portanto, duplo *status*: o de direito fundamental e o de princípio geral do direito da União.

Em segundo lugar, o novo art. 15 do TFUE, estabelece:

> "1. A fim de promover a boa governança e assegurar a participação da sociedade civil, as instituições, órgãos, escritórios e agências da União operam de forma mais transparente possível. (...) 3. Qualquer cidadão da União e qualquer pessoa singular ou coletiva que resida ou tenha a sua sede social num Estado-Membro tem o direito de aceder aos documentos das instituições, órgãos, escritórios e agências da União, independentemente de sua concordância, de acordo com os princípios e condições a serem definidos de acordo com este parágrafo."

O direito de acesso é, portanto, afirmado como um princípio geral de transparência da ação da União Europeia, como um instrumento para promover a boa governança e garantir a participação da sociedade civil.

Até aqui, foi examinada a evolução do disciplinamento do direito e acesso à informação no direito originário. No que concerne ao direito derivado, merece relevo o Regulamento n. 1.049/2001, de 30 de maio de 2001, relativo ao acesso público aos documentos da Parlamento Europeu, Conselho e Comissão, instrumento normativo que codifica o direito de acesso dos cidadãos aos atos das instituições comunitárias.

O regulamento baseia-se no princípio da transparência consagrado art. 1º do TUE e destina-se a permitir a participação no processo de tomada de decisão e garantir maior legitimidade, eficiência e responsabilidade da administração em relação aos cidadãos em um sistema democrático, fortalecendo os princípios da democracia e do respeito pelos direitos fundamentais.

Na mesma linha dos Tratados acima examinados, o regulamento reconhece aos cidadãos da União e qualquer pessoa singular ou coletiva que resida ou tenha sede social num Estado-Membro, o direito de aceder aos documentos das instituições destes mesmos Estados. Além disso, o regulamento dispõe que o exercício do direito não está sujeito à prova de interesse, porque o acesso aos documentos administrativos não se destina a proteger sua posição subjetiva, mas responde ao princípio geral da transparência como meio de controle democrático da administração. O acesso não se restringe aos documentos produzidos pelas instituições, senão a todos os dados que detenham, produzidos ou recebidos por elas, salvo, neste último caso, se estejam gravados por cláusula de confidencialidade, especialmente quando o terceiro é um Estado-Membro[16].

4.2. Evolução da matéria na Itália

A Itália vinha de uma longa tradição de reserva e segredo quando teve início o processo de atribuir transparência aos atos da Administração Pública, como forma de prevenir a corrupção e conservar a integridade das instituições. O grande dilema foi garantir o acesso às informações sem prejuízo de interesses do Estado, gerador de alguma resistência à difusão ampla de informações.

Andréia Scapin informa que, embora tenha passado por uma paulatina evolução nos últimos 20 anos, a lei italiana ainda é a mais restritiva em transparência, no contexto da União Europeia[17].

A preocupação com o acesso à informação manifestou-se, pela primeira vez, na ordem jurídica italiana, com a publicação do Decreto n. 241/1990, que impôs a informação ao cidadão interessado sobre a abertura de procedimentos administrativos, bem como o acesso aos atos praticados e à fundamentação destes. Despiciendo seria dizer do avanço que representou esta previsão em um país habituado com o segredo das ações estatais. A partir de 1990, alguma comunicação entre a Administração Pública e o cidadão passa a existir, ainda que de forma tímida, uma

---

(16) Além disso, o acesso pode ser negado para proteger o interesse público em segurança, defesa e questões militares, relações internacionais, política financeira, monetária ou econômica da Comunidade ou de um Estado-Membro, por um lado, e proteção de privacidade e integridade do indivíduo, por outro, de acordo com a legislação comunitária em matéria de proteção de dados pessoais, bem como para proteger os interesses comerciais de uma pessoa física ou jurídica, incluindo a propriedade intelectual, procedimentos judiciais e assessoria jurídica, os objetivos das atividades de inspeções, investigações e auditorias. Do mesmo modo, os documentos "sensíveis", ou seja, classificados como "confidenciais" em virtude de disposições da instituição em causa, que protegem os interesses essenciais da União Europeia ou um ou mais Estados-Membros em matéria de segurança pública, defesa ou militar.

(17) *Itália busca equilíbrio entre sigilo e transparência*. Disponível em: <http://www.conjur.com.br/2014-mar-12/andreia-scapin-italia-busca-equilibrio-entre-sigilo-transparencia>. Acesso em: 06 jul. 2017.

vez que o princípio do segredo seguiu presidindo, de forma considerável, a ação do Estado[18].

O Decreto n. 241/1990 previu a possibilidade de expedição de regulamentos o decretos, tendentes a regular o exercício do direito de acesso à informação e as excepciones a ele, o que ensejou a expedição do Decreto n. 352, em 1992, pelo qual se aprovou o "Regulamento para a Disciplina das Modalidades de Exercício e os Casos de Exclusão do Direito de Acesso aos Documentos Administrativos"[19].

Por outro lado, o Decreto n. 241/1990 estabeleceu a obrigação de as administrações públicas elaborarem, mediante a expedição de regulamentos, as categorias de documentos que poderiam ser subtraídos do acesso, o que mitigou significativamente, o alcance da própria lei. De todo modo, na Itália prevaleceu o critério de que, na falta de exercício do poder regulamentador, todos os documentos são acessíveis, salvo nos casos previstos em outras normas que não a norma em análise.[20]

Ocorre que o Decreto de 1990 não aproveitava ao cidadão que, sem comprovar interesse pessoal legítimo, quisesse, apenas, efetuar, em alguma medida, o controle das atividades governamentais. Trata-se de peculiaridade do caso italiano, uma vez que os ordenamentos jurídicos da maioria dos países contemplam, como titulares do direito de acesso à informação, todas as pessoas, independente da nacionalidade, qualquer pessoa, sem a necessidade de demonstrar interesse algum.

No que concerne ao sujeito passivo, a legislação italiana originalmente estabeleceu que seria: "a administração do Estado (...), os entes públicos e os concessionários de serviços públicos". O Decreto n. 265, de 1999, modificou a redacção do preceito legal, estabelecendo que "o direito de acesso à informação se exercita em relação às administrações públicas (...), os entes públicos e os gestores de serviços públicos", compreendendo estes últimos, não só os concessionários, senão todo aquele sujeito de direito privado que preste serviços públicos.[21]

Em relação às informações que são consideradas públicas na Itália, o Decreto n. 241/1990 se refere aos documentos administrativos, definidos como qualquer representação do conteúdo de atos, incluindo os internos, gerados pela administração pública, ou os utilizados na sua atividade. No entanto, ao longo dos anos, o conteúdo dos documentos administrativos foi expandido, incluindo, neste período, não só a informação produzida pela administração pública, mas também que possua, mesmo que a informação solicitada tenha sido obtida de outras pessoas públicas ou mesmo privadas, bem como a que é mantida por um órgão administrativo no exercício das suas funções de controle ou supervisão, mesmo que produzida por outras administrações.[22]

Quanto às modalidades em que a informação pode ser acessada, o Decreto n. 241/1990 estabeleceu que o direito será exercido examinando e obtendo cópia dos documentos administrativos, sendo gratuito o primeiro e cobrado o custo de reprodução no segundo caso. É, ainda, prudente salientar que o Decreto n. 241/1990 não previu qualquer instância administrativa prévia que permita a impugnação da recusa de atendimento a pedidos de acesso à informação. Há, no entanto, um organismo cuja função principal é acompanhar a aplicação do princípio da plena publicidade da atividade administrativa pública.[23]

O Tratado de Lisboa, de 13 de dezembro de 2007, o mais recente tratado da União Europeia, terminou por traduzir valores de cooperação entre os membros da União, com vistas a uma Europa mais transparente e, assim, mais democrática. Nessa linha, prescreveu a instituição de mecanismos que assegurem interação efetiva entre as instituições estatais e os cidadãos[24].

Corolário do Tratado de Lisboa, no Estado italiano, foi a edição do Decreto Legislativo n. 150/2009, que definiu, além de critérios de produtividade e eficiência no serviço público, regras de transparência para atividades administrativas[25].

No ano de 2013, na sequência da publicação da lei anticorrupção (Lei n. 190/2012), foi editado o Decreto Legislativo n. 33/2013, norma que impôs a criação de portais institucionais na *web*, destinados ao fornecimento de informações que permitam o controle cidadão dos atos administrativos[26].

---

(18) *Idem*.
(19) BECERRIL, Rigoberto Martínez. El derecho de acceso a la información em México, su ejercicio y médios de impugnación. Toluca: Instituto de Transparencia y Acceso a la Información Pública del Estado de México y Municipios, 2009.
(20) *Idem*.
(21) *Idem*.
(22) *Idem*.
(23) *Idem*.
(24) *Itália busca equilíbrio entre sigilo e transparência*. Disponível em: <http://www.conjur.com.br/2014-mar-12/andreia-scapin-italia-busca-equilibrio-entre-sigilo-transparencia>. Acesso em: 06 jul. 2017.
(25) *Idem*.
(26) *Idem*.

É claro que as novidades normativas não tiveram o condão de transformar, *in totum*, a cultura italiana, marcada, como visto, pelo sigilo das ações estatais. A nova cultura da transparência será o resultado de um processo de conscientização dos cidadãos quanto às vantagens da transparência, como elemento de valorização da cidadania e da democracia.

5. ACESSO À INFORMAÇÃO E GARANTIA DE DIREITOS SOCIAIS

Não pode haver dúvida de que o direito de acesso à informação é essencial para a garantia do exercício dos direitos sociais, especialmente informações "sobre atividades, obras e medidas que possam ter impacto irreversível sobre direitos sociais"[27]. Mas o acesso à informação não se deve limitar a essa esfera. Segundo Rodrigo Schwarz,

> O acesso à informação deve atingir a atuação de alguns agentes privados, como os empregadores, as empresas que prestam serviços públicos ou as empresas que exercem atividades geradoras de risco coletivo, como indústrias com alto potencial danoso ao meio-ambiente, e outros que possam afetar os direitos sociais ou os bens públicos[28].

O processo de democratização radical do acesso à informação na esfera institucional e, para além desta, no âmbito das relações sociais, se impõe como pressuposto de garantia do exercício de direitos sociais. Segundo Schwars, isso pode "viabilizar, de fato, a avaliação sobre a capacidade dessas instituições para dar expressão, pelas vias adequadas, aos diferentes reclamos sociais, começando pelo segmentos mais vulneráveis"[29].

Vê-se que o escopo do direito de acesso à informação é muito mais amplo do que a obtenção de um dado público, em particular, e nisso não se esgota. Trata-se de legítimo direito instrumental imprescindível à efetividade da participação do cidadão, da liberdade de expressão e, especialmente, para a exigência de efetivação dos direitos sociais constitucionalmente assegurados.

Nessa mesma linha, colha-se a lição de Bucci[30]:

> Os direitos sociais dependem da política pública adotada pelo Estado para haver seu asseguramento. Contudo, a sociedade depende de informações estatais para conhecer se há a aplicação correta dos planos traçados. Ademais, sem tais informações não há como haver a exigibilidade dos direitos assegurados na Constituição Federal. Para tanto, se faz necessário o acesso à informação pública, que é pré-requisito para o exercício deste direito inerente à democracia.
>
> (...)
>
> Assim, a sociedade tem direito à promoção do bem estar social, devendo agir como agente fiscalizatório direto das políticas adotadas, ou que vão ser adotadas, pelo Estado. Contudo, sem o DAIP não será possível tal atitude por parte dos cidadãos, que não terão dados necessários ao livre discernimento para exercitar tal direito. Desta maneira, se encontra como pré-condição o acesso à informação pública.

Tendo em vista o propósito deste trabalho, serão enumerados casos indicadores dos efeitos da normatização do direito de acesso à informação no Brasil e na Itália, de modo a evidenciar os avanços alcançados e as potencialidades abertas na ordem jurídica dos dois países.

5.1. A experiência brasileira

A publicação da Lei de Acesso à Informação promoveu alterações importantes na qualidade da democracia brasileira, nas mais diversas áreas, cabendo, aqui, destacar, os avanços em matéria de garantia do exercício de direitos sociais. Para tanto, selecionamos alguns casos que, a nosso sentir, ilustram, satisfatoriamente, tais avanços.

5.1.1. Combate ao trabalho escravo

Entre 2003 e 2014, o Ministério do Trabalho e Emprego do Brasil divulgou a "Lista de Transparência sobre Trabalho Escravo Contemporâneo". Em dezembro de 2014, uma decisão do Supremo Tribunal Federal, atendendo a um pedido de uma associação de incorporadoras imobiliárias, passou a impedir a divulgação, pelo governo federal, da atualização do cadastro de empregadores flagrados com mão de obra escrava, a chamada "lista suja". O cadastro é um dos principais instrumentos no combate a esse crime e é tido como referência pelas Nações Unidas.

---

(27) SCHWARZ, Rodrigo Garcia. *Trabalho escravo: a abolição necessária*: uma análise da efetividade e da eficácia das políticas de combate à escravidão contemporânea no Brasil. São Paulo: LTr, 2008. p. 213.
(28) *Idem*, p. 212.
(29) *Idem*, p. 23.
(30) BUCCI, Eduardo Salada. *O acesso à informação pública como direito fundamental à cidadania*. Disponível em: <http://www.ambito-juridico.com.br/site/index.php?n_link=revista_artigos_leitura&artigo_id=6490>. Acesso em: 06 jul. 2017.

Em 2015, a organização Repórter Brasil e o instituto InPACTO solicitaram, com base nos arts. 10, 11 e 12 da Lei de Acesso à Informação (12.527/2012),

> "A relação com os empregadores que foram autuados em decorrência de caracterização de trabalho análogo ao de escravo e que tiveram decisão administrativa transitada em julgado, entre dezembro de 2013 e dezembro de 2015, confirmando a autuação, constando: nome do empregador (pessoa física ou jurídica), nome do estabelecimento onde foi realizada a autuação, endereço do estabelecimento onde foi caracterizada a situação, CPF ou CNPJ do empregador envolvido, número de trabalhadores envolvidos e data da fiscalização em que ocorreu a autuação."[31]

As entidades requerentes entendiam que "a 'lista suja' nada mais é do que uma relação dos casos em que o poder público caracterizou trabalho análogo ao de escravo e nos quais os empregadores tiveram direito à defesa administrativa em primeira e segunda instâncias; e que a sociedade tem o direito de conhecer os atos do poder público".[32]

A primeira listagem, obtida com base na Lei de Acesso à Informação foi divulgada em março de 2015 e elencou os casos detectados entre dezembro de 2012 e dezembro de 2014. A segunda, divulgada em setembro do mesmo ano, envolveu o período de maio de 2013 a maio de 2015. A terceira edição da "Lista de Transparência sobre Trabalho Escravo Contemporâneo" foi publicada em fevereiro de 2016 e consolidou os dados de empregadores autuados em decorrência de caracterização de trabalho análogo ao de escravo e que tiveram decisão administrativa final entre dezembro de 2013 e dezembro de 2015. As informações foram compiladas pelo Ministério do Trabalho e Emprego.

Repórter Brasil e InPACTO declararam que o objetivo das organizações ao veicular a "Lista Suja" era garantir o direito da sociedade e do setor empresarial à transparência sobre o tema, fornecendo informações sobre os flagrantes confirmados por trabalho análogo ao de escravo realizados pelo governo.

Na ocasião, Leonardo Sakamoto justificou a medida:

> A sociedade brasileira depende de informações oficiais e seguras sobre as atividades do Ministério do Trabalho e Previdência Social na fiscalização e combate ao trabalho escravo contemporâneo no Brasil.

> Informação livre é fundamental para que as empresas e outras instituições desenvolvam suas políticas de gerenciamento de riscos e de responsabilidade social corporativa. A portaria que regulamentava a suspensa "lista suja" não obrigava o setor empresarial a tomar qualquer ação, apenas garantia transparência. Muito menos a relação aqui anexa. São apenas fontes de informação a respeito de fiscalizações do poder público.

> Transparência é fundamental para que o mercado funcione a contento. Se uma empresa não informa seus passivos trabalhistas, sociais e ambientais, sonega informação relevante que pode ser ponderada por um investidor, um financiador ou um parceiro comercial na hora de fazer negócios.

> As informações que constam na "Lista de Transparência sobre Trabalho Escravo Contemporâneo no Brasil" são oficiais uma vez que fornecidas pelo Ministério do Trabalho e Previdência Social através de solicitação formal e transparente, que obedece a todos os trâmites legais previstos na Lei de Acesso à Informação. Solicitação que pode ser repetida por qualquer cidadão, organização social ou empresa.

> A lista tem sido, enquanto a "lista suja" segue suspensa, o principal instrumento das empresas associadas do InPACTO para o controle e monitoramento de sua cadeia produtiva com relação ao trabalho escravo.[33]

5.1.2. Direito à moradia

No Distrito Federal, há muitas décadas, moradores da periferia sofrem com a arbitrária demolição de suas moradias, medidas que se efetivaram por operações da AGEFIS – Agência de Fiscalização do Distrito Federal, sob o argumento de que as áreas ocupadas são propriedade da Companhia Imobiliária de Brasília – Terracap.

A verdade é que o governo do Distrito Federal promove as desocupações de comunidades de baixa renda, para entregar a área a grandes empreiteiras para a construção de condomínios.

---

(31) SAKAMOTO, Leonardo. *Lista de Transparência sobre Trabalho Escravo Contemporâneo no Brasil*. Disponível em: <https://blogdosakamoto.blogosfera.uol.com.br/2016/02/05/nova-lista-de-transparencia-traz-340-nomes-flagrados-por-trabalho-escravo/?cmpid=copiaecola>. Acesso em: 06 jul. 2017.
(32) *Idem*.
(33) *Idem*.

Ocorre que há fundada dúvida quanto ao fato de ser a Terracap proprietária de tais áreas do Distrito Federal. E ainda que seja, muitos desses cidadãos de baixa renda têm direito à regularização fundiária urbana disciplinada pela Lei n. 13.465/2017, uma vez que são detentores de área pública situada em núcleo urbano informal já consolidado em dezembro de 2016.

Em dezembro de 2016, a advogada popular que representa algumas dessas comunidades nos pedidos administrativos de regularização fundiária urbana, alegando desconhecer quais seriam os terrenos de propriedade da Terracap, em face da indisponibilidade de informação acerca de quais áreas seriam públicas, portanto sem poder definir quais seriam passíveis de regularização fundiária, com base na novel Lei n. 13.456/2017, e quais seriam passíveis de usucapião, requereu à referida empresa, com fundamento na Lei n. 12.527/2011 e na Lei Distrital n. 4.990/2012, o acesso a tal informação. Não logrando êxito e, ainda com espeque na Lei de Acesso à Informação, recorreu até a última instância administrativa, exercida pela Controladoria-Geral do Distrito Federal, que, ao final, deferiu o pleito da autora e determinou à Companhia Imobiliária de Brasília – Terracap que promovesse a entrega da informação, qual seja, a indicação de todos os terrenos de propriedade dela.

A Controladoria-Geral do Distrito Federal (CGDF) representa a última instância recursal da Lei de Acesso à Informação em nível distrital (Lei Distrital n. 4.990/2012). No exercício de sua competência legal, a referida instância decidiu, em 5 de abril do corrente ano, de forma favorável ao pleito da requerente, conforme segue:

"Prezada Sra. Anjuli Tostes Faria Osterne,

Ao cumprimentá-lo cordialmente, refiro-me ao recurso apresentado à Controladoria-Geral do Distrito Federal em relação ao pedido de informação n. 00111000144/2016-84.

Analisando o teor das informações prestadas pela Companhia Imobiliária de Brasília – TERRACAP, o Controlador Geral do Distrito Federal, concluiu pelo provimento do recurso, uma vez que não foram adotadas pela Administração Pública as providências para o fiel cumprimento das normas jurídicas que disciplinam o acesso à informação.

Conforme relatado no Despacho n. 115/2017-GAB/CGDF, anexo, informo que Processo n. 480.000.044/2017, será remetido para a TERRACAP, com a recomendação de prestar à informação ao requerente de forma imediata a respeito dos imóveis de propriedade da empresa localizados no DF que estejam desembaraçados e em condições de venda e pelo fornecimento, no prazo máximo de 90 dias, da relação completa dos restantes dos imóveis, anexar cópia da resposta aos autos e restituí-lo a esta Controladoria-Geral para ciência e posterior arquivamento.

Atenciosamente,

Controladoria Geral do Distrito Federal"[34].

As informações solicitadas gozam de relevante interesse público e deveriam estar, portanto, em transparência ativa. A indisponibilidade da informação ensejava, em primeiro lugar, a desocupação arbitrária de áreas ocupadas por comunidades carentes, sem que houvesse certeza quanto a se tratar de propriedade do Distrito Federal. Além disso, a ausência de informação vinha se constituindo em empecilho à regularização fundiária urbana. Assim, o acesso à informação foi assegurado como forma de garantia do direito social à moradia, previsto no art. 6.º da Constituição da República.

5.1.3. Direito à férias

Em abril de 2017, um cidadão empregado da Empresa Brasileira de Correios e Telégrafo, solicitou à empresa acesso a documento que tratava da suspensão da concessão de férias, no âmbito da Empresa Brasileira de Correios e Telégrafos, pelo período de um ano, de maio de 2017 a abril de 2018. A empresa indeferiu o pedido, por entender se tratar de informação sigilosa.

O cidadão percorreu todas as instâncias recursais, até a Controladoria-Geral da União, onde teve o recurso provido. A decisão da CGU foi baseada nos arts. 5º, XXXIII e 37, § 3º, II, da Carta Magna, bem como nas disposições da Lei n. 12.527/2011, em face dos quais entendeu que a empresa não poderia negar o acesso do requerente ao Relatório/VIGEP n. 003/2017, que tratava do tema do seu interesse.

A CGU não se furtou à análise do alegado caráter sigiloso do documento, afastando-o, com base nos arts. 22 da Lei n. 12.527/2011 e 157 da Lei n. 6.404/1976.

Quanto ao mais, assim foi vazado o parecer que opinou pelo provimento do recurso e que foi acolhido pelo Ouvidor-Geral da República[35]:

---

(34) Mensagem eletrônica enviada à coautora.
(35) Ministério da Transparência e Controladoria-Geral da União. Ouvidoria-Geral da União. Coordenação-Geral de Recursos de Acesso à Informação. Processo n. 99923.000573/2017-45. Parecer da Auditora Federal de Finanças e Controle Anjuli Tostes Faria.

Resta configurado, então, conflito entre a alegada prerrogativa de recusar a informação solicitada e o direito do cidadão, empregado da ECT, obter as informações de seu interesse pessoal.

O Relatório/VIGEP n. 003/2017 trata da suspensão da concessão de férias dos trabalhadores da ECT, de maio de 2017 a abril de 2018. Importante destacar que a ECT é uma empresa pública, reconhecida pela CGU como tendo "natureza híbrida, por atuar tanto na prestação de serviços públicos quanto nas atividades comerciais de cunho concorrencial" (processo n. 99923.001660/2013-96).

Dessa forma, conforme dispõe o art. 173, § 1º, II, da Constituição Federal, o regime jurídico dos sem trabalhadores é o próprio das empresas privadas, ou seja, baseado na Consolidação das Leis do Trabalho – CLT.

Dito isto, é de se destacar que as entidades que compõem a administração indireta estão sujeitas aos princípios inaugurados pelo art. 37 da Constituição Federal, dentre eles o da publicidade. É regra, portanto, que os atos administrativos sejam públicos e, em casos excepcionais sejam restritos ou sigilosos, aparentando ser este o caso, conforme se apresenta a seguir.

Observa-se que o art. 129, do Decreto Lei n. 5.452 de 1943 (Consolidação das Leis do Trabalho), na linha do que estabelece o art. 7., XVII da Constituição, dispõe que *todo empregado terá direito anualmente ao gozo de um período de férias, sem prejuízo da remuneração. Por seu turno, o art. 130 dispõe que após cada período de 12 (doze) meses de vigência do contrato de trabalho, o empregado terá direito a férias, e o art. 134 que as férias serão concedidas por ato do empregador, em um só período, nos 12 (doze) meses subseqüentes à data em que o empregado tiver adquirido o direito.*

A não concessão das férias no denominado período concessivo gera despesa para o empregador, uma vez que a remuneração haverá de ser paga em dobro, nos termos do art. 137 da CLT.

Resta evidenciado o interesse público na concessão das férias no prazo legal, uma vez que sua extrapolação gera acréscimo de despesa para a empresa pública. Para além disso, verifica-se, no caso vertente, evidente direito do requerente, na condição de empregado da requerida, de conhecer as razões pelas quais não serão concedidas férias aos empregados no período de maio de 2017 a abril de 2018, período no qual, fatalmente, restarão escoados os prazos de concessão de férias de diversos empregados.

Frise-se que a CLT, em seu art. 136, § 1º, determina que *vencido o mencionado prazo [período concessivo] sem que o empregador tenha concedido as férias, o empregado poderá ajuizar reclamação pedindo a fixação, por sentença, da época de gozo das mesmas,* disposição que evidencia o direito de o empregado gozar as férias no período fixado na lei e, consequentemente, de saber os motivos pelos quais o exercício do direito está empecilhado.

Cabe à entidade pública harmonizar a necessidade de preservação de certas informações consideradas de cunho estratégico, como é o caso do sigilo comercial estabelecido pela Lei n. 6.404/1976, invocada pela requerida, com os princípios de proteção ao trabalhador, estes trazidos pela CLT, pela doutrina e pela jurisprudência correlata, sendo esta também uma forma de proteção às próprias estatais e aos cofres públicos, como no caso de não concessão de férias no prazo legal, que acarreta o pagamento em dobro da remuneração correspondente. Além disso, a não concessão pode gerar sanções pelo descumprimento de regras relativas à férias.

Não se alegue que o momento de concessão das férias será aquele que melhor consulte aos interesses da empresa, como dispõe a CLT (art. 136, *caput*), porque tal faculdade tem que ser exercida nos limites temporais fixados pela mesma norma, ou seja, dentro do período concessivo.

5.1.4. Obrigações socioambientais e proteção dos povos indígenas

Em setembro de 2014, a Controladoria-Geral da União deu provimento a recurso do Instituto Socioambiental – ISA contra decisão denegatória do Banco Nacional de Desenvolvimento Econômico e Social (BNDES) em "dar acesso aos relatórios ambientais produzidos por uma auditoria independente para o BNDES, além de solicitar informações relativas à execução físico-financeira das obrigações socioambientais do beneficiário do empréstimo destinado a financiar a usina, a empresa Norte Energia"[36]. A CGU não acolheu a alegação do BNDES no sentido de que os dados estariam protegidos por sigilo bancário e, assim, não poderiam ser liberados. De reverso, a Controladoria entendeu tratar-se de informações de interesse público.

---

[36] Disponível em: <https://www.socioambiental.org/pt-br/noticias-socioambientais/bndes-descumpre-decisao-da-controladoria-da-uniao-e-nega-acesso-a-dados-sobre-belo-monte>. Acesso em: 20 dez. 2017.

O BNDES não cumpriu a determinação da CGU, razão pela qual o ISA apresentou, em novembro de 2014, denúncia à CGU exigindo que as informações relativas à execução físico-financeira das obrigações socioambientais do beneficiário do empréstimo destinado a financiar a usina, a empresa Norte Energia fosse disponibilizados.[37]

Segundo a ISA, "Belo Monte recebeu um financiamento de R$ 22,5 bilhões do BNDES, o que equivale a cerca de 80% do valor da obra. Desse valor, R$ 3,7 bilhões foram destinados ao cumprimento de obrigações socioambientais e à implantação de um plano de desenvolvimento sustentável da região de Altamira". O Instituto afirmou, à época, que "a própria CGU ou outros órgãos de controle, como o Tribunal de Contas e o Ministério Público, não tiveram acesso a esses dados para confirmar quais informações o banco realmente possui e se elas são realmente sigilosas", de modo que "a sociedade acaba sem ter informações sobre o orçamento destinado à garantia de direitos das populações atingidas, que são informações de evidente interesse público"[38].

A decisão da CGU impôs ao BNDES a ampliação das medidas de transparência das informações relativas a obrigações socioambientais dos beneficiários de seus empréstimos, pois "além de representarem instrumento à efetividade do comando constitucional, [as obrigações] servem de importante meio para a redução dos riscos inerentes ao negócio, em especial no que se refere à eventual responsabilização solidária da instituição financeira por conduta que gere danos ao meio ambiente".

Uma vez que o BNDES descumpriu a determinação da CGU, o Ministério Público Federal propôs ação, com base na Lei de Acesso à Informação, em que postulava a disponibilização dos relatórios ao ISA, em virtude da qual foi feito acordo extrajudicial, que assegurou a publicação periódica dos relatórios.

5.1.5. Direito ao contraditório e à ampla defesa em dispensa de empregado

Em 2015, um empregado do Banco do Brasil foi despedido por justa causa. Alegando desconhecer as razões de sua dispensa, solicitou ao banco a entrega, sem ocultação de dados das testemunhas, do processo da ação disciplinar. O Banco fez entrega de parte dos documentos, mas se negou a fornecer a cópia integral do autos, sob a alegação de que "a investigação objeto do processo ainda está em curso".

---

(37) Em fevereiro de 2014, o ISA denunciava: "O banner no site da Norte Energia, empresa responsável pela construção da usina hidrelétrica de Belo Monte, no Rio Xingu, no Pará, anuncia com destaque que 45% da usina foi concluída. Ao redor da construção, os nove povos indígenas atingidos já se deparam com os problemas de uma obra que segue campeã em inadimplência socioambiental.
Desde o leilão da usina, em 2010, até agora apenas 15% dos compromissos de proteção territorial dos povos indígenas foram atendidos. É o que revela a nota técnica do ISA, resultado de mais de um ano de análise e investigação sobre o cumprimento das medidas de prevenção, mitigação e compensação de impactos relativos aos direitos territoriais nas 12 Terras Indígenas afetadas pela obra.
O quadro de inadimplência apresentado é preocupante, se concentrando principalmente no não cumprimento de condicionantes por parte do poder público: este é o responsável pelo descumprimento de nove das 15 condicionantes que atualmente estão com pendências e/ou atrasos.
Para realizar a nota técnica, o ISA utilizou o Sistema de Informação ao Cidadão (SIC), criado após a lei de acesso a informação. Durante mais de um ano, organizou pedidos a todos os órgãos corresponsáveis pela execução e monitoramento das condicionantes das licenças ambientais da obra. Utilizando os mesmos critérios do órgão licenciador, técnicos do ISA avaliaram as condicionantes indígenas relacionadas à proteção às terras e aos povos indígenas do Xingu.
A Funai não se manifesta publicamente sobre o monitoramento das condicionantes desde maio de 2013. O Ibama, principal órgão do governo federal responsável pela fiscalização da obra, aponta as condicionantes indígenas como de avaliação "não pertinente" nos pareceres técnicos que publica semestralmente. Diante deste cenário de dívidas com os povos indígenas, a ausência de informação pública sobre irregularidades na licença é uma constante desde o leilão da usina. Apesar disso, a Norte Energia pretende solicitar ao Ibama a liberação da licença para operar a usina ainda no primeiro semestre deste ano.
Sem infraestrutura local, equipe e recursos, o governo federal não consegue executar e manter ações de proteção e de fiscalização nas Terras Indígenas afetadas por Belo Monte. Este quadro nos remete a outra questão: a obrigação de estruturar a Funai em Altamira nunca saiu do papel. A Norte Energia não iniciou sequer a construção da nova sede do órgão indigenista na cidade, e a quantidade de pessoas no corpo técnico é praticamente a mesma em relação a 2009, anterior à primeira licença da usina.
As consequências do acúmulo de três anos de inadimplência socioambiental estão evidenciadas no aumento dos índices de desmatamento ilegal dentro das Terras Indígenas. O desmatamento entre 2012 e 2013 aumentou, após anos de queda. "O maior aumento, o da TI Cachoeira Seca, é explicado em grande parte pelo aumento na demanda por recursos naturais (madeira e pastos para pecuária) associados ao crescimento desordenado da cidade de Altamira", explica Juan Doblas, analista de geoprocessamento do ISA.
Para prevenir novas invasões, regularizar terras já demarcadas e garantir um grande corredor de proteção social e ambiental na região, governo federal e Norte Energia se comprometeram a executar ações divididas em 19 condicionantes, sendo 12 de responsabilidade exclusiva do poder público. A nota técnica aponta que das 19, apenas três foram plenamente atendidas.
"As Terras Indígenas e Unidades de Conservação são grandes bolsões de floresta, ricos em biodiversidade, que sofrem imensa pressão com a chegada de grandes empreendimentos como Belo Monte. As medidas de proteção destes territórios devem ser de natureza preventiva, antes do início dos impactos previstos. Deixar as medidas de proteção e fiscalização territorial só para depois de consolidado o dano implica o risco de que elas percam sentido e efetividade". Disponível em: <http://envolverde.cartacapital.com.br/belo-monte-avaliacao-inedita-dos-impactos-sobre-os-indios-revela-inadimplencia-em-80-das-acoes/>. Acesso em: 20 dez. 2017.
(38) Disponível em: <https://www.socioambiental.org/pt-br/noticias-socioambientais/bndes-descumpre-decisao-da-controladoria-da-uniao-e--nega-acesso-a-dados-sobre-belo-monte>. Acesso em: 20 dez. 2017.

O empregado recorreu à Controladoria-Geral da União[39], apontando a improcedência da alegação, uma vez que visto que o cidadão informou à CGU que o Banco do Brasil já lhe havia aplicado a pena de dispensa, de modo que a investigação já havia sido concluída e a decisão tomada.

Instado a se manifestar, o Banco do Brasil afirmou que o caso fora "analisado e julgado em conformidade com o normativo vigente" eu que "o pedido de revisão é cabível quando a sanção aplicada for Suspensão ou Destituição; não cabendo, portanto, para o caso em tela, a solicitação de revisão". Já o empregado afirmou que "em nenhum momento disponibilizaram documentos, em nenhum momento houve chance de defesa, fui ameaçado e agredido verbalmente me ajudem. Preciso dos documentos do inteiro teor do processo administrativo".

O Auditor a quem coube a produção do parecer argumentou, na linha do que defendera o Ministério Público Federal, em processo precedente:

> (...) Ora, embora o inciso II do § 1º do art. 173 da Constituição Federal expressamente designe, entre outros, que a lei estabelecerá o estatuto jurídico da sociedade de economia mista exploradora de atividade econômica com sujeição ao regime, sabe-se que o impetrante está estritamente vinculado aos princípios norteadores próprio das empresas privadas da atividade administrativa elencados no *caput* do art. 37 da Constituição Federal e no *caput* do art. 2º da Lei n. 9.784/1999. É dizer, coexistem normas jurídicas de direito público e privado, inclusive na admissão e demissão de seus empregados. (...) Ora, a despeito da discussão acerca da aplicabilidade da Lei de Acesso à Informação nas circunstâncias em que pessoa jurídica de direito privado não esteja atuando como longa manus do Poder Público, a Magna Carta prevê o direito fundamental de aos litigantes, em processo judicial ou administrativo, e aos acusados em geral serem assegurados o contraditório e ampla defesa, com os meios e recursos a ela inerentes (inciso LV do art. 5º). A polêmica sobre a incidência ou não da Lei n. 12.527/2011 não prevalece diante da necessidade de ser efetivado o direito assegurado pelo inciso LV do art. 5º, da CF/1988 e pelo caput do art. 2º e art. 9º da Lei n. 9.784/1999, sobretudo, repita-se, pelo fato de o impetrante ter procedido à instauração de processo administrativo prévio à demissão. Ademais, nem a natureza do ato, se administrativo ou trabalhista, é tão importante quanto o reconhecimento da existência de uma cláusula pétrea constitucionalmente assegurada e aplicável ao caso concreto dos autos. Inexorável, pois, que integra o contraditório e a ampla defesa o acesso do 3º interessado às cópias das peças processuais acauteladas no processo em que figurou como parte. Um parênteses, entretanto, é necessário. Se a Lei n. 12.527/2011 foi editada para regular o direito de acesso à informação previsto no inciso XXXIII do art. 5º da CF/1988, incluindo como um de seus destinatários as sociedades de economia mista na prestação de informações de interesse particular dos administrados, não seria razoável julgar que o terceiro, empregado do Banco do Brasil antes da demissão, seja desinteressado em conhecer e apalpar os autos processuais do procedimento que apurou transgressão funcional a ele imputada; até porque não configura esta uma hipótese excepcional de sigilo resguardada pela CF/1988 ou pelos incisos I e II do art. 6º do Decreto n. 7.724/2012, o qual disciplina a Lei de Acesso à Informação no plano do Executivo Federal ou ainda pela Lei das Sociedades Anônimas. Além do mais, se até informações públicas devem ser disponibilizadas aos administrados, ressalvadas as protegidas por sigilo, quiçá as que guardem pertinência com a vida pessoal de tais pessoas.

A CGU decidiu, assim, dar provimento ao recurso para assegurar ao cidadão, empregado do Banco do Brasil, acesso ao processo administrativo disciplinar em que era parte, visando exercer seu direito de contraditório e ampla defesa[40].

5.2. A realidade italiana

Já ficou aqui assentado que o acesso à informação não se deve limitar a dados de caráter público, senão atingir a atuação de agentes privados, como os empregadores, as empresas que prestam serviços e outros que possam afetar os direitos sociais ou os bens públicos, pois o processo de democratização do acesso à informação na esfera institucional e, para além desta, no âmbito das relações sociais, se impõe como pressuposto de garantia do exercício de direitos sociais.

Daí que o escopo do direito de acesso à informação não se esgota na obtenção de dados públicos. Tra-

---

[39] Ministério da Transparência e Controladoria-Geral da União. Ouvidoria-Geral da União. Coordenação-Geral de Recursos de Acesso à Informação. Processo n. NUP 99901.001248/2015-96. Parecer do Auditor Federal de Finanças e Controle Ícaro da Silva Teixeira.
[40] Há outras decisões da CGU, no mesmo sentido, v.g., o parecer NUP 99901.001087/2014-50. Disponível em: <http://buscaprecedentes.cgu.gov.br/busca/dados/Precedente/099901001087201450_CGU.pdf>. Acesso em: 20 dez. 2017.

ta-se de legítimo direito instrumental imprescindível à efetividade da participação do cidadão, da liberdade de expressão e, especialmente, para a exigência de efetivação dos direitos sociais constitucionalmente assegurados, entre eles os direitos trabalhistas.

Na esteira desse entendimento, todos os países da Europa são obrigados a estabelecer que[41]:

1) Nas empresas que empregam mais de 50 trabalhadores num país da UE (ou mais de 20 no caso de uma sucursal de uma grande empresa), o empregador tem a obrigação legal de: a) informar o pessoal da evolução recente e futura das atividades e da situação económica da empresa; b) informar e consultar o pessoal sobre a situação atual em matéria de emprego e respetiva evolução; c) informar e consultar o pessoal sobre eventuais grandes alterações relativas à organização do trabalho ou à gestão das relações contratuais.

Estas informações devem ser dadas tempestivamente, de forma a que os representantes dos trabalhadores tenham tempo suficiente para iniciar consultas oficiais com o empregador sobre as questões em causa.

Os representantes dos trabalhadores (ou os eventuais especialistas que lhes prestem assistência) estão proibidos de divulgar aos seus representados ou a terceiros informações que lhes tenham sido comunicadas confidencialmente.

2) A empresa, quando contratar pessoal, tem a obrigação de informar aos seus futuros trabalhadores sobre as condições de emprego. A legislação europeia estabelece a informação mínima, indicando que os contratos de trabalho devem incluir, pelo menos, os seguintes pontos ou fazer referência à lei aplicável[42]: a) partes num contrato de trabalho (empregador e trabalhador); b) local de trabalho – se não houver um local de trabalho fixo, deve especificar que o trabalhador trabalhará em vários locais e indicar onde está registada a sua empresa; c) título, grau, categoria do posto de trabalho ou breve caracterização/descrição do trabalho e das funções; d) data de início; e) duração previsível do trabalho, se o contrato for temporário; f) duração das férias remuneradas anuais; g) prazos de pré-aviso para si e para o trabalhador, em caso de rescisão do contrato por uma das partes; h) salário-base inicial, frequência de pagamento e outros componentes da remuneração; i) duração do dia ou da semana de trabalho normal (horário de trabalho); j) regras de eventuais acordos coletivos que regem as condições de trabalho do trabalhador[43].

As informações referidas devem ser dadas aos novos trabalhadores por escrito no primeiro dia de trabalho, ou até antes, o mais tardar dois meses após terem começado a trabalhar para si[44].

3) O empregador tem a obrigação de informar por escrito aos trabalhadores de qualquer alteração ao contrato de trabalho, no prazo de um mês, a contar da data em que a mesma passará a produzir efeitos. Caso a alteração se deva a uma mudança da legislação ou das disposições administrativas aplicáveis, não é necessário entregar-lhes um documento escrito que altere o contrato original.

4) Se os trabalhadores tiverem de trabalhar mais de um mês noutro país, o empregador deve informá-los antecipadamente do seguinte: a) duração do período de trabalho no estrangeiro; b) moeda em que será pago o salário; c) prestações às quais podem ter direito durante a estadia no estrangeiro; d) condições relativas ao seu regresso ao país de origem[45].

5.2.1. Procedimento na dispensa coletiva

Na Itália, as dispensas coletivas, segundo leciona Luísa Galantino[46], se submetem a um procedimento sindical, judicial e público. Em primeiro lugar, a empresa se obriga a fazer uma comunicação escrita ao sindicato da categoria profissional (*Rappresentanze Sindicali Aziendiali*), na qual deve ser informado o intuito de promover a dispensa em massa, a situação da empresa, bem como os motivos que a determinaram. Cumpre, ainda, à empresa, justificar a não adoção de medidas que pudessem evitar ou atenuar a dispensa coletiva, além da qualificação profissional, o número e a função dos trabalhadores que poderão ser dispensados e o tempo de duração do programa de mobilidade[47].

De posse da informação, o sindicato pode sugerir alternativas para evitar a dispensa ou até mesmo dimi-

---

(41) Disponível em: <http://europa.eu/youreurope/business/staff/employment/staff-consultation/index_pt.htm>. Acesso em: 05 jul. 2017.
(42) Disponível em: <http://europa.eu/youreurope/business/staff/employment/informing-employees/index_pt.htm>. Acesso em: 05 jul. 2017.
(43) No que se refere às férias anuais, prazos de pré-aviso, tempo de trabalho e remuneração, é suficiente remeter os trabalhadores para as disposições legislativas e administrativas nacionais/regionais aplicáveis. Em alguns países da UE, as regras acima descritas poderão não se aplicar aos trabalhadores que trabalhem para si, no máximo, durante um mês ou menos de oito horas por semana.
(44) As informações podem ser prestadas em um contrato de trabalho por escrito, em uma carta de compromisso, em um ou vários documentos escritos que contenham as informações acima referidas.
(45) Disponível em: <http://europa.eu/youreurope/business/staff/employment/staff-contracts/index_pt.htm>. Acesso em: 05 jul. 2017.
(46) *Apud* JANNOTTI, Cláuido e RUHAS, Tamara. *A dispensa individual e coletiva no Brasil e na Itália*. Disponível em: <http://www.trt3.jus.br/escola/download/revista/rev_86/claudio_jannotti_e_tamara_ruhas.pdf>. Acesso em: 20 dez. 2017.
(47) Como determina o § 3º do art. 4º da Lei n. 223/1991.

nuir o número de trabalhadores que seriam dispensados, evitando, assim, o desemprego. Obriga-se, ainda, a empresa a comunicar à Seguridade Social a dispensa que pretende realizar, comprovando a quitação do depósito de antecipação da integração salarial, conforme determina o § 1º do art. 8º da Lei n. 236/1993.

É a Lei n. 223, de 1991, que regulamenta, na ordem jurídica italiana, a dispensa coletiva, na esteira das Diretivas da União Europeia de números 75/129/CEE, 92/58/CEE e 98/59/CEE, que servem como diretrizes gerais para todos os seus Estados-membros. A Diretiva n. 75/129 impõe a notificação obrigatória por parte do empregador tanto à autoridade administrativa como aos representantes dos trabalhadores, prestando as informações acima referidas.

Caso a empresa não forneça as informações prevista em lei pode gerar a anulação das dispensas, pela via judicial, em face da irregularidade do processo e descumprimento das exigências para a redução do pessoal.

5.2.2. Acesso a informações sobre saúde e jornada de trabalho[48]

Constitui obrigação dos empregadores italianos, em face de seus empregados, prestar informações sobre questões relativas à saúde; à organização da duração do trabalho e planejamento da grade de tempo; às medidas previstas para o trabalho noturno; à organização do horário de trabalho, à estrutura dos planos de trabalho e às medidas previstas em caso de trabalho noturno; às inspeções dos órgãos executivos (de forma a permitir sua participação e do sindicato representante nas investigações).

5.2.3. Combate ao trabalho escravo

Em artigo que integra esta obre, Luciana Conforti leciona que "apesar de todos os esforços, o trabalho forçado ou obrigatório continua existindo em muitos países e milhares de pessoas em todo o mundo estão a eles submetidas. Há, também, em escala mundial, a manutenção de trabalhadores em regime de servidão por dívidas, mediante o tráfico de seres humanos com fim de exploração sexual e laboral, envolvendo não só adultos, como também crianças, o que tem sido fruto de renovada preocupação internacional."[49]

De fato, informa a Organização Internacional do Trabalho que, atualmente, existem cerca de 21 milhões de pessoas vítimas de trabalho forçado em todo o mundo[50].

Em face disso, em junho de 2014 a OIT adotou Protocolo Adicional à Convenção n. 29, de caráter vinculante, para redefinir o marco legal internacional contra o trabalho forçado, introduzindo novas obrigações relacionadas com a prevenção e a proteção das vítimas e cometendo aos governos a adoção de medidas a este fim.

Na Itália, muitos imigrantes, isolados geograficamente, refugiados da guerra civil ou vítimas da miséria econômica, são escravizados nos campos agrícolas da região de Puglia e de outras regiões. A pesquisa *Agromafie e caporalato*, citada por Luciana Conforti[51], indica a existência menos 80 zonas espalhadas por todo o país que praticam as mesmas regras de exploração do trabalho e que obrigam 430 mil pessoas, das quais 80% são imigrantes, a viverem em condições subumanas, sendo 100 mil em condições de exploração e vulnerabilidade, situação que não configura apenas más condições de trabalho, senão real imposição de trabalho, desafiando à proteção da Convenção n. 29.

Dentre outros relevantes aspectos, o Protocolo Adicional à Convenção n. 29, de 2014, sobreleva o intuito de ampliar o acesso dos trabalhadores à informação, como forma de reduzir a vulnerabilidade e a consequente exploração do seu trabalho, de forma imposta.

Já no art. 2º, o Protocolo adicional dispõe que "as medidas que se hão de adotar para prevenir o trabalho forçado ou obrigatório deverão incluir: a) educação e informação destinadas em especial às pessoas consideradas particularmente vulneráveis, a fim de evitar que sejam vítimas de trabalho forçado ou obrigatório; b) educação e informação destinadas aos empregadores, a fim de evitar que terminem envolvidos em práticas de trabalho forçado ou obrigatório.

O diploma ainda estabelece que os Estados-Membros devem cuidar para que "a informação pertinente sobre as condições de emprego sejam especificadas de maneira adequada, verificável e facilmente compreensível, preferentemente em contratos escritos, em conformidade com as leis, os regulamentos ou as normas coletivas de trabalho".

---

(48) Disponível em: <http://www4.ti.ch/dfe/de/uil/legge-lavoro/obblighi-dei-datori-di-lavoro/>. Acesso em: 05 jul. 2017.
(49) CONFORTI, Luciana. Escravização de refugiados e migrantes no sul da Itália: liberdade restringida pela miséria econômica e sofrimento social. In: MELO FILHO, Hugo *et* PETRUCI, Fabio. *Direito material e processual do trabalho*: uma interlocução entre Brasil e Itália, vol. II. São Paulo: LTr, 2018.
(50) *Idem.*
(51) *Idem.*

Como forma de prevenção ao aliciamento para o trabalho forçado, o protocolo recomenda a orientação e a informação prévias à partida e após a chegada para os migrantes, a fim de que estejam melhor preparados para trabalhar e viver no estrangeiro.

Os Estados-Membros deverão adotar medidas para que todas as vítimas de trabalho forçado ou obrigatório tenham acesso à Justiça, inclusive com informação e assessoramento acerca de seus direitos e dos serviços disponíveis, em um idioma que possam entender.

Na esteira do Protocolo Adicional à Convenção n. 29, bem como de graves acontecimentos havidos no país, envolvendo a exploração de trabalho forçado, em agosto de 2016 foi alterada a lei penal italiana, para punição dos que se beneficiam com a escravidão contemporânea. A Lei n. 199/2016[52] "contém disposições prevendo o combate ao *lavoro nero* e à exploração do trabalho na agricultura, relativo à escravidão contemporânea, objetivando a eliminação da violência no campo e o realinhamento retributivo do setor agrícola. (...) Como parte das penalidades há previsão, ainda, da possibilidade do confisco dos bens e da extensão, aos escravizados, das finalidades do Fundo destinado às vítimas do tráfico de pessoas, pela consideração da similitude de situações e dos mesmos mecanismos de aliciamento".[53]

No ano seguinte, foi aprovada a Lei n. 47/2017[54], com importantes disposições sobre medidas para proteger os menores estrangeiros não acompanhados, também na linha do Protocolo Adicional à Convenção n. 29 da OIT. Nela são encontradas disposições relacionadas ao direito à informação sobre a aferição de idade, testes sociais e de saúde (art. 5º, 5) e sobre iniciativas promovidas pelas regiões e pelas autoridades locais, para identificar, com a participação de cidadãos estrangeiros, providências adequadas para remover obstáculos que o impeçam de exercer efetivamente os seus direitos e atribui ao Conselho Nacional da Economia e do trabalho, no âmbito das suas funções, a execução de tarefas de estudo e promoção para atividades voltadas para incentivar a participação de estrangeiros na vida pública e a circulação de informações sobre a aplicação da própria lei.

6. CONCLUSÕES

Um Estado será mais ou menos democrático de acordo com o nível de transparência na ação dos agentes públicos, de acesso às informações, de possibilidade de participação dos cidadãos e de prestação de contas por parte dos gestores.

Não é por outra razão que o acesso à informação como direito fundamental, é reconhecido por importantes organismos da comunidade internacional, como evidenciam a Declaração Universal dos Direitos Humanos, o Pacto Internacional dos Direitos Civis e Políticos e a Convenção das Nações Unidas contra a Corrupção.

Em muitos países, é percebido um grande esforço para assegurar o aceso às informações, preservando-se, apenas, aquelas legalmente protegidas, como condição de prevenção da corrupção e fortalecimento das instituições.

No Brasil, a Constituição da República erige, no art. 5º, XXXII, o direito à informação como direito fundamental, matéria regulamentada pela Lei n. 12.527/2012 – Lei de Acesso à Informação (LAI), segundo a qual a transparência é regra e o sigilo só é admitido em casos expressamente motivados, nas circunstâncias mencionadas.

No âmbito da União Europeia, o direito de acesso ao atos das instituições foi reconhecido pela primeira vez, como direito independente do cidadão, na Declaração n. 17, anexa ao Tratado de Maastricht. Mas o acesso à informação passa a ser visto como um direito pelo Tratado de Amsterdam, que reconheceu a todos os cidadãos da União o direito de acesso aos documentos da Comissão Europeia, do Parlamento e do Conselho. Com a entrada em vigor do Tratado de Lisboa, o direito de acesso aos documentos, como corolário do princípio da transparência, assume duplo *status*: o de direito fundamental e o de princípio geral do direito da União, como um instrumento para promover a boa governança e garantir a participação da sociedade civil. Para além dos tratados, o Regulamento n. 1.049/2001 codifica o direito de acesso dos cidadãos aos atos das instituições comunitárias.

Embora tenha passado por uma paulatina evolução nos últimos 20 anos, a lei italiana ainda é a mais restritiva em transparência, no contexto da União Europeia. Ainda que a preocupação com o acesso à informação tenha transparecido na ordem jurídica italiana com a publicação do Decreto n. 241/1990, quando alguma comunicação entre a Administração Pública e o cidadão passa a existir, o princípio do segredo seguiu presidindo, de forma considerável, a ação do Estado, especialmente porque cidadão, para ter acesso às informações, teria que comprovar inte-

---

(52) Disponível em: <http://www.gazzettaufficiale.it/eli/id/2016/11/3/16G00213/sg>. Acesso em: 20 dez. 2017.
(53) CONFORTI, Lucian. Op. cit.
(54) Disponível em: <http://www.gazzettaufficiale.it/atto/vediMenuHTML?atto.dataPubblicazioneGazzetta=2017-04-21&atto.codiceRedazionale=17G00062&tipoSerie=serie_generale&tipoVigenza=originario>. Acesso em: 20 dez. 2017.

resse pessoal legítimo. Após o Tratado de Lisboa, que prescreveu a instituição de mecanismos garantidores de interação efetiva entre as instituições estatais e os cidadãos, o Estado italiano editou o Decreto Legislativo n. 150/2009, que definiu regras de transparência para atividades administrativas[55], e, na sequência da publicação da lei anticorrupção (Lei n. 190/2012), o Decreto Legislativo n. 33/2013, que impôs a criação de portais institucionais na *web,* destinados ao fornecimento de informações que permitam o controle cidadão dos atos administrativos.

O direito de acesso à informação é essencial para a garantia do exercício dos direitos sociais e, por isso, deve atingir não apenas a ação estatal, mas, também, a atuação de alguns agentes privados, como os empregadores, as empresas que prestam serviços públicos e outros que possam afetar os direitos sociais ou os bens públicos, pois o escopo do direito de acesso à informação é muito mais amplo do que a obtenção de um dado público, em particular, e nisso não se esgota. É direito instrumental imprescindível à efetividade dos direitos sociais constitucionalmente assegurados.

Assim, a garantia de acesso a informações, seja no âmbito público, seja na esfera privada, promoveu alterações importantes na qualidade da democracia, tanto no Brasil quanto na Itália, com destaque para avanços em matéria de garantia do exercício de direitos sociais, como evidenciam os casos elencados no presente texto.

7. REFERÊNCIA BIBLIOGRÁFICAS

ALBUQUERQUE, João Henrique Medeiros *et alii* (2007). Um estudo sob a óptica da teoria do agenciamento sobre a *accoutability* e a relação Estado-sociedade. Disponível em: <http://www.congressousp.fipecafi.org/artigos72007/660.pdf>. Acesso em: 20 dez. 2017.

AMARAL, Marcelo Santos (2007). Accountability, *governo local e democracia.* Salvador: Dissertação de Mestrado. Disponível em: <http://www.bibliotecadigital.ufba.br/tde_busca/arquivo.php?codArquivo=1027>. Acesso em: 20 dez. 2017.

BECERRIL, Rigoberto Martínez (2009). El derecho de acceso a la información em México, su ejercicio y médios de impugnación. Toluca: Instituto de Transparencia y Acceso a la Información Pública del Estado de México y Municipios.

Belo Monte: avaliação inédita sobre os índios revela inadimplência em 80% das ações. Disponível em: <http://envolverde.cartacapital.com.br/belo-monte-avaliacao-inedita-dos-impactos-sobre-os-indios-revela-inadimplencia-em-80-das-acoes/>. Acesso em: 20 dez. 2017.

BNDES descumpre decisão da Controladoria da União e nega acesso a dados sobre Belo Monte. Disponível em: <https://www.socioambiental.org/pt-br/noticias-socioambientais/bndes-descumpre-decisao-da-controladoria-da-uniao-e-nega-acesso-a-dados-sobre-belo-monte>.

BRASIL (1988). Constituição da República Federativa do Brasil. Brasília, DF.

BRASIL (2012). Congresso Nacional. Lei n. 12.527/2012. Disponível em: <HTTP://www.planalto.gov.br>. Acesso em: 20 dez. 2017.

BRASIL (2015). Ministério da Transparência e Controladoria-Geral da União. Ouvidoria-Geral da União. Coordenação-Geral de Recursos de Acesso à Informação. Processo n. NUP 99901.001248/2015-96. Parecer do Auditor Federal de Finanças e Controle Ícaro da Silva Teixeira.

BRASIL (2017). Ministério da Transparência e Controladoria-Geral da União. Ouvidoria-Geral da União. Coordenação-Geral de Recursos de Acesso à Informação. Processo n. 99923.000573/2017-45. Parecer da Auditora Federal de Finanças e Controle Anjuli Tostes Faria.

BUCCI, Eduardo Salada. *O acesso à informação pública como direito fundamental à cidadania.* Disponível em: <http://www.ambito-juridico.com.br/site/index.php?n_link=revista_artigos_leitura&artigo_id=6490>. Acesso em: 20 dez. 2017.

CONFORTI, Luciana. Escravização de refugiados e migrantes no sul da Itália: liberdade restringida pela miséria econômica e sofrimento social. In: MELO FILHO, Hugo *et* PETRUCI, Fabio. *Direito material e processual do trabalho*: uma interlocução entre Brasil e Itália, vol. II. São Paulo: LTr, 2018.

CREMADES, Javier. *Micro poder*: a força do cidadão na era digital. São Paulo: SENAC, 2009.

FUCS, Ildo (2013). Na Suécia, até a monarquia se submete à transparência. *Revista Consultor Jurídico.* Disponível em: <http://www.conjur.com.br/2013-set-13/ildo-fucs-suecia-monarquia-submete-transparencia>. Acesso em: 13 set. 2017.

ITÁLIA (1990). Decreto Legislativo n. 241/1990. Disponível em: <http://www.camera.it>. Acesso em: 20 dez. 2017.

_____ (1999). Decreto Legislativo n. 267/1999. Disponível em: <http://www.camera.it>. Acesso em: 20 dez. 2017.

_____ (2009). Decreto Legislativo n. 150/2009. Disponível em: <http://www.camera.it/parlam/leggi/deleghe/09150dl.htm>. Acesso em: 20 dez. 2017.

_____ (2013). Decreto Legislativo n. 33/2013. Disponível em: <http://www.camera.it/parlam/leggi/deleghe/1333dl.htm>. Acesso em: 20 dez. 2017.

_____ (2016) Lei n. 199/2016. Disponível em: <http://www.gazzettaufficiale.it/eli/id/2016/11/3/16G00213/sg>. Acesso em: 20 dez. 2017.

_____ (2017) Lei n. 199/2016. Disponível em: <http://www.gazzettaufficiale.it/atto/vediMenuHTML?atto.dataPubblicazioneGazzetta=2017-04-21&atto.codiceRedaziona-

---

(55) Idem.

le=17G00062&tipoSerie=serie_generale&tipoVigenza=originario>. Acesso em: 20 dez. 2017.

JANNOTTI, Cláudio e RUHAS, Tamara. *A dispensa individual e coletiva no Brasil e na Itália.* Disponível em: <http://www.trt3.jus.br/escola/download/revista/rev_86/claudio_jannotti_e_tamara_ruhas.pdf>. Acesso em: 20 dez. 2017.

LISBOA, Marcos de Barros (2013); LATIF, Zeina Abdel. *Brazil*: democracy and growth. Legatum Institute, Centre for Development and Enterprise. *Apud* SCAPIN, Andréia e BOSSA, Gisele. Transparência e democracia: para um governo com poderes visíveis. Disponível em: <http://www.revistadoutrina.trf4.jus.br/index.htm?http://www.revistadoutrina.trf4.jus.br/artigos/edicao065/AndreiaScapin_GiseleBossa.html>. Acesso em: 20 dez. 2017.

MAGNO, Pietro. *La tutela del lavoro nel Diritto Comunitario.* CEDAM: Pádova, 2000.

MELO FILHO, Hugo. *Judiciário Oligárquico*: déficit democrático e informalidade na administração dos tribunais e no governo da magistratura no Brasil. São Paulo: LTr, 2014.

_____. Unificação Europeia e precarização do trabalho: o caso italiano. In: MELO FILHO, Hugo *et* PETRUCI, Fabio. *Direito material e processual do trabalho*: uma interlocução entre Brasil e Itália. São Paulo: LTr, 2016.

MIGUEL, Luís Felipe. "Impasses da *accountability*: dilemas e alternativas da representação política". In: *Revista de sociologia e política.* Curitiba: Universidade Federal do Paraná. n. 25, nov. 2005.

O'DONNELL, Guillermo. "*Horizontal* accountability *in new democracies*" [Responsabilidade horizontal nas novas democracias]. Journal of Democracy. Washington: [s.n.], v. 9, n. 3, jul. 1998.

_____. "Teoria Democrática e Política Comparada". DADOS *Revista de Ciências Sociais.* Rio de Janeiro: IUPERJ, v. 42, n. 4, 1999.

OIT adota novo protocolo para combater formas modernas de trabalho forçado. Disponível em: <http://www.oit.org.br/content/oit-adota-novo-protocolo-para-combater-formas-modernas-de-trabalho-forcado>. Acesso em: 20 dez. 2017.

PERUZZOTTI, Enrique ([s.d.]). *A política de* accountability *social na América Latina.* Disponível em: <http://api.ning.com/files/ufBwcNx0JhFPVPMv57XdaE5CTuy0m6XSOxFSctl47aO62hdYBRyp*XQRuarc2GAVQJNhg556uEZDnvh*Q4BalxeuNdriRdCm/apoliticadeaccountabilitysocialnaamericalatina.pdf>. Acesso em: 20 dez. 2017.

PERUZZOTTI, Enrique e SMULOVITZ, Catalina. Civil society, the media and internet as tools for creating accountability to poor and disadvantaged groups. In: *Human Development Report 2002.* [s.l.] United Nations Development Programme (Human Development Report Office), 2001. Disponível em: <http://hdr.undp.org/en/reports/global/hdr2002/papers/Peruzzotti-Smulovitz_2002.pdf>. Acesso em: 20 dez. 2017.

SALVADORI, Margherita. Cf. Il diritto di accesso all'informazione nell'ordinamento dell'Unione Europea. Disponível em: <http://www.evpsi.org/evpsifiles/UE-Diritto-accesso-Salvadori.pdf>. Acesso em: 20 dez. 2017.

SANDULLI, Pasquale *et ali.* (coord). *Lineamenti di Diritto del Lavoro Italiano e Brasiliano.* Aracne: Roma, 2013.

SCAPIN, Andréia e BOSSA, Gisele. *Transparência e democracia*: para um governo com poderes visíveis. Disponível em: <http://www.revistadoutrina.trf4.jus.br/index.htm?http://www.revistadoutrina.trf4.jus.br/artigos/edicao065/AndreiaScapin_GiseleBossa.html>. Acesso em: 20 dez. 2017.

SCHWARZ, Rodrigo Garcia. *Trabalho escravo: a abolição necessária*: uma análise da efetividade e da eficácia das políticas de combate à escravidão contemporânea no Brasil. Imprenta: São Paulo: LTr, 2008.

STIGLITZ, Joseph. Sobre a liberdade, o direito de conhecer e o discurso público. In: SANTI, Eurico Marcos Diniz de; CHRISTOPOULOS, Basile Georges; ZUGMAN, Daniel Leib; BASTOS, Frederico Silva. *Transparência fiscal e desenvolvimento*: homenagem ao Professor Isaias Coelho. São Paulo: Fiscosoft. p. 47. Tradução de Mariana Pimentel Fischer Pacheco. *Apud* SCAPIN, Andréia e BOSSA, Gisele. Transparência e democracia: para um governo com poderes visíveis. Disponível em: <http://www.revistadoutrina.trf4.jus.br/index.htm?http://www.revistadoutrina.trf4.jus.br/artigos/edicao065/AndreiaScapin_GiseleBossa.html>. Acesso em: 20 dez. 2017.

UNIÃO EUROPEIA. *Tratado da União Europeia.* Disponível em: <http://europa.eu/eu-law/decision-making/treaties/index_pt.htm>. Acesso em: 20 dez. 2017.

_____. *Tratado de Lisboa.* Disponível em: <http://europa.eu/eu-law/decision-making/treaties/index_pt.htm>. Acesso em: 20 dez. 2017.

<http://europa.eu/youreurope/business/staff/employment/staff-consultation/index_pt.htm>. Acesso em: 20 dez. 2017.

<http://europa.eu/youreurope/business/staff/employment/informing-employees/index_pt.htm>. Acesso em: 20 dez. 2017.

<http://europa.eu/youreurope/business/staff/employment/staff-contracts/index_pt.htm>. Acesso em: 20 dez. 2017.

<http://www4.ti.ch/dfe/de/uil/legge-lavoro/obblighi-dei-datori-di-lavoro/>. Acesso em: 20 dez. 2017.

A REDUÇÃO DA TUTELA REINTEGRATÓRIA NA RESCISÃO CONTRATUAL PELA REFORMA JOBS ACT COMO EXEMPLO DA CRISE DO DIREITO DO TRABALHO

Cristiane Montenegro Rondelli[*]

1. INTRODUÇÃO

O objetivo desse artigo é analisar a legislação trabalhista italiana em relação à estabilidade no contrato de trabalho e a mudança do viés protetivo desta legislação em detrimento dos princípios do Direito do Trabalho, confrontando a justificativa do legislador com as causas e consequências das reformas legislativas.

Inicialmente apresenta-se a descrição histórica da legislação sobre a disciplina da extinção do contrato de trabalho.

Em seguida, são aprofundadas as situações de dispensa por iniciativa do empregador no sistema trabalhista italiano e seus desdobramentos na jurisprudência e doutrina.

São revistos os princípios e fundamentos do direito do trabalho e a possibilidade e coerência de reformas que afetem a raiz deste direito em relação à sua função social de proteção ao hipossuficiente ou ao mercado de trabalho.

Diante da imposição legislativa e política, como o judiciário pode analisar as demandas judiciais em que se busca a proteção da dignidade do trabalhador e o reconhecimento do seu direito?

Busca-se identificar a validade das justificativas do legislador e do executivo para fundamento das reformas em busca de um equilíbrio econômico e social, com a chamada *flexicurity*.

Diante deste contexto, verifica-se se o jurista trabalhista, em seu manejo das normas atuais pode ou deve reconstruir sua visão sobre o direito do trabalho e reavaliar seus princípios de forma a garantir um desenvolvimento sustentável e humano.

2. EVOLUÇÃO HISTÓRICA DA LEGISLAÇÃO ITALIANA SOBRE A RESCISÃO CONTRATUAL

A matéria da extinção do contrato de trabalho reflete claramente a oposição dos interesses envolvidos pelas partes que o compõe. De um lado, o empregador que tem sempre o objetivo de reduzir ou aumentar a força de trabalho segundo as exigências do mercado, querendo poder escolher livremente a possibilidade de rescisão de forma rápida e sem dificuldades e, por outro lado, o interesse do trabalhador que quer a continuidade do seu contrato de trabalho e a estabilidade.

Na Itália, o que se vê hoje é praticamente um retorno à condição legal que havia no período da 2ª Grande Guerra, ou seja, o Código Civil de 1942 privilegiava o interesse do empregador em relação à extinção contratual. A regra geral desta época era que, conforme o art. 2.118[1] do Código Civil, o empregador era li-

---

[*] Juíza do Trabalho Titular da 2ª Vara do Trabalho de Americana/SP. Mestre em Direito do Trabalho pela PUC/SP e Doutoranda em Direito do Trabalho e Previdência Social junto à Università La Sapienza – Roma/Itália.

[1] Qualquer dos contraentes pode rescindir o contrato de trabalho por tempo indeterminado, mediante pré-aviso dentro do tempo e do modo estabelecidos, segundo o usos ou segundo a equidade. Na ausência de aviso-prévio, o rescindente é obrigado a pagar à outra parte uma inde-

vre para dispensar o empregado, tendo como única obrigação, fazer o pré-aviso. Ainda assim, este período poderia ser convertido em dinheiro e ser pago quando da rescisão, para imediata saída do empregado.

Não havia qualquer necessidade de motivação e, em caso de motivo grave, como justa causa, o pré-aviso não era necessário, seja pelo período provisório, seja convertido em indenização. A justa causa prevalece até hoje no sistema legal e consiste em um fato grave, tanto durante a prestação de serviços como fora do local de trabalho, que seja suficiente para quebrar a confiança entre as partes.

Essa liberdade para a rescisão contratual por parte do empregador, durou mais de 20 anos e, em 1966, com a Lei n. 604, foram introduzidos os requisitos, para sua legitimidade, da obrigação da motivação e a previsão do ônus do empregador em provar o motivo, em caso de impugnação. O art. 3º da Lei n. 604/1966[2] definia as noções de rescisão por justificado motivo subjetivo, relativo à pessoa do trabalhador, e de justificado motivo objetivo, relativo às exigências objetivas da empresa.

Quando não havia qualquer motivação para rescisão contratual, a mesma lei, em seu art. 8º, determinava que o empregador deveria reassumir o empregado ou lhe pagar uma indenização entre 2,5 a 6 meses de remuneração, mas ainda não se falava em reintegração.

Até aqui o interesse do empregador ainda era preferencial, pois mesmo cometendo um ato ilícito, o contrato extinto produzia efeitos, pois não havia uma restituição do direito, com a reintegração do empregado ao posto de trabalho, mas se operava efetivamente a rescisão, somente com a sanção do pagamento de uma indenização. A tutela desta legislação aos interesses patronais evidenciava-se ainda com a limitação de sua aplicação aos empregadores que tivessem mais de 35 empregados.

O Estatuto do Trabalhador (Lei n. 300/1970) demonstrou que a histórica força sindical da década de 1970, na Itália, alterou o lado do pêndulo do pensamento legislativo, que passou a proteger os interesses do trabalhador quanto à continuidade do contrato de trabalho, retomando a razão de ser do próprio Direito do Trabalho. O art. 18 a Lei n. 300/1970[3] modificou a matéria relativa à dispensa imotivada e promoveu a chamada "tutela forte" ao empregado, modificando radicalmente os efeitos desta rescisão. Passou a ser vedada a dispensa imotivada, sendo inválida e ineficaz e, portanto, o empregado era reintegrado ao posto de trabalho com as mesmas condições anteriores e com direito a toda remuneração e benefícios no período de afastamento. O limite de aplicação passou a ser para empresas com mais de 15 empregados, e não mais 35.

A ascensão da tutela protetiva culminou com a Lei n. 108/1990 que determinou que, mesmo para as empresas com menos de 15 empregados, a dispensa deveria ser motivada, mas nesta hipótese, não haveria a reintegração, mas a tutela ressarcitória, ou seja, somente a indenização, semelhante à regra prevista na Lei n. 604/1966. Assim, a regra geral inicial do Código Civil passou a ser a exceção.

Essa *tutela forte* persistiu durante mais de 20 anos, de 1990 a 2012, quando então, depois de profundas mudanças na economia europeia e mundial, com o surgimento de diferentes formas de produção e internacionalização do mercado de trabalho, a competitividade, a concorrência e o custo da produção passaram a ser mais valorizados, impondo uma notória flexibilidade em relação à rescisão contratual, a partir de 2012, com a lei Fornero.

Essa flexibilidade, já em 2003, ficou evidente com o Decreto legislativo 276/2003, que reconheceu e regulou vários tipos de contratos temporários subordinados de terceirização, aprendizado e o traba-

---

nização equivalente ao montante da remuneração que teria direito ao período. A mesma indenização é paga pelo empregador em caso de cessação do vínculo laboral por morte do trabalhador. (Tradução nossa).

(2) A dispensa por justificado motivo com pré-aviso é determinada por um notável descumprimento das obrigações contratuais do prestador de serviços ou de razões inerentes à atividade produtiva, à organização de trabalho e ao regular funcionamento da empresa. (tradução nossa).

(3) Sem prejuízo da aplicabilidade dos procedimentos previstos pelo art. 7 da Lei de 15 de julho de 1966 n. 604, o juiz, com a sentença que declarou a dispensa ineficaz nos termos do art. 2 da lei citada ou anula a dispensa sem justa causa ou sem justificado motivo, ou declara a nulidade sob a mesma lei, ordena o empregador a reintegrar o empregado no local de trabalho. O trabalhador tem direito à reparação do dano sofrido pela dispensa reconhecida como ineficaz ou inválida nos termos do parágrafo anterior. Em qualquer caso, a medida da indenização não poderá ser menor de cinco meses de salário, determinada de acordo com os critérios do art. 2.121 do Código Civil. O empregador que não cumprir com a decisão referida no parágrafo anterior também é obrigado a pagar ao trabalhador os salários que seriam devidos durante o contrato de trabalho a partir da data da sentença até sua reintegração. Se o empregado no prazo de trinta dias não retornar ao serviço, a relação é considerada extinta. A sentença referida no primeiro parágrafo tem sua execução provisória. No caso da dispensa do empregado que trata o art. 22, a pedido conjunto do trabalhador e do sindicato a que pertencem ou que confere o mandato, o juiz, em qualquer fase do processo principal, pode encomendar por fim, se considerar irrelevante ou insuficientes as provas fornecidas pelo empregador, a reintegração do trabalhador no local de trabalho. A portaria referida no número anterior pode ser contestada com reclamação imediata para o próprio tribunal que proferiu a sentença. O disposto no art. 178, terceiro, quarto, quinto e sexto parágrafos, do Código de Processo Civil. A ordem pode ser revogada pelo juízo que decide a causa. Em caso de demissão de trabalhadores no art. 22, o empregador que não cumprir a sentença do primeiro parágrafo ou a portaria referida no quarto parágrafo, não contestada ou confirmada pelo tribunal que a proferiu, também é necessário, por cada dia de atraso no pagamento ao ajustamento das pensões Fundo de um montante igual ao montante da remuneração devida ao trabalhador." (tradução nossa)

lho a projeto. A figura da *flessicurezza*, termo italiano traduzido do neologismo inglês *flexicurity*, ou seja, "a estratégia política que se propõe em favorecer, ao mesmo tempo, a flexibilidade do mercado de trabalho e a segurança social"[4], foi usada como fundamento deste decreto, mas a segurança não foi o foco, pois os contratos previstos eram precários e a estes não se aplicava a disciplina relativa à dispensa.

Nas palavras do professor Giuseppe Santoro Passarelli, passou a ser mais evidenciada neste período a existência de um duplo mercado de trabalho constituído dos *insiders*, ou seja, os trabalhadores protegidos da normativa sobre rescisão contratual e os *outsiders* privados de qualquer proteção e tutela (tradução nossa)[5].

Em outras palavras o mercado de trabalho informal, ou o chamado *lavoro nero*, crescia por todo o país, contrariando qualquer fundamento de segurança social para justificar a flexibilidade da legislação.

A crítica da economia era que a tradicional rigidez do direito do trabalho era um fator causal da desocupação, ou do desemprego, o que colocava em risco o bem primário do trabalho e, portanto, a maior flexibilidade se traduzia em uma demanda de liberalização.[6]

Pressionado por esse contexto, o pêndulo do legislador estava começando a voltar para o lado oposto à tutela do hipossuficiente, e nova intervenção legal ocorreu em 2012 com a chamada Lei Fornero (92/2012) que alterou o art. 18 do Estatuto do Trabalhador para flexibilizar a rescisão contratual, fixando regras para o ressarcimento como opção à reintegração.[7]

Por último, com o Decreto Legislativo n. 23/2015, um dos oito decretos da denominada reforma *Jobs Act* promulgados em 2015, houve a completa inversão do

---

(4) Disponível em: <http://www.treccani.it/vocabolario/flexicurity_(Neologismi)>. Acesso em: 05 dez. 2016.
(5) SANTORO-PASSARELLI, G. *Diritto dei Lavori e Dell'Occupazione*. Torino-It: Editora G. Giappichelli, 2015. p. 328.
(6) DEL PUNTA, R. *Diritto del lavoro*. Milano-It: Editora Giuffrè, 2016. p. 79.
(7) O art. 18 da Lei 20 de maio de 1970, n. 300, sofre as seguintes alterações:
a) O título passa a ter a seguinte redação: "A tutela dos trabalhadores em caso de dispensa ilegítima";
b) primeiro a sexto parágrafos passam a ter a seguinte redação:
"O juiz, com a sentença que declarou a nulidade da dispensa por ato discriminatório, nos termos do art. 3 da lei 11 de maio de 1990 n. 108, ou no caso de concomitância nos termos nos termos do art. 35 do Código sobre a igualdade entre homens e mulheres, nos termos do Decreto Legislativo 11 de abril de 2006, n. 198, ou em violação da proibição de despedimento previsto no art. 54, §§ 1, 6, 7 e 9 do texto consolidado das leis sobre a proteção da maternidade e da paternidade, como no decreto legislativo de 26 de Março 2001, n. 151, e sucessivas modificações, ou porque, devido à nulidade em outros casos previstos em lei ou determinada por um ilícito, nos termos do art. 1.345 do Código Civil, determina ao empregador, empresário ou proprietário da empresa, a reintegração do trabalhador no local de trabalho, independentemente do motivo apresentado formalmente e qualquer que seja o número de trabalhadores empregados pelo empregador. Esta disposição também se aplica aos gestores. Em seguida da ordem de reintegração, o contrato de trabalho é considerado encerrado quando o trabalhador não retorna no prazo de trinta dias após o serviço do empregador, salvo nos casos em que haja requerido a indenização prevista no terceiro parágrafo do presente artigo.
O regime previsto no presente artigo é igualmente aplicável ao despedimento declarado ineficaz porque feito de forma oral.
O juiz, com a sentença citada no primeiro parágrafo, também condena o empregador a pagar danos sofridos por um trabalhador pela dispensa considerada nula, estabelecendo uma indenização medida pela última remuneração a partir da data do despedimento até a sua reintegração efetiva, sendo deduzidos valores recebidos durante o período de afastamento, para a realização de outras atividades de trabalho. Em qualquer caso, a indenização não poderá ser inferior a cinco remunerações. O empregador também é condenado, para o mesmo período, ao pagamento de contribuições previdenciárias e assistenciais.
Sem perder o direito a indenização prevista no segundo parágrafo, ao empregado é dado o direito de solicitar ao empregador, em vez de reintegração no local de trabalho, uma indenização igual a remuneração total final de quinze meses, cuja aplicação determina a resolução do contrato de trabalho, e que não está sujeita a contribuições previdenciárias. O pedido de indenização deve ser feito no prazo de trinta dias a contar da ciência da sentença ou da intimação do empregador para reintegrar o empregado ao serviço, se anterior à publicação.
O juiz, nos casos em que não se verificar que não estão preenchidas as condições para dispensa por justificado motivo subjetivo ou justa causa apresentadas pelo empregador, por insubsistência do fato contestado ou pelo fato é uma das condutas puníveis por previsão em contratos coletivos, ou por códigos disciplinares aplicáveis, anulará a dispensa e condenará o empregador a reintegrar o empregado e pagar uma indenização calculada com base na última remuneração da data do despedimento até a efetiva reintegração, deduzidos valores que o empregado tenha percebido no período de afastamento, em outra atividade de trabalho. Em qualquer caso, a indenização não pode ser maior de doze meses de remuneração. O empregador é condenado, também, ao pagamento de contribuições previdenciárias da data do despedimento até à da reintegração real, com juros à taxa legal, sem aplicação de sanções por falhas ou atrasos no financiamento, um montante igual ao diferencial de contribuição existente entre as contribuições que teria sido adquirida na relação de trabalho rescindido a partir do despedimento ilegítimo e aquele creditado ao trabalhador como resultado da realização de outros trabalhos. Neste último caso, se houve o recolhimento das contribuições previdenciárias, eles são registradas automaticamente e serão deduzidas dos custos do empregador. Seguindo a ordem de reintegração, o contrato de trabalho é considerado encerrado quando o trabalhador não retorna no prazo de trinta dias após a intimação do empregador, salvo nos casos em que, solicitou a substituição dos subsídios de reintegração no mercado de trabalho, nos termos do terceiro parágrafo. O juiz, em outras circunstâncias em que verificar que não estão preenchidas as condições extremas de justificado motivo subjetivo ou justa causa apresentados pelo empregador, declara encerrado o contrato de trabalho, com efeitos a partir da data de dispensa e condena o empregador a pagar uma indenização calculada entre um mínimo de doze e um máximo de vinte e quatro meses de remuneração, em relação ao tempo de serviço, tendo em conta o número de empregados, o tamanho da atividade econômica, o comportamento e as condições das partes, com o ônus de motivação específica a este respeito. No caso em que a dispensa seja declarada ineficaz por violação da obrigação de fundamentação prevista no art. 2º, § 2º, da Lei de 15 de julho de 1966 n. 604 e sucessivas modificações, do procedimento previsto no art. 7º da presente lei, ou o procedimento previsto no art. 7º da Lei de 15 de julho de 1966, n. 604, aplica-se o regime previsto no quinto parágrafo, mas com a atribuição

pêndulo em favor do mercado de trabalho e dos interesses do empregador, pois a nova disciplina passou a permitir a indenização para extinção dos contratos por prazo indeterminado, transformando a regra geral, da reintegração, em exceção. Somente era garantida a restituição do posto de trabalho nas mesmas condições, para algumas formas de dispensa disciplinar e discriminatória. Em outras palavras, as regras passaram a ser semelhantes ao que foi previsto em 1966 com a Lei n. 604, num evidente retrocesso do sistema legislativo.

A dispensa individual ilegítima, que antes era sancionada com a reintegração, passou a ser penalizada somente com o ressarcimento de dano em medida fixa e predeterminada conforme o tempo de serviço. Essa forma de extinção contratual em contratos por prazo indeterminado foi denominada pelo decreto citado como "o contrato a tutela crescente", numa irônica tentativa, sob o nosso ponto de vista, de ser aceita pela sociedade italiana como protetiva ao trabalhador.

Para os empregados admitidos na vigência do Decreto Legislativo n. 23/2015, o empregador passou a poder rescindir o contrato de trabalho, de forma unilateral e imotivada, mediante o pagamento da indenização. Passou a existir, ao mesmo tempo, três normativas simultâneas, conforme a data de ingresso do empregado. Para aqueles que foram admitidos antes da lei Fornero, a normativa aplicada era da tutela forte, para os que foram admitidos no intervalo de junho de 1992 a 06.03.2015, aplicava-se a normativa da lei Fornero, com a possibilidade de indenização. Por fim, a partir da vigência do DL n. 23/2015 em 07.03.2015, os admitidos após esta data não tinham qualquer garantia de reintegração, mas somente uma indenização limitada a um máximo de 24 meses de remuneração, conforme o tempo de serviço[8], evidenciando, além da ofensa ao princípio de isonomia entre os empregados de uma mesma empresa, um total retrocesso da legislação e o claro favorecimento do poder do capital.

Em seguida, aprofundemos a tipificação legal de cada dispensa a partir da normativa vigente.

3. A LEGISLAÇÃO VIGENTE E OS TIPOS DE RESCISÃO UNILATERAL POR INICIATIVA DO EMPREGADOR

Dentre os tipos de dispensa previstos na legislação italiana, podemos identificar as seguintes figuras: dispensa por justificado motivo objetivo, por justificado motivo subjetivo, por justa causa, disciplinar, discriminatória e dispensa coletiva.

Pela legislação atual, com a Reforma *Jobs Act*, na vigência do Decreto Legislativo n. 23/2015[9], o pri-

---

ao trabalhador de uma indenização por danos calculada em relação à gravidade das violações formais ou processuais cometidas pelo empregador, incluindo um mínimo de seis e um máximo de doze meses de remuneração, com o ônus de motivação, a menos que o juiz, com base no pedido do empregado, considere um defeito de justificação do empregado, caso em que aplicará, em vez das previstas no presente número, as salvaguardas estabelecidas nos parágrafos quarto, quinto ou sétimo. O juiz aplicará a mesma disciplina prevista no quarto parágrafo do presente nos casos de defeito de justificação da dispensa, também de acordo com os arts. 4º, § 4º, e 10, § 3º, da Lei de 12 de março de 1999 n. 68, por motivo objetivo consistente na inidoneidade física ou psíquica do trabalhador, ou que a dispensa se deu em violação do art. 2110, segundo parágrafo, do Código Civil. Ele também pode aplicar esta disciplina nas hipóteses em que haja manifesta insubsistência do fato colocado como base da dispensa por justificado motivo objetivo; nas outras hipóteses em que não ocorrem os justificados motivos objetivos, o juiz aplicará as regras estabelecidas no quinto parágrafo. Neste último caso, o juiz determina a indenização entre os limites mínimo e máximo, além dos critérios especificados no quinto parágrafo, as iniciativas tomadas pelo trabalhador para a procura de um novo emprego e comportamento dos partes no âmbito do procedimento do art. 7º da lei 15 de julho de 1966, n. 604. Se, durante o processo, com base no pedido feito pelo empregado, a dispensa resulte determinada por razões discriminatórias ou disciplinares, serão aplicadas as tutelas previstas no presente artigo. O disposto nos parágrafos quatro a sete são aplicáveis ao empregador, empreendedor ou não empreendedor, que em cada sede, estabelecimento, filial, escritório departamento independente em que o despedimento ocorreu tenha mais de quinze ou mais empregados cinco no caso de um empreendedor agrícola, bem como o empregador, empreendedor ou não empreendedor, que dentro do mesmo município tenha mais de quinze funcionários e para a empresa agrícola na mesma área geográfica que tenha mais de cinco empregados, ainda se em cada unidade de produção, quando considerado isoladamente, não atinge esses limites, e em qualquer caso, o empregador, empreendedor ou não empreendedor, que tem mais de sessenta funcionários.

Para efeitos de cálculo do número de empregados do oitavo parágrafo, deve se levar em conta os empregados contratados por prazo indeterminado parcial pela cota de horário efetivamente desenvolvido, considerando a unidade laborativa e o horário previsto no contrato coletivo do setor. Não se computam o cônjuge e os parentes do empregador dentro do segundo grau da linha direta e em linha colateral. Os limites não incidem sobre as normas ou institutos que prevejam facilidades financeiras ou de crédito. Em caso de revogação da dispensa, desde que efetuada dentro do prazo de quinze dias a partir da notificação ao empregador da impugnação do empregado, o contrato de trabalho retorna sem solução de continuidade, com direito do trabalhador a remuneração devida no período precedente a revogação e não se aplicam os regimes sancionatórios previstos no presente artigo.

c) ao último parágrafo, as palavras "ao quarto parágrafo" são substituídas das seguintes: "ao § 11".

(8) Art. 3. DL n. 23, emanado em 04.03.2015 e publicado em 07.03.2015 quando entrou em vigor.

(9) Art. 2. Dispensa discriminatória, nula e comunicada de forma oral. 1 – O juiz ao pronunciar a nulidade da dispensa porque discriminatória, na forma do art. 15 da Lei de 20.05.1970, n. 300 e sucessivas modificações, ou relativos a outros casos de nulidade expressamente previstos da lei, ordenará ao empregador, empreendedor ou não empreendedor, a reintegração ao empregado no local de trabalho, independentemente do motivo formalmente alegado. Em seguida à ordem de reintegração, o contrato de trabalho será extinto quando o trabalhador não tenha retornado ao serviço em trinta dias do convite do empregador, salvo no caso em que tenha requerido a indenização prevista no parágrafo terceiro. O regime previsto neste artigo também se aplica à dispensa declarada ineficaz porque comunicada de forma oral. 2 – Com a declaração prevista

meiro tipo de dispensa ilegítima ali qualificada é a dispensa discriminatória, sendo esta *"fattispecie"*[10] uma das poucas tipificações legais que ainda são penalizadas com a consequência da reintegração. Mas, no sistema jurídico italiano, a discriminação é um conceito positivado e as possibilidades são taxativas e expressas no art. 15 do Estatuto do Trabalhador, ou seja, são vedadas as discriminações políticas, religiosas, sindicais, de sexo ou orientação sexual, raça, língua, idade, deficiência física ou relativa a convicções pessoais. Ainda, a lei prevê que o ônus de se provar a discriminação é do empregado.

As dispensas expressamente consideradas nulas são punidas com a máxima sanção, a reintegração e a indenização, e são previstas duas hipóteses somente: em razão do matrimônio (art. 35, § 2º, DL n. 198/2006) e durante a gravidez até um ano de idade da criança (art. 54, § 5º, DL n. 151/2001), além da dispensa discriminatória.

Nesses casos, a legislação impõe um limite mínimo de cinco remunerações e considera, para o cálculo, a data da dispensa até a efetiva reintegração. Caso o empregado tenha trabalhado no período de afastamento, a lei garante ao empregador a possibilidade de dedução da remuneração percebida, mas é seu ônus comprovar o fato.

O empregado pode, caso seja de seu interesse, considerar rescindido o contrato e requerer o pagamento de uma indenização equivalente a quinze meses de remuneração. Nesta hipótese, não há a obrigação do empregador fazer os recolhimentos previdenciários.

Nas hipóteses de dispensa com vício formal, feita de forma oral, ou no caso de ser reconhecido o defeito de justificação por motivo relativo à desabilidade física ou psiquiátrica, as sanções são as mesmas, indenização e reintegração.

Mas essas são as exceções que ainda são tuteladas com a reintegração, que não é mais a regra geral nos demais casos de dispensa. Nas outras tipificações, as consequências são diversas.

A dispensa por justa causa é regulada pelo art. 2.119[11] do Código Civil e a doutrina elaborou duas teses sobre esse tópico.

A primeira considera que a justa causa é constituída exclusivamente de um descumprimento de obrigação contratual, pelo empregado, que seja suficiente à quebra de confiança. A segunda tese considera que essa quebra de confiança pode advir de um fato externo ao contrato de trabalho e não somente de um descumprimento grave de obrigação contratual.

---

no parágrafo anterior, o juiz condenará o empregador à indenização do dano sofrido pelo trabalhador pela dispensa nula e ineficaz, estabelecendo uma indenização medida pela última remuneração, correspondente ao período do dia da dispensa até a efetiva reintegração, deduzidas, quando percebidas no período de afastamento, alguma remuneração pelo desenvolvimento de outra atividade de trabalho. Em qualquer caso, a medida da indenização não poderá ser inferior a 5 meses da última remuneração. O empregador será condenado também, pelo mesmo período, a realizar as contribuições previdenciárias e assistenciais. 3 – Sem perder o direito ao ressarcimento do dano como previsto no § 2º, ao trabalhador é dada a faculdade de pedir ao empregador, em substituição à reintegração, uma indenização de 15 meses da última remuneração usada para o cálculo de Tratamento de Fim do Contrato, e esse requerimento determina a extinção contratual e não é sujeita a contribuição previdenciária. O requerimento da indenização deve ser feito entre 30 dias da comunicação do depósito da intimação do empregador para reintegrar o empregado, se anterior à comunicação da sentença. 4 – A disciplina do presente artigo encontra aplicação também nas hipóteses em que o juiz determina o defeito de justificado motivo consistente na desabilidade física ou psíquica do trabalhador, ainda ao senso dos arts. 4º, § 4º e art. 10, § 3º, da Lei 12.03.1999, n. 68. Art. 2º despedimento discriminatório, nula e sem efeito e ordenou por via oral 1. O tribunal, com a pronúncia pelo qual declara a nulidade do despedimento por discriminatória nos termos do art. 15 da Lei 20 de maio de 1970, n. 300, conforme alterada, ou porque devido a outras causas de nulidade expressamente previstos por lei, pedir ao empregador, empresário ou proprietário da empresa, a reintegração do trabalhador no local de trabalho, independentemente do motivo formalmente reivindicada. Seguindo a ordem de reintegração, a relação de trabalho é considerado encerrado quando o trabalhador não é retomada no prazo de trinta dias após o serviço do empregador ao trabalho, a menos que eu tenha solicitado o subsídio referido no nº 3. O regime previsto no presente artigo é igualmente aplicável ao despedimento declarado ineficaz porque feito de forma oral. 2. Com a sentença referida no nº 1, o juiz condena igualmente o empregador a pagar a indenização para o despedimento de que foi estabelecida a nulidade e ineficácia, correspondente ao período entre a data do despedimento até a sua reintegração efetiva, podendo deduzir os valores que o empregado recebeu durante o período de afastamento, para a realização de outras atividades de trabalho. Em qualquer caso, a extensão da indenização não poderá ser inferior a cinco meses de remuneração. O empregador é condenado, também, para o mesmo período, ao pagamento de contribuições previdenciárias. 3. Não obstante o direito de compensação, tal como previsto no ponto 2, o empregado tem direito de solicitar ao empregador, em vez de reintegração no local de trabalho, uma indenização igual ao último salário quinze meses de referência para o cálculo das indenizações rescisórias, cujo pedido de cancelamento da relação de trabalho, e que não está sujeito a contribuições previdenciárias. O pedido de compensação deve ser feito no prazo de trinta dias a contar da decisão judicial ou da intimação do empregador. 4. O regulamento a que se refere o presente artigo é igualmente aplicável nos casos em que o juiz considerar a falta de justificação para motivos de deficiência física ou mental do trabalhador, também em conformidade com os arts. 4º, n. 4, e 10, § 3º, da Lei 12 de março de 1999, n. 68.

(10) A tipificação legal é discutida à exaustão na academia italiana e, segundo nossa percepção, a interpretação literal da norma positivada é privilegiada neste sistema jurídico.

(11) Qualquer dos contratantes pode rescindir o contrato antes do ser prazo final, se for por tempo determinado, ou sem pré-aviso, se o contrato é por tempo indeterminado, quando se verifique uma causa que não seja aconselhável sua continuidade, ainda que provisória, do contrato. Se for por tempo indeterminado, ao prestador de serviços que rescinde por justa causa, compete uma indenização indicada no segundo parágrafo do artigo anterior (do aviso-prévio). Não se caracteriza a justa causa a falência do empregador (art. 2.221 CC) ou a sua liquidação administrativa compulsória da empresa (art. 2.111 CC).

Além da figura da justa causa, há a dispensa por justificado motivo subjetivo, que consiste também de um grave descumprimento contratual por parte do empregado, mas não o suficiente para quebra da confiança e caracterização da justa causa. Nesta hipótese há a obrigatoriedade do aviso-prévio.

A doutrina considera o justificado motivo subjetivo um descumprimento notório e a justa causa, um descumprimento gravíssimo. O que diferencia um do outro é a intensidade da falta ou sua gravidade. Por mais que se queira positivar esta hipótese, é o fato material que definirá sua subsistência. O empregado, para contestar o motivo da dispensa, precisa propor uma ação judicial denominada de impugnação da dispensa, que tem um prazo de decadência de 60 dias conforme previsto no art. 6º, § 1º, da Lei n. 604/1966.

Nesta impugnação, é do empregador o ônus de comprovar a gravidade dos fatos (art. 5º, Lei n. 604/1966) e o juiz considera o respeito ao princípio da proporcionalidade entre a sanção e infração (art. 2.106 do Código Civil), sob pena de ser considerada ilegítima a dispensa.

Há também a previsão de um procedimento contraditório da dispensa disciplinar, com a garantia de defesa do trabalhador e o empregador pode dispensá-lo por motivo disciplinar contestado. Este motivo disciplinar pode ser tanto a justa causa como o justificado motivo subjetivo.

O art. 3º, § 1º do Decreto Legislativo n. 23/2015, reduziu claramente a tutela protetiva, com a previsão da regra meramente ressarcitória em caso de dispensa injustificada, com a fixação de indenização de duas remunerações por ano de serviço, num limite mínimo de quatro remunerações e máximo de vinte e quatro.

Essa nova disposição excluiu até mesmo a discricionariedade do juiz para quantificar a indenização, que depende unicamente do tempo de serviço, sem qualquer relevância a existência de outros fatores.

Para as empresas pequenas, com menos de 15 empregados, a indenização prevista é de uma remuneração por ano de serviço, com um mínimo de duas e um máximo de seis e a reintegração nunca é prevista. Portanto, ainda que o fato não seja reconhecido ou o juiz perceba a total desproporção entre a sanção e a infração, para as pequenas empresas nunca há a possibilidade de reintegração.

Outra figura para motivar a dispensa, é a denominada justificado motivo objetivo. A tipificação legal (art. 5º, Lei n. 604/1966) se refere à *razões inerentes à atividade produtiva, à organização do trabalho e ao regular funcionamento da empresa* (tradução nossa).

Os requisitos para o reconhecimento desta figura são três: a decisão empresarial verídica que determina a supressão do posto de trabalho; o nexo de causalidade entre a escolha empresarial e a dispensa daquele empregado em particular e o terceiro requisito criado pela jurisprudência, a obrigação de repescagem, ou seja, a obrigação do empregador fornecer outras possibilidades ao trabalhador de exercer outras funções na empresa.[12]

Caso esses requisitos não tenham sido observados, o empregador pagará a mesma indenização já prevista no mesmo art. 3º, § 1º, da Lei n. 604/1966.

Portanto, o que se verifica é que, não obstante as diferentes tipificações legais, a consequência geral, após a vigência do Decreto Legislativo n. 23/2015, é pela indenização limitada ao tempo de serviço.

Interessante elencar aqui a hipótese de rescisão unilateral pelo empregado. Para que seja reconhecida a sua validade, o procedimento legal atual estabelece que o pedido de demissão deve ser feito exclusivamente pela via telemática, ou seja, pela internet com o preenchimento de um formulário da página do Ministério do Trabalho (*www.lavoro.gov.it*) e o empregado pode desistir desse pedido em até sete dias do envio do formulário. Esta hipótese não é aplicável ao empregado doméstico, nem à empregada estável por maternidade.

Este procedimento buscou minimizar as fraudes e também pode ser impugnado até por alegação de violência moral com base nos arts. 1.434 e 1.435 do Código Civil, que preveem que a violência é causa de nulidade do contrato e a qualifica como a pressão sobre uma pessoa sensata que a faça temer de expor-se ou a seus bens a um mal injusto e notório e relaciona a condições de idade, sexo e condições da pessoa (tradução nossa).

4. ANÁLISE E COMENTÁRIOS DA DOUTRINA E JURISPRUDÊNCIA

Os objetivos expressos pelo legislador para elaboração da Reforma *Jobs Act*, e reconhecidos pela doutrina, são basicamente dois: o favorecimento de novas contratações e que os novos contratos sejam de tutela crescente ao invés de contratos precários como contratos por tempo determinado, terceirizações e aprendizado.[13]

---

(12) SANTORO-PASSARELLI. G. Il licenziamento per giustificato motivo oggettivo "organizzativo": la fattispecie. *WP CSDLE "Massimo D'Antona". IT*, 317/2016. Disponível em: <http://csdle.lex.unict.it>. Acesso em: 15 jan. 2017.

(13) SANTORO-PASSARELLI, G. *Appunti sulla funzione delle categorie civilistiche nel Diritto del Lavoro dopo Il Jobs Act*. 2016. Riv. Dir. Civ.

Essa reforma demonstra que se passou de um sistema fundado sobre a reintegração no posto de trabalho ao ressarcimento de dano em medida fixa e predeterminada, sem abertura para discricionariedade do juiz para fixação do montante da indenização, com base na proporcionalidade e na razoabilidade.

Boa parte da doutrina reconhece que estes objetivos da reforma, sob a alegação de se reforçar a possibilidade de ingresso no mercado de trabalho, na verdade, segue a linha guia da *flexicurity* e identifica que o legislador pretende influenciar a dinâmica da ocupação alterando a disciplina sobre a rescisão contratual e que *esta tese é desmentida de inúmeros estudos teóricos e sobretudo de evidência empírica, e que a prova contrária a respeito da ideia da positiva correlação entre ocupação e redução de tutela em matéria de dispensa é tão evidente e difusa que é incompreensível como seja possível continuar a sustentar esta opinião privada de qualquer fundamento teórico e prático*[14].

A doutrina que defende a mudança de paradigma do direito do trabalho e os fundamentos utilizados para a Reforma *Jobs Act* admite que a tradicional abordagem garantista do Direito do Trabalho pode ser apagada diante da promessa de novas e mais eficazes tutelas dos trabalhadores sobre o mercado, como a passagem de um sistema de *job protection* a um sistema de *flexicurity*.[15]

A ideia seria de uma nova lógica de proteção, inspirada nessa tal *flexicurity* europeia, cujo objeto não seria mais a proteção ao contrato de trabalho, mas a proteção ao mercado de trabalho.[16]

Não obstante a voz protetiva de boa parte da doutrina, a tendência que se verifica na jurisprudência é pelo pensamento de validação da justificativa da reforma, ou seja, a diminuição da proteção restrita ao contrato, mas ampliada ao mercado de trabalho, como se essa flexibilidade e segurança fosse favorável e coerente com os fundamentos do Direito do Trabalho. A evolução legislativa demonstra que prevalece a lógica do sistema capitalista de se beneficiar o setor empresarial ou o poder de capital, com o fim de se diminuir o custo da mão de obra, sob a camuflagem de um discurso de segurança social e proteção ao emprego.

Em recente decisão da Corte de Cassação, a terceira instância do sistema judiciário italiano, em sua sessão de Direito do Trabalho, houve a admissão de alegação de justificado motivo objetivo o fato do empregador querer aumentar seus lucros, o que pode ser alegado por qualquer empresa, portanto, para se legitimar uma dispensa e reduzir o custo indenizatório. Nesta decisão, o relator elenca vários precedentes que servem de subsídios para suas conclusões e demonstram a tendência da corte italiana.[17]

Sob o aspecto formal, há também uma corrente doutrinária que avalia a inconstitucionalidade das alterações da reforma de 2015, a respeito das dispensas, pelo chamado "excesso de delega" no sentido exposto no art. 76 da Constituição, em que o legislador teria avançado sobre os outros poderes, reduzindo o poder do judiciário quando sua avaliação sobre as indenizações.[18]

5. MANIFESTAÇÃO RECENTE DA CORTE CONSTITUCIONAL EM RELAÇÃO AO ART. 18 DO ESTATUTO DO TRABALHADOR

Considerando os fundamentos levantados pela doutrina tradicional e fiel aos fundamentos do direito do trabalho, a inconstitucionalidade da reforma *Jobs Act*, principalmente relativa à dispensa unilateral e imotivada, é objetivo de um requerimento popular feito na Corte Constitucional.

A Lei n. 352/1970 trata da possibilidade de se requerer o procedimento do referendo nacional, com iniciativa popular, para se buscar uma alteração legislativa, com base em matéria constitucional.

Utilizando esse instrumento, a Confederação Geral Italiana de Trabalho (CGIL – Confederazione Generale Italiana del Lavoro), importante representante sindical dos trabalhadores, apresentou um requerimento à Corte Constitucional para que fosse instaurado o *referendum* para alteração de três aspectos da legislação trabalhista, com os quais esse entidade não coaduna, relativos ao retorno da aplicação do art. 18 do Estatuto do Trabalhador com a previsão plena de estabilidade e reintegração, ao cancelamento do *voucher* que se trata de uma forma de pagamento de tra-

---

(14) SPEZIALE. V. Il contratto a tempo indeterminato a tutele crescenti tra costituzione e diritto europeo. *Rivista Italiana di Diritto del Lavoro*. 2016, v. 1, p. 111.
(15) PERULLI A. L'idea di diritto del lavoro, oggi. In: "Lavoro e diritto" 1/2016, p. 17-34. doi: 10.1441/82627.
(16) DEL PUNTA, R. *Diritto del lavoro*. Milano-It: Editora Giuffrè, 2016. p. 27.
(17) *Civile Sent. Sez. Lavoro Num. 25201 Anno 2016*. Presidente: Di Cerbo Vincenzo. Relatore: Amendola Fabrizio. Data pubblicazione: 07/12/2016. Disponível em: <http://www.italgiure.giustizia.it/xway/application/nif/clean/hc.dll?verbo=attach&db=snciv&id=./20161207/snciv@sL0@a2016@n25201@tS.clean.pdf>. Acesso em: 15 jan. 2017.
(18) Speziale V. Il contrato a tempo indeterminato a tutele crescenti tra *law and economics* e vincoli costituzionali. *WP CSDLE "Massimo D'Antona". IT*, 259/2015. Disponível em: <http://csdle.lex.unict.it>. Acesso em: 05 dez. 2016.

balho informal e pelo reconhecimento de solidariedade em contratos de *appalti*, espécie de contratos de terceirização em prestação de serviços.

A manifestação da Corte Constitucional deu-se em 11.01.2017[19], que acatou o pedido de referendo sobre o *voucher* e sobre a solidariedade em terceirização, mas não acolheu a pretensão de se alterar o sistema atual de dispensa, com o objetivo de repristinação do art. 18 do Estatuto do Trabalhador, tal qual como era em 1970, contra a matéria inovada pela Reforma *Jobs Act*.

Não obstante tratar-se somente de uma decisão que se avalia tão somente o cabimento da medida para prosseguimento de instauração do *referendum*, no nosso sentir, a decisão da Corte Constitucional demonstra também a tendência da linha que favorece o mercado de trabalho e a chamada *flexicurity*, ou seja, a prevalência da flexibilidade e da segurança social buscada pelo poder do capital.

6. A MUDANÇA DE VISÃO DO JURISTA TRABALHISTA

A função social do Direito do Trabalho sempre foi caracterizada por sua vocação protetiva dos trabalhadores assim reputados como economicamente, socialmente e juridicamente mais fracos. Esse ramo especializado do direito busca proteger o hipossuficiente ou o trabalhador que precisa de proteção, sendo composto de normas de ordem pública, sem a possibilidade de negociação individual entre as partes, em razão da disparidade de poderes entre os personagens desta relação subordinada, ou seja, o empregado e o empregador.[20]

Esta função do Direito do Trabalho vem sendo questionada pela doutrina que contesta o objeto a ser protegido por esse ramo do direito e busca novas perspectivas para fundamentar a necessidade de mudança do paradigma protetivo.

São reconhecidas, além da tendência protetiva tradicional do contrato de trabalho, uma visão mais ampla de se proteger outras figuras que não somente o trabalhador em si, mas outras situações de trabalhos e contratos precários e, uma terceira figura, que defende a dignidade do trabalhador enquanto pessoa.[21]

Mas há também quem defenda a total mudança de paradigma do direito do trabalho, que seria orientado pela economia e internalizaria a ideia da eficiência e a substituição do horizonte social da pessoa e dos bens morais, por uma sociedade de homens livres voltados para os bens econômicos, com sua emancipação e com a cultura de uma modernização cooperativa.[22]

Não obstante esta proposta economicista seja totalmente contraditória à função do Direito do Trabalho, há muitas vozes de juristas que a defendem, inclusive fazendo uma crítica ao judiciário trabalhista que é considerado parcial por ter *"amadurecido uma errada percepção de que garante os direitos do trabalhadores, reduzindo as garantias da imparcialidade e da laicidade que deveriam constar na sua função jurisdicional e se espera que haja um juiz um pouco menos diverso, mais laico, ou seja, mais inclinado a interiorizar, além das razões de ordem social, as razões de economia."*[23]

Percebe-se que essa crítica é comum não somente na Itália, mas em outros países de Europa e no Brasil, o que demonstra a mudança do jurista trabalhista em ver o Direito do Trabalho se sujeitando cada vez mais a tirania do poder econômico.

Renomado jurista italiano questiona em seu manual de Direito do Trabalho, ao discorrer sobre a evolução deste ramo do direito: *como controlar as ações das empresas multinacionais e fazer com que os benefícios potenciais que elas detém, em termos de conhecimento e capacidade de investimento, sejam vantajosos também para a população? A fala que se dá, em nível global, de responsabilidade social das empresas representa uma perspectiva confiável ou é somente fachada? Como fazer valer os direitos sociais a nível supranacional? É oportuno inserir cláusulas sociais nos tratados internacionais e nos grandes acordos comerciais, ainda que a custo de sacrificar, em nome dos direitos sociais, a competitividade dos países emergentes, que jogam com os mais baixos custos de trabalho? E ainda como garantir a sustentabilidade também ecológica de tudo?*[24]

7. CONSIDERAÇÕES FINAIS

Como conclusão de toda essa exposição da legislação italiana sobre um tema específico é que o discurso apocalíptico do Direito do Trabalho não é uma

---

(19) Disponível em: <http://www.cortecostituzionale.it/documenti/comunicatistampa/CC_CS_20170111143402.pdf>. Acesso em: 15 jan. 2017.
(20) DEL PUNTA, R. *Diritto del lavoro*. Milano-It: Editora Giuffrè, 2016. p. 27.
(21) Idem.
(22) PERULLI A. *L'idea di diritto del lavoro, oggi*. In: "Lavoro e diritto" 1/2016, p. 17-34. doi: 10.1441/82627.
(23) PERULLI A. Il controllo giudiziale dei poteri dell'imprenditore tra evoluzione legislativa e diritto vivente. *Rivista Italiana del Diritto del Lavoro*. Giuffrè Editore. Anno XXXIV Fasc. 1 – 2015. Disponível em: <https://iris.unive.it/retrieve/handle/10278/3664653/59745/Controllo%20Giudiziale%20RIDL.pdf>. Acesso em: 15 jan. 2017.
(24) DEL PUNTA, R. *Diritto del lavoro*. Milano-It: Editora Giuffrè. 2016. p. 102.

realidade somente brasileira. Também na Europa a sociedade não está isenta ou insensível a este problema de desconstrução dos direitos e de desvalorização dos direitos sociais em favorecimento claro do poder econômico, o qual, no entanto, não pode ser personalizado em termos políticos. Seja para que se encontre um culpado, seja para se buscar um salvador.

Novamente é o pêndulo natural dos ciclos históricos da sociedade que se percebe de forma mais clara durante as crises. Quando se está vivenciando no meio de uma delas, parece ser a mais terrível de todas as antecedentes.

As consequências já estão sendo vivenciadas e os que precisam de mais proteção, são os que mais sofrem sem forças para poder agir contra essa massa poderosa que reprime qualquer movimento voluntário e consciente.

Cabe àqueles que identificam esse movimento opressor buscar soluções e resistir contra esse discurso comum de necessária mudança, de flexibilidade, de proteção dos aspectos econômicos para uma continuidade do planeta, com o que realmente tem o valor para a continuidade de vida saudável neste mundo, a proteção da pessoa humana e sua dignidade.

É verdade que o Direito do Trabalho reconhece as razões das empresas e a necessidade de sua continuidade para que haja o próprio trabalho e a condição de subsistência, mas não se pode deixar de reconhecer um valor muito mais importante que o contrato de trabalho, ou o mercado, que é a pessoa do trabalhador e quem movimenta toda a máquina produtiva, a quem deve ser garantida a dignidade.

E este é o foco. Quando a pessoa é valorizada, o trabalho é melhor e a economia ganha também. Essa não poderia ser uma conclusão diversa.

As reformas trabalhistas, sejam na Itália, na Europa, ou no Brasil, ou em qualquer lugar do mundo não podem deixar de lado a condição da pessoa humana e sua dignidade. Os direitos e benefícios não podem retroceder, as conquistas precisam ser preservadas e o poder econômico, em sua voracidade, não pode querer abocanhar mais riquezas da fragilidade humana. A triste realidade de concentração de riquezas em detrimento da expansão da pobreza mundial precisa ser mudada e contra isso não se pode sustentar o argumento de que o mercado precisa ser protegido em detrimento do trabalhador.

8. REFERÊNCIAS BIBLIOGRÁFICAS

Civile Sent. Sez. Lavoro Num. 25201, Anno 2016. Presidente: Di Cerbo Vincenzo. Relatore: Amendola Fabrizio. Data pubblicazione: 07 dez. 2016. Disponível em: <http://www.italgiure.giustizia.it/xway/application/nif/clean/hc.dll?-verbo=attach&db=snciv&id=./20161207/snciv@sL0@a2016@n25201@tS.clean.pdf>. Acesso em: 15 jan. 2017.

Corte Constitucional Italiana. Disponível em: <http://www.cortecostituzionale.it/documenti/comunicatistampa/CC_CS_20170111143402.pdf>. Acesso em: 15 jan. 2017.

DEL PUNTA, R. *Diritto del lavoro.* Milano-It: Editora Giuffrè, 2016.

PERSIANI M.; LIEBMAN S.; MARAZZA M.; MARTONE M.; DEL CONTE M.; FERRARI P. MAIO V. *Fondamenti di Diritto del Lavoro.* Milano-IT: Wolters Kluwer, 2016.

PERULLI A. Il controllo giudiziale dei poteri dell'imprenditore tra evoluzione legislativa e diritto vivente. *Rivista Italiana del Diritto del Lavoro.* Giuffrè Editore. Anno XXXIV Fasc. 1 – 2015. Disponível em: <https://iris.unive.it/retrieve/handle/10278/3664653/59745/Controllo%20Giudiziale%20RIDL.pdf>. Acesso em: 15 jan. 2017.

PERULLI A. *L'idea di diritto del lavoro, oggi.* In: "Lavoro e diritto" 1/2016, p. 17-34. doi: 10.1441/82627.

SANTORO-PASSARELLI, G. *Appunti sulla funzione delle categorie civilistiche nel Diritto del Lavoro dopo Il Jobs Act.* Riv. Dir. Civ., 2016.

SANTORO-PASSARELLI, G. *Diritto dei Lavori e Dell'Occupazione.* Torino-It: Editora G. Giappichelli, 2015.

SANTORO-PASSARELLI, G. *Il licenziamento per giustificato motivo oggettivo "organizzativo": la fattispecie.* WP CSDLE "Massimo D'Antona". IT, 317/2016. Disponível em: <http://csdle.lex.unict.it>. Acesso em: 15 jan. 2017.

Speziale V. *Il contrato a tempo indeterminato a tutele crescenti* tra law and economics *e vincoli costituzionali.* WP CSDLE "Massimo D'Antona". IT, 259/2015. Disponível em: <http://csdle.lex.unict.it>. Acesso em: 05/12/2016.

SPEZIALE. V. *Il contratto a tempo indeterminato a tutele crescenti tra costituzione e diritto europeo.* Rivista Italiana di Diritto del Lavoro. 2016, 01, 0111.

Speziale V. *Le politiche del lavoro del Governo Renzi: il Jobs Act e la riforma dei contratti e di altre discipline del rapporto di lavoro.* WP CSDLE "Massimo D'Antona". IT, 233/2014. Disponível em: <http://csdle.lex.unict.it>. Acesso em: 10 jan. 2017.

Jus variandi e reenquadramento funcional do trabalhador no modelo italiano: as recentes alterações oriundas do Decreto 81/2015

Eliana dos Santos Alves Nogueira[*]

1. PANORAMA GERAL DAS ALTERAÇÕES LEGISLATIVAS NO MODELO ITALIANO

Este breve ensaio, a respeito de um dos aspectos das recentes alterações legislativas levadas a efeito no modelo jurídico italiano, surgiu a partir do tema proposto para o Curso de Alta Formação, realizado na cidade de Roma/Itália em julho de 2016, cujo tema central foi *"Riregolazione dei rapporti di lavoro e del processo in Italia: dalle radici del Diritto Romano all'Ordinamento europeo"*, promovido conjuntamente por brasileiros e italianos, ou seja: pela Associação Nacional dos Juízes do Trabalho (ANAMATRA) e pela Associação Nacional dos Procuradores do Trabalho (ANPT), no Brasil, e pela *Università La Sapienza*, na Itália.

Tratar das alterações recentes exige, ainda que muito brevemente, um singelo escorço histórico, que torne possível a melhor compreensão do movimento em curso.

O Direito do Trabalho, seja do ponto de vista de sua evolução mundial, seja dentro do modelo italiano, tem uma história muito recente. De fato, ele nasce de modo articulado apenas após a Revolução Industrial, quando os trabalhadores, em massa, foram arrebatados para os grandes centros produtivos. A precariedade destas condições de trabalho será o combustível para o desenvolvimento das primeiras regras, ainda mínimas, a garantir algum direito aos trabalhadores.

Em regra geral, as condições de trabalho e os salários, eram impostas pelos empregadores, considerando-se que o número de trabalhadores em procura de colocação no mercado de trabalho era sempre maior que a oferta de emprego, o que também provocava a aceitação de salários insuficientes para sua manutenção e de péssimas condições de trabalho, como única forma de manter o posto de trabalho arduamente conseguido.

Não existiam, à época, normas de direito que regulassem a atividade empresarial. Não existiam medidas de segurança e saúde do trabalho. Caso o trabalhador perdesse a vida em razão do trabalho, nenhuma prestação social era garantida à sua família e, quando ocorria a perda da capacidade laborativa, o trabalhador era simplesmente dispensado do trabalho. Tal panorama, sinteticamente demonstrado, levou ao surgimento de movimentos operários em busca de melhores condições de trabalho e renda. A articulação de fato dos trabalhadores transformou-se, rapidamente, em um sério problema social, num modelo de administração estatal que enxergava nesta mobilização dos trabalhadores um risco para o equilíbrio da sociedade, a despeito das justas reivindicações dos mesmos.

---

[*] Juíza do Trabalho Titular da 2ª Vara do Trabalho de Franca/SP. Professora Assistente junto ao Departamento de Direito Privado da Faculdade de Ciências Humanas e Sociais da UNESP – Franca/SP. Mestre em Direito do Trabalho. Doutoranda em Direito do Trabalho junto à Università La Sapienza – Roma/Itália.

Apenas com a Lei n. 80 de 17 de março de 1898 é que foi introduzida, pela primeira vez no modelo italiano, a obrigatoriedade de seguros contra acidentes de trabalho. Inicia-se então um percurso complexo no que diz respeito à garantia da saúde e da segurança dos trabalhadores no local de trabalho. Tais normas, logo em seguida, deram origem ao INAIL (Instituto Nacional de Seguridade contra infortúnios do Trabalho), órgão público que, até os dias atuais, tem como atividade principal atuar nas áreas direcionadas a reduzir o fenômeno infortunístico, assegurar contra os riscos do trabalho e garantir a tutela dos trabalhadores.

A partir do final dos anos 1.890, com referida lei, é que nasce o direito do trabalho italiano. O surgimento das normas protetivas do trabalhador foram, sem dúvidas, alavancadas pela atividade dos sindicatos. O reconhecimento de que o trabalhador não pode ser tutelado de forma individual, mas apenas de modo coletivo, cria na classe laboral a certeza de que apenas unidos e organizados poderiam atuar em favor da coletividade, beneficiando, ao final, cada um dos trabalhadores.

A partir de então nascem as associações sindicais que se ocupam dos trabalhadores subordinados, nascem as greves como abstenção coletiva do trabalho e, principalmente, nasce a contratação coletiva. O Sindicato ganha poder no confronto com o Estado e, nas primeiras décadas dos anos 90, obtém resultados satisfatórios no que diz respeito, principalmente, às normas de segurança do trabalho, à proibição do trabalho perigoso para as crianças e para as mulheres grávidas (*Decreto Reggio* 692/1923), às leis sobre repouso, férias, etc.

Nos anos fascistas[1] o Sindicato foi duramente reprimido. Sua formulação atual nasce com o art. 39 da Constituição italiana, de 1948, com o qual passa a gozar de ampla liberdade. A partir dos anos 1960, graças ao Partido Socialista, foram retomadas as leis laborais, a exemplo da que declarava nulas as dispensas e demissões "em branco" das mulheres que contraíam matrimônio.

Em 1963 limita-se o contrato a termo. Em 1966 regula-se a dispensa individual que poderia acontecer apenas com existência de justa causa ou justificado motivo. Em 1970 promulga-se o Estatuto dos Trabalhadores (Lei n. 300 de maio de 1970), que introduz novos direitos dos trabalhadores, como a liberdade de expressão (art. 1º), regras sobre equipamentos audiovisuais de vigilância e controle (art. 4º), vedação de sondagem de opinião do trabalhador (art. 8º), regras sobre revistas pessoais de controle na entrada ou saída do trabalho (art. 6º), normas sobre reintegração do trabalhador em caso de dispensa e a tutela real que o acompanhava (o conhecido art. 18 – hoje profundamente modificado pelo *Jobs Act*, que praticamente extinguiu a tutela real, mantendo-se apenas uma tutela ressarcitória precária).

O Estatuto assinala o momento alto de proteção do trabalhador.

Os anos 2000, contudo, passaram a apresentar inúmeras novidades legislativas no campo trabalhista, impulsionadas pela inserção do princípio europeu da *flexsecurity* nas relações de trabalho. Por tal princípio entende-se a criação de normas que visam proteger o empregado no mercado de trabalho e não mais a relação de trabalho em si, e, assim, cria normas flexíveis dentro e fora do contrato de trabalho, na admissão e na rescisão contratual. Por outro lado, o mesmo principio, do ponto de vista da segurança, aponta para a criação de mecanismos que possam sustentar o trabalhador durante o período de desemprego (amortizadores sociais), consequência imediata da redução da proteção dos contratos de trabalho, bem como iniciativas que visem favorecer nova profissionalização ao mesmo, facilitando e agilizando seu retorno ao mercado de trabalho.

Baseados neste princípio de flexibilidade foram realizadas todas as recentes reformas do ordenamento jurídico laboral italiano, iniciando-se pela Reforma Biagi, que em 2003 criou várias formas de flexibilidade de entrada no mercado de trabalho, a exemplo do contrato de *Somministrazione de lavoro* e o *Job Sharing*.

A partir de 2010 inicia-se uma série de alterações legislativas voltadas à flexibilização das possibilidades de rescisão do contrato de trabalho, tornando mais fácil a dispensa do trabalhador por parte do empregador. Foi a Reforma Fornero, do governo de Monti (Lei n. 92/2012) que modificou, pela primeira vez, o pilar do art. 18 do Estatuto dos Trabalhadores que, contudo, vai ser praticamente implodido com a reforma denominada *Jobs Act*, do governo Renzi, substituindo a tutela real do art. 18 (a reintegratória), com a criação de um sistema de tutela crescente (Decreto Legislativo 4 de março de 2015 – CATUC), que substitui a tutela real pela tutela ressarcitória, escancarando a possibilidade da dispensa do trabalhador que, em regra, não possui mais o direito à reintegração, mas apenas a uma tutela tarifada de ressarcimento,

---

[1] Entende-se por fascismo o regime político que surgiu na Europa entre 1919 e 1945, entre as duas grandes guerras mundiais. Benito Mussolini foi o grande articulador de tal movimento na Itália, cujas características básicas eram o totalitarismo, o nacionalismo, o idealismo e o militarismo.

que aumenta de acordo com o tempo de serviço do trabalhador (daqui o nome *tutela crescente*).

E é no centro desta atual reforma denominada *Jobs Act* que tem sido emanadas uma série de decretos e leis que, visando a regulamentação de seus dispositivos centrais, tem outorgado maior flexibilidade interna ao contrato de trabalho.

Uma destas normas é exatamente a que será analisada neste breve estudo, ou seja, a trazida pelo art. 3º do Decreto n. 81/2015, que visa ampliar o *jus variandi* do empregador do ponto de vista das alterações contratuais atinentes às funções exercidas pelo trabalhador dentro de um determinado contrato de trabalho subordinado.

A alteração levada a efeito pelo art. 3º do Decreto n. 81/2015, ao modificar o art. 2.103 do Código Civil Italiano, outorga possibilidade ampliada do empregador de alterar um dos elementos fundamentais do contrato de trabalho, a saber, o conjunto de atribuições que o empregado assume no momento da contratação (*mansione* em italiano). O objetivo da norma é garantir flexibilidade ao empregador quando houver a necessidade de alterar a organização empresarial. Com a finalidade de manter os contratos de trabalho vigentes, nos termos da nova lei, o empregador pode alterar o enquadramento funcional do trabalhador, remetendo-o a nova função, seja colocando-o em situação superior, funcionalmente, àquela que o mesmo se encontrava, seja movimentando-o de modo horizontal ou, por fim, colocando-o em situação inferior, o que, no direito brasileiro, poderia ser equiparado ao rebaixamento funcional do trabalhador.

2. ENQUADRAMENTO FUNCIONAL NO DIREITO ITALIANO

O empregador, do ponto de vista dos poderes que exerce em razão do contrato de trabalho, pode exercitá-los em quatro esferas, a saber: poder organizativo, poder de controle, poder disciplinar e poder diretivo.

Por poder diretivo e organizativo entende-se os que se referem à organização da prestação dos serviços, que devem ser funcionais e, para isso, pode o empregador determinar quais serão as funções que o empregado deve desenvolver no momento da contratação, podendo, ainda, alterá-las o longo do contrato de trabalho (*jus variandi*), bem como, nos limites da lei, alterar seu local de trabalho.

No direito italiano, o conjunto de atribuições que o trabalhador se obriga a desenvolver durante o contrato de trabalho e nele expressamente indicadas tem o nome de *mansione*.

Do ponto de vista do enquadramento funcional dentro de cada atividade, cabe à contratação coletiva definir o conteúdo das categorias legais possíveis, estas taxativamente previstas no art. 2.095 do Código Civil[2], a saber: dirigente, quadro, empregado e operário[3].

Desta feita, dentro de cada negociação coletiva, deveriam ser estabelecidas, para cada uma das categorias, quais as funções pertencentes a cada qual e, dentro de tais funções, o nível individualizado de cada uma (variando conforme suas exigências, do ponto de vista da profissionalização exigida).

Além disso, caberia à contratação coletiva indicar, dentro de cada categoria legal, as especificações de cada uma das funções que lhe pertencem, por níveis e, a cada nível, qual a retribuição que lhe cabe.

O empregador, ao contratar o empregado, deveria indicar, dentro da negociação coletiva aplicável àquele trabalhador, em qual categoria legal e em qual nível dentro dela o mesmo encontra-se enquadrado, o que além de servir para efetuar seu enquadramento, também define seu nível retributivo.

No entanto, aponta a doutrina que, antes do Decreto n. 81/2015, essa distinção entre as categorias legais não era utilizada para tal enquadramento, desde que as contratações coletivas passaram a utilizar-se do enquadramento único.

Neste sentido, Luca Vannoni[4] afirma que:

---

(2) Art. 2095 *Codice Civile.*
I *prestatori di lavoro* subordinato si distinguono in *dirigenti*, *quadri*, *impiegati* e *operai*.
Le leggi speciali [e le norme corporative],in relazione a ciascun ramo di produzione e alla particolare struttura dell'impresa, determinano i requisiti di appartenenza alle indicate *categorie*.
(3) No modelo italiano, tais categorias envolvem trabalhadores em funções específicas de determinados setores empresariais. Por exemplo e em linhas gerais consideram-se *dirigentes* os que tem a função de administrar a empresa, como *quadro* os que exercem funções de gerência, como *empregados* os que trabalham em áreas administrativas e os *operários* os que laboram na linha de produção.
(4) VANONNI, Luca. *Potere di variazione unilaterale dele mansioni e il nuovo art. 2103.* Disponível em: <http://www.eclavoro.it/potere-di-variazione-unilaterale-delle-mansioni-e-il-nuovo-art-2103/>. Texto na integra, com tradução livre na citação do texto: *"Forse l'aspetto più complicato riguarderà l'interpretazione delle categorie legali, previste dall'art.2095 cod.civ. nelle figure dei dirigenti, dei quadri, impiegati e operai. A partire dagli anni '80, con l'introduzione dell'inquadramento unico dei lavoratori da parte della contrattazione collettiva, le categorie legali avevano perso oramai gran parte della loro funzione operativa: ora, stante il loro carattere aperto, sicuramente potranno determinare dubbi interpretativi di non semplice soluzione in quelle zone di confine ovvero in caso di mansioni promiscue.*
La perdita di attualità delle categorie legali si riscontra anche dall'assenza di orientamenti giurisprudenziali recenti sul tema: risalendo nel tempo,

"Talvez o aspecto mais complicado desta reforma fará correspondência à interpretação das categorias legais, previstas no art. 2.095 Cod. Civ, nas figuras de dirigentes, quadros, operários e empregados. A partir dos anos 80, com a introdução do enquadramento único dos trabalhadores por parte da contratação coletiva, as categorias legais tinham perdido grande parte da sua função operativa: ora, em razão de seu caráter aberto, seguramente poderão determinar duvidas interpretativas de difícil solução naquelas zonas cinzentas no caso de funções que trazem em si diferentes exigências de qualificação do trabalhador (promíscuas). A perda de atualidade das categorias legais se ressente também pela falta de jurisprudência recente sobre o tema, sendo interessante mencionar a sentença da Corte de Cassação n. 3.106/1990, onde se afirmou que "para o fim de distinção entre a categoria operaria e aquela de empregados (que deve ser feita utilizando-se das regras especificas aplicáveis à relação contratual), não é decisivo o caráter intelectual ou manual da atividade laborativa, mas em relação à colaboração do trabalhador com o empregador, com a consequência que deve definir-se como operário aquele que exerce atividade inerente ao processo produtivo e se mantem na esfera da simples execução e nao implicam exercício de discricionariedade ou poder de decisão, sem que tal atividade possa assumir caráter da categoria de empregado pelo simples fato de não ser exclusivamente manual ou porque envolve qualquer atividade de vigilância ou controle sobre outros operários com relação a aspectos meramente executivos do trabalho; ao contrário, define-se como empregado aquele que desenvolve uma atividade inerente ao processo organizativo técnico-administrativo da empresa e reconduzível a deveres de organização, promoção, direção e vigilância que são conceitualmente próprias do empreendedor."

Verifica-se assim que, anto do ponto de vista do enquadramento em si, quanto do ponto de vista da distinção entre as categorias legais, essa questão nunca foi estanque ou claramente definida dentro do modelo italiano.

Não obstante, antes do Decreto n. 81/2015, a contratação coletiva fazia a distinção, dentro do modo de enquadramento escolhido, para cada nível indicado, pautando-se apenas pelo nível retributivo de cada um. Isto porque qualquer movimentação do trabalhador exigia o requisito da equivalência profissional.

Por exemplo, na área da saúde, era possível encontrarmos negociações coletivas que traziam, no mesmo nível, o motorista e o enfermeiro genérico. Até então vigorava apenas o requisito da equivalência na movimentação, entendido este como a possibilidade de alterar as funções do empregado desde que equivalentes àquelas que o mesmo exercia anteriormente. Assim, restava mantida ao trabalhador a possibilidade de seguir a carreira profissional escolhida, com vistas à perspectiva de crescimento profissional dentro de referida área. Tal princípio possui fundamento na própria dignidade do trabalhador, que tem na sua profissão seu maior patrimônio.

A nova legislação retirou o requisito da equivalência, outorgando ao empregador a possibilidade de movimentar o trabalhador independentemente da equivalência da função exercida para aquela à qual o mesmo é destinado. O fundamento da alteração legal estaria no argumento de que, em situações de reestruturação empresarial, deve ser buscada a manutenção do trabalhador na estrutura empresarial.

Observa a doutrina que o bem que a Lei hoje deseja tutelar não é mais a profissão do trabalhador, mas a posição que ele ocupa na empresa em razão da categoria de enquadramento à qual pertence. [5]

Assim, este giro da legislação trouxe uma série de questões atinentes ao limite e à forma de atuação do *jus variandi*, bem como às consequências para o trabalhador, questões que serão analisadas a seguir.

3. O ATUAL ART. 2.103 DO CÓDIGO CIVIL ITALIANO, MODIFICADO PELO DECRETO N. 81/2015 – ESTUDO ANALÍTICO.

O Decreto n. 81/2015, em seu art. 3º, modificou o art. 2.103 do Código Civil, com o objetivo de flexibilizar as hipóteses nas quais o empregador pode alterar um dos elementos fundamentais do contrato de trabalho subordinado, a saber: o conteúdo do trabalho a ser prestado pelo trabalhador, ou seja, mudar suas funções.

---

si segnala l'interessante sentenza della Cassazione n.3106/90, dove si affermò che "ai fini della distinzione tra la categoria operaia e quella impiegatizia (da effettuarsi anche alla stregua della specifica disciplina contrattuale applicabile al rapporto), non è decisivo il carattere intellettuale o manuale dell'attività lavorativa ma il grado di collaborazione del lavoratore con l'imprenditore, con la conseguenza che deve definirsi operaio chi esplica attività che ineriscono al processo produttivo e si mantengono nella sfera della semplice esecuzione e non implicano esercizio di discrezionalità o di poteri decisionali, senza che tale attività possa assumere carattere impiegatizio per il semplice fatto di non essere esclusivamente manuale o perché involga un qualche compito di vigilanza o di controllo su altri operai in ordine agli aspetti meramente esecutivi del lavoro; va, invece, definito impiegato colui che svolge un'opera inerente al processo organizzativo tecnico-amministrativo dell'impresa e riconducibile a quei compiti di organizzazione, promozione, direzione e vigilanza che sono concettualmente propri dell'imprenditore"."

(5) F. Liso, *Brevi osservazioni sulla revisione della disciplina delle mansioni contenuta nel decreto legislativo n. 81/2015 e su alcune recenti tendenze di politica legislativa in materia di rapporto di lavoro*, WP CSDLE "Massimo D'Antona", n. 257/15 – tradução livre.

Referido dispositivo legal[6], dividido em oito parágrafos, trata das regras que disciplinam a prestação de trabalho e traça parâmetros relativos ao exercício do trabalho contratado.

No primeiro parágrafo estabelece que o trabalhador deve ser submetido as funções as quais foi contratado ou àquelas correspondentes ao enquadramento superior que tenha sucessivamente adquirido ou às funções reconduzíveis ao mesmo nível e categoria legal de enquadramento das últimas efetivamente desenvolvidas.

A disposição legal anterior previa que as alterações das funções do empregado poderiam ser efetuadas, desde que observado o requisito da equivalência entre a função anteriormente desenvolvida e a nova função a ele atribuída. Assim, a primeira relevante alteração, relativa à segunda parte deste parágrafo, refere-se à retirada do termo equivalência como limite para a alteração das funções do trabalhador. Isto significa dizer que, como já indicado, pode o empregador alterar as funções que o empregado desenvolve, determinando que o mesmo passe a exercer outra função, coligada a outra profissão, sendo o atual limite apenas o da categoria legal de enquadramento (quadro, dirigente, operário ou empregado).

A primeira consequência desta alteração legal será a revisão dos contratos coletivos que, doravante, deverão encontrar uma solução adequada para que os futuros enquadramentos por categoria passem a observar as categorias legais de modo especifico (ao contrário do que tem ocorrido, como visto linhas atrás, com o enquadramento único), bem como a questão da profissionalização, que, até a modificação do art. 2.103 do Código Civil não possuía importância em termos de movimentação dos trabalhadores pelo empregador.

O segundo parágrafo, em grande inovação legal, permite que, em caso de modificação da organização empresarial que afete a posição funcional de determinado trabalhador, ele possa ser designado para função pertencente a nível de enquadramento inferior, mas sempre dentro da mesma categoria legal. Tal situação não era permitida antes do Decreto n. 81/2015, já que qualquer rebaixamento originava direito à indenização por parte do trabalhador e retorno à função anterior.

A alteração legal exige que, com a devida justificativa em razão da alteração da organização empresarial e observando-se os níveis de enquadramento estabelecidos pela negociação coletiva, desde que mantida a categoria (quadro, dirigente, operário ou empregado), pode o empregado ser reenquadrado em um nível inferior, e não mais que um nível, em relação àquele que o mesmo ocupava dentro das categorias legais. Por exemplo, um trabalhador enquadrado no nível 3, como enfermeiro, poderia ser reenquadrado no nível inferior 4, como atendente de portaria, desde que ambos enquadramentos pertencessem à mesma categoria legal (por exemplo, empregado).

Aqui é importante ressaltar o papel da jurisprudência que já havia consolidado a obrigação da *repêchage*, quando, por motivos organizativos (justificado motivo objetivo), o empregador precisasse efetuar a dispensa de trabalhadores. Por *repêchage* entenda-se a obrigação do empregador de comprovar a impossibilidade de aproveitar o trabalhador em outro posto de trabalho, nas situações nas quais a reorganização do local de trabalho atingisse determinado posto em es-

---

(6) *Codice Civile – ARTICOLO 2103 – Prestazione del lavoro (redazione dal Decreto 81/2015)*
Il lavoratore deve essere adibito alle mansioni per le quali è stato assunto o a quelle corrispondenti all'inquadramento superiore che abbia successivamente acquisito ovvero a mansioni riconducibili allo stesso livello e categoria legale di inquadramento delle ultime effettivamente svolte.
In caso di modifica degli assetti organizzativi aziendali che incide sulla posizione del lavoratore, lo stesso può essere assegnato a mansioni appartenenti al livello di inquadramento inferiore purché rientranti nella medesima categoria legale.
Il mutamento di mansioni è accompagnato, ove necessario, dall'assolvimento dell'obbligo formativo, il cui mancato adempimento non determina comunque la nullità dell'atto di assegnazione delle nuove mansioni.
Ulteriori ipotesi di assegnazione di mansioni appartenenti al livello di inquadramento inferiore, purché rientranti nella medesima categoria legale, possono essere previste dai contratti collettivi.
Nelle ipotesi di cui al secondo e al quarto comma, il mutamento di mansioni è comunicato per iscritto, a pena di nullità, e il lavoratore ha diritto alla conservazione del livello di inquadramento e del trattamento retributivo in godimento, fatta eccezione per gli elementi retributivi collegati a particolari modalità di svolgimento della precedente prestazione lavorativa.
Nelle sedi di cui all'articolo 2.113, quarto comma, o avanti alle commissioni di certificazione, possono essere stipulati accordi individuali di modifica delle mansioni, della categoria legale e del livello di inquadramento e della relativa retribuzione, nell'interesse del lavoratore alla conservazione dell'occupazione, all'acquisizione di una diversa professionalità o al miglioramento delle condizioni di vita. Il lavoratore può farsi assistere da un rappresentante dell'associazione sindacale cui aderisce o conferisce mandato o da un avvocato o da un consulente del lavoro.
Nel caso di assegnazione a mansioni superiori il lavoratore ha diritto al trattamento corrispondente all'attività svolta e l'assegnazione diviene definitiva, salvo diversa volontà del lavoratore, ove la medesima non abbia avuto luogo per ragioni sostitutive di altro lavoratore in servizio, dopo il periodo fissato dai contratti collettivi o, in mancanza, dopo sei mesi continuativi.
Il lavoratore non può essere trasferito da un'unità produttiva ad un'altra se non per comprovate ragioni tecniche, organizzative e produttive.
Salvo che ricorrano le condizioni di cui al secondo e al quarto comma e fermo quanto disposto al sesto comma, ogni patto contrario è nullo.

pecífico, causando sua extinção. Ainda que a legislação, nestes casos, permitisse a dispensa pelo chamado justificado motivo objetivo, a jurisprudência passou a exigir que o empregador produzisse prova cabal da impossibilidade de aproveitamento do trabalhador em outra função dentro da organização empresarial. Como a Lei anterior exigia a equivalência, tal limitava o deslocamento do trabalhador. Com o fim da equivalência, ampliam-se consideravelmente os efeitos da obrigação de *repêchage* e, ao mesmo tempo, abre-se ao trabalhador maior oportunidade, dentro de eventual impugnação em sede jurisdicional de sua dispensa, de comprovar a possibilidade de referida movimentação.

O terceiro parágrafo prevê a obrigação de conceder formação profissional sempre que a alteração de função exija, a fim de que o trabalhador possa ser devidamente qualificado para o exercício da nova profissão. No entanto, o mesmo dispositivo prevê que a falta desta formação não implica na nulidade do ato de designação para exercício das novas funções.

Isto significa dizer que o trabalhador não tem direito a retornar à função anteriormente desenvolvida pela falta de qualificação profissional outorgada pelo empregador. No entanto, uma das consequências possíveis seria a impugnação de dispensa do empregado por escarço rendimento (motivo disciplinar) quando, em juízo, restar provado que o trabalhador, elegido a função diversa da contratada, não tenha recebido a formação profissional para seu adequado exercício.

É importante frisar que esse dever de formação possui uma dupla direção: ao mesmo tempo que o empregador deve fornecer a formação profissional para a nova função, cabe ao empregado submeter-se à ela.

O quarto parágrafo reenvia à contratação coletiva a possibilidade de reenquadramentos diversos em níveis inferiores, mas com a limitação da categoria legal. Observa-se aqui uma das hipóteses outorgadas pelo legislador para que, via contratação coletiva, seja efetuada a derrogação legal, já que autoriza que a negociação coletiva permita o reenquadramento para além de um único nível inferior.

O quinto parágrafo prevê que, nas hipóteses do segundo e terceiro parágrafos, a mudança de enquadramento deve ser sempre comunicada por escrito, sob pena de nulidade. Prevê também que o trabalhador tem direito à conservação do nível de enquadramento e do tratamento retributivo em gozo, excetuando-se apenas os elementos coligados a particulares modalidades de desenvolvimento da precedente prestação laborativa. Neste caso, imagine-se um trabalhador que receba uma gratificação em razão do exercício da função de caixa que, com o reenquadramento, passa a desenvolver a função de vendedor. Nesta nova função, como não manuseia numerário, deixa de receber a gratificação específica do exercício da função anterior.

O § 6º, também em sede de grande inovação legal, permite a estipulação de acordos individuais de enquadramento, da categoria legal, do nível de enquadramento e da relativa retribuição, no interesse do trabalhador, que deseje manter seu posto de trabalho, adquirir uma nova profissão ou que vise a melhoria de suas condições de vida, desde que realizados perante o que o ordenamento jurídico italiano convencionou chamar de "*sede protetta*", ou, em tradução livre, sede protegida. O parágrafo faz remissão expressa ao art. 2113 do Código Civil, e, da sua leitura, chega-se aos seguintes organismos: Comissão Conciliação instituída junto à Direção Territorial de Trabalho (art. 410 CPC), em sede sindical (art. 411 CPC) ou em sede de Comissões de Certificação[7], (instituídas junto a Universidades, Fundações, autorizadas, comissões que atuam junto aos *Consulentes de Lavoro,* Entes bilaterais, etc) e inclusive em sede judicial. O trabalhador, nestes casos, pode fazer-se assistir por um advogado ou um *consulente del lavoro*[8].

GARGIULIO (2015) aponta para a jurisprudência anterior a alteração legal, no sentido de que ela já tratava da possibilidade da alteração funcional no interesse da manutenção do posto de trabalho, quando se tratava da possibilidade de dispensa por justificado motivo objetivo e como instrumento necessário para

---

(7) As Comissões de Certificação realizam, primordialmente, a certificação dos contratos de trabalho, ato que refere-se ao procedimento voluntário estabelecido pelo art. 75 do Decreto Legislativo n. 276 de 10.9.2003, com a finalidade de reduzir o contencioso em matéria de qualificação dos contratos de trabalho intermitentes, repartidos, a tempo parcial e a projeto, bem como contratos de associação em participação de que tratam os arts. 2.549 e 2.554 do Código Civil. Através deste procedimento, que deve ter curso perante as Comissões de Certificação que atuem junto a órgãos denominados "Direzioni provinciali del lavoro", "Province", Universidades, Ministério do Trabalho e Conselhos Provinciais dos Consulentes de Trabalho, as partes podem obter o reconhecimento de validade do contrato, e produz efeitos não apenas entre as partes, mas também perante terceiros (fisco, administração pública, ente previdenciário). O efeito dela é a nulidade de qualquer ato que pressuponha outra qualificação para o contrato, até decisão de mérito em processo judicial que possa invalidá-lo, que, contudo, apenas pode ser promovido em situações nas quais ocorra deformidade entre o programa negocial certificado e a sua atuação real. O art. 80, § 4º do mesmo Decreto, disciplina que qualquer ação judicial que vise discutir a certificação do contrato deve, previamente, recorrer à Comissão de Certificação que o certificou, para tentativa de conciliação obrigatória.

(8) Consulentes de trabalho (Consulente del lavoro) refere-se a uma categoria profissional regulamentada pela Lei n. 12/1979, e o profissional deve possuir conhecimentos gerais do tipo jurídico-administrativo e contábil, de modo particular em temas relacionados ao trabalho. Para maiores informações, é possível visitar o site institucional da categoria, a saber: <http://www.consulentidellavoro.it>.

manutenção do posto de trabalho. Segundo o mesmo, apenas a existência de uma iminente dispensa em razão das reestruturação produtiva é que justificaria o reenquadramento para nível inferior, ainda na nova formulação legislativa.

O parágrafo seguinte (sétimo) trata da designação do trabalhador para exercício de funções de nível superior à sua, prevendo o direito ao tratamento remuneratório equivalente à nova função. Prevê que referida designação torna-se definitiva, salvo diversa vontade do trabalhador, após seis meses seguidos, salvo se a designação tiver sido efetuada para substituição de trabalhador que conserve o direito a retornar ao seu posto originário. Traz a possibilidade de que este período de seis meses seja alterado através dos contratos coletivos. Eis aqui outra possibilidade de derrogação legal via contratação coletiva, que, no caso, pode prever período superior ou inferior ao previsto na legislação.

A necessidade de colheita do consenso do trabalhador refere-se ao fato de que o mesmo pode não ter interesse em assumir maiores responsabilidades que as originariamente assumidas quando de sua contratação.

O oitavo parágrafo estabelece que o trabalhador não pode ser transferido de uma unidade produtiva a outra caso não comprovadas razões técnicas, organizativas e produtivas. O dispositivo legal refere-se à transferência definitiva do local de trabalho.

O nono e último parágrafo indica, por fim, que, salvo a presença das condições estabelecidas no segundo e quarto parágrafos, todo pacto contrário é nulo.

Da leitura do dispositivo legal, observa-se que a nulidade, no caso do rebaixamento ocorre nas seguintes hipóteses: ausência de forma escrita; quando baseada em alteração da organização produtiva e esta não ocorre em realidade; quando o pacto individual previsto no paragrafo terceiro, não seja efetuado em *sede protetta*.

É importante observar que se o empregador procede à redução da remuneração, fora da hipótese do pacto individual por interesse do trabalhador, em *sede protetta*, previsto no § 3º, não existe a nulidade, mas resta apenas a possibilidade do trabalhador requerer as diferenças salariais em juízo e o ato em si permanece íntegro.

4. CONSIDERAÇÕES FINAIS

A adequação do direito aos fatos é, sem dúvidas, a única forma de movimentação possível e minimamente justa dentro de qualquer sociedade.

O importante, contudo, dentro desta movimentação, é encontrarmos o justo equilíbrio entre as necessidades dos trabalhadores e as exigências do capital, este cada vez mais desvinculado de qualquer noção de territorialidade ou nacionalidade. As sucessivas crises econômicas geraram uma onda de discussões e fizeram verter o eixo do direito do trabalho da proteção do trabalhador para a economia de mercado. CORAZZA e ROMEI (2014) pontuam que, no nascimento, o direito do trabalho não era considerado um instrumento para governança, mas para corrigir a economia de mercado e, acima de tudo, para opor-se a esta.

As alterações hodiernamente levadas a efeito, notadamente no modelo italiano, buscam resolver um profundo problema, ou seja, atender a economia de mercado para manutenção das empresas em solo italiano e com isso estancar o vertiginoso crescimento da desocupação laboral. A adequação contínua da legislação laboral tem se dirigido para iniciativas que buscam flexibilizar os contratos de trabalho, em todos os momentos contratuais (admissão, desenvolvimento e rescisão), demonstrando o legislador o claro objetivo de retomar o nível de ocupação que possa manter os trabalhadores no mercado de trabalho.

O presente estudo evidencia a tentativa de, com a flexibilização de um dos elementos centrais do contrato de trabalho, ou seja, a função exercida pelo empregado, tornar possível o remanejamento do trabalhador para outras funções dentro da empresa, independentemente da profissão que ele possui.

Vale o elogio à legislação que prevê a obrigação empresarial de outorgar a formação profissional adequada à nova função à qual foi alçada o trabalhador. Os limites e a forma pela qual tal formação será concedida devem ser objeto de negociação coletiva, até mesmo porque será preciso definir os moldes em que a mesma será realizada (duração, local, horário, se realizada dentro ou fora do horário de trabalho, como efetuar a certificação da aquisição da competência específica desejada para o desenvolvimento da nova profissão, dentre outros aspectos).

A questão da profissionalização do trabalhador ganha relevância no sentido de ser este o maior patrimônio que o mesmo possui e através do qual pode garantir sobrevivência digna para si e para sua família.

Outro aspecto que merece destaque, ainda que com a previsão do reenquadramento do trabalhador em nível inferior, quando comprovada a necessidade de fazê-lo em razão de alterações estruturais da empresa que incidam sobre determinado posto de trabalho, foi o alargamento da obrigação de *repêchage*, já que, com a extinção do requisito da equivalência profissional, o trabalhador tem o direito de ser recolocado em qualquer função dentro da empresa, desde que na mesma categoria legal à qual está enquadrado. Tal garante ao trabalhador a permanência no mercado de trabalho, dentro da estrutura empresarial na qual o mesmo já se encontra trabalhando.

Não é possível, no momento atual, em razão desta reforma, ainda muito recente, apontar para seus efeitos práticos, nem indicar qual será, doravante, o posicionamento da jurisprudência.

No entanto, é possível vislumbrar que caberá importante papel às entidades sindicais, notadamente quanto às novas formas de previsão, dentro das contratações coletivas, das categorias legais e dos níveis de classificação das funções atribuíveis aos trabalhadores dentro de cada setor. Este sim, certamente, será o maior desafio a ser vencido e que deverá, num futuro muito próximo, balizar a atuação dos empregadores no exercício do *jus variandi* no tema do reenquadramento profissional dos trabalhadores.

6. BIBLIOGRAFIA

CORAZZA, Luisa; ROMEI, Roberto. *Diritto del lavoro in trasformazione.* Societá Editrice Mulino. Bologna/Italia. 2014.

GARGIULO, Umberto. *Lo jus variandi del "nuovo"articolo 2103 cod. civ.* Disponível em: <http://csdle.lex.unict.it/Archive/WP/WP%20CSDLE%20M%20DANTONA/WP%20CSDLE%20M%20DANTONA-IT/20150930-084343_gargiulo_n268-2015itpdf.pdf>. n. 268/2015. Acesso em: out. 2016.

LISO, Franco. *Brevi osservazioni sulla revisione della disciplina delle mansioni contenuta nel decreto legislativo n. 81/2015 e su alcune recenti tendenze di politica legislativa in materia di rapporto di lavoro*, WP CSDLE "Massimo D'Antona", n. 257/2015.

VANONNI, Luca. *Potere di variazione unilaterale dele mansioni e il nuovo art. 2103.* Disponível em: <http://www.eclavoro.it/potere-di-variazione-unilaterale-delle-mansioni-e-il-nuovo-art-2103/>. Acesso em: out. 2016.

Il sistema previdenziale Italiano: in particolare i rapporti tra primo e secondo pilastro

Fabio Petrucci[*]

1. LE ORIGINI DELLA PREVIDENZA

Come ogni altra forma di tutela, anche la previdenza ha una sua origine specifica, ma in realtà la sua nascita avviene in maniera spontanea come fattispecie della naturale solidarietà tra simili, ancor prima di essere identificata come disciplina autonoma ed essere regolata tramite apposite leggi.

La previdenza, infatti, si rifà al concetto di "sicurezza sociale" come diritto spettante ad ogni individuo appartenente ad una comunità; solo nel tempo verrà organizzata e concertata da una figura *super partes* quale lo Stato, il cui compito è proprio quello di garantire il rispetto della dignità della persona ed in particolare della sua "libertà dal bisogno".

Attualmente il sistema previdenziale italiano è fondato su due pilastri: il primo c.d. di base ed obbligatorio, il secondo complementare e ad adesione libera.

La libertà dal bisogno trova fondamento nel principio di uguaglianza nella sua accezione sostanziale: come principio teso a parificare i cittadini davanti alla legge tramite la rimozione degli ostacoli di ordine economico e sociale, non limitandosi a rimedi compensatori rivolti ai soggetti più deboli.

Il "rapporto giuridico fondamentale" si qualifica come "quel rapporto che ha come contenuto l'obbligazione dell'ente previdenziale all'erogazione delle prestazioni, da un lato, e dall'altro il correlato diritto del beneficiario; e che si costituisce (realizzatosi l'evento considerato dalla legge) a seguito del provvedimento amministrativo di ammissione del soggetto protetto al godimento delle prestazioni previdenziali suddette"[1].

Quindi, l'interesse sostenuto tramite l'imposizione di obbligazioni non coincide con quello dei soggetti obbligati e, di conseguenza, non si può parlare di "corrispettività" delle obbligazioni.

Secondo tale ottica viene, pertanto, esclusa la possibilità di un'interdipendenza tra l'obbligazione contributiva ed il diritto delle prestazioni, propria invece della concezione assicurativa pura.

È proprio l'automaticità della prestazione che ne deriva (che le prestazioni previdenziali siano dovute anche quando il datore di lavoro non abbia effettivamente versato i contributi maturati), che rende obbligatoria ed indisponibile la tutela assicurativa in ambito previdenziale e ne conferma la sua rilevanza pubblica.

---

[*] Professor adjunto da Universidade Luiss de Roma, Advogado, Doutro pela Universidade Tor Vergata, em Roma. Especialista em Direito do Trabalho e Segurança Social na Universidade Sapienzade Roma.
[1] Cinelli, M. *Diritto della previdenza sociale*. Torino: G. Giappichelli Editore, 2012. p. 17 e ss.

2. L'ESIGENZA DEL SECONDO PILASTRO

La funzione previdenziale affidata alle strutture pubbliche trova un limite nelle risorse disponibili: quelle prestazioni che tendono a garantire i "mezzi adeguati alle esigenze di vita", come recita l'art. 38 della Costituzione, alla luce della scarsità di risorse saranno in grado di coprire bisogni sempre più essenziali.

E' nata così l'esigenza di tutelare un interesse privato dei lavoratori a più elevati livelli di protezione, ovvero di garantirsi il tenore di vita proprio della fase attiva, anche dopo il pensionamento.

Come affermato da autorevole dottrina[2], questo era avvenuto in un primo tempo tramite i regimi previdenziali integrativi ad opera dell'autonomia collettiva che provvedevano all'erogazione di prestazioni previdenziali talora integrative rispetto a quelle dei regimi pubblici o addirittura sostitutive nei casi in cui non fosse maturato alcun diritto alla pensione.

In un secondo momento, invece, i lavoratori cominciano a provvedere autonomamente a forme previdenziali integrative esercitando il loro diritto di libertà e rivolgendosi pertanto all'assistenza privata e alla mutualità volontaria.

Il livello di tutela complessivo che lo Stato è tenuto a garantire per vincolo costituzionale dunque è dato dall'integrazione e dall'interrelazione degli strumenti obbligatori con quelli volontari, in un sistema a "struttura binaria[3]", che vede l'ingresso della previdenza complementare, di matrice privatistica, accanto alla previdenza obbligatoria.

Si scorge, dunque, affianco alla previdenza di tipo istituzionale, una forma complementare collettiva, costituita dai fondi negoziali, oppure di tipo individuale, fondi pensione aperti o piani pensionistici individuali (pip) di matrice assicurativa.

C'è chi ha affermato che il carattere della complementarietà rispetto alla previdenza pubblica si abbini alle prestazioni ma non alle funzioni di tali regimi, in quanto realizzano interessi esclusivamente privati in contrasto con l'idea di sicurezza sociale.

Nonostante quest'ultima osservazione, si può affermare, però, che le due diramazioni del sistema previdenziale si possano ricondurre ad un unico filone, in quanto accumunate dal medesimo fine ultimo: assicurare più elevati livelli di copertura previdenziale.

3. IL REGIME DELLE PRESTAZIONI NEL SISTEMA COMPLEMENTARE

La disciplina delle prestazioni rappresenta l'architrave del rapporto giuridico previdenziale tra l'iscritto e la forma pensionistica complementare ed offre fondamentali indicazioni sulla collocazione della previdenza complementare in rapporto alla previdenza di base.

Ma la disciplina delle prestazioni determina anche <<che cosa>> e <<quanto>> le forme pensionistiche possono offrire agli iscritti, incidendo sulla desiderabilità della previdenza complementare da parte del pubblico dei destinatari e, quindi, influenzando in modo cruciale la scelta relativa all'adesione.

Nell'assetto del D.Lgs. n. 124/1993, frutto di interventi normativi stratificatesi nel tempo, si poteva registrare una distinzione tra il regime delle prestazioni dei fondi pensione (negoziali ed aperti) e delle forme pensionistiche individuali (attuate mediante l'adesione ai fondi pensione aperti o mediante contratti di assicurazione sulla vita)[4].

Le prestazioni erogate dai fondi pensione negoziali ed aperti erano, infatti, disciplinate dall'art. 7 del D.Lgs. n. 124/1993[5].

Le forme pensionistiche individuali erano, invece, assoggettate ad una autonoma disciplina delle prestazioni, solo in parte coincidente con quella dell'art. 7[6].

Nel D.Lgs. n. 252/2005, invece, la scelta di sistema di equiparare le forme pensionistiche si è tradotta anche nella tendenziale unificazione, salve alcune limitate eccezioni, del regime delle prestazioni; contribuendo, dunque, ad equiparare pienamente le forme pensionistiche complementari.

---

(2) Cinelli, M. *Diritto della previdenza sociale*. Torino: G. Giappichelli Editore, 2012. p. 353-385.
(3) Cinelli, M. *Ibidem*. p. 20.
(4) Si fa riferimento al testo del D.Lgs n. 124/1993 risultante dalle modifiche introdotte dal D.Lgs. 18 febbraio 2000, n. 47 ("Riforma della disciplina fiscale della previdenza complementare, a norma dell'art. 3 della l. 13 maggio 1999, n. 133", pubblicato in G.U. n. 57 del 9 marzo 2000), che aveva introdotto nel sistema della previdenza complementare <<forme di risparmio individuali vincolate a finalità previdenziali>>, Tursi A., *La previdenza complementare nel sistema italiano di sicurezza sociale*, Milano, 2001, pag. 405 ss.
(5) All'art. 7 faceva infatti implicito rinvio l'art. 9 del D.Lgs. n. 124/1993, nel confermare anche per i fondi aperti <<l'applicazione delle norme del presente decreto legislativo in tema di finanziamento, prestazioni e trattamento tributario>>.
(6) Per le forme pensionistiche complementari attuate mediante adesione ai fondi pensione aperti, l'art. 9 *bis* del D.Lgs. n. 124/1993 delineava in modo autonomo il regime delle prestazioni, individuando i requisiti di accesso, prevedendo il divieto di anticipazioni e consentendo la liquidazione della prestazione pensionistica in forma di capitale. In materia, Deliberazione della COVIP n. 820 dell'11 ottobre 2000, <<Orientamenti in materia di regolamenti dei fondi pensione aperti: modifiche conseguenti all'introduzione delle forme pensionistiche individuali di cui al D.Lgs. 18 febbraio 2000, n. 47.

Il D.Lgs. n. 252/2005 non contiene una puntuale indicazione della tipologia di prestazioni erogabili e dei bisogni o esigenze degli aderenti che la previdenza complementare può soddisfare. Il citato decreto si limita, infatti, ad individuare il suo ambito di applicazione con generico riferimento alle forme pensionistiche che erogano <<trattamenti pensionistici complementari del sistema obbligatorio>>, per poi individuare i requisiti di accesso alle prestazioni per vecchiaia e anzianità e prevedere la stipulazione di convenzioni assicurative per le <<eventuali prestazioni per invalidità e premorienza>>.

Non si tratta di un'impostazione che suscita particolare sorpresa, poiché si pone in perfetta linea di continuità con le scelte già operate dalla disciplina previgente[7].

È, quindi, opportuno partire dai risultati raggiunti nell'interpretazione del D.Lgs. n. 124/1993 per verificare se essi forniscano indicazioni ancora valide nell'attuale assetto del sistema o se sia necessaria una nuova riflessione sul punto.

La dottrina non era giunta ad una conclusione univoca circa la tipologia delle prestazioni che, in relazione ai diversi eventi, potevano essere garantite dal fondo pensione. Gli autori più attenti avevano anzitutto rilevato che solo le prestazioni previste a fronte di vecchiaia, anzianità o cessazione dell'attività di lavoro[8] erano da ritenersi essenziali alla nozione di forma pensionistica complementare: in altre parole, solo le forme pensionistiche che erogassero queste tipologie di prestazioni sarebbero entrate nell'ambito di applicazione del decreto, mentre ne sarebbero state escluse quelle forme di previdenza privata che garantissero prestazioni diverse[9].

Secondo questa ricostruzione, era quindi preclusa ai fondi pensione l'erogazione di altre prestazioni previdenziali (ad esempio connesse a malattia o infortunio) o assistenziali (ad esempio a tutela della salute), che pure rientravano nella garanzia di libertà di cui all'art. 38, comma 5º della Costituzione[10].

Altri autori proponevano, invece, una lettura che valorizzava tali spazi di libertà, da riconoscere alle forme pensionistiche complementari al di fuori dei vincoli esplicitamente imposti dalla normativa ed ammettevano, quindi, tipologie di prestazioni previdenziali anche diverse ed ulteriori da quelle menzionate nel D.Lgs. n. 124/1993, purchè finalizzate a tutelare quei bisogni (appunto previdenziali), individuati dal sistema di base[11].

Si collocava, infine, una posizione che si potrebbe definire mediana, che riteneva che il D.Lgs. n. 124/1993 non avesse tipizzato gli eventi protetti dalla previdenza complementare: essi restavano, dunque, tutti quelli tutelati dal sistema di base a condizione che le prestazioni erogate consistessero in una pensione e non in altre utilità[12].

La COVIP (la Commissione istituita con il compito di vigilare sul sistema del secondo pilastro) sembrava aver seguito, almeno implicitamente, la tesi del numero chiuso delle prestazioni erogabili: le fonti istitutive dei fondi negoziali ed aperti dovevano infatti indicare la tipologia di prestazioni offerte, nell'ambito però dei soli trattamenti pensionistici per vecchiaia e anzianità e potevano, al più, prevedere l'erogazione di <<prestazioni accessorie>> per invalidità e premorienza attraverso la stipulazione di convenzioni assicurative[13].

La COVIP non aveva invece fornito specifiche indicazioni o limiti per le forme pensionistiche complementari attuate tramite i contratti di assicurazione sulla vita di cui all'art. 9 *ter* del D.Lgs. n. 124/1993.

---

(7) Anche il legislatore delegato del 1993 si era infatti limitato, nell'individuare l'ambito di applicazione del decreto, a riferirsi alle forme pensionistiche che rogassero <<trattamenti pensionistici complementari del sistema obbligatorio>> (art. 1), ed a definire poi solo le condizioni per l'accesso alle prestazioni per vecchiaia e anzianità (art.7) o, per i soli fondi c.d. preesistenti, per la cessazione del lavoro in presenza di determinate anzianità di servizio o di iscrizione (art. 18). Con una disposizione <<nascosta>> nell'articolo dedicato alla gestione delle risorse, ed introdotta dall'art. 3 della l. 8 agosto 1995, n. 335, il decreto menzionava poi le <<eventuali prestazioni per invalidità e premorienza>>, da erogare attraverso la stipulazione di convenzioni con imprese assicuratrici (art. 6, comma 3º).
(8) Agli artt. 7 e 18 del d.lgs. n. 124/1993.
(9) *Tursi A., La previdenza complementare nel sistema italiano*, pag. 47 ss. Secondo l'autore, tale conclusione non risulta smentita dalla possibilità per i fondi pensione di erogare prestazioni per invalidità e premorienza, che non si rivelavano idonee, per la loro mera eventualità e per la collocazione della norma che le aveva introdotte, a caratterizzare la fattispecie <<forma pensionistica complementare>>. In questo senso si era già espresso *Sandulli P., Il decreto legislativo n. 124/1993 nel sistema pensionistico riformato*, in *Dir. prat. lav.*, 1993, inserto n. 35, pag. 1 ss.
(10) CIOCCA G. *La libertà della previdenza privata*. Milano, 1998. p. 216 ss.
(11) BESSONE M. *Previdenza complementare*. Torino, 2000. p. 95-96; Sandulli P., voce *Previdenza complementare*. In: Digesto IV ed., Disc. priv., Sez. comm., XI, Torino, p. 251-252, 1995.
(12) *Cinelli*, cit. p. 196, che con tale argomento esclude ad esempio la possibilità per i fondi pensione di erogare un trattamento di disoccupazione.
(13) *Covip, Delibera del 18 giugno 1997 sugli <<Orientamenti statutari per i fondi negoziali>> e la Delibera del 16 settembre 1997 recante gli <<Orientamenti in materia regolamentare per i fondi aperti>>*. In entrambe le delibere la norma sulle prestazioni prescrive di indicare <<la tipologia delle prestazioni previste – pensione complementare di vecchiaia e pensione complementare di anzianità – e i requisiti per il loro conseguimento nel rispetto di quanto previsto dall'art. 7 del d.lgs 124/1993.

Rispetto a tale panorama, il D.Lgs. n. 252/2005 non ha introdotto specifiche innovazioni: come si è visto, la nuova disciplina ripropone l'assenza di un elenco degli eventi protetti e delle relative prestazioni erogabili.

Né, del resto, è possibile individuare principi o direttive sul tema nella legge delega n. 243/04. Sarebbe, quindi, coerente con quella linea di continuità interpretativa, che si ritiene preferibile in assenza di specifici interventi riformatori, concludere che anche oggi le forme pensionistiche complementari possano offrire solo determinate tipologie di prestazioni, quelle essenziali di vecchiaia e anzianità e quelle accessorie di invalidità e premorienza.

È però la stessa COVIP a mettere in dubbio questa conclusione nella recente delibera di indirizzo contenente gli schemi di statuto e regolamento delle forme pensionistiche: sembra infatti che, ferma l'essenzialità delle prestazioni per vecchiaia e anzianità, solo i fondi pensione negoziali siano vincolati all'erogazione di eventuali prestazioni <<accessorie>> nelle sole ipotesi di invalidità e premorienza[14]. I fondi pensione aperti e le forme pensionistiche individuali attuate mediante contratti di assicurazione non sembrerebbero invece incontrare limiti circa la tipologia di prestazioni <<accessorie>> che sono legittimati ad offrire[15].

Le indicazioni per le forme pensionistiche complementari attuate mediante contratti di assicurazione sembrano ancora più permissive: l'art. 14 dello Schema di Regolamento lascia, infatti, piena libertà nell'indicare le prestazioni assicurative che il contratto propone come coperture accessorie, evidenziando chiaramente se l'adesione è obbligatoria o facoltativa e rinvia alle condizioni generali di contratto.

Non si può, inoltre, trascurare che la direttiva comunitaria sugli enti pensionistici aziendali o professionali[16] contiene un'elencazione delle prestazioni erogabili che, pure incentrata sui trattamenti correlati al <<raggiungimento del pensionamento>>, si estende anche alla protezione di altri bisogni previdenziali[17].

Nonostante in sede di attuazione della direttiva il legislatore italiano non sia intervenuto sul regime delle prestazioni[18], c'è da chiedersi se le indicazioni dell'ordinamento comunitario non possano comunque suggerire un'interpretazione del D.Lgs. n. 252/2005 che, raccogliendo i suggerimenti degli interpreti e della stessa autorità di vigilanza, dia spazio alla possibilità per tutte le forme pensionistiche complementari di erogare prestazioni ulteriori a quelle menzionate negli artt. 6 e 11.

In questo contesto, se l'orientamento apparentemente permissivo della COVIP a favore dei soli fondi aperti e delle forme pensionistiche attuate con contratto di assicurazione dovesse trovare conferma nella prassi applicativa, ci si dovrebbe infatti porre il problema della sua conformità con la volontà della legge delega di assicurare <<regole comuni>> per tutti gli operatori del sistema.

L'individuazione degli eventi che possono essere protetti attraverso le prestazioni complementari potrebbe peraltro rappresentare, è opportuno evidenziarlo, un problema di limitato impatto pratico sulla situazione esistente: i dati raccolti sembrano infatti indicare che, complice la scarsità di risorse a disposizione, i fondi pensione oggi operanti hanno scelto di concentrare la propria attività prevalentemente sulla garanzia di prestazioni collegate alla vecchiaia e all'anzianità[19].

Non è però escluso che vi potrà essere un maggiore interesse per l'offerta di ulteriori prestazioni una volta che, anche in esito alla riforma delle modalità di finanziamento con il conferimento tacito del trattamento di fine rapporto, le forme pensionistiche si trovassero a disporre di risorse sufficienti per diversificare la copertura senza pregiudicare il livello dei trattamenti offerti per vecchiaia e anzianità.

---

(14) Art. 13 bis dello schema di statuto per i fondi pensione negoziali allegato alla delibera COVIP del 31 ottobre 2006, ove si prevede che l'adesione alle prestazioni accessorie per invalidità e premorienza sia facoltativa o, in alternativa, automaticamente conseguente all'iscrizione al fondo, secondo le modalità previste dalle fonti istitutive.

(15) L'art. 15 bis dello Schema di Regolamento per i fondi pensione aperti, che sembra lasciare alla scelta del gestore l'individuazione della tipologia di prestazioni assicurative accessorie (<<il Fondo prevede inoltre le seguenti prestazioni…>>, <<le condizioni delle suddette prestazioni sono indicate nell'allegato n. 4 al presente decreto>>), ferma restando la necessità che l'adesione sia facoltativa, ossia da esprimere all'atto dell'iscrizione al fondo o successivamente con l'apposito modulo.

(16) Dir. 2003/41/CE del Parlamento europeo e del Consiglio del 3 giugno 2003 relativa alle attività e alla supervisione degli enti pensionistici aziendali o professionali, in *G.U.U.E.* del 23 settembre 2003.

(17) Si tratta delle prestazioni, fornite su base accessoria a quelle inerenti al pensionamento, erogate <<sotto forma di pagamenti in caso di morte, invalidità o cessazione del rapporto di lavoro, nonché le prestazioni erogate sotto forma di sostegni finanziari o servizi in caso di malattia, stato di bisogno o morte>> (art.6, comma 2°, lett. *d*). L'art. 9 prevede poi la possibilità che, con l'accordo delle parti sociali, sia offerta all'aderente l'opzione di <<copertura del rischio di longevità e di invalidità professionale, le disposizioni circa la reversibilità e la garanzia di rimborso dei contributi, quali prestazioni supplementari. Commento di *Loi P., La direttiva sulle attività e sulla supervisione degli enti pensionistici aziendali o professionali*, in *Prev. ass. pubbl. priv.*, 2004, pag. 55 s. ed in particolare pag. 71-72.

(18) D.lgs. 6 febbraio 2007, n. 28, pubblicato in G.U. n. 70 del 24 marzo 2007.

(19) Relazione per l'anno 2005 elaborata dalla COVIP.

4. REFERÊNCIAS BIBLIOGRÁFICAS

BESSONE, Mario. *Previdenza complementare*. Torino, 2000. p. 95-96.

BONARDI, Olivia. *Parità di trattamento in materia di occupazione e impiego*: la nuova disciplina comunitaria. In: *Note informatiche*, 2006, n. 37.

BUGIOLACCHI, Leonardo. *Previdenza e finanza del ramo vita. Prospettive e limiti alla soluzione delle sezioni unite in tema di fallimento del contraente*. In: *Responsabilità civile e previdenza*, 2008. p. 1280 ss.

CINELLI, Maurizio. *Diritto della previdenza sociale*. Giappichelli, Torino, 2012.

CIOCCA, Giuliana. *La libertà della previdenza privata*. Milano, 1998. p. 216.

GAMBINO, Agostino. *Mercato finanziario, attività assicurativa e risparmio previdenziale*. In: *Giurisprudenza Commerciale*, 1989, I.

GENTILI, Aurelio. *Il riscatto della posizione individuale nel caso di premorienza dell'aderente al fondo*. In: *Osservatorio giuridico Mefop*, n. 16.

LOI, Piera. *La direttiva sulle attività e sulla supervisione degli enti pensionistici aziendali o professionali*. In: *Previdenza e assistenza pubblica e privata*, 2004.

MARTINA, Giuliana. *I prodotti previdenziali di terzo pilastro alla prova della crisi*. In: *Responsabilità civile e previdenza*, 2009.

MASTANTUONO, Damiana. *La partecipazione dei pensionati ai Fondi pensione*. In: *Osservatorio giuridico Mefop*, n. 7.

MISCIONE, Michele. *Le prestazioni degli enti bilaterali quale onere per sgravi e fiscalizzazione*. In: *Diritto e pratica del lavoro*, 1997. p. 2577.

NANNI, *I contratti di assicurazione previdenziali*. In: *Diritto ed economia dell'assicurazione*, 2006.

PANDOLFO, Angelo. *Una prima interpretazione della nuova legge in tema di pensioni complementari, con qualche utile indicazione per il legislatore delegato*. In: *Previdenza e assistenza pubblica e privata*, 2004, cap. III.

PANDOLFO, Angelo. *Prime osservazioni sulla nuova legge sulla previdenza complementare*. In: *Previdenza e assistenza pubblica e privata*, 2005, I.

PANDOLFO, Angelo. *La nuova cornice legislativa della previdenza complementare*. In: *Diritto e pratica del lavoro*, 1993.

SANDULLI, Pasquale. *Il decreto legislativo n. 124/1993 nel sistema pensionistico riformato*. In: *Diritto e pratica del lavoro*, 1993, n. 35.

SANDULLI, Pasquale. *Designazione del beneficiario e premorienza*. In: *Osservatorio giuridico Mefop*, n. 14.

SANDULLI, Pasquale. voce *Previdenza complementare*. In: *Digesto IV ed., Disc. priv., Sez. comm., XI*, Torino, 1995. p. 251-252.

SQUEGLIA, Michele. *La figura del responsabile del fondo pensione aperto quale interprete di interdisciplinarietà*. In: *Diritto&Diritti*.

TURSI, Armando. *La previdenza complementare nel sistema italiano di sicurezza sociale. Fattispecie e disciplina giuridica*. Milano, Giuffrè, 2001.

TURSI, Armando. *La terza riforma della previdenza complementare*. In: *Le nuove leggi civili commentate*, III-IV, 2007.

As Lições da Comissão de Garantia do Direito Italiano ao Direito Brasileiro

Ilmar da S. Moreira[*]
Marcelo Ivan Melek[**]

1. INTRODUÇÃO

Tem-se como objeto do presente estudo, a Comissão de Garantia, instituto previsto no direito Italiano, o qual avalia a idoneidade dos acordos coletivos e dos códigos de regulamentação dos trabalhadores autônomos quanto ao conteúdo das cláusulas limitativas de greve no serviço público essencial. Como atribuição, a referida Comissão deve formular proposições às partes, como forma de solução do conflito, no caso de avaliação negativa da questão.

O estudo justifica-se pela necessidade de conhecer e discutir a limitação heterônoma do exercício do direito de greve do trabalhador nos serviços públicos essenciais, o que não significa tornar a situação menos complexa ou definitiva, inclusive com vistas ao respeito absoluto às normas constitucionais. No Brasil, diferentemente da Itália, a questão da greve em atividades essenciais é resolvida, em regra, pelos Tribunais Regionais do Trabalho, tendo por fundamento a Lei n. 7.783/1989.

Com o objetivo de compreender e discutir o instituto da Comissão de Garantia, pretende-se analisar se o referido instituto poderia ou deveria ser adotado no Brasil, como forma de melhor regulamentar as questões relativas ao direito fundamental da greve especialmente nos serviços públicos essenciais.

Para tanto, o artigo foi dividido basicamente em três partes, a saber: a primeira onde se traça de forma panorâmica e geral os contratos coletivos no direito italiano; a segunda aborda exatamente a comissão de garantia prevista no ordenamento italiano, com sua composição e atribuições; e a regulamentação brasileira sobre o direito de greve no plano constitucional e infraconstitucional, bem como discute o papel do Ministério Público do Trabalho.

2. BREVES CONSIDERAÇÕES ACERCA DOS CONTRATOS COLETIVOS DE TRABALHO NO DIREITO ITALIANO

Antes mesmo de adentrar ao objeto do presente estudo, é imperioso tecer, ainda que de forma breve e geral, algumas premissas essenciais da definição dos contratos coletivos de trabalho no direito italiano.

A Lei n. 563, de 3 de abril de 1926, e seu respectivo Regulamento de Execução n. 1.130, de 1º de julho de 1926, instituíram o ordenamento corpora-

---

(*) Bacharel em Direito. Engenheiro Eletricista especialista em Administração de Empresas e em gestão de concessionárias de Energia Elétrica.
(**) Doutor em Direito do Trabalho. Mestre em Educação. Especialista em Direito do Trabalho e Processo do Trabalho. Professor pesquisador da Universidade Positivo nas disciplinas de Direito do Trabalho e Processual do Trabalho. Membro do núcleo docente estruturante. Professor de Pós-Graduação da Universidade Positivo, PUC PR, IEL, ABDconst, dentre outras. Advogado. Bacharel em Administração de Empresas.

tivo na Itália, conforme registra Magalhães (2006, p. 34). Com base em tal legislação, previa-se o reconhecimento legal de uma única associação para cada categoria de empregadores, trabalhadores, artistas e profissionais em geral.

O art. 54 do Decreto n. 1.130, de 1º de julho de 1926, assim dispõe:

> Os contratos de trabalho estipulados pelos empregadores individualmente considerados e trabalhadores sujeitos ao contrato coletivo, devem uniformizar-se com as normas estabelecidas por este. As cláusulas destoantes dos contratos de trabalho individuais, preexistentes ou sucessivos ao contrato coletivo são substituídas de pleno direito por aquelas do contrato coletivo, salvo no caso de serem mais favoráveis aos trabalhadores.

A relação entre lei e contratação coletiva baseia-se em uma simples combinação entre as duas fontes, norteada por dois axiomas: a norma legal fixa o parâmetro mínimo de tratamento, enquanto a contratação coletiva intervém acerca de matérias específicas elevando ainda mais as garantias já preceituadas em lei.

Frisa-se que a norma legal, dada sua função de fixar um tratamento mínimo, é absolutamente inderrogável: a contratação pode ir além, nunca aquém do dispositivo legal. Desta forma, na relação lei *versus* contratação aplica-se à relação hierárquica entre disciplina legal e autonomia privada, prescrita no art. 1.322 do Código Civil italiano. (MAGALHÃES, 2006).

Assim sendo, a autonomia contratual desenvolve-se no âmbito dos ditames da lei e fora dos tipos contratuais enquanto seja objetivada a realizar interesses ensejadores de tutela, segundo o ordenamento jurídico vigente.

3. A COMISSÃO DE GARANTIA NO DIREITO ITALIANO

A criação da Comissão de Garantia no direito italiano foi uma inovação fundamental no plano de reforma realizado com a promulgação da Lei n. 146/1990, porque representa um dos pilares sobre o qual está baseado o sistema de controle do direito de greve descrito pelo legislador italiano.

Neste sentido, a Comissão nasceu institucionalmente responsável para assegurar a correta aplicação da Lei n. 146/1990, com funções posteriormente alteradas pela Lei n. 83/2000, que incorporou as orientações interpretativas fornecidas pela própria Comissão, no período anterior, reforçando seus poderes.

A autoridade é primeiramente chamada para fazer um juízo sobre a adequação das regras criadas pelas partes para o exercício da greve no serviço público essencial nas suas respectivas áreas de atuação, a fim de assegurar a idoneidade das prestações indispensáveis, dos procedimentos de prevenção e conciliação, a fim de garantir o equilíbrio entre o exercício de greve e o gozo dos direitos da pessoa, constitucionalmente assegurados. Caso tais regras não sejam suficientes para garantir tal equilíbrio, pode a Comissão de Garantia, após instar as partes a solucionar o problema, formular um regulamento provisório para a greve, que vige até que as partes solucionem tal impasse.

A Comissão de Garantia é composta por nove membros nomeados pelos presidentes da Câmara dos Deputados e do Senado entre especialistas em direito constitucional, direito do trabalho e relações industriais e nomeados pelo Presidente da República.

Vale dizer, que a Comissão de Garantia é um órgão independente e de natureza administrativa, em razão da sua função em solucionar conflitos de forma imparcial. É, ainda, o órgão responsável pela valoração da legitimidade da greve proclamada, bem como pelo exame das disposições dos contratos coletivos que regulamentam a greve nos serviços públicos essenciais (se a valoração for positiva, o contrato coletivo adquire eficácia geral, vinculando todos os envolvidos na prestação de tais serviços); além da aplicação de sanções no caso de violação da lei por alguma das partes do conflito (art. 4º da Lei n. 146/1990); pela interpretação da lei; possui poderes para intervir nos conflitos (art. 13 da Lei n. 146/1990) e para elaborar regulamentações provisórias no caso da ausência de regulamentação do contrato coletivo no tocante à greve nos serviços públicos essenciais ou se tais disposições foram consideradas não idôneas. (SANTOS; PEREIRA, 2017).

A principal tarefa da comissão em garantia é a de avaliar a idoneidade dos acordos coletivos e dos códigos de regulamentação dos trabalhadores autônomos quanto ao conteúdo das cláusulas limitativas de greve no serviço público essencial. Em caso de avaliação negativa, a Comissão deve formular proposta às partes. Não havendo aceitação da proposta, a Comissão emana deliberações próprias a respeito das regras de exercício da greve, aptas a realizar a almejada harmonia entre os direitos constitucionais. Tais deliberações são sempre provisórias porque podem a qualquer momento ser revogadas por acordo entre os litigantes, desde que chancelada sua idoneidade pela própria Comissão, a qual deve antes ouvir o parecer das associações de consumidores operantes no plano nacional ou local, conforme seja o nível da greve (art. 13, § 1º, *a*)

E ainda em particular, a Comissão:

a) Pode emitir, a pedido das partes interessadas, uma decisão sobre o mérito da controvérsia relativa à interpretação ou aplicação questões do conteúdo dos acordos ou códigos de regulamentação (Art. 13, b... da Lei);

b) Pode convidar e adiar a greve para outra data para permitir mais uma tentativa de mediar os conflitos de importância nacional;

c) Reformular a proclamação de greves, em caso de flagrante violação das regras relativas às fases que precedem a abstenção coletiva, ou onde existem greves simultâneas, consagrados por vários assuntos de trabalho, envolvendo a mesma área de captação;

Quanto ao sistema de sanções, a reforma de 2000, como é conhecida, atribuiu um papel central à Comissão de Garantia, ou seja, configurá-la como órgão com o poder de impor sanções, pelas quais poderá avaliar o comportamento das partes e em caso de avaliação negativa, aprovar a aplicação de sanções, mantendo com as outras partes (empregadores e departamentos territoriais do trabalho, antiga Direção provincial do trabalho) uma "tarefa executiva".

O valor mínimo da pena a ser aplicada aos sindicatos, por violação das disposições da Lei n. 146 de 1990, é fixado em Euros (entre 2.582 e 25.820), podendo ser redobrados em casos de reincidências.

A autoridade deve, antes de tudo, conclamar as partes a desistir dos comportamentos geradores de perigo. Não atendida e configurado o risco, estará legitimada a expedir as ordens de preceituação – ao menos 48 horas antes da paralisação – devidamente motivadas e limitadas no tempo. Sem a faculdade de impedir a greve, a autoridade pode dispor seu diferimento para outra data, unificando paralisações já proclamadas ou reduzindo a duração da abstenção (art. 8º, § 2º, sendo prevalente a corrente jurisprudencial que reputa ilegítima a ordem de adiamento de todas as greves programadas. cf. Tribunale Amministrativo Regionale Lazio, Sentença n. 1.110/2005)

Quanto às penalidades para executivos de departamentos governamentais e os representantes legais das empresas e organizações, a lei identifica novos casos em que sejam aplicáveis, através do aumento: se não for respeitada a disciplina de aliança ou provisória ou quando os usuários não foram informados corretamente, aplica-se uma multa administrativa de 2.582 Euros a 25.820 Euros, adotada por ordem da Direção Territorial do Trabalho.

Mesmo os trabalhadores individuais que se abstêm de trabalho, em contraste com as medidas identificadas para garantir os direitos dos consumidores e benefícios mínimos, estão sujeitos a sanções disciplinares proporcionais à gravidade da infração, excluindo medidas extintivas do relacionamento ou aqueles que envolvem mudanças permanentes do mesmo, impostas pelo empregador na sequência de uma avaliação da conduta das partes pela Comissão.

Nas mesmas penas estão também sujeitas as associações e organizações que representam os proprietários autônomos ou pequenas empresas, em conjunto com profissionais autônomos individuais. Os montantes das multas devem ser transferidos para o Instituto da Previdência Social, obrigatório em caso de gestão de seguros de demissão voluntária.

A Lei também alterou as disposições relativas à autoridade emissora, comumente chamado de liminar, levantando, entre outras coisas, as penalidades para os trabalhadores que não estejam em conformidade com a ordem; sanção semelhante afeta os proprietários de empresa individual e/ou de pequenos negócios, enquanto os seus sindicatos e associações estão sujeitos a uma sanção administrativa por cada dia de descumprimento com a portaria.

E é precisamente em razão do procedimento de injunção (Instituto reformado pela Lei de 2000), que a Comissão é chamada a exercer o seu objetivo "evitar prejuízo grave e iminente para os direitos constitucionalmente protegidos da pessoa que poderiam ter sido causados pela interrupção ou alteração do funcionamento dos serviços públicos essenciais", através do órgão de informação à autoridade competente de situações em risco de tal prejuízo.

A modalidade da greve declarada na proclamação deverá ser compatível com a garantia de continuidade de prestação dos serviços indispensáveis, os quais, como visto, são de antemão acertados entre as partes no âmbito dos contratos coletivos. Quanto a este aspecto, os contratos são dotados de eficácia geral, sujeitando também os trabalhadores não sindicalizados e os sindicatos aderentes não estipulantes, já que a obrigação de "contemperamento" entre o exercício do direito de greve e os direitos da pessoa constitucionalmente tutelados não deriva do acordo, mas do próprio sistema constitucional (GIUGNI, 2006, p. 48)

No entanto, na prática, é raro que esse poder tenha sido ligado, em vista da Comissão, de acordo com a intenção da legislatura, aceitar o modelo de persuasão moral, com base na persuasão e no reforço do diálogo entre parceiros sociais, em vez de elencar a necessidade de estimular comandos ou aplicação de sanções.

De particular interesse, finalmente, no lado duplo de ajuste e gestão de conflitos, eles configuram regras que tendem a satisfazer as necessidades de publicidade e de transparência da Comissão.

A autoridade na verdade, deve garantir formas adequadas e oportunas de publicidade das suas deliberações, particularmente no que diz respeito às resoluções do convite "a greve" e pode exigir a publicação no Jornal Oficial de comunicados de imprensa, contendo os acordos e regras de autorregulação da greve em regulamentos provisórios nacionalmente apropriadas ou possíveis, por ele aprovados.

As Administrações públicas e empresas que prestam serviços têm a obrigação de divulgar as deliberações da Comissão, bem como convenções coletivas ou acordos referidos a Lei e ainda publicar em um lugar acessível a todos.

Através dos relatórios anuais sobre as atividades da Comissão, apresentados alternadamente na Câmara e no Senado, a Comissão de fato oferece ao público uma ferramenta cognitiva não só em seu próprio caso, mas também de forma geral para o pensamento quanto à aplicação da Lei, e modificações subsequentes; permitindo, também, a consulta através da publicação também no site dessas empresas.

Importante frisar quer a Comissão, finalmente, transmite os atos e decisões de sua competência aos Presidentes das Câmaras e do Governo, que devem assegurar a distribuição através da mídia, dando a devida e necessária publicidade de seus feitos.

A Comissão é incumbida de poder de sanção em caso de descumprimento das regras por ela aprovadas ou dela proferidas, bem como a iniciativa de invocar a *"precettazione"* em caso de perigo grave e iminente à ordem e segurança públicas. Sua tarefa avaliativa somente incide sobre acordos definitivos, e não sobre meras propostas apresentadas unilateralmente por qualquer das partes. São uníssonas as deliberações da Comissão, se declarando incompetência para qualquer questão relativa à titularidade negocial dos sujeitos coletivos. (FONSECA 2007, p. 104)

Previamente à instituição das "comissões de garantia", ante a ausência de regulamentação heterônoma, não havia sanções aos sindicatos contra a violação do pactuados código de comportamento. Em relação ao trabalhador grevista, era possível eventual punição endoassociativa, restrita somente aos afiliados.

Vigoravam, por outro lado, as sanções relativas aos crimes previstos pelos arts. 330 e 333 do código penal italiano (abandono individual ou coletivo de um serviço público), expressamente revogados pelo art. 11, da Lei n. 146/1990.

Com a profunda intervenção advinda da já referida Lei n. 83/2000, atribuiu-se à Comissão de Garantia papel central na apuração das condutas irregulares e na imposição das penalidades. Instada por qualquer das partes, ou ainda de ofício, a Comissão – investida do poder de avaliar o comportamento das partes envolvidas no conflito sindical (art. 4º, § 4º e art. 13) – dá início ao procedimento administrativo próprio, notificando o acusado e instaurando o contraditório (através da Sentença n. 57, de 20.02.1995, a Corte Constitucional firmou a necessidade de observância do contraditório perante a comissão de garantia). Avaliado negativamente o comportamento, são determinadas as sanções e os prazos de cumprimento, tudo obviamente passível de impugnação perante as vias judiciais.

Com relação ao trabalhador que participa de uma greve ilegítima, ou que atua ao desbordo de uma proclamação legítima, podem ser cominadas sanções disciplinares, com exceção do despedimento (art. 4º, § 1º). Não se trata de sanção afeita ao poder disciplinar do empregador, o qual sequer pode avaliá-la ou renunciar sua aplicação, a tempo e modo determinados pela comissão, sob pena de também ele ser punido administrativa e pecuniariamente. (FONSECA, 2007)

4. O DIREITO DE GREVE NA LEGISLAÇÃO BRASILEIRA E AS ATIVIDADES ESSENCIAIS

A Constituição da República Federativa do Brasil de 1988 prevê o direito de greve em seu art. 9º, sendo considerado um direito fundamental do trabalhador. Assim, a norma constitucional em questão assegura o direito de greve, competindo aos trabalhadores decidir sobre a oportunidade de exercê-lo sobre os interesses que devam por meio dele defender. Ainda, determina o mandamento constitucional que a lei definirá os serviços ou atividades essenciais e disporá sobre os atendimentos das necessidades inadiáveis da comunidade. Prevê, ainda, que os abusos cometidos sujeitam os responsáveis às penas da Lei.

No plano infraconstitucional a Lei de Greve é prevista pelo ordenamento jurídico brasileiro na Lei n. 7.783/1989 que disciplina o exercício do direito de greve e estabelece, em seu art. 10, os serviços ou atividades essenciais.

A evolução histórica do direito de greve no Brasil relaciona-se estreitamente ao modelo de liberdade e de autonomia sindicais reinantes em nosso país: sempre permeado por preconceitos e decorrente do sistema atrasado e corporativista das relações de trabalho por aqui implementado desde o Brasil colônia. (FONSECA, 2007)

Nas concepções de Fonseca (2007), em que pese a comum latinidade, a tradição brasileira difere muito da italiana no que se refere aos conflitos trabalhistas. Já a partir da ausência de pluralismo sindical e da pouca credibilidade dos nossos sindicatos corporativos, debilita-se a noção de autonomia coletiva e, consequentemente, a hipótese de auto regulamentação.

[...] precettazione não tem por função avaliar ou sancionar uma greve eventualmente ilegítima, mas a de prevenir perigos graves e iminentes dela decorrentes, estando voltada para a tutela da saúde e segurança da população. Opera sobre um plano completamente autônomo e distinto em relação aos poderes da Comissão de Garantia, da qual, todavia, provém via de regra a iniciativa de assinalar à autoridade competente a possibilidade de greve com situação de perigo (art. 8º, § 1º, e art. 13). (VALLEBONA, 2007, p. 56)

O estabelecimento de organismos heterônomos, como as "comissões de garantia", conflita com o hábito de exclusiva e imediata submissão ao judiciário. As ordens impostas aos grevistas por meio de ato de autoridade (*precettazione*) serão sempre fonte de conflitos, como se pode inferir dos acontecimentos verificados na recente crise do controle aéreo.

> [...] este aspecto, muitos juristas italianos, dentre eles Maria Vittoria Ballestrero e Umberto Romagnoli, criticam o dispositivo que exige a indicação da duração da greve, pois tal indicação pode ser provisória, ou seja, tal norma não cumpre a finalidade de garantir a certeza da duração da greve, podendo frustrar expectativas do usuário e do empregador (VALLEBONA, 2007 p. 107).

Vilhena lembra (2011, p. 46) que:

> É importante destacar que para a maioria da população brasileira interessa ainda os serviços essenciais mais que o controle de voo, o fornecimento de serviços essenciais de saúde, segurança e instrução. A palavra 'essencial' surge, a primeira vez, na ordem jurídica brasileira, como um apêndice – a parte final – do art. 3º, do Decreto-lei n. 9.070/1946, que dispunha a respeito das atividades 'fundamentais'. Depois de enunciar, discriminativamente, quais eram atividades 'fundamentais', em que não era permitida a greve, o art. 3º arrematava: 'nas indústrias básicas ou essenciais à defesa nacional'. Verifica-se, desde logo, que a atividade essencial aparece como um subgrupo, uma categoria das atividades qualificadas de 'fundamentais' e que, não se distinguindo por ramo de produção e/ou de troca de bens e serviços, nem enunciando em uma especificidade qualificadora, ganhou certa generalidade localizada, com um suposto definido: 'indústrias básicas ou essenciais à defesa nacional'. O elemento-suporte desse grupo, que o definia como tal, centrou-se na 'defesa nacional' e o 'essencial', traz um vínculo subordinativo e condicionado a essa 'defesa'. Verifica-se, pois, no plano da origem e da evolução do critério da divisão do direito de greve (como ato lícito e ato ilícito ou vedado), que as duas categorias de atividades, em que se bipartiu esse critério, distribuem-se em 'atividades fundamentais' e 'atividades acessórias' e não havia, ainda, essa categoria 'atividade essencial', como grupo ou categoria autônoma, mas como subgrupo da 'atividade fundamental' e em que, se 'essencial à defesa nacional' a greve era proibida.

Os trabalhadores públicos organizados, bem como os empregados privados que prestam serviços essenciais, devem encarar a inevitabilidade de imposição de certos conteúdos limitativos ao seu direito de greve, justamente em defesa dos interesses gerais e não estatais dos quais comungam os próprios obreiros, haja vista a emergência da execução desses serviços.

Na situação brasileira, geralmente as previsões, contidas na Lei n. 7.783/1989, sobre o exercício do direito de greve, são desrespeitadas pelos Sindicatos Laborais, principalmente no que tange à prévia comunicação da deflagração da greve por parte dos trabalhadores ou sindicatos para as empresas e os usuários, que no caso de paralisação de atividades essenciais é de setenta e duas horas.

Ainda, outro flagrante desrespeito sobre a questão, refere-se à previsão do art. 11 da lei de greve que determina que nos serviços ou atividades essenciais, os sindicatos, os empregadores e os trabalhadores ficam obrigados, de comum acordo, a garantir, durante a greve, a prestação dos serviços indispensáveis ao atendimento das necessidades inadiáveis da comunidade.

Esses dois exemplos citados da não observância dos preceitos legais por parte dos trabalhadores e/ou seus Sindicatos, são por eles justificados como forma de realmente efetivar a greve, e gerar o instrumento de pressão desejada ao se realizar movimento paredista. O elemento surpresa na greve e o caos são instrumentos indispensáveis para que a greve atinja seus objetivos, qual seja pressionar os empregadores e seus Sindicatos a negociarem e fecharem acordo.

Em virtude desses desrespeitos, bem como da necessidade do instauração de dissídio coletivo, por se tratar de atividade essencial, o Tribunal Regional do Trabalho respectivo da região do conflito, possui competência originária para julgar a ação em questão. Nesse momento, o Poder Judiciário assume função atípica de determinar condições de trabalho doravante, e não de por fim a um litígio, tendo como resultado final sentença normativa, a qual a própria denominação do ato judicial denota a atipicidade relatada.

No entanto, ao assumir o poder atípico de instruir e julgar o processo de dissídio coletivo, o Tribunal Regional também tem a função de tentar conciliar as partes, bem como de determinar o cumprimento da Lei, principalmente no tocante à prestação de serviços indispensáveis ao atendimento das necessidades inadiáveis da população. Neste sentido, fixa percentuais mínimos do serviço a ser prestado, sendo até mesmo motivo de controvérsia o valor do percentual definido, já que ao mesmo tempo deve fazer cumprir a Lei, mas ao mesmo tempo deve respeitar o preceito constitucional do direito de greve.

Ainda, para agravar a situação delicada que o Poder Judiciário Trabalhista se vê, em dar respostas rápidas e efetivas a sociedade, comumente os trabalhadores orientados por seus Sindicatos não respeitam os percentuais mínimos determinados pela autoridade judicial, mantendo ou aumentando o caos social, o que só aumenta a pressão da sociedade e da mídia sobre o Poder Judiciário.

Por isso, afirma-se que no Brasil, cabe ao Poder Judiciário Trabalhista a tarefa de disciplinar as consequências da greve em atividades essenciais, para em última análise, garantir o livre exercício do direito de greve, mas ao mesmo tempo garantir o cumprimento dos preceitos legais, que visam limitar ou ao menos disciplinar o exercício desse direito, especialmente em atividades essenciais.

Além do Poder Judiciário, o Ministério Público do Trabalho também possui relevantes prerrogativas legais no que tange a greve. A começar pela legitimidade de propor dissídio coletivo, em caso de atividade essencial com possibilidade de lesão do interesse público.

Como fundamentação dessa legitimidade, precisamente em greve de serviços públicos essenciais, deve-se dizer que:

> Um problema que surge quando analisamos o direito de greve dos trabalhadores nos serviços públicos essenciais reside no fato de que tais serviços, sejam os prestados direta ou indiretamente pelo Estado, estão inerentemente ligados a direitos fundamentais dos cidadãos. Prestações que envolvem saúde, saneamento, segurança, dentre outras, são dirigidas às necessidades mínimas da vida em sociedade, sendo que a ausência, ou a insuficiência, na prestação de quaisquer dessas atividades pode gerar uma afronta a princípios básicos relacionados não só ao indivíduo, como também à coletividade, nos termos do princípio da dignidade da pessoa humana e de seu correlato, qual seja, do mínimo existencial. (SANTOS; PEREIRA, 2017)

Fica nítido, pelos argumentos acima expostos, é preciso que se respeite o exercício do direito de greve, mas que esse direito não tolha ou desrespeite direitos fundamentais dos cidadãos, afetando a sua dignidade, como facilmente pode-se perceber a violação na greve em hospitais quando não oferece nenhum tipo de atendimento, gerando inclusive a morte de pacientes.

A Emenda Constitucional n. 45, de 2004, alterou o disposto no art. 114, dando uma nova redação ao § 3º do mesmo, atribuindo competência ao Ministério Público do Trabalho ajuizar, em caso de greve em atividade considerada essencial (dispostas na no art. 10 da Lei n. 7.783/1989), com possibilidade de lesão ao interesse público, dissídio coletivo, competindo à justiça do Trabalho decidir o conflito.

Ao que tangem às atividades não consideradas essenciais, mas que prejudicam os interesses difusos da coletividade, nas palavras de Saraiva (2009, p. 85), a atuação do Ministério Público deveria ser mitigada, porque

> [...] não há espaço para a atuação do 'Parquet' laboral, uma vez que a greve é um direito assegurado constitucionalmente aos trabalhadores (art. 9º, da CF/1988), não sendo possível a interferência ministerial neste direito, salvo se, exercido de forma abusiva, comprometer o atendimento das necessidades inadiáveis da comunidade (art. 11 da Lei n. 7.783/1989).

Vale dizer, que antes da reforma do Poder Judiciário operada pela emenda Constitucional já citada, qualquer sindicato poderia propor Dissídio Coletivo, após frustradas as negociações coletivas, de modo que a instauração da instância não dependia da concordância da parte adversa que figuraria na lide. (BANDEIRA DE MELO, 2013)

Entretanto, com a redação do art. 114 da CF/1988, os Dissídios Coletivos de natureza econômica entre os sindicatos só podem ser instaurados em comum acordo entre ambos, conferindo-lhe uma natureza híbrida entre arbitragem e ação judicial, não mais existindo a legitimidade ativa para que uma das categorias possam, unilateralmente, instaurar a instância. (BANDEIRA DE MELO, 2013)

A respeito da necessidade de exaurir as tentativas negociais, a ementa abaixo deixa clara essa obrigação:

> RECURSO ORDINÁRIO EM DISSÍDIO COLETIVO – GREVE – ATIVIDADES ESSENCIAIS – ABUSIVIDADE – Desatendidos os requisitos da Lei n. 7.783/1989, notadamente os arts. 3º e 11, tem-se como abusivo o movimento grevista. Indispensável, ainda, que tenha havido o exaurimento das tratativas negociais precedentes à deflagração do movimento paredista, sob pena de restar desvirtuado o seu escopo, com o deslocamento da referida greve para a esfera da intolerância, manifestada unicamente como

forma de pressionar o patronato a atender incondicionalmente as reivindicações propostas, em clara substituição da ação legal própria e cabível. Agrava-se a situação quando a greve eclode na pendência de dissídio coletivo de natureza econômica envolvendo as mesmas partes, devidamente instaurado, em cujo bojo se discutem idênticas reivindicações objetivadas pela paralisação coletiva. Recurso Ordinário provido. (TST – RODC 492272/1998 – SDC – Rel. Min. Valdir Righetto – DJU 25.06.1999 – p. 19)

Como visto anteriormente, é função dos Sindicatos negociarem, realizarem tratativas negociais a fim de se chegar na Convenção Coletiva de Trabalho da categoria, e como último recurso recorrer ao Judiciário.

Já em relação ao exercício de greve em atividades essenciais, prestados pelas concessionárias e permissionárias, deve-se frisar que é perfeitamente cabível e lícito, desde que seja assegurado um contingente mínimo de trabalhadores para dar a continuidade do serviço, sob pena de se permitir a contratação de pessoal substituto pelo empregador para evitar a paralisação total. Ainda, também poderá haver a intervenção do Poder Público via Dissídio Coletivo proposto pelo parquet laboral, podendo ser considerado ilícito o movimento paredista. (SARAIVA, 2009)

Como visto neste tópico, o Brasil possui diretrizes gerais na Lei n. 7.783/1989, no que tange ao direito de greve, com suas limitações ou regulações em atividades essenciais, bem como encontro o fundamento desse direto na Constituição Federal de 1988, apoiado em Convenções da OIT, as quais o País é signatário. No entanto, na concreção ou na efetivação desse direito a Justiça do Trabalho, juntamente com o Ministério Público do Trabalho atuam como guardiões do direito fundamental da greve, mas ao mesmo tempo zelam pelos direitos fundamentais individuais ou coletivos da sociedade a terem a sua disposição serviços considerados como indispensáveis.

5. CONSIDERAÇÕES FINAIS

Entende-se como principal tarefa da comissão de garantia a avaliação da idoneidade dos acordos coletivos e dos códigos de regulamentação dos trabalhadores autônomos quanto ao conteúdo das cláusulas limitativas de greve no serviço público essencial. Em caso de avaliação negativa, a Comissão deve formular proposta às partes.

A atividade sindical italiana é tão intensa que o verbo greve tem sua conjugação conhecida até pelas crianças, de tanto que o assunto é difundido naquele país.

Porém, é imperioso destacar que na Itália como no Brasil as greves têm ocorrido atualmente em maior número no serviço público do que no âmbito privado, incidindo no mais das vezes sobre serviços de grande relevância social e em atividades consideradas essenciais.

Entende-se que a comum latinidade, a tradição brasileira difere muito da italiana no que se refere aos conflitos trabalhistas, bem como na solução dos mesmos. Já a partir da ausência de pluralismo sindical e da pouca credibilidade dos nossos sindicatos corporativos, debilita-se a noção de autonomia coletiva e, consequentemente, a hipótese de autorregulamentação.

Ao que concerne o sistema italiano, observa-se que a técnica de regulamentação é constituída por uma interessante coexistência de regras gerais e comandos específicos, que funciona mediante a atuação da autonomia coletiva, Comissão de Garantia e autoridade administrativa responsável pela "*precettazione*". Ou seja, a legislação italiana limita o seu próprio interventor para permitir que haja atuação de outras fontes, como os contratos coletivos e as decisões emanadas pela Comissão de Garantia. É um equilíbrio complexo, mas que vem se demonstrado eficaz, principalmente no tocante à atuação da Comissão de Garantia, que é um órgão administrativo independente composto na maior parte por intelectuais da área do Direito do Trabalho, o que garante imparcialidade e celeridade das decisões concernentes à greve nos serviços públicos essenciais.

Porém, a limitação heterônoma do exercício do direito de greve do trabalhador nos serviços públicos essenciais nem sempre equivale à simplificação da questão. Contudo, parece a solução mais adequada à realidade brasileira, na medida em que a atuação jurisprudencial na matéria vem se demonstrando contraditória e restritiva.

6. REFERÊNCIAS BIBLIOGRÁFICAS

BANDEIRA DE MELO, Celso A. *Curso de Direito Administrativo*. São Paulo: Malheiros, 2013.

CALAMANDREI, Pietro. *Il significato costituzionale del diritto disciopero*. Riv. Giur. Lav., I, 221; orain Opere giuridiche.

FONSECA, Fábio Prates. Autonomia coletiva e serviços públicos essenciais: a experiência italiana. *Revista do Tribunal Regional do Trabalho da 15ª Região*, n. 31, 2007.

FREDIANI, Yone. *Greve nos serviços essenciais à luz da Constituição Federal de 1988*. São Paulo: LTr, 2001.

GIUGNI, Gino. *Diritto Sindacale*. Bari: Cacucci, 2006.

PROSPERETTI, Giulio. *L'autonomia Collettiva e i diritti sindacali*. UTET, 2011.

ROMANI, Mário. *Appunti sul evoluzione del sindacato*. Roma: Edizione Lavoro, 2000.

SANTOS, Fabiana Figueiredo Felício dos; PEREIRA Flávia Souza Máximo. *O direito de greve do trabalhador nos serviços públicos essenciais*: breve análise comparada entre Brasil e Itália. Disponível em: <http://www.publicadireito.com.br/artigos/?cod=ecb565cd82de6849>. Acesso em: 22 ago. 2017.

SARAIVA, Renato. *Curso de Direito Processual do Trabalho*. 6. ed. São Paulo: Método, 2009.

SOUZA, Ronald Amorim e. *Greve & Locaute* – Aspectos Jurídicos e Econômicos. Coimbra: Almedina, 2004.

VALLEBONA, Antonio. *Le regole dello sciopero nei servizi pubblici essenziali*. Torino: G.Giappichelli Editore, 2007.

VILHENA, Paulo Emílio Ribeiro. Greve e atividade essencial – evolução conceitual. *Revista de Direito do Trabalho*, São Paulo, v. 32, jul. 2011.

As Relações de Trabalho no Mercosul e na União Europeia

Jonathan Sari Fraga[(*)]

1. INTRODUÇÃO

O presente trabalho busca oportunizar uma discussão a respeito das estruturas, funcionamento dos blocos econômicos bem como a influência das decisões destes blocos pertinentes às relações de trabalho nos Países Membros. Neste trabalho em específico o foco desta análise será voltado para o bloco latino-americano, o Mercosul, e para o bloco europeu, a União Europeia.

Em um primeiro momento, esta discussão busca criar um caminho de ambientação histórica do Bloco do Mercosul, tentando compreender as relações históricas que deram inicio a formação deste bloco. Através desta análise, o objetivo é compreender, por meio dos fundamentos iniciais de formação do bloco, quais foram as contribuições aos Estados Parte, no âmbito das relações de trabalho e através destas o desenvolvimento econômico, social e cultural, almejados pela formação do bloco.

Em um segundo momento, a análise será remetida para o âmbito interno do bloco do Mercosul, buscando compreender quais são as garantias, no âmbito das relações de trabalho, resguardadas pelo protocolo adicional ao tratado que versa sobre este tema. Em seguida, veremos como foi feita a internalização deste protocolo adicional nos Estados Partes, e a influencia deste nos ordenamentos jurídicos internos destes Estados.

Por fim, será feita uma análise comparada da busca pelas garantias de trabalho, no âmbito do Mercosul e da União Europeia, de forma a demonstrar as particularidades das legislações que versam sobre este tema em ambos os tratados.

Através deste trabalho, busca-se demonstrar o panorama das relações de trabalho, bem como as garantias que os blocos econômicos buscam resguardar a este respeito, e a forma que essas garantias refletem no desenvolvimento dos Estados Parte.

2. BREVES CONSIDERAÇÕES ACERCA DO TRATADO DE ASSUNÇÃO

Iniciaremos esse trabalho tecendo alguns comentários a respeito do Tratado de Assunção, a história e surgimento, seus fundamentos e a estrutura de funcionamento.

A força cogente, os impactos e restrições impostas pelas convenções do Mercosul, nos ordenamentos jurídicos internos de cada Estados Partes, e mais especificamente a Declaração Sociolaboral do Mercosul, com enfoque da finalidade que esta insta produzir

---

(*) Acadêmico do 4º ano do Curso de Bacharelado em Direito pela Universidade Positivo de Curitiba.

nos Países membros para a congruência econômica e social do bloco, é a finalidade a que se presta o presente Artigo. Todavia, antes de adentramos nas esferas mais profundas desta discussão, faz-se necessário tecer alguns comentários a cerca dos objetivos, fundamentos, estrutura interna e documentos adicionais do Bloco Econômico do Mercosul. Proporcionando, assim, um apanhado geral que possibilita a compressão da magnitude envolvida neste processo.

2.1. Considerações iniciais

A história da unificação dos espaços econômicos entre países com interesses convergentes é de certa forma recente. Todavia essa unificação aconteceu de formas distintas em diferentes períodos históricos.

Seria displicente citar aqui somente as unificações que tiveram como objetivo o fortalecimento mercado de uma determinada região, muitas unificações, também conhecidas como "blocos", surgiram com interesses político-militares. Como foram os casos da Tríplice aliança, a unificação da Alemanha pelo Reino da Prússia e da Guerra de Secessão nos Estados Unidos da América.

A unificação da Alemanha pelo Reino da Prússia foi um momento histórico vivido na Europa após muitas guerras que findaram em 1871 com a vitória da Prússia sobre Áustria e França, iniciando o Segundo Reich. Este buscou a uniformização da legislação industrial, estabeleceu uma única moeda e um sistema de pessoas e medidas, bem como rígidas tarifas aduaneiras a fim de proteger e fortalecer o mercado interno.[1]

Em 1865, findou-se nos Estados Unidos da América a guerra civil que ficou conhecida como Guerra de Secessões, instaurada por dois blocos rivais dentro dos EUA. De um lado, os burgueses do Norte, buscando a abolição da escravidão e o avanço nas forças de produção baseados na indústria, de outro, os grandes fazendeiros e latifundiários do Sul, donos de grandes quantidades de terras e escravos.[2]

Com a vitória dos estados do Norte, foram criadas medidas de proteção do mercado interno, bom como o favorecimento das indústrias. Com isso, o avanço instaurou-se em vários outros setores da economia norte-americana.

A Tríplice Aliança foi o bloco que unificou Brasil, Argentina e Uruguai, em 1864, na guerra contra o Paraguai, em cenário oposto ao das demais. Esta guerra não trouxe resultados positivos nem avanços econômicos para nenhuma das duas partes, todavia demonstrou a força que a coalisão para um interesse em comum pode proporcionar a um bloco.

A guerra iniciou em 1894, quando o Paraguai, em uma tentativa frustrada de obter uma saída para o mar com fim de potencializar a sua capacidade comercial, invadiu o Brasil e a Argentina com finalidade de conquistar tais territórios. Tal levante fez com que os Países da Tríplice Aliança se ajudassem contra os objetivos do Paraguai. Os resultados da guerra foram catastróficos, mais de 300 mil pessoas mortas, 20% da população, a indústria e a economia paraguaia foram devastadas, e uma dívida impagável com o Brasil que enfraqueceu significativamente a economia.[3]

Apesar das diferenças entre os cenários, todos buscaram a "superação das formas débeis de Estado geradas na época da economia natural e da economia simples de mercado pelo Estado unitário".[4]

Como se viu, a ideia de unificação dos espaços econômicos vão além da busca por mercados e investimentos externos, são uma forma de coalizão que levam a conquista por interesses comuns. Ambiente este que exige que os Estados membros abram mão de parte de sua soberania, neste compreendido também seus interesses individuais, para cumprirem-se os objetivos comuns do bloco.

Ao falarmos de história dos Blocos Econômicos, mais especificamente na América Latina, vemos que a Tríplice Aliança não foi a única vez que países latinos convergiram seus interesses para a formação de um bloco.

Várias iniciativas de regiões com facilitações aduaneiras, mercados comuns, livre transição de bens e pessoas surgiram na América do Sul, principalmente envolvendo Brasil, Argentina, Uruguai, Paraguai e Chile. A grande maioria dessas iniciativas envolvendo estratégias politicas de manipulação de áreas de influência.

Apesar das grandes vantagens econômicas buscadas com a implementação desses blocos, as inúmeras tentativas ocorridas durante o século XX foram frustradas.

---

(1) LUIZ CERVO, Amando; RAPOPOT, Mario (Orgs.). *História do Cone Sul*. Brasília: Universidaded de Brasília, 1998. p. 290-291.
(2) *A Guerra do Paraguai* – História – Resumo. *História do Brasil.net*. (Online). Disponível em: <http://www.historiadobrasil.net/guerraparaguai/>. Acesso em: 27 ago. 2017.
(3) BRASIL. Decreto n. 350. *Tratado de Assunção*. (Online) 21 nov. 1991. Disponível em: <http://www.planalto.gov.br/ccivil_03/decreto/1990-1994/d0350.htm>. Acesso em: 29 ago. 2017.
(4) BAPTISTA, Luiz Olavo; MERCADANTE, Araminta de Azevedo; CASELLA, Paulo Borba. *MERCOSUL das Negociações à Implantação*. 2. ed. São Paulo: LTr, 1998.

Uma dessas tentativas ocorreu na década de 1950, o então representante do Chile, Juan Domingo Perón propôs a Getúlio Vargas e Carlos Ilbañez uma zona aduaneira comum entre Brasil, Chile e Argentina.

A intenção do então presidente chileno era que os demais países do continente, de economia mais frágil, fossem compelidos a integrar ao bloco devido à necessidade de comercialização com os demais países membros. Devido à falta de apoio do governo brasileiro, a ilustre ideia de Perón nunca se concretizou.

Na década seguinte, foi criada a Associação Latino-Americana de Livre Comércio (ALALC). O objetivo era ligeiramente distinto do modelo proposto por Perón. Neste, os países membros tinham interesse de entrar com seus produtos no mercado de outros países, fortalecendo a exportação.

Essa associação perdurou até a década de 1980, quando esse quadro se alterou. O avanço industrial, o crescimento do capitalismo e o monopólio dos Países desenvolvidos e plenamente industrializados, fez com que os países emergentes, em sua grande maioria, fornecedores de matéria prima dessas grandes potências, e consumidores de produtos finais, sentissem a necessidade de fortalecer o seu mercado interno com políticas protecionistas que visavam o avanço das atividades de Setor Terciário.

A ALALC foi reformada e deu lugar a Associação Latino-Americana de Integração (ALADI), desta vez, a fim de suprir a necessidade de liberação comercial, com livre circulação de mercadorias, e objetivando formar um mercado mais competitivo e fomentar a industrialização no continente, combinada ainda com a oposição aos valores culturais e econômicos das grandes potências, os países membros criaram uma integração formando empresas binacionais, cooperação na produção de energia elétrica, criação de uma indústria bélica. Neste período ainda lançaram um satélite para promover um sistema de comunicação independente, entre outras iniciativas que fomentaram a industrialização do continente.

Logo após em 1985, Brasil e Argentina firmam um acordo de integração econômica, por meio da Declaração de Foz do Iguaçu, que em 1986 culminou na criação do Programa de Integração e Cooperação (PICAB), que buscava harmonizar a relação econômica e política entre os países membros. Tais iniciativas deram início a eclosão consistente de uma unificação dos espaços econômicos.

Foi então que, com o cabo da Guerra Fria, e a supremacia econômica dos Estados Unidos da América, os países latino-americanos, iniciando o seu processo de unificação dos espaços econômicos, de forma a acelerar o seu desenvolvimento econômico, viram a necessidade da criação de um bloco econômico.

Tal necessidade fez com que Brasil, Argentina, Paraguai e Uruguai abrissem mão de uma parcela de sua soberania econômica, como intuito de formar um mercado comum que proporcionasse um maior desenvolvimento para os Estados Partes no âmbito econômico e social.

Em 26 de março de 1991, em Assunção, no Uruguai, foi assinado o Tratado de Assunção e por cabo, criado o Bloco Econômico do Mercado Comum do Sul, também conhecido como Mercosul.

2.2. Objetivos e fundamentos do Mercosul

As razões da criação do Bloco Econômico do Mercado Comum do Sul, conforme vimos no tópico anterior, estão estampadas na introdução do Tratado de Assunção. É evidente o real objetivo de proteção do mercado interno, conforme vemos no presente trecho:

> Tendo em conta a evolução dos acontecimentos internacionais, em especial a consolidação de grandes espaços econômicos, e a importância de lograr uma adequada inserção internacional para seus países;
>
> Expressando que este processo de integração constitui uma resposta adequada a tais acontecimento;
>
> Conscientes de que o presente Tratado deve ser considerado como um novo avanço no esforço tendente ao desenvolvimento progressivo da integração da América Latina, conforme o objetivo do Tratado de Montevidéu de 1980;
>
> Convencidos da necessidade de promover o desenvolvimento científico e tecnológico dos Estados Partes e de modernizar suas economias para ampliar a oferta e a qualidade dos bens de serviço disponíveis, a fim de melhorar as condições de vida de seus habitantes;
>
> Reafirmando sua vontade política de deixar estabelecidas as bases para uma união cada vez mais estreita entre seus povos, com a finalidade de alcançar os objetivos supramencionados;[5]

---

(5) Ministério da Indústria, Comércio Exterior e Serviços. Ministério da Indústria, Comércio Exterior e Serviços: Negociações Internacionais. (Online). Disponível em: <http://www.mdic.gov.br/comercio-exterior/negociacoes-internacionais/132-acordos-dos-quais-o-brasil-e-parte/1832-acordos-mercosul-israel>. Acesso em: 03 set. 2017.

Fundados em tais razões, os Estados Partes traçaram os objetivos e fundamentos regentes do Mercosul.

No art. 1º do Tratado de Assunção, assim foi disposto:

> O estabelecimento de uma tarifa externa comum e a adoção de uma política comercial comum em relação a terceiros Estados ou agrupamentos de Estados e a coordenação de posições em foros econômico-comerciais regionais e internacionais;
>
> A coordenação de políticas macroeconômicas e setoriais entre os Estados Partes – de comércio exterior, agrícola, industrial, fiscal, monetária, cambial e de capitais, de serviços, alfandegária, de transportes e comunicações e outras que se acordem, a fim de assegurar condições adequadas de concorrência entre os Estados Partes; e
>
> O compromisso dos Estados Partes de harmonizar suas legislações, nas áreas pertinentes, para lograr o fortalecimento do processo de integração.[6]

Podemos sintetizar, quanto aos objetivos do Mercosul, a busca por uma organização, não somente econômica, mas também política, do comércio internacional.

Podemos citar, enfaticamente, as políticas aplicadas neste bloco de zonas de livre comércio e uniões aduaneiras, como sendo essas as bases fundamentais de toda a organização.

Por definição, a zona de livre comércio é o estabelecimento, pela via de tratados internacionais, da livre circulação das mercadorias sem barreiras ou restrições quantitativas ou aduaneiras, conservando os Estados integrantes com total liberdade nas relações com terceiros países, inclusive em matérias relacionadas com importação e exportação.[7]

Já a união aduaneira, é um posterior à zona de livre comércio, pois só há sentido a esta se houver a livre circulação de mercadorias. Sendo que, através dessa, incidirá sobre os produtos de livre circulação entre os países membros, uma tarifa aduaneira comum.

Desta forma, existe um caráter diferenciado para a importação e exportação entre os Estados Parte, "em face dos países de fora da zona aduaneira, os produtos circulam livremente no seu interior, onde recebem a proteção possível pela via da tarifa única e da dimensão do mercado abrangido."[8]

As delimitações e a abrangência da zona de livre comércio e da união aduaneira são políticas, e não meramente geográficas, ou seja, a participação dos países membros de determinado bloco independe de sua posição geográfica no globo. Desta forma, são facilitadoras na integração dos países membros do bloco, independentemente do continente que se encontram.

Ao exemplo do Mercosul, que no ano de 2007 teve a inserção do Estado de Israel no bloco econômico através do Acordo de Livre Comércio (ALC) entre o Mercosul e o Estado de Israel. Segundo as informações oficiais disponíveis no site do Ministério da Indústria, Comércio Exterior e Serviços, o referido acordo engloba mais de 8.000 linhas tarifárias ofertadas por Israel e 9.424 itens pelo Mercosul. Sendo este o primeiro acordo dessa modalidade celebrado pelo bloco com um país localizado fora do continente Sul Americano.[9]

Isso demonstra a congruência de interesses não somente econômico regional, mas também o interesse político e cultural envolvido. Tal fato é evidenciado no preâmbulo do referido ALC, de forma que os signatários explicitam a sua consonância de interesse, da seguinte forma:

> (...)
>
> CONSIDERANDO a importância dos vínculos econômicos existentes entre o MERCOSUL e seus Estados Membros e Israel e os valores comuns que eles compartilham;[10]

Tais "valores comuns" demonstram os objetivos da criação do bloco do Mercosul. Um bloco que visa um desenvolvimento econômico e industrial, todavia respeitando valores políticos e culturais dos Estados Parte.

2.2.1. Estruturação e funcionamento

Diante da necessidade e regulamentação e fiscalização das diretrizes do Mercosul, os quais são pautados nos objetivos e fundamentos do bloco, foram criados através do Protocolo de Ouro Preto, no ano de 1994, os órgãos regulamentadores da estrutura institucional do Mercosul.

---

(6) BRASIL. Decreto n. 7.159. *Acordo de Livre Comércio entre o Mercosul e o Estado de Israel.* (Online) 27 abr. 2010. Disponível em: <http://www.planalto.gov.br/ccivil_03/_Ato2007-2010/2010/Decreto/D7159.htm>. Acesso em: 03 set. 2017.
(7) _____. Decreto n. 1.901/1996. *Protocolo de Ouro Preto.* (Online) 09 maio 1996. Disponível em: <http://www.planalto.gov.br/ccivil_03/decreto/d1901.htm>. Acesso em: 03 set. 2017.
(8) _____. Decreto 2.067/1996. *Protocolo de Las Leñas.* (Online) 12 nov. 1996. Disponível em: <http://www.planalto.gov.br/ccivil_03/decreto/1996/D2067.htm>. Acesso em: 07 set. 2017.
(9) MERCOSUL. *Declaração Sociolaboral do Mercosul.* (Online) 10 dez. 1998. Acesso em: 08 set. 2017.
(10) PEDUZZI, Maria Cristina Irigoyen. Aplicabilidade da Declaração Sócio-Laboral do Mercosul do Estados-Partes. *ENCONTRO DE CORTES SUPREMAS DO MERCOSUL.* v. 3. 22 nov. 2005.

São os órgãos integrantes do Mercosul, conforme promulgado pelo Decreto de Lei n. 1.901/1996: Conselho do Mercado Comum (CMC); Grupo Mercado Comum (GMC); Comissão de Comércio do Mercosul (CCM); Foro Consultivo Econômico-Social (FCES); Secretaria Administrativa do Mercosul (SAM)[11]. Cada um destes órgãos tem um papel fundamental na atuação do Mercosul dentro dos Estados Parte.

O Conselho do Mercado Comum é o principal órgão de tomada de decisões do Mercosul. Deste, emana o poder de cumprir os objetivos que constituem o Tratado de Assunção, cuja finalidade é estabelecer um mercado comum. Todas as decisões tomadas por este órgão têm força cogente perante os Estados Partes.

A cúpula deste órgão é integrada pelos Ministros das Relações Exteriores e pelos Ministros da Economia dos Estados Partes, ou quaisquer que lhes façam as vezes.

Este órgão deve se reunir no mínimo uma vez ao ano com a participação dos Presidentes dos Estados Partes.

O art. 8º do já mencionado decreto expõe, entre outras atribuições, ao Conselho do Mercado Comum, velar pelo cumprimento do Tratado de Assunção e seus Protocolos Adicionais; buscar o fim do mercado comum em todos os seus atos; exercer a personalidade jurídica do Mercosul e através desse negociar e firmar acordos em nome do Mercosul com outros países, resguardando os interesses do Bloco, entre outras atribuições diretivas internas no Mercosul.

O Grupo Mercado Comum é o órgão do Poder Executivo do Mercosul. Este é composto por quatro membros titulares e quatro membros suplentes de cada Estado Parte. Estes são escolhidos pelos representantes do poder executivo de cada país, sendo membros do Ministério das Relações Exteriores, do Ministério da Economia e do Banco Central, ou quem lhes façam as vezes.

Este órgão tem a faculdade de se reunir quantas vezes se fizerem necessárias, de forma ordinária ou extraordinária.

Estes têm a competência de zelar pelo cumprimento dos tratados e protocolos adotados pelo CMC, organizando também agenda e cronograma de trabalho com a finalidade de alcançar os objetivos do bloco.

A Comissão de Comércio do Mercosul é o órgão encarregado de supervisionar e velar pela aplicação dos acordos firmados entre os Estados Partes, com finalidade de alcançar plenamente a união aduaneira e o mercado comum, bem como supervisionar as transações entre os países membros com terceiros. Este órgão manifestar-se-á através de diretrizes, que terão força cogente nos Estados Partes.

Além da Comissão de Comércio do Mercosul, neste mesmo âmbito de atuação, existe a Comissão Parlamentar Conjunta, que é integrada por membros indicados pelos parlamentares dos Estados Partes, estes serão responsáveis por promover a adequação dos sistemas legislativos internos de cada Estado Parte, de acordo como o regime interno de promulgação de leis de cada País, com as normas do Mercosul.

O Foro Consultivo Econômico-Social é o órgão responsável por zelar pelos interesses econômicos e sócias do bloco, todavia, de caráter meramente consultivo. Esse, somente se manifestará diante da provocação do GMC.

A Secretaria Administrativa do Mercosul é a sede permanente da Administração do Mercosul. Entre outras funções, será o arquivo de toda a documentação oficial do Mercosul; publicará as decisões de todos os demais órgãos; organizará as reuniões dos órgãos; editará prestação de contas e relatório de suas atividades desenvolvidas, anualmente; entre outras funções.

3. A DECLARAÇÃO SOCIOLABORAL DO MERCOSUL

Neste tópico discorreremos sobre a Declaração Sociolaboral do Mercosul, suas caraterísticas, fundamentos e propósitos *stricto sensu*. Isso posto, veremos a forma de aplicabilidade da Declaração, no âmbito do Mercosul, as normas propostas por essa e a relação destas com a internalização pelos Estados Partes.

Sendo um documento legislativo adicional, a Declaração Sociolaboral do Mercosul vem no bojo do Tratado de Assunção. Neste sentido veremos a seguir o panorama geral desta no âmbito do Mercosul.

3.1. Noções essencias

A primeira edição da Declaração Sociolaboral do Mercosul data de dezembro de 1998, foi assinada pelos Estados partes do Mercosul na cidade do Rio de Janeiro em atendimento à necessidade de velar pelo bem-estar social e pelas condições de trabalho equânimes entre os Estados Partes, a fim de acelerar o desenvolvimento econômico no âmbito do bloco, garantindo, todavia, a justiça social.[12]

---

(11) ARGENTINA. *Constitución de la Nación Argentina. Artículo 75.* (Online) 22 ago. 1994. Disponível em: <http://www.casarosada.gob.ar/images/stories/constitucion-nacional-argentina.pdf>. Acesso em: 12 set. 2017.

(12) PARAGUAY. *Constitución de la República de Paraguay. Artículo 137.* (Online) 20 jun. 1992. Disponível em: <https://www.oas.org/juridico/mla/sp/pry/sp_pry-int-text-const.pdf>. Acesso em: 12 set. 2017.

No ano de 1999, foi criada a Comissão Sociolaboral, constituída pelo governo dos estados partes, representantes do empregadores e representantes dos empregados. Todavia essa comissão não possui poder sancionador, tem papel consultivo perante o GMC, manifestando-se através de recomendações com a finalidade de fomentar a aplicação desta declaração.

Essa comissão terá também a incumbência de se reunir no mínimo duas vezes ao ano para analisar os relatórios dos Estados Partes sobre a aplicação interna da declaração, devendo levar estes relatórios, bem como as recomendações propostas ao Grupo Mercado Comum.

O conteúdo específico desses relatórios será analisado em maior profundidade no tópico sobre a recepção da declaração pelos Estados Partes deste trabalho.

Em atendimento à disposição do art. 24 desta, a revisão programada desta declaração, que conforme define que "tendo em vista o caráter dinâmico e o avanço do processo de integração sub-regional (...) com base na experiência acumulada no curso de sua aplicação ou nas propostas e subsídios formulados pela Comissão Sociolaboral ou por outros agentes"[13], foi revisada a presente declaração no dia 17 de julho de 2015 na cidade de Brasília, baseada nas Convenções da OIT, bem como nos foros internacionais.

Nesta, foi definido como figura central para a realização do interesse de justiça social, as políticas que priorizem o emprego com um trabalho de qualidade. Partindo da figura de valorização do trabalho como uma forma de diminuir a desigualdade social, o empregador ganha papel de destaque como fonte garantidora de bem-estar social, cultual e política, através da produção de emprego, ao tempo que o empregado tem papel de destaque por promover o avanço econômico e industrial através de sua força de trabalho.

A ideia de trabalho com qualidade é fundamentada ao passo que o trabalhador produz riquezas para o país na proporção que este tem plenas condições de desenvolver seu trabalho.

As diretrizes bases, elencadas pela Declaração Sociolaboral do Mercosul, são os fundamentos da segurança jurídica e da justiça social que vão levar ao cabo de um mercado comum, através do desenvolvimento econômico do bloco.

Tais diretrizes, através da ideia de erradicação das fronteiras legislativas, tem o intuito de promover não somente direitos e garantias aos trabalhadores, comuns a todos os países do bloco, mas sim um modelo de excelência a ser praticado pelos empregadores de forma a preservar um padrão de qualidade nas condições de trabalho, que por sua vez alcançarão um desenvolvimento econômico a este correspondente.

Isso quer dizer que se um trabalhador de uma empresa multinacional tem direitos e garantias fundamentais de trabalho no Brasil, se este fosse transferido para o Paraguai, seriam respeitados tais direitos e garantias fundamentais, tal como no Brasil, desta forma este trabalhador teria a mesma capacidade produtiva qualquer que seja o país do bloco que desenvolva sua atividade profissional, proporcionando uma forma equânime de crescimento produtivo.

Essa erradicação, todavia, não se confunde com unificação de normas, uma vez que o Tratado de Assunção que resguarda a soberania e autonomia dos Estados Partes, de forma que este busca uma maior integração entre os mercados e não uma unificação nacional.

É importante frisar ainda que a Declaração Sociolaboral do Mercosul tem objetivo de fomentar uma sociedade participativa cultural e política. O caráter de bem-estar social que o desenvolvimento econômico busca vem ao encontro da necessidade de desenvolvimento cultural, através da produção e promoção de emprego deve ser proporcionado e ampliado o acesso a cultura, sendo esta sim uma forma plena de desenvolvimento de uma sociedade.

Este desenvolvimento cultural, por sua vez, tem a atribuição de promover o desenvolvimento político desta sociedade. Através da ampliação do acesso à cultura, deve ser fomentada a discussão política democrática, com ampla participação de todos os cidadãos nas decisões políticas.

Vê-se, com isso, a busca por um desenvolvimento global, e não econômico, com um fim em si mesmo. Ou seja, o desenvolvimento econômico como um meio de bem-estar social.

3.2. A recepção da Declaração Sociolaboral do Mercosul pelos Estados Partes

O Tratado de Assunção enuncia sobre a harmonização das legislações com a finalidade de constituir um mercado comum, como já foi visto, isso não significa uma legislação única, mas sim princípios emanados pela Declaração Sociolaboral, que promovam tal harmonização. Faz-se necessário, portanto, o estudo da forma de aplicação e recepção das normas, por esta entabuladas, pelos Estados Partes.

---

(13) URUGUAY. *Constitución De La República Del Uruguay*. Artículo 72. (Online) 08 dez. 1996. Disponível em: <https://legislativo.parlamento.gub.uy/temporales/3094910.HTM>. Acesso em: 12 set. 2017.

3.2.1. Aplicabilidade da Convenção

A primeira grande aplicação da Convenção Sociolaboral é a ferramenta negocial. Como visto anteriormente, é a Comissão Sociolaboral do Mercosul é que desempenha esse papel. A respeito deste tema, elucida a Ilustre Ministra do TST Maria Cristina Irigoyen Peduzzi, as aplicações da Convenção, conforme veremos a seguir.

Uma das aplicações tem função consultiva. A Comissão Sociolaboral abre um campo para discussão a respeito das condições sócias no âmbito do trabalho. Através da explanação dos interesses, e exaustiva negociação política e sindical, levando ao cabo os interesses de ambas as partes, são levados ao Grupo Mercado Comum as recomendações negociadas.

Isso demonstra, em primeiro plano, a aplicabilidade negocial da convenção, uma aplicabilidade teórica, visto que a comissão abre campo para discussão e negociação, tornando os métodos de tomadas de decisão, democráticos.

Um outro aspecto da aplicabilidade da convenção é o interesse estritamente jurídico. Quando levadas as recomendações ao Grupo Mercado Comum, este se destina à aplicação das negociações nos ordenamentos jurídicos dos Estados Partes.[14] Este outro aspecto é, portanto, a aplicabilidade prática da Convenção Sociolaboral do Mercosul.

3.3. Normas cogentes da declaração

Como vimos até aqui, todos os esforços da Declaração Sociolaboral e de sua Comissão é para que, através de uma discussão democrática seja possível chegar a um estado de desenvolvimento econômico, e, com esse galgar, o bem-estar social.

E é através do aspecto prático de aplicabilidade que se faz possível obter um resultado efetivo deste desenvolvimento econômico.

Nesta esteira, para compreensão da importância da internalização das normas, faz-se necessário elucidar quais são os principais direitos contemplados pela declaração.

De início é preciso diferenciar os direitos que versam sobre os interesses individuas dos que versam sobre os interesses coletivos.

Dos direitos individuais dos trabalhadores temos:

a. Não discriminação e equidade de tratamento entre trabalhadores homens e mulheres.

A este respeito, o Mercosul segue os princípios das convenções da OIT. Garantindo igualdade salarial independente da subjetividade do empregado, quais sejam, "sexo, identidade de gênero, raça, etnia, credo, opinião política e sindical, nacionalidade, orientação sexual, idade, credo, ideologia, posição econômica ou social"[15].

Todos os trabalhadores que exercerem funções iguais, gozarão de condição equânime de tratamento, percebendo, inclusive, igual valor de salário.

Tal condição se entende a igualdade entre homens e mulheres, bem como a trabalhadores com deficiência. São estes tratados com especial atenção, o primeiro caso para que tenham amplo acesso ao mercado de trabalho, e o segundo caso para que sejam integrados no mercado de trabalho e com isso seja fomentado sua inserção social.

b. Liberdade e igualdade de tratamento para os trabalhadores fronteiriços.

Esta norma resguarda aos trabalhadores que laboram em diferentes países do bloco igualdade de direitos e de condições de trabalho, fomentando os Estados Partes a proporcionar cada vez mais essa integração.

É cristalina a intenção desta norma garantir a inexistência das fronteiras legislativas.

c. A eliminação do trabalho forçado ou obrigatório.

Este direito insta proteger a liberdade de profissão, garantindo ao trabalhador desenvolver a atividade laboral que escolher, com ressalvas das disposições sobre as profissões que exigem pré-requisitos.

Busca ainda assegurar que o trabalho não será "meio de coerção política ou ideológica, nem método de utilização da mão de obra com finalidade de fomento econômico, como medida disciplinar no ambiente de trabalho, como punição por partidarismo sindical ou em greves ou ainda como medida discriminatória"[16].

d. Erradicação do trabalho infantil e proteção ao trabalho do adolescente.

A intenção dos Estados Parte é aumentar cada vez mais a idade de entrada dos adolescentes no mercado de trabalho, de forma que seja priorizado

---

(14) *ADI 1.480-MC*, Rel. Min. Celso de Mello, DJ 18.05.2001.
(15) BRASIL. *Constituição da República Federativa do Brasil*. Art. 5º, § 3º. (Online) 05 out. 1988. Disponível em: <http://www.planalto.gov.br/ccivil_03/constituicao/constituicao.htm>. Acesso em: 12 set. 2017.
(16) UNIÃO EUROPEIA. *Carta dos Direitos Fundamentais da União Europeia*. (Online) 07 dez. 2000. Disponível em: <http://www.europarl.europa.eu/charter/pdf/text_pt.pdf>. Acesso em: 13 set. 2017.

a este os estudos para melhor capacitação e desenvolvimento cultural. Todavia, resguarda a elementar função do trabalho na adolescência, com várias garantias supervenientes, com caráter de aprendizado de um ofício.

Se comprometem, através desta, firmar uma idade mínima para admissão ao trabalho, "não podendo ser esta inferior a idade em que cessa a escolaridade obrigatória"[17].

e. Direito dos empregadores.

É resguardado ao empregador "gerir e organizar econômica e tecnicamente sua empresa, atendendo às legislações nacionais"[18].

f. Direito a uma jornada de trabalho não superior a oito horas.

g. Direito a gozar de férias, descansos semanais e feriados remunerados, resguardado o direito de intervalo dento e entre jornada, e ainda não obstando as licenças remuneradas e não remuneradas.

h. Direito a salário mínimo com função social de garantir as necessidades do trabalhador e de sua família, garantindo ainda, ao trabalhador devida proteção em caso de demissão, a fim de suprir sua subsistência.

As garantias coletivas do trabalhador são entabuladas da seguinte forma:

a. Liberdade Sindical.

Liberdade dos trabalhadores de se associarem livremente a organizações visando seus interesses e buscando melhores condições de trabalho.

Direito este de livre associação e filiação sem que com isso seja comprometido o acesso ao emprego, ou em virtude disso, discriminado. Protegendo o trabalhador de demissão por este motivo.

Esta norma foi de grande valia, "em razão do distinto tratamento que é conferido ao tema pelos Estados Partes – principalmente no que concerne à extensão da liberdade sindical."[19]

b. Liberdade de negociação coletiva.

Possibilitar aos empregados e empregadores, por meio de suas organizações representativas, a negociação para regulamentar as condições de trabalho.

c. Garantia do exercício do direito de greve.

3.4. Forma de recepção pelos Estados Partes

As regras de Direito Internacional são formadas com a finalidade de convergir os Estados, que em princípios são soberanos, para os interesses comuns, essa congruência acontece através da norma costumeira, *"pacta sunt servanda"*, que determina que os pactos devem ser respeitados.

Para que os países assumam a responsabilidade de respeitar os tratados, é necessário que estes internalizem as normas de Direito Internacional Público em seu ordenamento jurídico interno.

Desta forma, em virtude da Declaração Sociolaboral do Mercosul ser parte integrante do tratado internacional do Mercosul, os signatários devem respeitar as normas "quando do cotejo de sua eficácia nos ordenamentos nacionais"[20].

Nesta esteira, para compreensão sobre a forma de internalização das normas e princípios propostos, é necessário saber a posição que esta ocupa no ordenamento jurídico dos Estados Partes.

Neste aspecto, Argentina e Paraguai já possuem as estruturas para receber plenamente essas normas. Já nos casos de Brasil e Uruguai, o cenário constitucional não é completamente receptivo, conforme veremos na sequência.

No ordenamento jurídico argentino, os tratados internacionais ratificados têm a mesma hierarquia que a constituição, conforme preceitua a Constituição Argentina em seu art. 75, inciso 22.[21] Todavia, os tratados sobre Direitos Humanos devem ser aprovados pelo Congresso Nacional por dois terços de todos os seus membros, assim, gozam de hierarquia constitucional, sendo superior as demais leis vigentes no país.

Desta forma, necessitam de quórum qualificado tanto para aprovar ou vetar um tratado, mesmo regime proposto para alteração da constituição.

No Paraguai, o sistema distingue um pouco do argentino, porém os tratados internacionais continuam sendo superiores a todas as demais leis ordinárias do país, ficando somente sujeitos à Constituição da República.

---

(17) MERCOSUL. Declaração Sociolaboral do Mercosul, art. 6º. [Online] 10 dez. 1998. [Citado em: 08 set. 2017].
(18) MERCOSUL. Declaração Sociolaboral do Mercosul, art. 7º. [Online] 10 dez. 1998. [Citado em: 08 set. 2017].
(19) PEDUZZI, Maria Cristina Irigoyen. Aplicabilidade da Declaração Sociolaboral do Mercosul nos Estados-Partes. In: ENCONTRO DE CORTES SUPREMAS DO MERCOSUL, 3, 2005, Brasília. Resumos... Brasília: 22 nov. 2005.
(20) Idem.
(21) ARGENTINA. Constitución de la Nación Argentina. Artículo 75. [Online] 22 de ago. 1994. [Citado em: 12 set. 2017]. Disponível em: <http://www.casarosada.gob.ar/images/stories/constitucion-nacional-argentina.pdf>.

Conforme enuncia o art. 137 da Constituição da República do Paraguai, os tratados devem ser sancionados pelo Congresso Nacional, estando acima das demais leis sancionadas por este.[22]

Já no ordenamento jurídico do Uruguai, os tratados são assinados pelo pode executivo, e tal como no Brasil, posteriormente vai para aprovação do Legislativo. Os direitos propostos pelos tratados internacionais não suprimirão outros direitos já existentes no ordenamento jurídico inerentes a personalidade humana ou versem sobre a forma republicana de governo, conforme o art. 72 da Constituição da República.[23]

Desta forma, os tratados têm a mesma hierarquia das demais leis ordinárias vigentes neste país.

Visto a forma, com que são internalizados os tratados internacionais nos demais Estados Partes do Mercosul, passaremos ao estudo da internalização dos tratados internacionais no Brasil, mais especificamente o Tratado de Assunção, e a forma de internalização das normas da Declaração Sociolaboral.

3.4.1. A forma de recepção pelo ordenamento jurídico brasileiro

No Brasil, o entendimento do STF para a recepção de tratados internacionais é infraconstitucional. A este respeito, salientou o Min. Celso de Melo no Julgamento da ADI n. 1.480/DF, no ano de 2001:

> Os tratados ou convenções internacionais, uma vez regularmente incorporados ao direito interno, situam-se, no sistema jurídico brasileiro, nos mesmos planos de validade, de eficácia e de autoridade em que se posicionam as leis ordinárias, havendo, em consequência, entre estas e os atos de direito internacional público, mera relação de paridade normativa.[24]

Conforme este entendimento, a Declaração Sociolaboral do Mercosul somente terá eficácia interna "mediante o formal caminho de recepção da regra poderia falar-se em recepção da norma no ordenamento jurídico brasileiro, que até hoje não foi implementado".[25]

Contudo, a forma de internalização dos tratados internacionais que versam sobre Direitos Humanos no Brasil teve significativa alteração com a Emenda Constitucional n. 45/2004, que alterou o art. 5º da Constituição Federal. A inserção do § 3º deste artigo assim enuncia:

> Os tratados e convenções internacionais sobre direitos humanos que forem aprovados, em cada Casa do Congresso Nacional, em dois turnos, por três quintos dos votos dos respectivos membros, serão equivalentes às emendas constitucionais.[26]

Desta feita, todos os tratados internacionais ratificados pelo Brasil têm força, depois de aprovados pelo Congresso Nacional, pelo quórum de três quintos dos parlamentares em ambas as câmaras.

O que é importante frisar a este respeito, é que a hierarquia da norma está adstrita ao quórum de votação em ambas as casas do Congresso. Neste sentido, se a votação for por dois terços dos parlamentares, o tratado terá hierarquia infraconstitucional, sendo por três quintos, hierarquia constitucional.

Desta forma, sendo comprovada que a Declaração Socilaboral do Mercosul tem cunho humanitário, e sendo aprovada com quórum de votação de três quintos, poderá esta ser implementada no ordenamento jurídico brasileiro com hierarquia constitucional, o que resultará em mudanças significativas na legislação trabalhista brasileira.

4. CARTA DOS DIREITOS FUNDAMENTAIS DA UNIÃO EUROPEIA E A DECLARAÇÃO SOCIOLABORAL DO MERCOSUL

Neste tópico serão abordadas questões relativas à Carta do Direitos Fundamentais da União Europeia, especialmente no que tange às relações laborais. Será ainda realizado um estudo comparado com o regramento de tais relações na Declaração Sociolaboral do Mercosul.

A União Europeia também possui um regramento que versa sobre matéria de direitos fundamentais e humanitários com a finalidade de promover crescimento tecnológico e científico, culminado com o progresso social. Esse regramento foi proclamado solenemente pelo Parlamento Europeu, pelo Conselho e pela Comissão da União Europeia como Carta dos

---

(22) PARAGUAY. Constitución de la República de Paraguay. *Artículo 137*. [Online] 20 jun. 1992. [Citado em: 12 set. 2017]. Disponível em: <https://www.oas.org/juridico/mla/sp/pry/sp_pry-int-text-const.pdf>.
(23) URUGUAY. Constitución de la República del Uruguay. *Artículo 72*. [Online] 08 dez. 1996. [Citado em: 12 set. 2017]. Disponível em: <https://legislativo.parlamento.gub.uy/temporales/3094910.HTML>.
(24) ADI 1.480-MC, Rel. Min. Celso de Mello, DJ 18 maio. 2001.
(25) PEDUZZI, Maria Cristina Irigoyen. Aplicabilidade da Declaração Sociolaboral do Mercosul nos Estados-Partes. In: ENCONTRO DE CORTES SUPREMAS DO MERCOSUL, 3, 2005, Brasília. *Resumos...* Brasília: 22 nov. 2005.
(26) BRASIL. Constituição da República Federativa do Brasil. *Artigo 5º, §3º*. [Online] 05 out. 1988. [Citado em: 12 set. 2017]. Disponível em: <http://www.planalto.gov.br/ccivil_03/constituicao/constituicao.htm>.

Direitos Fundamentais da União Europeia, doravante denominada.[27]

Esta Carta, assim como a Declaração Sociolaboral, visa defender e garantir os Direitos Fundamentais no âmbito dos Estados-Partes. Com um rol bastante abrangente, enuncia sobre direito à vida, direito à vida privada e familiar, direito à liberdade de pensamento e crença, direitos dos consumidores, direitos laborais, dentre outros.

A análise que será feita a seguir busca comparar os pontos coincidentes e os dissidentes dos direitos propostos pela Declaração Sociolaboral do Mercosul e pela Carta dos Direitos Fundamentais da União Europeia, no que tange a direitos laborais. Doravante, para fins desta análise, serão estas denominadas "Declaração" e "Carta", respectivamente.

4.1. As garantias laborais na União Europeia e no Mercosul

Preservando os rigores legislativos dos direitos fundamentais, a União Europeia reconhece o direito ao trabalho como parte integrante desses direitos. Os princípios basilares, direitos e liberdades, em matéria laboral, fomentados pela Carta dos Direitos Fundamentais versam sobre os aspectos que veremos a seguir:

a. Proibição da escravidão e trabalho forçado e a liberdade profissional.

A esse respeito, é elucidado pela Carta, em seu art. 5º, a proibição de qualquer tipo de trabalho em situações análogas à escravidão ou servidão. Tange ainda, extensivamente ao conceito proposto, sobe a vedação do constrangimento a qualquer tipo de trabalho forçado ou obrigatório, ou seja, imposto por outrem sem *animus* do trabalhador. Neste bojo, é taxativo quanto à vedação de qualquer tipo de prática de tráfico humano, ou qualquer que seja equiparada a esta.

No art. 15º, remetendo à condição anteriormente prevista, é resguardado às pessoas o direito a liberdade de escolha de profissão e de busca por emprego. É garantindo ainda, a todos os Cidadãos da União Europeia ou estrangeiros residentes e legalmente autorizados a trabalhar nesta, o direito de estabelecer ou prestar serviços em qualquer dos Estados-Membros, sem qualquer prejuízo ou discriminação em virtude disso.

No âmbito do Mercosul, a Declaração é unânime quanto a postura de erradicação dos trabalhos forçados ou obrigatórios. Esta visa garantir a abolição de quaisquer formas de trabalho em regime de escravidão ou semelhante a este. Todavia, o rol proposto no art. 8º desta declaração tem uma visão mais abrangente do que a Carta, no que se refere aos trabalhos forçados, garantindo que o trabalho não seja instrumento de repressão, coerção, medida disciplinar ou discriminatória do empregador para com o empregado. É tratado por este artigo ainda a liberdade do trabalhador escolher livremente seu ofício ou profissão, resguardadas as reservas legais.

Com relação ao trabalho fronteiriço, é exposto no art. 7º a proteção aos trabalhadores do Mercosul, independente de sua nacionalidade, garantindo a estes proteção e igualdade de direitos e condições de trabalho.

b. Liberdade de associação e a negociação e ação coletiva.

Tratado pelo art. 12 da Carta, é garantido, em sentido amplo a liberdade de reunião e associação. Pertinente a isso, é resguardado o direito de associação sindical, bem como de filiação a este, em busca da defesa de seus interesses. Este direito deve ser interpretado de maneira ampla aos trabalhadores, de forma a proporcionar a busca de sus interesses em seu ambiente de trabalho.

Conforme o art. 28 desta, tanto as entidades patronais quanto os trabalhadores têm direitos a organizações sindicais que lutem em prol de sus interesses, de forma que são garantidos às organizações o direito a negociar e celebrar convenções a fim de garantir esses interesses no ambiente de trabalho, garantindo ainda neste bojo o direito a greve.

Correspondente a liberdade de associação, o art. 16 da Declaração resguarda o direito de trabalhadores e empregadores filiarem-se a organizações para a defesa de seus interesses. A diferença é a proteção que esta concede aos trabalhadores que vierem a se sindicalizar, sem que seu acesso, continuidade ou oportunidade de ascensão no emprego seja comprometido.

Já com relação às negociações coletivas, dispõe o art. 17 que as organizações representativas, inclusive as do setor público, negociem e acordem sobre os interesses coletivos dos trabalhadores e empregadores, de forma a garantir seus interesses no ambiente de trabalho.

O direito a greve, é tratado em apartado pelo art. 18, que prevê o exercício do direito de greve a trabalhadores e a organizações sindicais, ressalvadas, todavia, as disposições dos ordenamentos jurídicos dos Estados-Partes a esse respeito.

---

(27) UNIÃO EUROPEIA. Carta dos Direitos Fundamentais da União Europeia. [Online] 07 dez. 2000. [Citado em: 13 set. 2017]. Disponível em: <http://www.europarl.europa.eu/charter/pdf/text_pt.pdf>.

c. Igualdade entre homens e mulheres e a integração das pessoas com deficiência.

São garantidas a igualdade de tratamento de homens e mulheres em matéria de trabalho, emprego e remuneração em toda a União Europeia, conforme o art. 23. Desta forma, são garantidas as regalias em favor do sexo do empregado, em virtude de alguma necessidade superveniente a este, todavia não se pode haver qualquer tipo de descriminação ou cerceamento de oportunidades em virtude disso.

No art. 26, a Carta garante ainda a integração de pessoas com deficiência, de forma a adotar medidas de integração destes social e profissionalmente, para que, assim, possam gozar equanimemente da vida em comunidade.

Tais direitos são igualmente recepcionados pela Declaração em seus arts. 5º e 6º, respectivamente. São garantidos para homens e mulheres, no âmbito do Mercosul, igualdade de tratamento e oportunidades de acesso a emprego ou atividades produtivas, sem qualquer tipo de descriminação no acesso a cargos, remuneração, proteção social e quaisquer outras garantias previstas ao trabalhador.

Com relação às pessoas com deficiência, é garantindo a estes a não discriminação e uma política de favorecimento que garanta sua inserção na sociedade através do mercado de trabalho.

d. Proteção em caso de despedimento sem justa causa e assistência social.

De forma breve, a Carta expõe em seu art. 30 a proteção empregada despedidas sem justa causa, todavia deixa à disposição do ordenamento jurídico de cada Estado-Membro quaisquer tipos de práticas protetivas ou coercitivas para estes casos. Neste sentido, ainda garante no art. 29, acesso gratuito aos serviços de emprego, de forma a facilitar com que trabalhadores demitidos possam ter acesso a um novo emprego.

É garantido também, pela Carta, em seu art. 29, o direito ao acesso à segurança social e serviços sociais. Estes visam garantir proteção à maternidade, doenças, acidentes de trabalho, dependência ou velhice, ou ainda perda de emprego, desta forma, sobrevindo quaisquer dessas situações, a assistência social tem o objetivo de garantir uma ajuda para manter uma habitação que promova uma existência cotidiana a todos que não possuírem recursos suficientes para tal.

Na Declaração, os arts. 15 e 23 tratam sobre a proteção aos desempregados, também sujeita às legislações internas de cada país. Sendo que o primeiro confere proteção em casos de demissão. No segundo, garante a facilidade de acesso dos trabalhadores desempregados aos serviços de recolocação e requalificação profissional de forma a garantir o retorno do desempregado ao mercado de trabalho.

No que diz respeito a seguridade social, encontram abrigo pelo art. 27 da Declaração todos os que enfrentem circunstâncias sociais adversas, principalmente com relação a enfermidades, deficiência, invalidez, velhice e morte. Desta feita, os Estados Partes se comprometem a garantir políticas de proteção social a todos os habitantes do bloco, independentemente de sua nacionalidade.

e. Condições de trabalho justas e equânimes garantindo plenas condições de vida privada ao trabalhador.

O art. 31 da Carta confere aos trabalhadores condições de trabalho saudáveis, seguras e dignas, respeitando neste sentido as garantias de uma limitação da carga horária de trabalho, descanso semanal e férias remuneradas. Ainda, neste sentido, o art. 33 visa a proteção da família e do bem-estar na vida privada. Neste sentido, resguarda a garantia de emprego em virtude da maternidade, bem como as licenças maternidade e paternidade, devidamente remunerado, no caso de nascimento ou adoção de um filho.

Correspondente a esses, a Declaração enuncia nos arts. 11, 12 e 13, tais direitos na forma que os trabalhadores gozarão de proteção por uma jornada máxima de oito horas diárias, sem prejuízos das proteções a trabalhos insalubres, perigosos ou noturnos, bem como terão direito a um dia de descanso semanal, sendo este preferencialmente aos domingos, e férias anuais e remuneradas. Com relação às licenças maternidade e paternidade, estão albergadas pela disposição sobre o direito a licenças remuneradas e não remuneradas do art. 13.

f. Proibição do trabalho infantil.

A Carta garante aos jovens proteção de trabalho em seu art. 32, que dispõe a idade mínima para admissão no trabalho a idade em que termina a escolaridade obrigatória, de forma que visa garantir a não exploração econômica destes, devendo ser-lhes conferidas atividades e condições de trabalho compatíveis a idade, garantindo segurança, desenvolvimento físico, mental, moral, social e sua educação.

A Declaração busca em seu art. 9º, por sua vez, a erradicação do trabalha infantil, e regulamentação do trabalho do adolescente de forma a garantir o seu pleno desenvolvimento físico, intelectual, profissional e moral. Sendo assim inadmissível o trabalho em idade inferior àquela em que cessa a escolaridade obrigatória, não sendo permitida a esses trabalhadores carga horária extraordinária nem noturna. Buscando ainda garantir que nenhuma atividade venha ocasionar prejuízos a saúde, segurança e moral.

Demonstradas as particularidades comuns às normas, faz-se necessário salientar que a Carta dos Direitos Fundamentais possui um viés muito mais principiológio humanitário, uma vez que não se resume somente às práticas trabalhistas, mas sim a todas aquelas que abrangem a vida em sociedade. Já a Declaração Sociolaboral possui um caráter muito mais elucidativo neste critério, discorrendo com mais profundidade sobre os temas que envolvem matéria trabalhista.

Em ambas, como foi visto, é cristalino o objetivo humanitário das normas. Isso posto, demonstra a ideia central, outrora defendida por este trabalho, que o fomento dos blocos econômicos não reside na busca do crescimento econômico por si só, mas sim de através do trabalho, e este em condições plenas de desenvolvimento, sejam alcançadas melhores condições econômicas, sociais e culturais aos habitantes dos Estados-Parte, sendo eles nacionais ou estrangeiros.

5. CONCLUSÃO

Como foi visto através deste estudo, os blocos econômicos buscam proporcionar um desenvolvimento econômico, e este como uma ferramenta proporcione aos cidadãos bem-estar social, e como meio deste desenvolvimento é de extrema importância a regulamentação das relações de trabalho.

Diante da busca por garantias fundamentais nas relações de trabalho, foi visto que o Mercosul firmou um protocolo adicional, chamado de Declaração Sociolaboral, que busca positivar as garantias de trabalho no âmbito do bloco, de forma a proporcionar equidade nestas relações nos Estados-Parte. Todavia, a forma de internalização foi diferente em cada um dos Estados-Parte, o que tem causado uma disparidade de tratamento desta declaração pelos ordenamentos jurídicos internos destes.

Ao vermos a comparação com a Carta dos Direitos Fundamentais da União Europeia, os direitos resguardados pelo Mercosul, em matéria trabalhista, são muito semelhantes. Todavia, a Carta da União Europeia, tem um escopo muito mais amplo do que a Declaração Sociolaboral do Mercosul, positivando muitos mais direitos do que os pertinentes exclusivamente às relações de trabalho. Por outro lado, por ter um caráter mais restrito às relações de trabalho, a Declaração do Mercosul positiva algumas garantias mais específicas das relações de trabalho.

Como visto até aqui, a positivação de garantias fundamentais previstas pelos blocos econômicos é de extrema importância para o desenvolvimento econômico buscado por estes, e por sua vez, para o desenvolvimento cultural e social, a fim de proporcionar bem-estar social aos cidadãos.

Portanto, os problemas enfrentados pela forma de internalização dos protocolos adicionais que versam sobre matéria trabalhista necessitam ser corrigidos de forma a proporcionar uma força cogente a estes no âmbito do ordenamento jurídico interno dos Estados-Parte. Com isso, galgar-se-ia equidade nas relações de trabalho, e, por sua vez, crescimento do desenvolvimento econômico e do bem-estar social.

6. REFERÊNCIAS BIBLIOGRÁFICAS

A Guerra do Paraguai – História – Resumo. *História do Brasil.net*. (Online). Disponível em: <http://www.historiadobrasil.net/guerraparaguai/>. Acesso em: 27 ago. 2017.

ADI 1.480-MC, Rel. Min. Celso de Mello, DJ 18.05.2001.

ARGENTINA. *Constitución de la Nación Argentina. Artículo 75*. (Online) 22 ago. 1994. Disponível em: <http://www.casarosada.gob.ar/images/stories/constitucion-nacional-argentina.pdf>. Acesso em: 12 set. 2017.

BAPTISTA, Luiz Olavo; MERCADANTE, Araminta de Azevedo; CASELLA, Paulo Borba. *MERCOSUL das Negociações à Implantação*. 2. ed. São Paulo: LTr, 1998.

BRASIL. *Constituição da República Federativa do Brasil*. Art. 5º, § 3º. (Online) 05 out. 1988. Disponível em: <http://www.planalto.gov.br/ccivil_03/constituicao/constituicao.htm>. Acesso em: 12 set. 2017.

_____. Decreto n. 2.067/1996. *Protocolo de Las Leñas*. (Online) 12 nov. 1996. Disponível em: <http://www.planalto.gov.br/ccivil_03/decreto/1996/D2067.htm>. Acesso em: 07 set. 2017.

_____. Decreto n. 1.901/1996. *Protocolo de Ouro Preto*. (Online) 09 maio 1996. Disponível em: <http://www.planalto.gov.br/ccivil_03/decreto/d1901.htm>. Acesso em: 03 set. 2017.

_____. Decreto n. 350. *Tratado de Assunção*. (Online) 21 nov. 1991. Disponível em: <http://www.planalto.gov.br/ccivil_03/decreto/1990-1994/d0350.htm>. Acesso em: 29 ago. 2017.

_____. Decreto n. 7.159. *Acordo de Livre Comércio entre o Mercosul e o Estado de Israel*. (Online) 27 abr. 2010. Disponível em: <http://www.planalto.gov.br/ccivil_03/_Ato2007-2010/2010/Decreto/D7159.htm>. Acesso em: 03 set. 2017.

LUIZ CERVO, Amando; RAPOPOT, Mario (Orgs.). *História do Cone Sul*. Brasília: Universidade de Brasília, 1998.

MERCOSUL. *Declaração Sociolaboral do Mercosul*. (Online) 10 dez. 1998. Acesso em: 08 set. 2017.

Ministério da Indústria, Comércio Exterior e Serviços. Ministério da Indústria, Comércio Exterior e Serviços: Negociações Internacionais. (Online). Disponível em: <http://www.mdic.gov.br/comercio-exterior/negociacoes-internacionais/132-acordos-dos-quais-o-brasil-e-parte/1832-acordos-mercosul-israel>. Acesso em: 03 set. 2017.

PARAGUAY. *Constitución de la República de Paraguay. Artículo 137*. (Online) 20 jun. 1992. Disponível em: <https://www.oas.org/juridico/mla/sp/pry/sp_pry-int-text-const.pdf>. Acesso em: 12 set. 2017.

PEDUZZI, Maria Cristina Irigoyen. Aplicabilidade da Declaração Sócio-Laboral do Mercosul do Estados-Partes. *ENCONTRO DE CORTES SUPREMAS DO MERCOSUL*. v. 3. 22 nov. 2005.

UNIÃO EUROPEIA. *Carta dos Direitos Fundamentais da União Europeia*. (Online) 07 dez. 2000. Disponível em: <http://www.europarl.europa.eu/charter/pdf/text_pt.pdf>. Acesso em: 13 set. 2017.

URUGUAY. *Constitución De La República Del Uruguay. Artículo 72*. (Online) 08 dez. 1996. Disponível em: <https://legislativo.parlamento.gub.uy/temporales/3094910.HTM>. Acesso em: 12 set. 2017.

Flexibilização Trabalhista em Tempos de Crise: para Além de uma Visão Econômica do Direito do Trabalho

Konrad Saraiva Mota(*)

1. CAPITALISMO, CRISE ECONÔMICA E FLEXIBILIZAÇÃO TRABALHISTA: COLOCAÇÃO DO PROBLEMA

Seria insensato ignorar que o capitalismo alcançou uma escala hegemônica na alta modernidade. O mundo é capitalista! Por mais que se queira estabelecer um contraponto capaz de suplantá-lo – o que, em teoria, afigura-se perfeitamente possível – a realidade parece o impor de maneira avassaladora. A prevalência do capital vem cada vez mais se mostrando um modelo universal, que invade todo tipo de relação humana: da política à religião, do trabalho ao consumo, da família à educação.

Por outro lado, não se mostra menos insensato deixar de perceber que o capitalismo, na sua caminhada evolutiva, está permanentemente acompanhado por crises. Crise econômica, crise tecnológica, crise ética. Crise e capitalismo seguem sempre *pari passu*. A sensação que fica é de que o capitalismo necessita continuamente superar suas crises para afirmar-se viável. Nada obstante, as crises do capitalismo renovam-se ciclicamente, carregadas de complexidade e sutilezas. É como se crise e capitalismo se retroalimentassem perenemente.

Uma das crises que mais se renovam no ambiente capitalista é a crise econômica. A ela, ajunta-se toda sorte de diagnóstico sombrio, com previsões de desemprego e de assolamento da classe que vive do trabalho. Como bem destaca Delgado, esse tipo de diagnóstico sempre vem envolto em três eixos de argumentação: "[...] as mudanças provocadas pela terceira revolução tecnológica do capitalismo; as mudanças vinculadas à reestruturação empresarial [...]; a acentuação da concorrência capitalista". (DELGADO, 2007, p. 69).

Destarte, as crises econômicas acabam por criar um ambiente fértil para o processo de desconstrução do primado do trabalho e emprego e de todo seu sistema de proteção. A receita é perversa: o capitalismo cria uma crise econômica que precisa ser superada. O mercado exige maiores garantias. Em países, como o Brasil, onde o arcabouço de medidas regulatórias das relações de trabalho é predominantemente legal, o discurso da flexibilização sempre vem à tona. A solução é deixar a cargo das próprias partes o comando dos contratos de emprego. A intervenção do Estado passa a ser mostrada como perniciosa e ultrapassada.

As etapas da flexibilização trabalhista são sempre as mesmas. Primeiro, anuncia-se uma crise. Posteriormente, fala-se em desemprego, sempre compa-

---

(*) Graduado em Direito (2003); Pós-graduado em Direito (Pós-graduação Lato Senso 2004 e 2012); Mestre em Direito (Pós-graduação *Stricto Senso* 2012); Doutorando em Direito do Trabalho (PUC/MINAS – 2014); Juiz do Trabalho junto ao TRT 7ª Região (desde 2006); Ex-Juiz do Trabalho junto ao TRT da 14ª Região (2004-2006); Coordenador Pedagógico da Escola Judicial do Tribunal Regional do Trabalho da 7ª Região (2015); Professor de Direito do Trabalho e Direito Processual do Trabalho da Universidade de Fortaleza – UNIFOR desde 2007 (graduação e pós-graduação); Professor Colaborador da Escola da Magistratura do Trabalho da 7ª Região.

rando o Brasil com outros países de economia pujante. Finalmente, enfatiza-se a necessidade de reforma trabalhista e daquilo que seus sequazes denominam de "modernização do direito do trabalho". No fundo, o que se pretende é a destruição pura e simples desse segmento especializado do direito, cuja índole reside exatamente em humanizar as relações econômicas em tempos de crise.

José Pastore, professor de economia da Universidade de São Paulo, retrata, em seus escritos, ótimos exemplos das etapas de desconstrução anteriormente mencionadas. Em 2009, no auge da crise norte-americana, Pastore atrelava a qualidade dos empregos brasileiros à economia daquele país. Dizia o autor que "por mais que o mercado interno alavanque a economia, a qualidade dos empregos brasileiros estará intimamente atrelada ao que vai acontecer com a economia de nossos compradores" (PASTORE, 2009, p. 14). Ressalte-se que, em 2009, o Brasil possuía baixíssimos índices de desemprego. Como o ataque não podia ser na falta de emprego, o alvo passava a ser a sua qualidade.

Em 2012, com a crise na Europa, Pastore falava sobre o uso de medidas flexíveis nas crises. No texto, o autor fez uma comparação entre Alemanha e Brasil, dizendo que em solo europeu foram utilizadas medidas flexíveis para salvar empregos. Já "no Brasil, as leis são rígidas, inflexíveis e sujeitas a interpretações oscilantes dos magistrados, que, muitas vezes, anulam cláusulas de acordos negociados" (PASTORE, 2012, p. 3).

No início de 2016, já com a crise econômica conjuntural instalada no Brasil, impregnada de conotações político-ideológicas, Pastore escreveu sobre os alarmantes índices de desemprego no país, dizendo-se pouco otimista com o aumento dos postos de trabalho naquele ano, para, ao final, arrematar com a seguinte aspiração: "oxalá o ano venha a ser marcado pelo início das reformas estruturais que podem garantir um quadro melhor a partir de 2017" (PASTORE, 2016a, p. 29). O desemprego, portanto, exigiria reformas, dentre elas a trabalhista.

Em meados do mesmo ano de 2016, Pastore já evocava abertamente uma reforma trabalhista no Brasil. Comparando com a França que, de acordo com o autor, teria dado um importante passo para adaptar as relações de trabalho à economia moderna. Pastore assinalou que "a CLT está repleta de regras rígidas que são de difícil ou impossível aplicação universal" (PASTORE, 2016b, p. 66). Assim, tal como ocorrera em terras francesas, o Brasil precisaria deixar a cargo das negociações a regulação dos contratos de trabalho.

Os escritos de Pastore confirmam que os momentos de crise econômica são os preferidos dos economistas para tratar de reforma trabalhista, como se a provável solução dos problemas econômicos identificados fosse a flexibilização do direito do trabalho. Muitos desses ataques ocorrem pela própria abertura que o direito deu para a análise e interpretação econômica de seus postulados, conforme é visto a seguir.

2. ANÁLISE ECONÔMICA DO DIREITO DO TRABALHO: RISCO DE DESNATURAÇÃO

Antes de qualquer incursão na doutrina que propõe a análise econômica do direito, faz-se oportuna uma advertência: o direito é cultural e histórico e, como tal, recebe influência de todas as manifestações da racionalidade humana (moral, política, economia, etc). Não se deseja, portanto, reduzir o direito a uma de suas influências. Porém, toda abordagem alvitra um necessário corte epistemológico. Um jeito de olhar. Pretende-se investigar os efeitos que a visão preponderantemente econômica do direito, notadamente o do trabalho, pode gerar na sua matriz existencial.

Apesar de, no aspecto estritamente ideológico, a relação entre direito e economia já possa ser identificada desde a Riqueza das Nações, de Adam Smith, uma aproximação efetiva entre ambos somente veio a se consolidar no início do século XX, após a crise norte-americana de 1929. De acordo com Heinen (2014, p. 311-330), o movimento denominado de Análise Econômica do Direito (AED) surgiu na década de 1940, na Universidade de Chicago, tendo como percursores os professores Ronald Coase e Guido Calabresi. Ainda segundo a autora, o movimento se fortaleceu na década de 1970, com a obra de Richard Posner, até hoje considerado um dos maiores expoentes da AED.

Em *Economic Analysis of Law*[1], com a primeira edição datada de 1973, o próprio Richard Posner apresenta as bases argumentativas de aproximação entre direito e economia. Conforme o autor (2007, p. 23-26), alguns estudiosos passaram a perceber que a observação do sistema legal através de postulados próprios da economia auxiliava na melhor compreensão dos efeitos práticos da lei na vida das pessoas. A economia, portanto, permitia a aferição da eficiência da lei.

Posner também ponderou que os juízes não poderiam desconsiderar os efeitos econômicos de suas decisões e, em sistemas pautados nos precedentes judiciais (como é o caso da *common law* norte-americana), a produção do direito também ficaria atrelada aos referidos efeitos. A AED analisaria, basicamente, a eficiência do direito a partir de conceitos e mecanis-

---

[1] Análise econômica do direito (tradução livre).

mos da economia, buscando sempre a maximização de seus resultados na sociedade.

Zylbersztaijn e Sztajn (2005, p. 3), tratando do diálogo entre direito e economia proposto na AED, esclarecem que a análise econômica observaria o ambiente normativo a partir do comportamento dos agentes econômicos; e o direito, por sua vez, teria que levar em conta os impactos econômicos que suas regras de conduta podem gerar, sobretudo na alocação e distribuição de recursos, sendo irrelevante se o modelo é baseado em leis ou em decisões judiciais.

Em resumo, pode-se dizer que a AED sugere que a criação, aplicação e interpretação do direito não se descuidem das repercussões econômicas correlatas e que os conceitos e ferramentas da economia sejam utilizados na compreensão do direito. Talvez pelo seu inquestionável pragmatismo, a AED vem adquirindo adeptos no Brasil, em especial no âmbito do direito privado. O direito do trabalho, obviamente, não teria como escapar desse paradigma.

Sabe-se que o direito do trabalho, ao disciplinar as relações individuais e coletivas estabelecidas em uma atmosfera de produção e circulação mercantil, acaba criando veias na economia. Obviamente que o contrato de trabalho nasce e se desenvolve em um ambiente fortemente influenciado pelo capital. Isso não quer dizer, todavia, que a norma trabalhista deva ser analisada estritamente a partir de postulados econômicos. Sob pena de desnaturação.

A economia tende a enxergar o trabalhador como um sujeito econômico. É o que Heinen (2014, p. 311-330) chama de *homo economicus*. O operário é uma fonte de produção e fluxo de renda que, ao mesmo tempo, gera um custo para o empreendimento empresarial. Nesta condição, o trabalhador não passa de capital humano: mais um dentre vários elementos capazes de, na dinâmica da produção, contribuir para uma maior lucratividade da empresa.

Acontece que, para além de *homo economicus*, o trabalhador é um *homo operans*, ou seja, um homem que trabalha e produz para subsistência própria e da família. Um homem que merece ter sua dignidade preservada, especialmente no desenvolvimento da atividade laborativa. E o direito do trabalho, como ramo voltado à disciplina das relações laborais, não pode abandonar sua matriz personalista.

Ora o trabalho não é uma ficção dissociada do trabalhador. O trabalho é o próprio trabalhador em movimento. Assim, o direito do trabalho deve-se voltar, acima de tudo, para o ser humano trabalhador. Essa é sua causa e, porque não dizer, sua essência. O direito do trabalho nasce impregnado de eticidade, em uma época de extrema exploração humana. O direito do trabalho veio justamente para amenizar os danos gerados por um capitalismo sem reciprocidades.

Como ensina Souto Maior (2007, p. 26), "o direito do trabalho, de uma só vez, valoriza o trabalho, preserva o ser humano, busca proteger outros valores humanos fora do trabalho e regula o modelo de produção na perspectiva da construção da justiça social dentro do regime capitalista". Criar, interpretar e aplicar o direito do trabalho, a partir de parâmetros estritamente econômicos, terminaria por desnaturá-lo, subvertendo a sua vocação natural.

3. POR UMA VISÃO HUMANÍSTICA DO DIREITO DO TRABALHO

A partir da evolução histórica dos direitos humanos, permite-se um comparativo acerca dos paradigmas tratados pelo direito privado no decorrer dos séculos XIX e XX e aquela fomentada no século XXI, com claros reflexos no direito do trabalho. No seio do Estado Liberal, prevalecia a ideia de liberdade, de modo que os direitos individuais eram invocados para a proteção da propriedade e da autonomia contratual (COMPARATO, 2008).

A eficácia concreta dos direitos fundamentais era, portanto, unidimensional, pautada pelo formalismo abstracionista da norma, que enxergava o homem como um mero agente dotado de capacidade e apto à celebração de contratos. As normas eram formatadas com o intuito manifesto de proteger o particular contra as incursões abusivas do Estado, aplicando-se a todos indistintamente e na mesma medida (igualdade formal).

Entretanto, a doutrina liberal, ao defender as liberdades individuais e a limitação do poder estatal, acabou acentuando as desigualdades materiais (GOYARD-FABRE, 2003, p. 226-227). No campo do trabalho, os desequilíbrios foram ainda mais acentuados, com o crescimento da exploração operária, jornadas extenuantes e índices alarmantes de acidentes laborais. Souto Maior e Correia, falando sobre a influência da questão social no surgimento do Estado Providência, asseveram que:

> Foi a partir das diversas tensões da sociedade industrial em formação, em nível mundial, com todos os seus efeitos reais, guerras, greves, revoltas, reivindicações, mortes e mutilações, que se necessitou sair do modelo político liberal para se chegar ao Estado Social, ou Estado Providência, ou, ainda, Estado do bem-estar social (SOUTO MAIOR; CORREIA, 2007, p. 19).

O foco da sociedade é alterado, que volta seus olhos não apenas para a defesa das liberdades individuais (*status* omissivo), mas para a exigência de prestações que favoreçam o desfrute efetivo dessas liberdades (*status* comissivo). Os poderes constituídos passam a assumir comportamentos ativos. É nesse contexto histórico que surge o direito do trabalho, impregnado de moralidade e trazendo consigo uma vocação humana até então afastada do insípido direito privado.

Acontece que, em termos dogmáticos, o direito do trabalho não poderia utilizar como alicerce sua matriz axiológica humanística, pois, naquela ocasião (início do século XX), o direito ainda não tinha superado as influências positivistas de neutralidade moral e formalismo científico. Não por coincidência, surgia o movimento de análise econômica do direito e o viés patrimonialista do direito do trabalho precisou vir à tona. Naquele momento, porém, o direito do trabalho ainda obtinha sustentação no fundamento de dependência econômica do trabalhador.

Entretanto, a partir do segundo quartel do século XX, ocorreu uma mudança significativa nas relações econômicas. Os laços se fragilizaram. A velocidade daquilo que vem e vai é tamanha que quase não se percebe. Trocas promissoras são o "prato do dia". O mercado exige um trabalhador competitivo. O individualismo o perpetra dócil e volátil. A dimensão econômica que justificou o direito do trabalho perde espaços para o discurso flexibilizador e desregulamentador.

> O Direito do Trabalho, pensado a partir das premissas do Estado Social e institucionalizado com a nódoa do positivismo exegético, sofre "ataques" por todos os lados e de todos os tipos. Economistas o apontam como entrave ao crescimento econômico. Juristas o colocam como um sistema normativo ontológica e axiologicamente ultrapassado. Sociólogos dizem que ele não tem mais espaço em tempos de capitalismo flexível. Até algumas vozes filosóficas o compreendem como alicerçado em uma moralidade obsoleta. De fato, tem sido extremamente difícil para o Direito do Trabalho (e para aqueles que reconhecem a sua importância), justificá-lo a partir de argumentos estritamente econômicos e patrimonialistas. (MOTA, 2016, p. 159)

É preciso encontrar um caminho de ressignificação do direito do trabalho, e esse caminho, por certo, não pode seguir as trilhas da análise econômica do direito. Estas não passam de um atalho para a derrocada pura e simples do próprio direito laboral, relegando as relações que lhe são objeto ao julgo da liberdade negocial.

Exige-se uma visão humanizada do direito do trabalho, na certeza que seu âmago personalista ainda resiste e se sobrepõe a todo e qualquer efeito econômico de suas normas. Como assinalam Souto Maior e Correia (2007b, p. 34), "[...] se por acaso constatar-se que a economia não suporta os direitos sociais, é a economia que deve ser posta em discussão, e não a eficácia dos direitos sociais".

Na verdade, conforme enfatiza Teodoro (2016, p. 147-154), o direito do trabalho precisa ser repersonalizado. De acordo com a autora, o direito privado já se aproximou do direito constitucional, com apoio do fio condutor da dignidade humana, a qual também deve se interpenetrar no direito do trabalho. Nas palavras da autora:

> Repersonalizar trata-se de acentuar a 'raiz antropocêntrica' do direito do trabalho e a sua 'ligação visceral' com a pessoa e seus direitos. [...] é a centralização em torno do homem e dos interesses imediatos que faz o direito do trabalho a expressão máxima da dignidade da pessoa humana do trabalhador. (TEODORO, 2016, p. 152).

É o que aqui se propõe: colocar sempre os "óculos do humanismo" para olhar o direito do trabalho, sabendo que sua essência não pode ser outra senão a promoção da dignidade do ser humano trabalhador e que, se as normas trabalhistas interferem na economia, o fazem como mera consequência do próprio modelo econômico, não sendo esta a causa, nem tampouco do desiderato do direito do trabalho.

4. CONCLUSÃO

O capitalismo, embora se apresente cada vez mais hegemônico, está permanentemente acompanhado de crises. Crises estas que, em especial aquelas de natureza econômica, são sempre utilizadas como pano de fundo para mudanças na legislação trabalhista, sob a justificativa de uma "pseudo modernização" do sistema, que guarda, subjacente a si, a real intenção de desestruturação pura e simples do direito laboral.

Ocorre que uma visão meramente econômica do direito do trabalho, analisando-o a partir do pragmatismo e dos efeitos econômicos de suas normas, torna o trabalhador mero elemento do capital, considerado apenas mais um dos vários componentes na complexa estrutura capitalista, voltada ao acúmulo e circulação de riquezas.

Flexibilizar em tempos de crise econômica é, na verdade, uma abertura incontestável para a desregulamentação. É esquecer que a causa do direito do trabalho não está em fomentar modelos econômicos, sejam eles quais forem. Daí a necessidade de resgate do cerne personalista e humanístico que pautou o direito do trabalho na sua origem e que, atualmente, emerge como matriz axiológica imponderável na quase totalidade das constituições democráticas do século XXI, inclusive na brasileira.

5. REFERÊNCIAS BIBLIOGRÁFICAS

COMPARATO, Fábio Konder. *A afirmação histórica dos direitos humanos*. 6. ed. São Paulo: Saraiva, 2008.

DELGADO, Maurício Godinho. *Capitalismo, trabalho e emprego*: entre o paradigma da destruição e os caminhos de reconstrução. São Paulo: LTr, 2007.

GOYARD-FABRE, Simone. *O que é democracia?* São Paulo: Martins Fontes, 2003.

HEINEN, Luana Renostro. A Análise Econômica do Direito de Richard Posner e os pressupostos irrealistas da economia neoclássica. In: POMPEU, Gina Vidal Marcílio; PINTO, Felipe Chiarello de Souza; GONÇALVES, Everton das Neves (Org.). *Direito e economia I*. 1. ed. Florianópolis: CONPEDI, 2014. v. I.

MOTA, Konrad. Por uma repersonalização do direito do trabalho. In: VIANA, Marcio Túlio; ROCHA, Cláudio Jannotti da. *Como aplicar a CLT à luz da constituição*: alternativas para os que militam no foro trabalhista. São Paulo: LTr, 2016.

PASTORE, José. Empregos americanos e brasileiros. *Revista do direito trabalhista*, ano 15, n. 11, nov. 2009.

PASTORE, José. O uso de medidas flexíveis nas crises. *Revista do direito trabalhista*, ano 18, n. 01, jan. 2012.

PASTORE, José. O emprego em 2016. *Revista institucional agitação*, ano XX, n. 127, jan.-fev. 2016a.

PASTORE, José. Reforma trabalhista: França e Brasil. *Revista institucional agitação*, ano XX, n. 1130, jul.-ago. 2016b.

POSNER, Richard A. *Economic analysis of law*. 7th edên Aspen Publishers: New York, 2007.

SOUTO MAIOR, Jorge Luiz. Direito social, direito do trabalho e direitos humanos. In: SILVA, Alessando da; SOUTO MAIOR, Jorge Luiz; FELIPPE, Kenarik Boujikian; SEMER, Marcelo. *Direitos humanos*: a essência do direito do trabalho. São Paulo: LTr, 2007a.

SOUTO MAIOR, Jorge Luiz; CORREIA, Marcus Orione Gonçalves. O que é direito social? In: CORREIA, Marcus Orione Gonçalves (Org). *Curso de direito do trabalho*. São Paulo: LTr, 2007b. v. 1.

TEODORO, Maria Cecília Máximo. Por um direito do trabalho repersonalizado. In: VIANA, Marcio Túlio; ROCHA, Cláudio Jannotti da. *Como aplicar a CLT à luz da constituição*: alternativas para os que militam no foro trabalhista. São Paulo: LTr, 2016.

ZYLBERSZTAIJN, Decio; SZTAJN, Rachel (Org). *Direito e economia*: análise econômica do direito e das organizações. Rio de Janeiro: Elsevier, 2005.

A Parassubordinação como Forma de Discriminação

Lorena Vasconcelos Porto[*]

1. INTRODUÇÃO

O conceito de subordinação é essencial para o Direito do Trabalho, pois é decisivo para a afirmação da existência da relação de emprego. Nesse sentido, ele representa a "chave de acesso" aos direitos e garantias trabalhistas, os quais, em regra, são assegurados em sua plenitude apenas aos empregados.

Na época do surgimento do Direito do Trabalho, a partir da segunda metade do século XIX, o modelo econômico vigente – centrado na grande indústria – engendrou relações de trabalho de certo modo homogêneas, padronizadas. O operário trabalhava dentro da fábrica, sob a direção do empregador (ou de seu preposto), que lhe dava ordens e vigiava o seu cumprimento, podendo eventualmente puni-lo. Essa relação de trabalho, de presença hegemônica na época, era o alvo da proteção conferida pelo nascente Direito do Trabalho. Desse modo, foi com base nela que se construiu o conceito de contrato (e relação) de trabalho e, por conseguinte, o do seu pressuposto principal: a subordinação.

Assim, esse conceito foi identificado com a presença constante de ordens intrínsecas e específicas, com a predeterminação de um horário rígido e fixo de trabalho, com o exercício da prestação laborativa nos próprios locais da empresa, sob a vigilância e controle assíduos do empregador e de seus prepostos. Trata-se da acepção clássica ou tradicional da subordinação, que podemos sintetizar como a sua plena identificação com a ideia de uma heterodireção patronal, forte e constante, da prestação laborativa, em seus diversos aspectos.

A adoção do critério da subordinação jurídica, em sua matriz clássica, levava a excluir do campo de incidência do Direito do Trabalho vários trabalhadores que necessitavam da sua tutela, mas que não se enquadravam naquele conceito parcial e restrito. Conforme assinalavam alguns críticos, este não cumpria plenamente a sua finalidade essencial, pois não era capaz de abranger todos os trabalhadores que necessitavam – objetiva e subjetivamente – das tutelas trabalhistas.

Por essa razão, a jurisprudência, impulsionada pela doutrina, em notável atividade construtiva, acabou por ampliar o conceito de subordinação, e, consequentemente, expandiu o manto protetivo do Direito do Trabalho, ao longo do século XX e até meados do final da década de 1970. Esse período coincidiu com a própria "era de ouro" do capitalismo nos países de-

---

(*) Lorena Vasconcelos Porto é Procuradora do Ministério Público do Trabalho. Doutora em Autonomia Individual e Autonomia Coletiva pela Universidade de Roma II. Mestre em Direito do Trabalho pela PUC-MG. Especialista em Direito do Trabalho e Previdência Social pela Universidade de Roma II. Professora Titular do Centro Universitário UDF. Professora Convidada do Mestrado em Direito do Trabalho da Universidade Externado de Colombia, em Bogotá.

senvolvidos ocidentais, nos quais foram consolidados modelos de Estados de Bem-Estar Social[1].

As transformações ocorridas nas últimas décadas, notadamente os avanços tecnológicos, a reestruturação empresarial e o aumento da competitividade, inclusive no plano internacional, geraram mudanças no mundo do trabalho. Um número cada vez maior de relações trabalhistas –, sobretudo aquelas presentes nos novos setores, como as prestações de serviços nos campos da informação e da comunicação –, se afasta progressivamente da noção tradicional de subordinação, apresentando, aparentemente, traços de autonomia. Do mesmo modo, o poder empregatício se exerce de maneira mais sutil, indireta, por vezes quase imperceptível.

Em razão dessa aparente autonomia, tais trabalhadores não se enquadram na noção tradicional de subordinação, sendo qualificados como autônomos. O resultado é que eles continuam sem liberdade real, como no passado, mas passam a ter que suportar todos os riscos advindos da sua exclusão das tutelas trabalhistas. Percebe-se, assim, que a manutenção do conceito tradicional de subordinação leva a grandes distorções, comprometendo a própria razão de ser e a missão do Direito do Trabalho. Por isso, a ampliação desse conceito é uma necessidade premente e inadiável.

Todavia, paradoxalmente, no momento em que a expansão da subordinação se tornou mais imprescindível, ela passou a ser restringida, reduzida, por obra da jurisprudência, do legislador e da doutrina. Essa tendência, observada, sobretudo, a partir do final da década de 1970, se insere em um fenômeno ainda maior – a tentativa de desregulamentação do Direito do Trabalho – que encontra fundamento na ascensão e hegemonia da doutrina ultraliberal, ocorrida na mesma época[2].

2. O CONCEITO DE PARASSUBORDINAÇÃO NO DIREITO ITALIANO

Nesse contexto, destaca-se a criação da figura do trabalhador parassubordinado na Itália e de figuras análogas em outros países europeus. Trata-se, em linhas gerais, de trabalhadores que, embora não sejam subordinados (são juridicamente autônomos), são hipossuficientes, pois dependem economicamente do tomador dos seus serviços. Em razão disso, fazem jus a alguns dos direitos previstos pelas legislações trabalhista e previdenciária. À primeira vista, trata-se de um avanço, pois se confere uma maior proteção a trabalhadores que dela não gozavam. Tratar-se-ia da ampliação do âmbito pessoal de incidência de algumas normas trabalhistas, conforme sustentam os seus defensores. Na realidade, todavia, o efeito produzido é exatamente o contrário.

A figura da parassubordinação, embora encontre a maior elaboração legislativa, jurisprudencial e doutrinária na Itália, pode também ser encontrada em outros países europeus, embora em menor extensão e com diversa configuração. Na maioria dos casos, apresenta-se sob a forma da aplicação parcial (na verdade, bastante restrita) do Direito do Trabalho a trabalhadores considerados juridicamente autônomos, mas economicamente dependentes[3].

A relação de trabalho parassubordinado foi definida pela primeira vez no Direito italiano pelo art. 2º da Lei n. 741, de 1959, o qual mencionava "relações de colaboração que se concretizem em prestação de obra continuada e coordenada". Posteriormente, foi prevista pelo art. 409, § 3º, do Código de Processo Civil (CPC), com a reforma efetuada pela Lei n. 533, de 11 de agosto de 1973. Esse dispositivo estendia o processo do trabalho às controvérsias relativas a "relações de agência, de representação comercial e outras relações de colaboração que se concretizem em uma prestação de obra continuada e coordenada, prevalentemente pessoal, ainda que de caráter não subordinado".

O Decreto-Legislativo (DL) n. 276, de 2003, conhecido como "Decreto Biagi", em seu art. 61, ao prever a figura do trabalho parassubordinado a projeto, faz referência ao art. 409, § 3º, do CPC, mencionando expressamente as "relações de colaboração coordenada e continuada, prevalentemente pessoal e sem vínculo de subordinação", mais conhecidas como "co.co.co.".

Com a edição do "Decreto Biagi", as relações de trabalho parassubordinado, para serem válidas, deveriam se enquadrar em um "contrato de trabalho a projeto", o qual ficou conhecido como "co.co.pro." (colaboração coordenada continuada a projeto). Todavia, foi excluída da nova disciplina uma série de hipóteses, como os colaboradores da Administração Pública, para os quais ainda era válida a estipulação de relações de colaboração continuada e coordenada

---

(1) Vide DELGADO, Mauricio Godinho; PORTO, Lorena Vasconcelos (Org.). *O Estado de Bem-Estar Social no Século XXI*. São Paulo: LTr, 2007. Os franceses denominam esse período (três décadas seguintes à Segunda Guerra Mundial) de "os trinta anos gloriosos" ("les trente glorieuses"), ao passo que os anglo-americanos preferem a expressão "era de ouro" ou "anos dourados".
(2) A doutrina ultraliberal teve vitórias eleitorais importantes na época, em países-chave do sistema capitalista, a saber, Inglaterra, Estados Unidos e Alemanha, por meio dos Governos de Margaret Thatcher, Ronald Reagan e Helmut Kohl, respectivamente.
(3) Vide PORTO, Lorena Vasconcelos. *A subordinação no contrato de trabalho*: uma releitura necessária. São Paulo: LTr, 2009.

fora do âmbito do contrato a projeto, e, assim, por tempo indeterminado.

Na essência, a diferença entre a "co.co.co." e a "co.co.pro." era que nessa última o tomador de serviços deveria especificar o "projeto" em que o trabalhador iria atuar. Todavia, a noção de projeto era extremamente ampla, vaga e imprecisa, permitindo o enquadramento das mais diversas atividades e modalidades de execução. Além disso, não havia no DL n. 276/2003 uma norma que proibisse a renovação continuada do "co.co.pro.", o que possibilitava a "perpetuação" dessa forma contratual precária, por meio de uma série de renovações encadeadas uma à outra, indefinidamente, inclusive em relação a projetos ou programas análogos[4].

Por fim, o "co.co.pro." acabou sendo revogado pelo art. 52 do Decreto-Legislativo (DL) n. 81, de 2015, emanado no contexto da reforma denominada "Jobs Act", restando o "co.co.co." para o setor privado, além da Administração Pública.

O DL n. 81, de 2015, também previu, em seu art. 2º, § 1º, com vigência a partir de 01.01.2016, um tipo de trabalho parassubordinado ao qual se aplica toda "a disciplina da relação de trabalho subordinado". Esse tipo é composto por vários elementos, sendo que os primeiros são comuns ao "co.co.co.", os quais veremos adiante, mas com a substituição do critério da prevalência pela exclusividade, de modo que o trabalhador não pode contar com a ajuda de outras pessoas. Os demais elementos consistem nas "modalidades de execução organizadas pelo tomador de serviços inclusive quanto ao horário e ao local de trabalho". Desse modo, a "coordenação", que caracteriza o "co.co.co.", é substituída pela "organização". Segundo a doutrina italiana, caso esteja ausente um dos elementos que caracteriza esse novo tipo, como a heterodeterminação do horário de trabalho, aplica-se a disciplina do "co.co.co.", e não do trabalho subordinado[5].

Desse modo, atualmente, há dois tipos de relação de trabalho parassubordinado: o "co.co.co.", previsto no art. 409, § 3º, do CPC, e caracterizado essencialmente pela "colaboração" (art. 52 do DL n. 81/2015), como veremos, e a relação de trabalho parassubordinado prevista no art. 2º, § 1º, do DL n. 81/2015, à qual se aplica a disciplina do trabalho subordinado e é caraterizada pelo poder diretivo do tomador de serviços inclusive quanto ao horário e local de trabalho. No caso dessa relação de trabalho parassubordinado, há quatro hipóteses em que não se aplica a disciplina do trabalho subordinado: os setores nos quais os acordos coletivos preveem uma disciplina específica (v.g., no teleatendimento); os trabalhadores intelectuais inscritos em um conselho profissional; os trabalhadores que integram os órgãos administrativos e de controle das sociedades; e os trabalhadores das sociedades esportivas amadoras (art. 2º, § 2º, do DL n. 81/2015).

Esse tipo de relação de trabalho parassubordinado previsto no art. 2º, § 1º, do DL n. 81/2015, não poderá ser utilizado pela Administração Pública a partir de 01.01.2017 e, de todo modo, a esses contratos não se aplica a disciplina do trabalho subordinado (art. 2º, § 3º, do DL n. 81/2015)[6].

Segundo o entendimento majoritário, qualquer prestação laborativa pode se enquadrar no tipo da parassubordinação, desde que apresente os seus pressupostos ou requisitos: a coordenação, a continuidade e a prevalente pessoalidade. O requisito da prevalência (e não exclusividade) da atividade pessoal é compatível com a utilização de meios técnicos e de colaboradores, desde que a prestação do interessado permaneça decisiva e não limitada à mera organização de bens, instrumentos e do trabalho alheio. Observa-se que a atenuação do requisito da pessoalidade já havia sido prevista pelo legislador italiano no próprio seio da relação de emprego, no que tange ao trabalhador em domicílio, que não deixa de ser empregado pelo fato de contar com a colaboração acessória de membros da sua família (art. 1º da Lei n. 877/1973). Assim, não se trata de um elemento com base no qual é possível diferenciar a parassubordinação da subordinação.

No que tange à continuidade, ela é entendida como a estabilidade, a não eventualidade e a reiteração no tempo da prestação. Não é necessária uma repetição ininterrupta de encargos, sendo suficiente, por exemplo, um único contrato de duração razoável, pois o que conta é a permanência no tempo da colaboração. Considera-se, assim, excluído o requisito no caso de execução de uma obra isolada ou episódica.

---

(4) PERULLI, Adalberto. "Lavori atipici e parasubordinazione tra diritto europeo e situazione italiana". *Rivista Giuridica del Lavoro e della Previdenza Sociale*, Roma, EDIESSE, ano LVII, n. 04, p. 731-752, out./dez. 2006.
(5) VALLEBONA, Antonio. *Breviario di Diritto del Lavoro*. 10. ed. Torino: G. Giappichelli, 2015. p. 194-195. Vide também CARINCI, Franco; TAMAJO, Raffaele De Luca; TOSI, Paolo; TREU, Tiziano. *Diritto del Lavoro. Il rapporto di lavoro subordinato*. 9. ed. Torino: UTET, 2016. p. 61-64.
(6) Ressalta-se que, a partir de 01.01.2016, os empregadores que assumam com contratos de trabalho subordinado por tempo indeterminado os trabalhadores já contratados como co.co.co ou co.co.pro., que tenham firmado com tais trabalhadores uma conciliação assistida relativa a "todas as possíveis pretensões referentes à qualificação da relação de trabalho anterior" e não rescindam o contrato de trabalho nos próximos doze meses, salvo por justa causa ou por justificado motivo subjetivo, têm direito à extinção dos ilícitos administrativos, previdenciários e fiscais relativos à qualificação incorreta da relação de trabalho (art. 54 do DL n. 81/2015).

O requisito mais difícil de ser interpretado e definido é a coordenação da atividade do prestador, a qual constitui o cerne, a pedra de toque da parassubordinação, diferenciando-a da subordinação. De acordo com o entendimento jurisprudencial, a coordenação consiste na "sujeição do prestador às diretrizes do tomador com relação às modalidades da prestação, sem, todavia, que ela se transforme em regime de subordinação". Assim, a coordenação pode se exteriorizar nas formas mais variadas, incidindo, inclusive, sobre o conteúdo, o tempo e o lugar da prestação laborativa, desde que não se transforme na heterodeterminação dessa última, mediante ordens e controles penetrantes sobre as suas modalidades de execução, pois que, nesse caso, resta configurada a subordinação[7].

3. OS VERDADEIROS EFEITOS DA PARASSUBORDINAÇÃO

Percebe-se, assim, que, no fim das contas, a distinção entre as duas hipóteses – subordinação e parassubordinação – se baseia na intensidade do poder diretivo do tomador de serviços. Quando este é mais intenso e constante, determinando em detalhes o conteúdo da prestação (além de aspectos relativos ao tempo e lugar em que esta ocorre) se está diante da subordinação; quando o poder diretivo é menos intenso, expressando-se por meio de instruções mais genéricas, configura-se a parassubordinação.

Assim, a plena diferenciação entre os dois conceitos somente é possível caso se adote uma concepção mais restrita de subordinação, que a identifique com a heterodireção patronal forte e constante da prestação laborativa em seus diversos aspectos, o que corresponde à noção clássica ou tradicional do conceito. De fato, caso se adote uma acepção mais ampla e extensiva de subordinação, as duas figuras acabam se confundindo.

Desse modo, a introdução legislativa da parassubordinação levou a doutrina e a jurisprudência dominantes a identificarem a subordinação com a sua acepção clássica e restrita, pois é a única forma de diferenciá-las. Passaram a ser enquadrados como parassubordinados trabalhadores que, caso não existisse essa figura, seriam considerados subordinados, verdadeiros empregados, fazendo jus não apenas a alguns poucos, mas a todos os direitos trabalhistas e previdenciários. Por outro lado, a parassubordinação atua como obstáculo à expansão do conceito de subordinação, pois esta levará à sobreposição das duas figuras, tornando inócuos os dispositivos legais que a introduziram.

A parassubordinação, na realidade, encobre ou mascara a redução operada no conceito de subordinação. Quando se afirma que o trabalhador é parassubordinado, é como se dissesse que, sem essa figura, ele seria considerado autônomo, não tendo direito trabalhista algum, então aquela propicia ao menos que lhe sejam conferidas algumas tutelas. Mas, na verdade, se a parassubordinação não existisse, ele seria considerado um empregado, sendo protegido integralmente – e não parcial e insuficientemente – pelo Direito do Trabalho.

Ressalta-se que a alteração promovida pelo DL n. 81/2015 somente agravou a situação. Em primeiro lugar, revogou-se a necessidade do projeto ("co.co.pro"), facilitando, assim, o recurso ao trabalho parassubordinado no setor privado. Por outro lado, o tipo de relação de trabalho parassubordinado à qual se aplica a disciplina do trabalho subordinado é, na verdade, uma típica relação de emprego na qual está presente a subordinação em sua acepção clássica, pois exige a heterodeterminação do horário e do local de trabalho. Desse modo, nesse ponto, a norma se mostra inócua, desnecessária. Todavia, pode-se afirmar que a situação foi agravada, pois o DL n. 81/2015 exclui expressamente determinadas hipóteses da aplicação da disciplina do trabalho subordinado. Em outras palavras, pretende o legislador excluir dessa disciplina relações de trabalho em que há a subordinação em sua acepção clássica, o que vai de encontro, inclusive, ao entendimento já consagrado pela Corte Constitucional italiana[8].

4. A INSUFICIÊNCIA DOS DIREITOS E GARANTIAS APLICÁVEIS AOS PARASSUBORDINADOS

Os direitos trabalhistas aplicáveis aos trabalhadores parassubordinados formam um conjunto bastante modesto, sendo muito inferior, quantitativa e qualitativamente, àquele previsto para os empregados. Tais direitos compreendem: aplicação do processo do trabalho (art. 409, § 3º, do CPC); da disciplina especial sobre os juros e correção monetária dos créditos trabalhistas (art. 429, § 3º, do CPC); da disciplina das renúncias e transações (art. 2113, do Código Civil de 1942); do regime fiscal do trabalho subordinado

---

(7) PISANI, Andrea Proto. *Lezioni di Diritto Processuale Civile*. 3. ed. Napoli: Jovene, 1999. p. 852.
(8) Na decisão n. 121, de 1993, a Corte Constitucional italiana firmou o entendimento de que não é possível "ao legislador negar a qualificação jurídica de relação de emprego a relações que objetivamente tenham essa natureza, quando disso derive a inaplicabilidade das normas inderrogáveis previstas pelo ordenamento para dar atuação aos princípios, às garantias e aos direitos ditados pela Constituição para a tutela do trabalho subordinado". O mesmo entendimento foi expresso na decisão n. 115, de 1994, da mesma Corte. Disponível em: <http://www.cortecostituzionale.it>. Acesso em: 02 ago. 2016. (Tradução nossa.)

(art. 47, § 1º, *c* bis, do Decreto n. 917, de 1986). Inclui ainda: a cobertura previdenciária da aposentadoria[9] e da maternidade[10] e os auxílios familiares[11] (art. 2º, § 26 e ss., da Lei n. 335, de 1995; art. 1º, § 212 e ss., da Lei n. 662, de 1996; art. 59, § 16, da Lei n. 449, de 1997; art. 80, § 12, da Lei n. 388, de 2000; art. 64 do DL n. 151, de 2001); o seguro obrigatório contra os acidentes do trabalho e as doenças profissionais (art. 5º do DL n. 38, de 2000) e o reconhecimento da liberdade sindical e do direito de greve[12].

Com exceção dos direitos anteriormente citados, não se aplicam aos parassubordinados as tutelas previstas pela ordem jurídica aos empregados[13], tais como: o direito a uma remuneração suficiente, previsto pelo art. 36, § 1º, da Constituição[14]; o direito à correção monetária e ao privilégio em relação aos juros, após a abertura do procedimento de execução concursal[15]; o direito previsto no art. 2126, do Código Civil de 1942 (CC/42), que consagra a denominada teoria trabalhista das nulidades, assegurando ao trabalhador a percepção de todos os direitos relativos ao período em que prestou a sua atividade, anteriormente à invalidação do contrato[16]; o direito previsto no art. 2125, do CC/42 (conforme entendimento jurisprudencial majoritário), que impõe limites ao estabelecimento do pacto de não concorrência, relativo ao período posterior à cessação do contrato de trabalho; direito à disciplina sobre as funções laborativas prevista no art. 2103, do CC/42[17].

Também não se aplicam aos parassubordinados: o impedimento do curso do prazo prescricional durante a vigência da relação de trabalho[18]; os privilégios previstos pela ordem jurídica aos créditos do empregado sobre os bens do empregador[19]; o seguro-desemprego[20]; a tutela da atividade sindical nos locais de trabalho, fortemente assegurada pelo Estatuto dos Trabalhadores (Lei n. 300, de 1970)[21]; o direito à formação, de modo que, caso queiram se manter atualizados e competitivos no mercado de trabalho, são obrigados a custeá-la.

Além de ser excluído de todos estes direitos mencionados, o parassubordinado também não conta com a proteção contra a dispensa imotivada, podendo o seu contrato ser cessado *ad nutum*, conforme ressaltado pela Corte de Cassação na decisão n. 4.849, de 25 de maio de 1996[22].

---

(9) O trabalhador parassubordinado deve se inscrever em uma gestão específica junto ao INPS, financiada por contribuições, na razão de 2/3 a cargo do tomador e 1/3 a cargo do trabalhador, que são recolhidas pelo primeiro. *In*: CGIL. *Lavoro nero, lavoro precario. Guida ai diritti e alle tutele*. Roma: CGIL, 2006. p. 36.

(10) Durante a licença-maternidade, de 5 meses, a trabalhadora recebe um benefício previdenciário, correspondente a 80% da renda média diária por ela percebida, e lhe é permitido trabalhar. O valor desse benefício acaba sendo muito baixo, vez que calculado sobre a remuneração da trabalhadora parassubordinada que, em média, é baixa, pois não é garantida pelo princípio da suficiência da remuneração (art. 36, § 1º, da Constituição). Por isso, até se permite que ela trabalhe durante a licença, vez que é a forma de integrar a sua renda, para que esta atinja um patamar suficiente.

(11) Os auxílios ao núcleo familiar são ajudas econômicas às famílias de baixa renda. Para a sua percepção, no caso do parassubordinado, é necessário que ao menos 70% da renda da família seja oriunda desse trabalho.

(12) VALLEBONA, Antonio. *Istituzioni di Diritto del Lavoro. Il rapporto di lavoro*. 4. ed. Padova: CEDAM, 2004. v. 2, p. 19-20.

(13) Gianni Loy observa que "a denominada 'colaboração coordenada e continuada' é uma forma de trabalho autônomo, quase carente de tutela, que em poucos anos alcançou, na Itália, o número de dois milhões e meio de contratos, dos quais mais da metade configura uma indiscutível relação de caráter subordinado"; trata-se, assim, de "uma forma de trabalho que, na realidade, acabou por legalizar o uso de um contrato autônomo em atividades típicas do trabalho subordinado (...) a transformação de trabalhadores subordinados em trabalhadores autônomos quase que os priva por completo de toda a proteção". LOY, Gianni. "El dominio ejercido sobre el trabajador". *Relaciones Laborales: revista critica de teoria y practica*, Madrid, La Ley, n. 02, p. 165-189, 2005. (Tradução nossa.)

(14) Esse entendimento foi firmado pela Corte de Cassação, como nas decisões n. 2.491, de 17 de abril de 1984; n. 224, de 16 de janeiro de 1986; n. 1.245, de 09 de março de 1989; n. 3.532, de 27 de abril de 1990; n. 13.941, de 21 de outubro de 2000, bem como pela Corte Constitucional, na decisão n. 121, de 29 de março de 1993. *Repertorio del Foro Italiano*, formato de CD-Rom.

(15) Vide a decisão da Corte Constitucional n. 226, de 20 de abril de 1989. *Repertorio del Foro Italiano*, formato de CD-Rom.

(16) Vide decisões da Corte de Cassação nas decisões n. 1.613, de 1989; n. 9.277, de 03 de setembro de 1993; n. 8.471, de 21 de junho de 2000; n. 12.259, de 27 de novembro de 1995; e n. 3.496, de 25 de março de 1995. *Repertorio del Foro Italiano*, formato de CD-Rom.

(17) Esse dispositivo prevê que devem ser atribuídas ao trabalhador as funções para as quais ele foi contratado e, no caso de atribuição de funções superiores, ele tem direito ao tratamento normativo correspondente à atividade efetivamente exercida. Além disso, o obreiro não pode ser transferido de uma unidade produtiva a outra senão por comprovadas razões técnicas, organizativas e produtivas. Todo pacto contrário a esse dispositivo é considerado nulo. Essa norma de grande relevo não se aplica aos parassubordinados, como afirmado pela Corte de Cassação na decisão n. 3.089, de 03 de abril de 1996. *Repertorio del Foro Italiano*, formato de CD-Rom.

(18) Vide a decisão da Corte de Cassação n. 13.323, de 25 de outubro de 2001. *Repertorio del Foro Italiano*, formato de CD-Rom.

(19) O privilégio geral sobre os bens móveis do patrão, previsto no art. 2.751*bis*, § 1º, do CC/42, foi considerado inaplicável aos parassubordinados pela Corte de Cassação, na decisão n. 2.420, de 21 de março de 1996. *Repertorio del Foro Italiano*, formato de CD-Rom.

(20) CGIL. *Lavoro nero, lavoro precario*. p. 39.

(21) A ação de repressão à conduta antissindical (art. 28, do Estatuto dos Trabalhadores), por exemplo, não se aplica aos parassubordinados, consoante o entendimento esposado pela Corte Constitucional na decisão n. 241, de 17 de dezembro de 1975. Disponível em <http://www.cortecostituzionale.it/>. Acesso em: 10 ago. 2016.

(22) No mesmo sentido, é a decisão do Tribunal de Avezzano, de 31 de janeiro de 2006, F.C. v. Regione Abruzzo. *Repertorio del Foro Italiano*, ano de 2006, Roma, Il Foro Italiano, 2007. p. 1570.

Há de se mencionar, ainda, as restrições normativas impostas aos parassubordinados no que tange à denominada "totalização das contribuições para a aposentadoria". Por meio desta, os diferentes períodos de trabalho nos quais foi recolhido certo número de contribuições a diversas caixas previdenciárias são somados para se obter uma única aposentadoria. Os parassubordinados inscritos na gestão específica do INPS podem requerer a totalização, desde que: tenham no mínimo 20 anos de contribuição e 65 anos de idade ou 40 anos de contribuição independentemente da idade; o pedido de totalização deve ser relativo a todos os períodos de contribuição, em sua integralidade; é possível totalizar os períodos de contribuição em cada caixa previdenciária apenas se iguais ou superiores a 6 anos. Considerando que a atividade dos parassubordinados é caracterizada por períodos de não trabalho e, assim, de ausência de contribuições, na prática, esses vínculos e limites impostos pela lei excluem grande parte desses obreiros do direito à totalização[23].

Desse modo, levando em conta as restrições descritas, aliadas à baixa remuneração desses trabalhadores, à descontinuidade na carreira, às jornadas de trabalho reduzidas e, consequentemente, à limitação no valor das contribuições previdenciárias recolhidas, é difícil que os parassubordinados consigam se aposentar de forma decente, com a percepção de um provento de valor razoável[24].

O trabalho parassubordinado, sendo destituído de tutelas fundamentais, mostra-se bastante conveniente aos olhos do empregador. Ele acaba servindo de "via de fuga" da relação de emprego e da consequente aplicação das normas trabalhistas[25]. Não por acaso, a "Confederazione Generale Italiana del Lavoro" (CGIL), maior central sindical italiana, é contrária à parassubordinação, pois os empregadores terão, evidentemente, todo o interesse em recorrer a esses colaboradores, cujo custo atualmente é cerca da metade daquele ligado à relação de emprego. O grande risco – que se está concretizando – é a multiplicação desses "falsos autônomos", que irão aumentar ainda mais as fileiras dos "trabalhadores pobres" (*working poors*)[26].

5. A PARASSUBORDINAÇÃO COMO FORMA DE DISCRIMINAÇÃO

Dessa forma, com exceção dos direitos anteriormente citados, não se aplicam aos trabalhadores parassubordinados as tutelas previstas pela ordem jurídica aos empregados. A Corte Constitucional italiana, em especial nas decisões n. 226, de 20 de abril de 1989, e n. 365, de 24 de julho de 1995, considerou essa enorme disparidade de tratamento legítima em razão da diversidade dos tipos legais da subordinação e da parassubordinação. Todavia, como vimos, trata-se de uma diversidade artificialmente (senão artificiosamente) construída, a partir da clara redução do conceito de subordinação. Além disso, essa suposta diferença entre as duas figuras não é um motivo razoável para justificar a diversidade de tutelas, o que configura, em verdade, violação ao princípio da isonomia, consagrado pelas Constituições democráticas.

O princípio da isonomia, de acordo as lições desenvolvidas pioneiramente pelo jurista alemão Leibholz, deriva do princípio geral da justiça e consiste na interdição do arbítrio. Para o autor, o princípio cumpre uma função fundamental, como forma de realização da democracia, devendo presidir a atuação do Estado em todos os níveis, limitando, inclusive, a discricionariedade do legislador: "os direitos fundamentais, nos quais se inclui o princípio da isonomia, precedem o momento legislativo, pelo que a atuação legislativa deveria, consequentemente, conformar-se com o sentido de tal princípio"[27]. De fato, todos os atos de Direito devem se assentar numa razão necessária, ou, ao menos, em uma razão suficiente, consistindo o ato

---

(23) CGIL. *Lavoro nero, lavoro precario*. p. 39-40.
(24) CGIL. *Lavoro nero, lavoro precario*. p. 41.
(25) Vide CALZARONI, Manlio; RIZZI, Roberta; TRONTI, Leonello. L'uso dei collaboratori coordinativi e continuati da parte delle imprese italiane: evidenze statistiche dalle fonti amministrative. *Economia & Lavoro*, Roma, Donzelli, ano XXXVIII, n. 02-03, p. 79-89, maio/dez. 2004.
(26) "Pesquisas realizadas nos países europeus confirmaram que a origem do trabalho autônomo economicamente dependente se encontra no próprio trabalho subordinado clássico (...) as empresas utilizam o *outsourcing* para atividades que anteriormente eram exercidas por trabalhadores subordinados (...) sobretudo no setor dos serviços (restaurantes, hotel, alimentação, mídia, ITC, marketing, propaganda, mundo artístico, espetáculos, administração e contabilidade, serviços sociais), mas também em setores mais tradicionais como os transportes, a construção civil e o trabalho em domicílio". De fato, em muitos casos, o "trabalho autônomo é certamente uma condição profissional imposta ao sujeito. Na literatura alemã, falou-se em trabalhadores autônomos de 'terceira geração' para indicar aqueles obreiros da ex-Alemanha Oriental obrigados a tentar a aventura da autonomia após a unificação (...) Evidentemente esses trabalhadores entram no quadro de uma 'economia da necessidade' e não naquele de uma economia da autorealização". PERULLI, Adalberto. Lavoro autonomo e dipendenza economica, oggi. *Rivista Giuridica del Lavoro e della Previdenza Sociale*, Roma, EDIESSE, ano LIV, n. 01, p. 221-270, jan./mar. 2003. (Tradução nossa.)
(27) "O critério que em última instância permite determinar o que é ou não é arbitrário (isto é, 'justo'), não pode ser fixado à partida, vivendo no campo do mutável historicamente e sendo ditado pela consciência jurídica de cada época (...) a justiça, como outros valores, está indissoluvelmente ligado à própria vida social (...) encontrando-se em perpétua evolução". DRAY, Guilherme Machado. *O princípio da igualdade no Direito do Trabalho*: sua aplicabilidade no domínio específico da formação de contratos individuais de trabalho. Coimbra: Almedina, 1999. p. 78 e 80.

jurídico arbitrário "numa motivação ou na procura de uma finalidade estranha à situação objetiva"[28].

Nesse sentido, por imposição do princípio da isonomia, a paridade ou a diferenciação operada pelo legislador, deve-se assentar em uma base efetiva de justificação, em uma razão necessária, suficiente, em um motivo atendível. Esse entendimento foi adotado pela jurisprudência alemã já na década de 1920. Em uma decisão do "Reischgericht", de 04 de novembro de 1925, com relação a um diploma legal, afirmou-se que "uma diferença de tratamento que não tivesse por base uma justificação razoável seria arbitrária e violaria o princípio da isonomia"[29].

A doutrina de Leibholz, no entanto, veio realmente a ser consagrada pela jurisprudência alemã após a queda do regime nazista e a promulgação da Constituição de Bohn, em 1949. A Corte Constitucional, em decisão datada de 23 de outubro de 1951, afirmou que: "O princípio da isonomia é violado quando não conseguimos encontrar, na base de uma diferença ou de uma igualdade de tratamento legal, uma justificação razoável, resultante da natureza das coisas ou de uma qualquer outra razão objetivamente plausível, pois quando assim acontece, a disposição deve ser considerada arbitrária". A Corte entendeu, assim, que o princípio da isonomia implica que qualquer diferença ou semelhança de tratamento deve ser justificada por uma razão objetiva suficiente, sob pena de essa medida se configurar como arbitrária e, assim, juridicamente inválida[30].

Consoante a jurisprudência alemã, a ideia de "razão objetiva suficiente", como corolário lógico do princípio da isonomia, deve ser respeitada, quer quando se trate de uma norma que diferencie, quer quando se trate de uma norma que confira uma disciplina paritária. Tanto a diferença quanto a igualdade de tratamento devem ser assentadas em razões objetivas, em motivos plausíveis. Essa dupla vertente do princípio da isonomia foi sedimentada pelos juízes alemães como "a obrigação de não tratar o que é essencialmente igual de forma arbitrariamente desigual, e de não tratar o que é essencialmente desigual de forma arbitrariamente igual"[31].

O legislador não pode, assim, tratar aquilo que é essencialmente igual de forma arbitrariamente desigual, o que pode e deve ser averiguado em sede de controle de constitucionalidade das leis, o qual, na maioria dos países democráticos, como o Brasil, a Alemanha e a Itália, é da competência do Poder Judiciário.

Pelo exposto, podemos concluir que o princípio da isonomia consiste na proibição do arbítrio, o que significa que deve haver uma razão objetiva, razoável, para que se proceda à diferenciação. Essa proibição se dirige a todos os níveis da atuação estatal, inclusive ao legislador. Aplicando esse raciocínio ao presente caso, temos que não existe uma razão suficiente, dotada de razoabilidade, para criar a figura do trabalhador parassubordinado, atribuindo-lhe um patamar de tutelas inferior àquele garantido aos empregados.

Como vimos, a diferença entre as duas categorias reside na heterodireção forte (sujeição do trabalhador a ordens patronais constantes e específicas, acerca dos diversos aspectos da prestação laborativa), que estaria presente na relação de emprego, mas não na relação de trabalho parassubordinada. Ora, essa diferença não justifica a disparidade de tratamento, pois a razão de ser das tutelas trabalhistas reside não nesse elemento, mas sim na hipossuficiência do obreiro, a qual se faz presente tanto nas relações empregatícias quanto naquelas parassubordinadas. Desse modo, a diferença de tratamento, sem uma razão suficiente para justificá-la, consiste em verdadeiro arbítrio, com consequente violação ao princípio da isonomia. Esse princípio – que é assegurado pelas atuais Constituições democráticas, como a brasileira, a alemã e a italiana – deve necessariamente ser respeitado pelo legislador.

Nesse sentido, ao criar a figura da parassubordinação, com a correlata atribuição de um patamar inferior de direitos, o legislador viola o princípio da isonomia, e, consequentemente, a própria Constituição. Por isso afirmamos que uma eventual lei que introduzisse essa figura no Direito brasileiro seria inconstitucional, por violação direta a esse princípio, consagrado pelo art. 5º, *caput*, da Carta Magna de 1988. Configuraria verdadeira discriminação, a qual é vedada expressamente pela Lei Maior em seu art. 3º, IV. Cumpre notar que esse dispositivo constitucional traz uma noção ampla de discriminação, a qual não se

---

(28) LEIBHOLZ. *Die Gleichheit vor dem Gesetz*. 1. ed. Berlim, 1925. p. 91 *apud* DRAY, Guilherme Machado. *O princípio da igualdade no Direito do Trabalho*, 1999, p. 80.
(29) Entsch. des Reichsgerichts in Ziv., t. 111, p. 320 e ss. *apud* DRAY, Guilherme Machado. *O princípio da igualdade no Direito do Trabalho*, 1999, p. 82.
(30) "Vimos já, aliás, que para Leibholz o princípio da igualdade significava a proibição do arbítrio, assim como já adiantamos que após 1949 a jurisprudência alemã actuou no mesmo sentido". DRAY, Guilherme Machado. *O princípio da igualdade no Direito do Trabalho*, 1999, p. 84-86.
(31) A Corte Constitucional alemã, em decisão datada de 1953, cuidou de esclarecer a definição de arbítrio: "desadequação objectiva e manifesta da medida legislativa à situação de facto que ela visa regular". DRAY, Guilherme Machado. *O princípio da igualdade no Direito do Trabalho*, 1999, p. 85 e 87.

limita apenas aos fatores expressamente mencionados (origem, raça, sexo, cor e idade), mas abrange "quaisquer outras formas de discriminação".

Nesse sentido, o art. 1º da Lei n. 9.029, de 13 de abril de 1995, que em sua redação original previa um rol aparentemente taxativo, foi alterado pela Lei n. 13.146/2015 (Lei Brasileira de Inclusão da Pessoa com Deficiência), passando a contemplar um rol expressamente exemplificativo[32]. De todo modo, esse dispositivo legal, em sua redação original, já vinha sendo interpretado pela doutrina mais avançada em conformidade com o art. 3º, IV, de maneira a considerar meramente exemplificativo o rol nele previsto[33].

A discriminação consiste, nas palavras de Mauricio Godinho Delgado, em uma "conduta pela qual se nega à pessoa, em face de critério injustamente desqualificante, tratamento compatível com o padrão jurídico assentado para a situação concreta por ela vivenciada"[34].

Por meio da parassubordinação, atribui-se a determinados trabalhadores um patamar de tutelas bastante inferior àquele assegurado aos empregados, sem um motivo suficiente para justificá-lo, o que configura verdadeira discriminação. De fato, a razão de ser das normas trabalhistas não é a presença de uma heterodireção patronal forte e constante sobre a prestação laborativa, mas sim a hipossuficiência do obreiro. Esta se faz presente tanto no caso dos empregados quanto na hipótese dos trabalhadores parassubordinados, razão pela qual a diferença de tratamento entre eles não se justifica, configurando verdadeira discriminação.

6. CONCLUSÃO

Pelo exposto, resta claro que a parassubordinação gerou resultados diametralmente opostos àqueles sustentados por seus defensores. Estes afirmavam que ela seria uma forma de estender parte da proteção do Direito do Trabalho a trabalhadores autônomos, que dela são excluídos. Mas, na verdade, ela ocasionou a restrição do conceito de subordinação, reduzindo-o à sua noção clássica ou tradicional. Disso resultou que trabalhadores tradicionalmente – e pacificamente – enquadrados como empregados passaram a ser considerados parassubordinados, sendo, assim, privados de direitos e garantias trabalhistas.

Foram estendidas pouquíssimas tutelas aos parassubordinados e, mesmo assim, em entidade bastante inferior às correspondentes aplicáveis aos empregados. O resultado é que o custo de um trabalhador parassubordinado é muito inferior àquele de um empregado, o que torna a figura uma via preferencial de fuga ao Direito do Trabalho. Assim, sob a aparência de ampliativa e protetora, a figura é, na essência, restritiva e desregulamentadora. É exatamente o oposto da tendência expansionista necessária para a realização das finalidades e objetivos do Direito do Trabalho.

Por tais razões, discordamos totalmente da sua instituição no Direito brasileiro. Em regra, os doutrinadores nacionais se inspiram no Direito estrangeiro, sobretudo naquele de países desenvolvidos, como a Itália, para propor o aperfeiçoamento e o avanço da ordem jurídica brasileira. Mas a análise do Direito estrangeiro também é muito útil para nos fornecer "contra-exemplos", isto é, aquilo que não deve ser implementado na nossa realidade. A instituição da parassubordinação no Brasil afrontaria a própria Constituição Federal de 1988. Esta, ao valorizar o trabalho como meio essencial à realização da dignidade da pessoa humana e à busca de maior justiça social (art. 1º, III e IV, art. 3º, I, III e IV, arts. 6º e 7º, art. 170, *caput* e incisos VII e VIII, art. 193), veda terminantemente o retrocesso nas condições laborativas no País (art. 3º, II, e art. 7º, *caput*), retrocesso este que seria provocado pela introdução da parassubordinação, como nos mostra claramente o exemplo italiano.

7. REFERÊNCIAS BIBLIOGRÁFICAS

CALZARONI, Manlio; RIZZI, Roberta; TRONTI, Leonello. L'uso dei collaboratori coordinativi e continuati da parte delle imprese italiane: evidenze statistiche dalle fonti amministrative. *Economia & Lavoro*. Roma: Donzelli, ano XXXVIII, n. 02-03, p. 79-89, maio/dez. 2004.

CARINCI, Franco; TAMAJO, Raffaele De Luca; TOSI, Paolo; TREU, Tiziano. *Diritto del Lavoro. Il rapporto di lavoro subordinato*. 9. ed. Torino: UTET, 2016.

---

(32) "Art. 1º. "É proibida a adoção de qualquer prática discriminatória e limitativa para efeito de acesso à relação de trabalho, ou de sua manutenção, por motivo de sexo, origem, raça, cor, estado civil, situação familiar, deficiência, reabilitação profissional, idade, entre outros, ressalvadas, nesse caso, as hipóteses de proteção à criança e ao adolescente previstas no inciso XXXIII do art. 7º da Constituição Federal." (sem grifos no original).

(33) Como ressalta Mauricio Godinho Delgado, "O referido art. 1º da Lei n. 9.029/1995 sofreu recente alteração por força do Estatuto da Pessoa com Deficiência (Lei n. 13.146/2015, art. 107), com vigência a partir de 04.01.2016. De um lado, o EPD substituiu a expressão 'relação de emprego' pela mais larga expressão, relação de trabalho; de outro lado, inseriu explicitamente dois outros fatores de potencial discriminação: deficiência e reabilitação profissional; finalmente, tornou inquestionável o caráter meramente exemplificativo (já passível de interpretação nessa linha) do rol de fatores fixado no preceito legal.". DELGADO, Mauricio Godinho. *Curso de Direito do Trabalho*. 15. ed. São Paulo: LTr, 2016. p. 893.

(34) DELGADO, Mauricio Godinho. *Curso de Direito do Trabalho*, 2016, p. 884.

CGIL. *Lavoro nero, lavoro precario. Guida ai diritti e alle tutele.* Roma: CGIL, 2006.

DELGADO, Mauricio Godinho. *Curso de Direito do Trabalho.* 15. ed. São Paulo: LTr, 2016.

DELGADO, Mauricio Godinho; PORTO, Lorena Vasconcelos (Org.). *O Estado de Bem-Estar Social no Século XXI.* São Paulo: LTr, 2007.

DRAY, Guilherme Machado. *O princípio da igualdade no Direito do Trabalho*: sua aplicabilidade no domínio específico da formação de contratos individuais de trabalho. Coimbra: Almedina, 1999.

LOY, Gianni. El dominio ejercido sobre el trabajador. *Relaciones Laborales:* revista critica de teoria y practica. Madrid: La Ley, n. 02, p. 165-189, 2005.

PERULLI, Adalberto. Lavori atipici e parasubordinazione tra diritto europeo e situazione italiana. *Rivista Giuridica del Lavoro e della Previdenza Sociale.* Roma: EDIESSE, ano LVII, n. 04, p. 731-752, out./dez. 2006.

PERULLI, Adalberto. Lavoro autonomo e dipendenza economica, oggi. *Rivista Giuridica del Lavoro e della Previdenza Sociale.* Roma: EDIESSE, ano LIV, n. 01, p. 221-270, jan./mar. 2003.

PISANI, Andrea Proto. *Lezioni di Diritto Processuale Civile.* 3. ed. Napoli: Jovene, 1999.

PORTO, Lorena Vasconcelos. *A subordinação no contrato de trabalho*: uma releitura necessária. São Paulo: LTr, 2009.

REPERTORIO DEL FORO ITALIANO, ano de 2006, Roma, Il Foro Italiano, 2007.

REPERTORIO DEL FORO ITALIANO, formato de CD-Rom, consultado na Biblioteca da Faculdade de Direito da Universidade de Roma "Tor Vergata".

VALLEBONA, Antonio. *Breviario di Diritto del Lavoro.* 10. ed. Torino: G. Giappichelli, 2015.

VALLEBONA, Antonio. *Istituzioni di Diritto del Lavoro. Il rapporto di lavoro.* 4. ed. Padova: CEDAM, 2004. v. 2.

Escravização de Refugiados e Migrantes no Sul da Itália: liberdade restringida pela miséria econômica e sofrimento social[1]

Luciana Paula Conforti[(*)]

1. INTRODUÇÃO

A crise de refugiados e imigrantes na Europa tem sido tema frequente na imprensa nacional e internacional. Em 2015, o naufrágio de embarcação no Mediterrâneo deixou 800 mortos, incluindo mulheres e crianças.[2]

Segundo a União Europeia para Controle de Fronteiras, em 2016, a Itália recebeu número recorde de imigrantes, com o crescimento de 20%, totalizando 181 mil pessoas.[3] O país é uma das principais vias de entrada para a Europa de imigrantes vindos do Norte da África e do Oriente Médio e, nos últimos anos, tem sofrido intenso fluxo de estrangeiros traficados, o que motivou apelos à União Europeia para adoção de medidas de responsabilidade compartilhada.[4]

A União Europeia anunciou um pacote de medidas para tentar conter o tráfico ilegal e a crise da imigração, incluindo reforço no policiamento das fronteiras; tratamento conjunto dos pedidos de asilo; unificação e compartilhamento do banco de dados com a identificação dos imigrantes; oferta de viagem de retorno; maior integração entre os escritórios de imigração dos países mais afetados; e um projeto piloto, de adesão voluntária, para a reinstalação dos estrangeiros.[5]

Devido ao intenso fluxo de pessoas em escala global, em setembro de 2016, foi realizada a primeira reunião para a discussão de formas de proteção aos direitos de refugiados e migrantes, na Assembleia Geral das Nações Unidas, com a divulgação da Declaração de Nova York. Os compromissos assumidos objetiva-

---

(*) Juíza Titular da 1ª Vara de Barreiros – PE. Mestre em Direito Constitucional pela UFPE. Doutoranda em Direito, Estado e Constituição pela UnB, integrante do grupo de pesquisa Trabalho, Constituição e Cidadania (UnB-CNPQ). Membro da Academia Pernambucana de Direito do Trabalho. Diretora de Cidadania e Direitos Humanos da AMATRA VI. Membro da Comissão de Direitos Humanos e Cidadania da ANAMATRA. e-mail: lucianapaulaconforti@gmail.com

(1) Texto elaborado a partir dos estudos realizados no curso *Riregolazione dei rapporti di lavoro e del processo in Italia: dalla radici del Diritto Romano all'Ordinamento europeo*, em julho de 2016, na *Università di Roma – La Sapienza*.

(2) Disponível em: <http://www1.folha.uol.com.br/mundo/2015/04/1619196-naufragio-no-mediterraneo-deixou-800-imigrantes-mortos-diz--onu.shtml>. Acesso em: 27 fev. 2017.

(3) Disponível em: <http://agenciabrasil.ebc.com.br/internacional/noticia/2017-01/italia-tem-recorde-na-chegada-de-imigrantes-em-2016-181-mil--pessoas>. Acesso em: 26 fev. 2017.

(4) Disponível em: <https://noticias.uol.com.br/ultimas-noticias/afp/2015/04/22/italia-pede-combate-aos-comerciantes-de-escravos-do-mediterraneo.htm>. Acesso em: 26 fev. 2017.

(5) Disponível em: <http://veja.abril.com.br/mundo/uniao-europeia-anuncia-pacote-para-conter-a-crise-da-imigracao-ilegal/>. Acesso em: 28 fev. 2017.

ram a responsabilização conjunta e a adoção de um pacto global para migração segura, ordenada e regular em 2018, com a criação de oportunidades para que os refugiados possam ser recolocados em outros países.[6]

Como aponta Hugo Melo, em que pesem as promessas e o entusiasmo que marcaram cada etapa da União Europeia, ao longo de mais de 60 anos desde que o processo teve início, a esperada alavancagem da Europa não ocorreu, seja no tocante ao crescimento ou à competitividade e, principalmente, quanto à elevação das condições de vida dos cidadãos, o que cedeu espaço a incertezas e, mais recentemente, à desilusão.

A Itália é uma das quatro maiores nações da Europa Ocidental, teve crescimento negativo entre 2005 e 2014, vem suportando enormes déficits orçamentários e em sua balança comercial apresentou aumento da dívida e taxas de desemprego maiores que na Europa, circunstância ainda mais agravada no sul italiano, devido à maciça chegada de imigrantes.[7]

O artigo trata da escravização de refugiados e migrantes no sul da Itália, apontando para a restrição da liberdade de tais cidadãos em sentido amplo, devido à miséria econômica, desproteção social e inércia estatal na adoção de medidas efetivas para a proteção da dignidade dos trabalhadores. Após a morte de trabalhadores por exaustão nas lavouras italianas, em 2016, o país alterou a legislação penal, a fim de punir os exploradores e intermediários, o que pode trazer esperança de transformação de tal quadro de indiferença e desumanidade.

2. PRECARIZAÇÃO DO TRABALHO NA ITÁLIA E *LAVORO NERO*

A máfia italiana é responsável pelo tráfico de pessoas e pelo controle do trabalho nas lavouras do sul da Itália, com imenso lucro. Segundo o relatório *Agricoltura e lavoro migrante in Puglia,* elaborado pela *Federazione Lavoratori Agroindustria (FLAI)* e pela *Confederazione Generale Italiana de Lavoro (CGIL),* a colheita de tomate em *Puglia* é um negócio que rende entre 21 e 30 milhões de euros por ano, fruto da escravização de quase 50 mil trabalhadores que vivem em condições análogas à escravidão, em 55 guetos espalhados pela região.[8]

Não é só em Puglia que o *lavoro nero* – considerado como aquele executado com violação da lei que o regula – é verificado, mas na Calábria, na Campânia, na Sicília, etc., com estimativas de que é responsável pela evasão de bilhões de euros em taxas e contribuições aos cofres públicos. Tal tipo de trabalho não envolve apenas estrangeiros, mas todos aqueles que necessitam complementar a renda para sobreviver com uma segunda ocupação; os aposentados e os desempregados.[9]

Em meio à abertura dos mercados, as empresas europeias, dentre elas as italianas, passaram a sofrer os efeitos da concorrência e das exigências do mercado comum, inclusive o fenômeno da transferência das fábricas para países com menor custo da mão de obra e a adoção de trabalho autônomo e de outras formas de trabalho precarizado.

Devido à crise financeira mundial, a quebra do banco Lehman Brothers, com sede nos Estados Unidos, considerado um dos maiores bancos de investimentos mundial, em 2008, agravou os problemas financeiros de vários países e na União Europeia. A crise fez com que os países investissem em setores estratégicos, o que aprofundou o déficit orçamentário que já apresentavam e exigiu a adoção de medidas de austeridade, quando a desregulamentação do trabalho passou a ser defendida com maior ênfase.[10]

A ideia da flexisegurança passou a fazer parte dos debates entre todos os Ministros do Emprego dos países que integravam a União Europeia e pretendia conciliar o inconciliável: a flexibilidade do mercado de trabalho e a segurança dos trabalhadores contra o desemprego, que amargava o número de 16 milhões de trabalhadores europeus em 2007.[11]

Como explica Amelia Torrice, o problema foi abordado pela Comissão Europeia no Livro Verde sobre a modernização do trabalho de 2006, para o abandono de tutelas rígidas nas relações de trabalho, mas com promessas de garantias de formação continuada, em sistema de parceria público-privada, a fim de forjar su-

---

(6) Disponível em: <http://www.unmultimedia.org/radio/portuguese/2016/09/lideres-mundiais-adotam-plano-corajoso-para-proteger-refugiados-e-migrantes/#.WLMdFlUrLIX>. Acesso em: 27 fev. 2017.
(7) MELO FILHO, Hugo Cavalcanti. Unificação europeia e precarização do trabalho: o caso italiano. In: MELO FILHO, Hugo Cavalcanti; PETRUCI, Fabio (Orgs.). *Direito Material e Processual do Trabalho*: uma interlocução entre Brasil e Itália. São Paulo: LTr, 2016. p. 59.
(8) Disponível em: <http://projetocolabora.com.br/inclusao-social/os-escravos-do-tomate-2/>. Acesso em: 25 fev. 2017.
(9) Disponível em: <http://www.lastampa.it/2016/11/19/economia/lavoro-nero-miliardi-di-pil-sommerso-lanno-7WZdFl1r1n86Jw1zDoRuxK/pagina.html>. Acesso em: 28 fev. 2017.
(10) Disponível em: <http://g1.globo.com/economia/noticia/2013/09/veja-o-que-mudou-5-anos-apos-quebra-do-lehman-em-pontos-chave.html>. Acesso em: 27 fev.2017.
(11) DALLEGRAVE NETO, José Affonso. *Flexisegurança nas relações de trabalho. O novo debate europeu.* Disponível em: <http://www.calvo.pro.br/media/file/colaboradores/jose_affonso_dallegrave_neto/jose_dallegrave_neto_flexiseguranca.pdf>. Acesso em: 25 fev. 2017.

posta capacidade profissional, apta a atender imediatamente a demanda de trabalho proveniente das empresas e com aumento das prestações previdenciárias para o caso da perda do emprego. Com o agravamento da crise, em março de 2010, a Comissão Europeia propôs diversas medidas para a retomada da economia.[12]

Na Itália, assim como em outros países comunitários, houve o efetivo rompimento do discurso da manutenção de flexibilidade com seguridade, com inúmeras alterações legislativas precarizantes das relações de trabalho, até a consolidação da reforma trabalhista com o *Jobs Act,* implementada pelo Decreto Legislativo n. 81, de 15 de junho de 2015.

Giancarlo Erasmo Saccoman compara o *Jobs Act* ao retorno do trabalho "escravo", face ao arbítrio do patronato nas rescisões contratuais, o que antes era bastante limitado pelo art. 18 do Estatuto dos Trabalhadores (Lei n. 300, de 20 de maio de 1970).[13]

Saccoman lembrou o protesto feito por mais de um milhão de trabalhadores em 2014[14], organizado pela Confederação Geral Italiana do Trabalho, na Praça *San Giovanni*, em Roma, em face da reforma trabalhista proposta pelo Primeiro-Ministro, Matteo Renzi.

Como explicou o trabalhador Massimo Lettieri, com referência ao Estatuto dos Trabalhadores: "Durante mais de 40 anos, o art. 18 encarnou a essência da dignidade dos trabalhadores diante do poder dos patrões, protegendo-os contra as demissões sem justa causa e resguardando seus direitos, de serem indenizados e recolocados imediatamente em seus postos de trabalho"[15]

A propaganda do governo era a de que reforma trabalhista tornaria o país mais atrativo aos investidores, aqueceria a economia e resultaria na criação de mais empregos. Apesar disso, segundo o Instituto de Estatísticas Italiano – ISTAT, o desemprego na Itália cresceu e chegou a 11,9% em 2016, afetando, especialmente, mulheres, jovens e pessoas com mais de 50 anos.[16]

Como destacado com propriedade por Roberto Mania, não é a reforma do mercado de trabalho que cria ocupações. A Itália demonstra isso, com crescimento das taxas de ocupação sempre inferiores às da Europa. Houve profunda divisão no país, desequilíbrio entre os trabalhadores com contratos de trabalho por tempo determinado, pela ausência de garantias e indeterminado, com maior proteção. A precarização foi formalizada, mas os precarizados não foram protegidos, como prometido.[17]

Luciano Gallino apresentou estudo sobre o custo humano e social da flexibilização do trabalho. Na introdução, afirma que apesar dos resultados negativos, economistas, juristas, políticos, empresários e associações industriais continuam sustentando a necessidade, urgente, de adoção na Itália, de uma maior flexibilização do trabalho, para possibilitar, em tempos de globalização, competição com outros países avançados e que, assim, há interesse geral da coletividade no aumento dos postos de trabalho flexíveis.

Ocorre que, segundo Gallino demonstrou, não só o trabalho tornou-se precarizado, mas a própria vida do cidadão, o que reflete diretamente na família, na comunidade e na sociedade como um todo. O trabalhador não tem perspectiva de vida, a partir do momento em que não sabe quando e que tipo de trabalho terá em poucos meses. Os contratos são de curta duração e dependem do mercado. Assim, não há como se fazer um projeto de vida de longo prazo, mas dependendo do lugar, de quanto o trabalhador estará ganhando e por quanto tempo. As famílias empobreceram, o que impôs o trabalho a todos para a garantia do sustento comum. Os jovens não conseguem boa formação e, com o passar dos anos, entrarão nas fileiras dos trabalhadores sem ocupação. A insegurança torna os trabalhadores amedrontados, permitindo maior exploração. Todo o contexto delineado afronta diretamente a maior parte das tutelas da Organização Internacional do Trabalho, voltadas ao trabalho decente ou digno[18], o que prova ser uma falácia o alardeado interesse da coletividade.

O lavoro nero ou *sommerso*, teve crescimento acelerado com os grandes fenômenos migratórios, sobretudo os de forma clandestina. Convenientemente

---

(12) TORRICE, Amelia. As diversas espécies de relação de trabalho subordinado no ordenamento jurídico italiano. In: MELO FILHO, Hugo Cavalcanti; PETRUCI, Fabio (Orgs.). *Direito Material e Processual do Trabalho*: uma interlocução entre Brasil e Itália. São Paulo: LTr, 2016. p. 18.
(13) Antes da reforma, o direito italiano estabelecia limites à dispensa do trabalhador, prevendo que o contrato de trabalho por prazo indeterminado somente poderia ser rescindido no caso de justa causa do empregado ou motivadamente, com base no art. 1º da Lei n. 604/1966.
(14) SACCOMAN, Giancarlo Erasmo. *La (contro) riforma del lavoro*: Jobs act. Milão: Punto Rosso, 2014. p. 32, 34. (Tradução da autora.)
(15) Disponível em: <http://operamundi.uol.com.br/conteudo/reportagens/38931/trabalhadores+italianos+reagem+as+propostas+de+reforma+do+governo+renzi.shtml>. Acesso em: 27 fev. 2017.
(16) Disponível em: <http://www.jb.com.br/internacional/noticias/2017/01/09/desemprego-na-italia-cresce-e-chega-a-119-aponta-istat/>. Acesso em: 26 fev. 2017.
(17) MANIA, Roberto. Flessibilitá. In: GALLINO, Luciano. *Vite rinviate*: lo scandalo del lavoro precario. Roma: Laterza, 2014. p. 98-99. (Tradução da autora.)
(18) GALLINO, Luciano. *Vite rinviate*: lo scandalo del lavoro precario. Roma: Laterza, 2014. p. 7-11. (Tradução da autora.)

tolerado, aceito e estimulado por interesses particulares, segundo Salvatore Tropea, o *lavoro nero* se transformou em umas das pragas endêmicas da Itália.[19]

Enzo Nocifora discorre sobre o que denominou trabalho *schiavistico* e *paraschiavistico*, tratando da superexploração no mercado de trabalho da Itália, sobretudo envolvendo imigrantes na agricultura, afirmando que o problema tornou-se endêmico não só pelos efeitos da globalização, da abertura dos mercados, da crise econômica mundial, da exportação do trabalho industrial, mas por fatores que envolveram diretamente a sociedade industrial e as suas transformações internas, especialmente pela fragmentação das garantias no trabalho e desarticulação coletiva.[20]

Francesco Carchedi tratou do trabalho de estrangeiros gravemente explorados na agricultura, que não encontram paridade de tratamento e de oportunidades, como um processo avançado e de natureza completamente estrutural. Fez referência, em particular, aos trabalhadores que são contratados sazonalmente, por poucas semanas e aos que vêm engajados com a promessa de serem sucessivamente contratados, o que, posteriormente, revela-se enganador.

Carchedi citou a situação daqueles que ainda estão em posição de manifesta vulnerabilidade social e econômica: ou porque já expirada a sua permissão de permanência no país, ligada ao contrato de trabalho e lutam para readquiri-la; ou porque lhe requisitaram o passaporte ou o documento de identidade para submetê-lo às regras laborativas não aceitas; ou porque se trata de contingente de trabalhadores irregulares ou segmentos sujeitos à contratação de modo vexatório ou escravizador. Essas diferentes categorias de trabalhadores estrangeiros têm, com relação às posições ocupacionais, um status socioeconômico diferenciado que varia de formas de trabalho regularmente formalizadas ou não, mas reguladas especificamente por acordos orais diretamente estabelecidos entre empresários e trabalhadores; bem como formas de trabalho irregular definidas oralmente entre os intermediários de mão de obra, cabos e trabalhadores estrangeiros.

Ainda de acordo com Carchedi, essas modalidades de engajamento ocupacional podem determinar condições de trabalho objetivamente indecentes e gravemente exploratórias. A intermediação de mão de obra, ademais, é um ato ilegal, mas não obstante, isso parece bastante difundido nos campos com alta intensidade laborativa para satisfazer picos e saltos incrementais da produção/processamento dos produtos agroalimentares. A produção agrícola, por sua configuração estrutural, está presente em todo o território nacional, mas em fases do ano diferenciadas segundo a tipologia da cultura, do clima/sub-clima local, e segundo a morfologia do território. Do entrelaçamento de tais fatores se determinam os processos produtivos constantes ao longo de todo o ano agroalimentar e processos produtivos centralizados em vez de em alguns meses particulares.

Segue-se que componentes diversos de trabalhadores imigrantes, para poder ter uma ocupação continuativa, se movimentam de um distrito alimentar a outro, de uma Província/Região a outra, na base das possibilidades ocupacionais que aquele distrito pode objetivamente garantir. Trata-se de uma mobilidade reticular que se desvenda em múltiplas direções ao longo dos territórios e lugares com vocação alimentar, do Norte ao Centro e do Centro ao Sul e vice-versa.[21]

O panorama delineado esconde o descaso do Estado e a indiferença da sociedade. Violência, invisibilidade, desproteção, medo e ofensa aos direitos humanos são marcantes em tal trabalho.

A culinária e o vinho italiano são bastante apreciados em todo o mundo. Há divulgação da gastronomia e enologia, no entanto, não são comuns debates envolvendo princípios éticos e os custos humanos e sociais da produção agrícola da região. Não se costuma cogitar, por exemplo, sobre como é feita – e por quem – a colheita dos tomates utilizados na elaboração deliciosos molhos, tampouco das uvas utilizadas na produção dos premiados vinhos.

3. ESCRAVIZAÇÃO DE REFUGIADOS E MIGRANTES NO SUL DA ITÁLIA

A proibição do uso de trabalho forçado ou obrigatório, em todas as suas formas, é considerada na atualidade como uma norma imperativa na legislação internacional sobre direitos humanos. Tais formas de trabalho são consideradas graves violações de direitos humanos, condenadas universalmente e sua proibição alcançou status de *jus cogens*, aceita pela comunidade internacional de Estados como uma norma que não admite derrogação (art. 53 da Convenção de Viena sobre o Direito dos Tratados, de 1969).

---

(19) TROPEA, Salvatore. Lavoro Nero. In: GALLINO, Luciano. *Vite rinviate*: lo scandalo del lavoro precario. Roma: Laterza, 2014. p. 106. (Tradução da autora.)
(20) NOCIFORA, Enzo. *Quase Schiavi*: paraschiavismo e super-sfruttamento nel mercato del lavoro del XXI secolo. Santarcangelo di Romagna: Maggioli, 2014. p. 5. (Tradução da autora.)
(21) CARCHEDI, Francesco. Il lavoro gravemente struffato in agricoltura: primi risultati di ricerca. In: NOCIFORA, Enzo. *Quase schiavi*: praschiavismo e super-sfruttamento nem mercato del lavoro del XXI secolo. Santarcangelo di Romagna: Maggioli, 2014. p. 84. (Tradução da autora.)

Apesar de todos os esforços, o trabalho forçado ou obrigatório continua existindo em muitos países e milhares de pessoas em todo o mundo estão a eles submetidas. Há, também, em escala mundial, a manutenção de trabalhadores em regime de servidão por dívidas, mediante o tráfico de seres humanos com fim de exploração sexual e laboral, envolvendo não só adultos, como também crianças, o que tem sido fruto de renovada preocupação internacional.[22]

Embora o trabalho forçado persista em formas tradicionais com vestígios da escravidão e da servidão por dívidas, novas formas de submissão surgiram, motivando a atualização e renovação dos compromissos internacionais assumidos.

De acordo com a Organização Internacional do Trabalho – OIT, atualmente existem cerca de 21 milhões de pessoas vítimas de trabalho forçado em todo o mundo, com a estimativa de que a cada ano as formas contemporâneas de escravidão geram ganhos de 150 bilhões de dólares à economia privada.[23]

Para melhor abordar essas formas contemporâneas de escravidão, em junho de 2014, a OIT adotou novo Protocolo, vinculado à Convenção n. 29, de caráter vinculante.

O Protocolo à Convenção n. 29 reforçou o marco legal internacional contra o trabalho forçado ao introduzir novas obrigações relacionadas com a prevenção, proteção das vítimas e com o acesso a compensações, no caso de danos materiais ou físicos, por exemplo. Além disso, requer que os governos adotem medidas para melhor proteger os trabalhadores de práticas de recrutamento fraudulentas ou abusivas, especialmente trabalhadores migrantes.

Os imigrantes são envolvidos em complexa rede de aliciamento e tráfico, chegam às plantações italianas endividados com as despesas da viagem, ganham salários ínfimos e não têm asseguradas condições dignas de trabalho e vida.

Isolados geograficamente, refugiados da guerra civil ou vítimas da miséria econômica, são escravizados em meio à imensidão dos campos agrícolas da região de *Puglia* (Apúlia), sobrevivem em barracas de papelão ou plástico, erguidas em guetos escondidos e de difícil acesso. As imagens do local mostram realidade bastante distinta dos cenários bucólicos mostrados nos filmes, dos monumentos imponentes que remetem à história e dos famosos pontos turísticos de um dos países mais belos e visitados do mundo.[24]

O investimento estatal é insuficiente. Não há saneamento básico, coleta de lixo regular e água potável abundante. Houve a suspensão do financiamento público de algumas organizações não governamentais que prestavam ajuda humanitária nos guetos. Ao longo dos anos, o problema aumentou e, segundo pesquisadores, apenas a retirada das pessoas do local, com a recolocação digna no mercado de trabalho e na sociedade poderá solucionar o drama dos que vivem subjugados à marginalidade e exploração.[25]

Será que estamos tratando de trabalhadores livres e que escolheram viver desse modo? É evidente que não. Sem alternativas de emprego, os trabalhadores são submetidos a condições indignas de moradia e trabalho. Ao mesmo tempo, persiste sistema ilegal de povoação dos guetos pelo tráfico, para a manutenção do excedente de mão de obra e garantia da máxima lucratividade, mediante a exploração do trabalho análogo à escravidão.

Segundo a pesquisa *Agromafie e caporalato*, existem pelo menos 80 zonas espalhadas por todo o país que praticam as mesmas regras de exploração do trabalho e que obrigam pessoas a viverem em condições subumanas. Ainda de acordo com a pesquisa, 430 mil pessoas trabalham ilegalmente nos campos italianos, dentre as quais 100 mil vivem em condições de exploração e vulnerabilidade. Do total, 80% são imigrantes. Para todos, valem as mesmas regras: nenhuma tutela e direito garantido, falta de contrato, 12 horas de trabalho diário, remuneração 60% inferior ao estabelecido por lei para trabalho no campo e tudo depende dos capatazes. São eles que estabelecem o valor do transporte, do aluguel da barraca, da comida e da garrafa de água. Não bastasse a exploração econômica, soma-se a violência física e psicológica. A única diferença entre italianos e imigrantes é que os nacionais voltam para suas casas, enquanto que os estrangeiros são obrigados a viver nos guetos.[26]

4. ALTERAÇÃO DA LEGISLAÇÃO PENAL ITALIANA

Como visto, a maior parte dos trabalhadores escravizados nas plantações do sul da Itália são estrangeiros, mas italianos sofrem a mesma prática.

---

(22) *Derecho internacional del trabajo y derecho interno*: manual de formación para jueces, juristas y docentes em derecho. Trabajo forzoso. Centro Internacional de Formación de la OIT. Italia: Turím, 2014. p. 1. (Tradução da autora.)

(23) Disponível em: <http://www.oit.org.br/content/oit-adota-novo-protocolo-para-combater-formas-modernas-de-trabalho-forcado>. Acesso em: 12 ago. 2015.

(24) Disponível em: <https://spark.adobe.com/page/vKrN3r7wVWFfU/>. Acesso em: 25 fev. 2017.

(25) Disponível em: <http://projetocolabora.com.br/inclusao-social/humanitario-ma-non-tropo/>. Acesso em: 25 fev. 2017.

(26) Disponível em: <http://projetocolabora.com.br/inclusao-social/italianos-tambem-sao-vitimas/>. Acesso em: 25 fev. 2017.

A morte da italiana Paola Clemente por calor e exaustão em um vinhedo da Andria, agitou o país em 2015. Paola trabalhava a 170 quilômetros de distância da sua residência. Saía de casa às 2 horas e não retornava antes das 15 ou 18 horas, dependendo da época.

No prefácio da pesquisa Agricultura e Trabalho Migrante em *Puglia*, o secretário geral da Central Geral Italiana do Trabalho, Giovanni Forte, fez sérias críticas ao governo italiano, trazendo o caso de Paola como modelo. É evidente que se não houvesse a necessidade *di portare il pane a casa*, de levar comida à mesa, Paola não teria se deslocado à distancia de quase 200 quilômetros da sua residência para trabalhar, onde veio a falecer. O caso de Paola não foi isolado. A pesquisa cita, pelo menos, dois outros trabalhadores que também faleceram no trabalho por exaustão.

Os objetivos da pesquisa foram os de demonstrar as condições de trabalho das mulheres e de imigrantes, as graves violações contratuais e da lei, as interferências ilegais no mercado de trabalho pela máfia, a exploração selvagem e a redução dos trabalhadores à condição de escravos. Forte aponta como motivos de tal situação, a ausência de investimentos no sul do país, a escassez de ocupações e a extrema necessidade das famílias, o que se agravou com a superpopulação, após a maciça chegada de imigrantes. O relatório ressalta, ainda, a livre ação dos mafiosos, com o aliciamento de trabalhadores em locais determinados e a execução das atividades sem qualquer punição, inclusive em relação ao mercado, reivindicando posturas mais severas por parte das autoridades, para, além da realização de investimentos, impor princípios éticos em face dos produtos agrícolas vindos da região, conclamando a unificação dos trabalhadores, migrantes internos e externos.[27]

Segundo o viúvo de Paola, apesar dos baixos salários, devido à extrema necessidade, os trabalhadores não podem prescindir dos pagamentos e permanecem em silêncio. Para tanto, não são necessárias ameaças físicas para mantê-los trabalhando, apenas a simples ameaça de não mais trabalharem.[28]

A comissão de expertos da OIT analisou situações em que, aproveitando da vulnerabilidade dos trabalhadores, houve a exigência de trabalho sob ameaça da perda do emprego ou do recebimento de pagamento inferior ao salário mínimo, entendendo que, em tais casos, não se trata apenas de más condições de trabalho, mas de real imposição de trabalho, desafiando à proteção da Convenção n. 29.[29]

Felizmente, após o triste episódio da morte de Paola, houve a prisão dos responsáveis pela fazenda e exploração do trabalho[30] e alteração da lei penal italiana para punição dos que se beneficiam com a escravidão contemporânea.

A Lei, de agosto de 2016, contém disposições prevendo o combate ao *lavoro nero* e à exploração do trabalho na agricultura, relativo à escravidão contemporânea, objetivando a eliminação da violência no campo e o realinhamento retributivo do setor agrícola. O diploma legal alterou o Código Penal Italiano, impondo sanções penais aos responsáveis pelo trabalho exploratório e aos intermediários, devido ao aproveitamento do estado de necessidade dos trabalhadores, contendo previsão de agravamento da pena nos casos de violência e ameaça.

A nova norma prevê como indícios de exploração, o pagamento de salários em desacordo com os contratos coletivos, além do desrespeito da jornada de trabalho e do repouso previsto em tais instrumentos, sem o devido pagamento, o desrespeito das normas de segurança nos locais de trabalho e a manutenção de vigilância, por exemplo. Como parte das penalidades há previsão, ainda, da possibilidade do confisco dos bens e da extensão, aos escravizados, das finalidades do Fundo destinado às vítimas do tráfico de pessoas, pela consideração da similitude de situações e dos mesmos mecanismos de aliciamento.[31]

5. RESTRIÇÃO DA LIBERDADE: MUITO ALÉM DA COAÇÃO FÍSICA

Em 10 de maio de 1944, na Filadélfia, foi proclamada a primeira declaração internacional de direitos com finalidade universal, objetivando edificar, após a Segunda Guerra Mundial, uma nova ordem internacional que não fosse mais baseada na força, mas sim no Direito e na justiça.

Segundo Alain Supiot, a fé na infalibilidade dos mercados financeiros substituiu a vontade de fazer reinar um pouco de justiça na produção e na repartição das riquezas em escala mundial, condenando à migração,

---

(27) Disponível em: <http://www.flaipuglia.it/wp-content/uploads/2015/11/agricoltura-e-lavoro-migrante-report-2015-a%20-cura-della-cgil-
-flai.pdf>. Acesso em: 27 fev. 2017.
(28) Disponível em: <http://www.abc.es/sociedad/20150819/abci-italianas-muere-201508181841.html>. Acesso em: 27 fev. 2017.
(29) *Derecho internacional del trabajo y derecho interno*: manual de formación para jueces, juristas y docentes em derecho. Trabajo forzoso. Centro Internacional de Formación de la OIT. Italia: Turím, 2014. p. 9. (Tradução da autora.)
(30) Disponível em: <http://bari.repubblica.it/cronaca/2017/02/23/news/caporalato_6_arresti_per_morte_palola_clemente-158977625/>. Acesso em: 27 fev. 2017.
(31) Disponível em: <http://www.repubblica.it/economia/2016/10/18/news/ddl_caporalato_diventa_legge-150058824/>. Acesso em: 27 fev. 2017.

à exclusão ou à violência, a imensa multidão de perdedores da nova ordem econômica mundial. Devido à falência de tal sistema, sob os escombros da ideologia ultraliberal, Supiot reconstrói o contexto e as bases sobre as quais foram fundados os princípios colocados em Filadélfia, para a plena compreensão do seu significado e alcance.

Supiot trata do "espírito de Filadélfia", alicerçado sobre as lições da "Guerra dos trinta anos", que estraçalhou o mundo de 1914 a 1945, mas cita outros horrores como o bombardeiro de Hiroshima, os campos de concentração Auschwitz, a Batalha de Verdum e os campos de trabalho forçado da ex-União Soviética, Gulag, como variações do mesmo tema, que consiste em considerar homens "cientificamente", como "material humano" (na terminologia nazista) ou como "capital humano" (na terminologia comunista) e a lhes aplicar os mesmos cálculos de utilidade e os mesmos métodos industriais que os da exploração dos recursos naturais.[32]

Os traços fundamentais do "espírito de Filadélfia" estão presentes na declaração de mesmo nome, integrada depois à Constituição da OIT, no preâmbulo da Carta Constitutiva das Nações Unidas e na Declaração Universal dos Direitos do Homem. Dentre os traços fundamentais mencionados, destaca-se a dignidade humana como inerente a todos os membros da família e base da liberdade, da justiça e da paz no mundo. A dignidade foi erigida pela Declaração Universal dos Direitos do Homem como princípio fundador da ordem jurídica, que sustenta todos os princípios e direitos fundamentais. Nesse contexto, o princípio da dignidade obriga a ligar os imperativos da liberdade e da segurança, não só a segurança física, mas segurança econômica suficiente para liberar os seres humanos do terror e da miséria. Porém, como atesta Supiot, é a perspectiva inversa que preside o atual processo de globalização: o objetivo de justiça social foi substituído pelo da livre circulação de capitais e mercadorias, e a hierarquia de meios e de fins foi derrubada. Em lugar de indexar a economia às necessidades dos homens e a finança às necessidades da economia, indexa-se a economia às exigências das finanças, e tratam-se os homens como "capital humano" a serviço da economia.[33]

Segundo Paola Scevi, a Constituição italiana assume a liberdade como própria da pessoa humana individualmente considerada e em sua plenitude, como patrimônio individual e também em relação aos grupos sociais onde a sua personalidade se expressa.[34]

De acordo com o art. 3º da Constituição italiana, todos os cidadãos possuem igual dignidade social e são iguais perante a lei, sem distinção de sexo, de raça, de língua, de religião, de opiniões políticas, de condições pessoais e sociais. É dever da República remover os obstáculos de ordem econômica e social, que, limitando de fato a liberdade e a igualdade dos cidadãos, impedem o pleno desenvolvimento da pessoa humana e a efetiva participação de todos os trabalhadores na organização política, econômica e social do país.

O art. 13 da mesma Constituição estabelece a inviolabilidade da liberdade pessoal, contendo previsão expressa acerca da punição de cada violência física e moral em face das pessoas submetidas à restrição de liberdade.

Assim, a liberdade não pode prescindir da remoção dos impedimentos de ordem fática, social e econômica que obstaculizam a realização da personalidade e dignidade humana. Com o reconhecimento da liberdade individual e sua proteção pelo art. 13, vários outros direitos de liberdade são reconhecidos à pessoa na Constituição, como o direito de liberdade de pensamento, de circulação, de associação, etc. A tutela do *status libertatis* precede e condiciona todos os direitos de liberdade e compreende a liberdade individual em sentido amplo. Diante de tal quadro, as agressões ao *status libertatis*, que se traduzem na reificação e no aniquilamento da personalidade, comportam a negação da centralidade da pessoa humana, do seu desenvolvimento, do exercício dos seus direitos e do adimplemento dos deveres de solidariedade.[35]

Como comenta Giancarlo Saccoman, a Constituição italiana garante aos trabalhadores uma série de direitos (retribuição adequada, duração máxima do trabalho, repouso semanal, férias anuais, etc.), que impediam a redução do trabalho a um simples componente do custo produtivo e, ao Estatuto dos Trabalhadores, foi reconhecida a função de fazer valer a Constituição no confronto com o poder patronal. Mas com a eliminação da reintegração, que constituía a pedra fundamental sobre a qual foi fundado o Estatuto, foi dado ao poder patronal o direito de se sobrepor à lei maior e o trabalho foi transformado em mercadoria, caçando os direitos dos trabalhadores e atacando o poder negocial sindical, retornando-se à época anterior ao Estatuto.[36]

---

(32) SUPIOT, Alain. *O espírito da Filadélfia*: a justiça social diante do mercado total. Tradução de Tânia do Valle Tschiedel. Porto Alegre: Sulina, 2014. p. 10-11.
(33) *Ibid.*, p. 21-23.
(34) SCEVI, Paola. *Nuove Schiavitù e Diritto Penale*. Milão: Giuffrè, 2014. p. 9. (Tradução da autora.)
(35) SCEVI, Paola. *Nuove Schiavitù e Diritto Penale*. Milão: Giuffrè, 2014. p. 10. (Tradução da autora.)
(36) SACCOMAN, Giancarlo Erasmo. *La (contro) riforma del lavoro*: Jobs act. Milão: Punto Rosso, 2014. p. 35-36. (Tradução da autora.)

Como produto das guerras civis e das crises econômicas, o trânsito de imigrantes e as políticas não inclusivas de imigração favorecem a escravização dos trabalhadores e a lucratividade dos traficantes e exploradores de tal mão de obra.

Saccoman observa que tais políticas refletem de modo altamente negativo sobre os sistemas de proteção social, comprometendo os sistemas previdenciários e favorecendo pressões xenofóbicas, para exclusão de imigrantes, como se tem discutido na Alemanha, França e Grã-Bretanha. Segundo afirma, a situação resulta em *dumping* social, que está piorando a proteção social e o mercado de trabalho europeu, enquanto que deveriam ser adotadas políticas para reforçar a coesão social e garantir direitos para todos.[37]

Como defende Supiot, apesar do tempo decorrido, o "espírito da Filadélfia" continua atual, devendo inspirar aqueles que não renunciaram ao ideal de um mundo no qual "todos os seres humanos, quaisquer que sejam sua raça, crença ou seu sexo, têm o direito de perseguir seu progresso material e seu desenvolvimento espiritual na liberdade e na dignidade, na segurança econômica e com chances iguais".[38]

Os princípios consagrados nas Convenções n. 29 e n. 105 da OIT, relativas ao trabalho forçado, têm sido amplamente aceitos pelos Estados membros e recebido um respaldo praticamente universal, passando a fazer parte inalienável dos direitos fundamentais dos seres humanos, com a incorporação em diversos instrumentos internacionais, tanto universais como regionais.[39]

Com a adoção da Declaração relativa aos Princípios e Direitos Fundamentais no Trabalho, em 1998, isso foi reforçado, com o compromisso dos Estados membros da OIT de respeitar, promover e aplicar os quatro direitos e princípios fundamentais, neles incluída a abolição de todas as formas de trabalho forçado, independentemente de terem ratificado as Convenções pertinentes.

A primeira condição fundamental para a abolição do trabalho forçado é a existência de legislação que o defina claramente, proíba e aplique sanções aos que cometerem o crime no território nacional, para a proteção das vítimas, evitando que fiquem expostas a situações de vulnerabilidade e exploração, inclusive os trabalhadores migrantes indocumentados, o que requer cooperação internacional e a colaboração entre os Tribunais Nacionais.

Na Convenção n. 29 da OIT, a expressão trabalho forçado ou obrigatório designa todo trabalho ou serviço exigido de um indivíduo sob ameaça de uma pena qualquer e para qual o trabalhador não tenha se oferecido voluntariamente.

A ameaça de uma pena qualquer, envolve sanções penais, assim como várias formas de coerção, como a violência física, restrições, intimidações ou abusos psicológicos. Além do endividamento, a pena pode ser relativa à perda de direitos ou de benefícios relacionados com mérito funcional.

O oferecimento voluntário deve ser desconsiderado quando houver: qualquer tipo de ameaça, ainda que indireta; coação moral do trabalhador; quando é induzido a engano e vítima de falsas promessas; se há retenção dos documentos e imposição para que fique à disposição.[40]

Além do consentimento livre, exige-se que o trabalhador seja informado, de forma minuciosa, sobre as condições de trabalho, devendo, em qualquer caso, ter absoluta liberdade para deixar o emprego. Nesse sentido, o consentimento inicial pode ser considerado irrelevante quando obtido com vício, mediante fraude ou quando o trabalhador não tem liberdade de trabalho ou autodeterminação.

Segundo Vincent Gaulejac, na pobreza e na mendicância, o indivíduo se expõe a processos de estigmatização, coisificação, dependência e perda da identidade. Diante de violências extremas, é invadido pela desumanização e pela confusão. As referências habituais que lhe permitem situar-se em relação aos outros e a si mesmo são fragilizadas ou destruídas. O desempregado sem trabalho, o inativo sem utilidade, o exilado sem pátria, o imigrante sem direitos, todos são definidos por uma falta. É essa falta que se torna o elemento principal de sua identidade social.

Gaulejac, citando Dejours, faz uma análise entre o sofrimento psíquico no trabalho e o sofrimento social, dizendo que o sofrimento no trabalho nasce quando a relação entre o desejo do indivíduo e a organização do trabalho é bloqueada, tendo lugar quando há um descompasso entre a organização recomendada e

---

(37) SACCOMAN, Giancarlo Erasmo. *La (contro) riforma del lavoro*: Jobs act. Milão: Punto Rosso, 2014. p. 106-107. (Tradução da autora.)
(38) SUPIOT, Alain. *O espírito da Filadélfia*: a justiça social diante do mercado total. Tradução de Tânia do Valle Tschiedel. Porto Alegre: Sulina, 2014. p. 24.
(39) *Derecho internacional del trabajo y derecho interno*: manual de formación para jueces, juristas y docentes em derecho. Trabajo forzoso. Centro Internacional de Formación de la OIT. Italia: Turím, 2014. p. 1. (Tradução da autora.)
(40) *Derecho internacional del trabajo y derecho interno*: manual de formación para jueces, juristas y docentes em derecho. Trabajo forzoso. Centro Internacional de Formación de la OIT. Italia: Turím, 2014. p. 2, 8, 13. (Tradução da autora.)

a organização real do trabalho. Os indivíduos ficam sob tensão, o que gera um sofrimento patogênico, na medida em que são desestabilizados em sua economia psíquica e até em sua saúde. Em processo similar, o sofrimento social nasce quando o sujeito não pode se realizar socialmente, quando o indivíduo não pode ser o que queria ser. Esse é o caso quando é obrigado a procurar um lugar social que o anula, o desqualifica, o coisifica ou o desconsidera.[41]

De acordo com Amartya Sen, a liberdade é central para o desenvolvimento da pessoa e esse desenvolvimento requer que se removam as principais fontes de privação de liberdade: pobreza, carência de oportunidades econômicas, destituição social sistemática, entre outras. Nesse contexto, a liberdade deve ser considerada como o principal fim e o principal meio de desenvolvimento do cidadão, devendo ser ampliada, para a realização da sua livre condição de agente.

O autor demonstra que há várias formas de privação da liberdade, que não possuem relação com a restrição direta do movimento do corpo, mas com as liberdades básicas de sobreviver. Mesmo nos países mais riscos, indica que é comum haver pessoas imensamente desfavorecidas, carentes de oportunidades básicas de acesso a serviços de saúde, educação funcional, emprego remunerado ou segurança econômica e social. Nesse contexto, defende que a restrição da liberdade pode compreender, também, a negação dos direitos civis e políticos. Assim, a visão da liberdade envolve tanto os processos que permitem a liberdade de ações e decisões como as oportunidades reais que as pessoas têm – a liberdade de escolha, dadas as suas circunstâncias pessoais e sociais.[42]

A alteração da legislação penal italiana pode representar mudança no desumano quadro de exploração dos trabalhadores nas lavouras da Itália, mas isso, como se sabe, não depende apenas de alteração legislativa, sendo necessária a integração e concentração de esforços, vontade política, interpretação jurídica adequada da norma, engajamento social, reunificação da classe trabalhadora e movimentos reivindicatórios para que tal realidade possa, efetivamente, ser alterada.

Como assevera com propriedade Boaventura de Sousa Santos, a desumanidade e a indignidade humana não perdem tempo a escolher entre lutas para destruir a aspiração humana de humanidade e de dignidade. O mesmo deve acontecer com todos os que lutam para que tal não aconteça.[43]

Nessa esteira, não há como não considerar a coação moral, a ausência de autonomia, o sofrimento no trabalho e o sofrimento social na análise da existência de liberdade no trabalho, nos casos envolvendo a submissão de trabalhadores à escravidão contemporânea, já que vítimas de violências humilhantes, as quais anulam o seu poder de ação e reação, deixando-os complemente subjugados a seus agressores, ainda que não estejam presos fisicamente.

6. CONCLUSÕES

A globalização trouxe para a Itália e para o mundo políticas de mercado com a desregulação do mercado de trabalho, acentuou os níveis de desemprego e a desigualdade social e deixou milhares de pessoas excluídas de condições mínimas de sobrevivência.

Analisar o trabalho escravo na contemporaneidade implica conceber a liberdade individual em sentido amplo, com o desenvolvimento pleno do cidadão, dotando-o de capacidade autônoma de agir e reagir, segundo as suas escolhas e vontades.

Para compreender o alcance da dominação, da violência e do medo no trabalho escravizado, importante o enfoque da liberdade como autonomia da vontade, entender a vulnerabilidade dos trabalhadores como limitadora do exercício dessa autonomia e a liberdade como desenvolvimento para o alcance da livre condição de agente do trabalhador.

Os trabalhadores migrantes são vítimas de exploração escravizante no trabalho, devido à constante necessidade de deslocamento geográfico em busca de sustento, o que os torna alvos fáceis de aliciadores e sujeitos a falsas promessas.

A migração ocorre dentro das áreas onde há trabalho e nas épocas próprias, prejudicando laços de afetividade, convivência e projetos de vida de longo prazo. O endividamento é uma das formas de manter o trabalhador "preso" ao emprego. A coação moral e o medo de ficar sem trabalho dispensam o uso da força física.

Diante do exposto, ainda que não haja, propriamente, o aprisionamento físico do trabalhador, o endividamento, o isolamento afetivo, econômico e geográfico limitam a liberdade do sujeito, considerado em sua individualidade, plenitude, autonomia e dignidade, requerendo análise mais ampla.

Espera-se que a alteração da legislação penal italiana possa, de fato, representar mudança nesse desu-

---

(41) GAULEJAC, Vincent. *As origens da vergonha*. Tradução de Maria Beatriz de Medina. São Paulo: Via Lettera, 2006. p. 103-104.
(42) SEN, Amartya. *Desenvolvimento como liberdade*. Tradução de Laura Teixeira Motta. São Paulo: Cia. das Letras, 2010. p. 16-17, 29-30, 32.
(43) SOUSA SANTOS, Boaventura. *Direitos Humanos, democracia e desenvolvimento*. SOUSA SANTOS, Boaventura; CHAUÍ, Marilena. São Paulo: Cortez, 2013. p. 125.

mano quadro de exploração dos trabalhadores, o que deve ser uma luta de todos que estão comprometidos com o combate e enfrentamento da escravidão contemporânea.

7. REFERÊNCIAS BIBLIOGRÁFICAS

CARCHEDI, Francesco. Il lavoro gravemente struffato in agricoltura: primi risultati di ricerca. In: NOCIFORA, Enzo. *Quase schiavi*: praschiavismo e super-sfruttamento nem mercato del lavoro del XXI secolo. Santarcangelo di Romagna: Maggioli, 2014.

DALLEGRAVE NETO, José Affonso. *Flexisegurança nas relações de trabalho*. O novo debate europeu. Disponível em: <http://www.calvo.pro.br/media/file/colaboradores/jose_affonso_dallegrave_neto/jose_dallegrave_neto_flexiseguranca.pdf>. Acesso em: 25 fev. 2017.

Derecho internacional del trabajo y derecho interno: manual de formación para jueces, juristas y docentes em derecho. Trabajo forzoso. Centro Internacional de Formación de la OIT. Italia: Turím, 2014.

GALLINO, Luciano. *Vite rinviate*: lo scandalo del lavoro precario. Roma: Laterza, 2014.

GAULEJAC, Vincent. *As origens da vergonha*. Tradução de Maria Beatriz de Medina. São Paulo: Via Lettera, 2006.

MANIA, Roberto. Flessibilitá. In: GALLINO, Luciano. *Vite rinviate*: lo scandalo del lavoro precario. Roma: Laterza, 2014.

MELO FILHO, Hugo Cavalcanti. Unificação europeia e precarização do trabalho: o caso italiano. In: MELO FILHO, Hugo Cavalcanti; PETRUCI, Fabio (Orgs.). *Direito Material e Processual do Trabalho*: uma interlocução entre Brasil e Itália. São Paulo: LTr, 2016.

NOCIFORA, Enzo. *Quase Schiavi*: paraschiavismo e super-sfruttamento nel mercato del lavoro del XXI secolo. Santarcangelo di Romagna: Maggioli, 2014.

SACCOMAN, Giancarlo Erasmo. *La (contro) riforma del lavoro*: Jobs act. Milão: Punto Rosso, 2014.

SCEVI, Paola. *Nuove Schiavitù e Diritto Penale*. Milão: Giuffrè, 2014.

SEN, Amartya. *Desenvolvimento como liberdade*. Tradução de Laura Teixeira Motta. São Paulo: Cia. das Letras, 2010.

SOUSA SANTOS, Boaventura. *Direitos Humanos, democracia e desenvolvimento*. SOUSA SANTOS, Boaventura; CHAUÍ, Marilena. São Paulo: Cortez, 2013.

SUPIOT, Alain. *O espírito da Filadélfia*: a justiça social diante do mercado total. Tradução de Tânia do Valle Tschiedel. Porto Alegre: Sulina, 2014.

TORRICE, Amelia. As diversas espécies de relação de trabalho subordinado no ordenamento jurídico italiano. In: MELO FILHO, Hugo Cavalcanti; PETRUCI, Fabio (Orgs.). *Direito Material e Processual do Trabalho*: uma interlocução entre Brasil e Itália. São Paulo: LTr, 2016.

TROPEA, Salvatore. *Lavoro Nero*. In: GALLINO, Luciano. *Vite rinviate*: lo scandalo del lavoro precario. Roma: Laterza, 2014.

Il Contratto Collettivo

Raffaele Del Vecchio[*]

Come hanno scritto Pasquale Sandulli, Vallebona e Petrucci, il diritto sindacale italiano è differente da quello brasiliano, pertanto va spiegato nei termini essenziali. Lo esamineremo lungo l'arco della sua evoluzione storica, mentre sarà Giorgio Sandulli ad esaminarlo sul piano degli attuali contenuti.

Il contratto collettivo è il principale complemento oggetto dell'azione sindacale delle parti sociali. Esso riceve il crisma dell'ufficialità con "Industrial democracy", opera dei coniugi Sidney e Beatrice Webb, pubblicata dopo anni di indagine alla fine dell'800 e rapidamente affermatasi nella pubblicistica occidentale.

L'Italia arriva alla rivoluzione industriale nella seconda metà dell'800, in ritardo e quindi costretta a comprimere in un arco di tempo ristretto la maturazione che in Inghilterra si era dispiegata lungo un tempo di almeno un secolo.

Noi sappiamo che la forma contrattuale più diffusa a quell'epoca era il contratto individuale di lavoro, coerente con le disposizioni del Codice civile di Napoleone I, da cui aveva tratto ispirazione il nostro Codice civile del 1865. La norma dedicata al lavoro era racchiusa in un articolo, il 1628, che vietava il vincolo di lavoro perpetuo, ritenuto sintomo di schiavitù, e utilizzava lo schema contrattuale della locazione, per sua natura a tempo.

La durezza dello sviluppo industriale determinò ben presto l'esigenza di organizzare forme di coalizione di lavoratori privi di identità richiesti dall'industria nascente, e profondamente diversi dagli esercenti di arti e mestieri che operavano da secoli e che sarebbero rimasti spiazzati dal progresso economico: sorgeranno così le società di mutuo soccorso, poi le leghe di resistenza e infine le camere del lavoro, a contrappunto delle camere di commercio sorte in Francia ai tempi di Napoleone I.

Nel 1906 in Inghilterra il sindacato fonda il partito laburista, in Germania sindacato e partito socialdemocratico distinguono competenze e campi d'azione, in Francia la CGT definisce la propria linea di sindacato rivoluzionario indipendente rispetto allo Stato e ai partiti politici, in Italia nasce la CGdL come fusione delle due organizzazioni preesistenti (territoriale e categoriale) che si sovrappongono nel ruolo, a dimostrazione e prova della caratterizzazione ideologica della nostra azione sindacale.

La natura individuale del contratto di lavoro spinge alla fissazione della misura del solo salario in forma di concordati di tariffa, traducendo alla lettera il termine tedesco, che prevedono la misura che le due parti prendono l'impegno di rispettare: questo spiega l'intervento delle Corti statunitensi, che in conco-

---

[*] Professore a contratto in Storia del lavoro e dele relazioni industriali presso la Facoltà di Economia "Frederico Caffè", Università Roma Tre.

mitanza con la legge antitrust del 1890 esaminano i contratti collettivi come mezzi di possibile violazione della legge posta a tutela della concorrenza.

Determinare la sola tariffa non basta, perché il rapporto si articola in una rete di relazioni che implica la necessità di convenzioni e regole: questa esigenza troverà una prima soluzione nel 1893 con l'istituzione di Collegi probivirali, giurie private e paritetiche, tenute a rispondere a domande di tutela espresse a titolo individuale da lavoratori. Il complesso di queste sentenze private costituirà il primo thesaurus normativo del rapporto di lavoro, non calato dall'alto di una legge, bensì espressione diretta della realtà. Le materie trattate vanno dalla costituzione all'estinzione del rapporto, dalle obbligazioni dell'industriale a quelle del lavoratore, dai riposi al trattamento di malattia, dal potere disciplinare allo sciopero.

Agli inizi del '900 vengono stipulati a livello aziendale i primi contratti collettivi (salario e prime regole): nel 1906, che a distanza registriamo come anno cruciale, abbiamo l'importante contratto collettivo tra l'azienda automobilistica Itala e la Fiom, il sindacato della categoria metalmeccanica. Questa esperienza rimane sospesa perché l'alternativa tra concordati di tariffa e contratti collettivi non viene sciolta: gli industriali, in particolare, temono l'intromissione del sindacato nell'organizzazione del lavoro e nella rappresentanza della gerarchia di fabbrica.

Nel 1911 abbiamo il primo contratto collettivo di categoria, la convenzione d'opera giornalistica, composto da 8 articoli, i quali stabiliscono: la prevalenza del contratto a tempo indeterminato (superando l'interpretazione dell'art. 1628 del codice civile), il diritto all'indennità di anzianità al termine del rapporto, la competenza dei Collegi probivirali nelle controversie contrattuali.

Con la prima guerra mondiale, e la conseguente conversione dell'industria civile in bellica e del relativo sforzo organizzativo (80 aerei nel 1915, 12000 nel 1918), si conclude la prima fase di costruzione della struttura portante delle regole del lavoro. Vengono infatti costituiti i Comitati regionali di mobilitazione industriale, a composizione trilaterale, aventi il compito di emettere sentenze arbitrali, il nucleo normativo nazionale. Alla fine della guerra il passaggio dai concordati di tariffa ai contratti collettivi costituirà un esito naturale (primo contratto metalmeccanico nel 1919).

Il Fascismo prende il potere nel 1922, al termine del turbolento biennio rosso (scioperi in massa e occupazione delle fabbriche); esso interviene nella questione sociale con azioni e provvedimenti nel triennio 1925-1927. Nel 1925 viene stipulato il patto di palazzo Vidoni (eliminazione delle commissioni interne dei lavoratori, mutuo riconoscimento esclusivo fra Confindustria e sindacato fascista), nel 1926 viene emanata la legge n. 563, che regola il contratto collettivo di categoria (stipulato dall'unico sindacato registrato, avente validità erga omnes), vieta sciopero e serrata, istituisce la magistratura del lavoro (con competenze individuali e collettive); nel 1927 viene definita la carta del lavoro recante i principi dell'ordinamento corporativo.

Nel 1924, infine, era stata emanata una legge (a seguito di un decreto regio del 1919) con cui veniva regolato il rapporto di impiego privato. Il processo regolativo troverà infine il suo consolidamento con il Codice civile del 1942 che al lavoro dedicherà le norme di un intero libro, il V.

Alla caduta del fascismo si pone il problema prioritario di ripristinare la libertà sindacale.

Con la caduta di Mussolini, avvenuta il 25 luglio 1943, l'Italia viene spaccata in due: il Centro Nord è nelle mani dei tedeschi e della Repubblica Sociale Italiana guidata da Mussolini, il resto rimane nel potere della Monarchia e dei partiti antifascisti (Roma verrà liberata a giugno del 1944, in concomitanza con lo sbarco in Normandia degli alleati anglo americani). L'ordinamento corporativo viene abrogato e alle ricostituite Commissioni interne vengono date competenze anche negoziali a livello aziendale.

L'8 giugno del 1944, liberata Roma, le tre componenti sindacali, social comuniste, democristiane e socialdemocratiche, firmano un patto di ricostituzione della Cgil unitaria che, oltre all'obiettivo di cooperare per la liberazione totale del Paese, si pone l'esigenza di ricostruire un modello contrattuale con validità erga omnes: combinare libertà con efficacia generale dei contratti di lavoro.

I due problemi impellenti che le parti sociali devono affrontare sono rispettivamente quello della disoccupazione e quello del recupero salariale contro la forte inflazione. La scelta adottata alla fine della guerra è di accentrare la gestione sindacale: le Commissioni interne perdono la competenza negoziale e mantengono la tutela del lavoratore; i sindacati di categoria ricominciano a negoziare i contratti collettivi di settore, salvo che per il salario, che è gestito in negoziati diretti fra Confindustria e Cgil. Lo strumento adottato per questi accordi è quello degli accordi interconfederali, che sono appunto stipulati ad un livello superiore di competenza rispetto a quelli di categoria.

Nel 1948 entra in vigore la Costituzione della neonata Repubblica italiana, forma scelta dal referendum popolare del 2 giugno 1946. La Costituzione reca delle norme importanti in materia di lavoro: esse sono riportate nel titolo III della parte I. A noi interessa in particolare l'art. 39: esso prevede la libertà sindacale e un meccanismo particolare che consenta di stipulare contratti collettivi validi erga omnes. Il meccanismo è imperniato sulla partecipazione negoziale dei sindacati in proporzione agli iscritti e va applicato con una legge ad hoc.

Nel 1948 la Cgil subisce due scissioni, l'una dei democristiani, l'altra dei socialdemocratici: gli scissionisti fonderanno nel 1950 rispettivamente la Cisl e la Uil: la spaccatura, determinata dalla volontà di non accettare l'egemonia social comunista in seno alla Cgil (questa componente era in proporzione la più numerosa), impedirà sino ad oggi l'operatività del meccanismo fissato dall'art. 39 della Costituzione. In questo modo salta la possibilità di ottenere la validità erga omnes dei contratti collettivi, che rimangono atti dell'autonomia privata limitati agli iscritti delle associazioni che li hanno stipulati.

Il rebus verrà risolto nei fatti dalla giurisprudenza: infatti in un altro articolo della Costituzione, il 36, il legislatore ha previsto che "il lavoratore ha diritto ad una retribuzione proporzionata alla quantità e alla qualità del suo lavoro ed in ogni caso sufficiente ad assicurare a sé e alla famiglia un'esistenza libera e dignitosa". Sulla base di questa premessa i giudici a partire dagli anni '50 hanno utilizzato i contratti collettivi nel settore di riferimento come parametro di giudizio per le azioni individuali loro sottoposte.

A dividere i sindacati c'era e in parte c'è un'altra ragione sostanziale: la Cgil persegue l'obiettivo di tutelare la classe generale dei lavoratori, e per questo predilige e privilegia strumenti aventi portata generale (la legge e il contratto nazionale); la Cisl persegue l'obiettivo di distinguere l'azione sindacale da quella politica, privilegia gli iscritti e ritiene che il salario debba seguire l'andamento del saggio di produttività, e quindi predilige strumenti connessi con il luogo elettivo della generazione di produttività (contratto aziendale). La divisione ora descritta prende corpo negli anni '50 e troverà una prima parziale soluzione nel 1962.

In quell'anno i tre sindacati e le associazioni imprenditoriali, dapprima quelle delle aziende pubbliche, poi la Confindustria, si accorderanno su un modello contrattuale che prevede il contratto nazionale e per le clausole incentivanti della produttività il contratto aziendale.

Il compromesso raggiunto dura sei anni e viene rimesso in discussione nella stagione dei grandi rinnovi contrattuali, detta dell' autunno caldo: 1969. I sindacati non rispettano la divisione di competenze fra i due livelli contrattuali e in continuo gioco di specchi ripropongono a livello aziendale le rivendicazioni non soddisfatte a livello nazionale, e riproponendo nel successivo contratto nazionale i risultati raggiunti in quelli aziendali.

L'acme di questa politica sindacale verrà raggiunta nel 1975, quando verrà negoziato un costoso sistema di adeguamento del salario all'andamento del costo della vita. Vittoria di Pirro, usa dire da noi, perché erano già visibili i segni della crisi economica, scanditi in una sequenza micidiale dalla decisione di Nixon (1971) di bloccare la convertibilità del dollaro stabilita a Bretton Woods nel 1944, svalutazione delle risorse dei paesi produttori di petrolio, guerra arabo israeliana di Yom Kippur (1973) e quadruplicazione dei prezzi del barile di petrolio rimasti stabili nei trent'anni successivi alla fine della seconda guerra mondiale.

La crisi economica mondiale determinerà una lunga, dolorosa battaglia sindacale per la revisione degli automatismi previsti dai trattamenti normativi ed economici, che si snoderà lungo tutto il decennio degli anni '80 e terminerà il 23 luglio del 1993, al culmine di un'altra nuova crisi politica ed economica (speculazione finanziaria contro la sterlina e la lira).

1. REFERÊNCIAS BIBLIOGRÁFICAS

ACCORNERO. Il mondo della produzione, il mulino. Bologna, 2013.

BERTA. l'italia delle fabbriche, il mulino. Bologna, 2009.

GIUGNI. Diritto sindacale, cacucci. Bari, 2014.

PERA. Introduzione al diritto del lavoro italiano, cedam. Padova, 2002.

Breve Estudo Comparativo da Licença Maternidade entre Brasil e Itália

Rita de Cássia Andrioli Bazila Peron[*]
Guilherme Fagan Peron[**]

1. INTRODUÇÃO

O presente artigo trata da licença maternidade no Brasil e das licenças maternidade, paternidade e parental na Itália de maneira analítica, como uma forma de comparação entre os dois países e uma breve análise dos institutos presentes em cada ordenamento.

Diante disso, é analisada a importância desses institutos para a maternidade e para a família como um todo, como uma forma de conciliação entre o trabalho e a vida familiar do trabalhador.

2. A LICENÇA MATERNIDADE NO BRASIL

Inicialmente é exposto um breve histórico da licença maternidade no Brasil, para uma melhor compreensão do tema.

Assim como nos demais países, a licença maternidade no Brasil surgiu através da conquista dos direitos das mulheres, sendo que os fatos históricos e as Convenções da OIT influenciaram a positivação desses direitos.

As duas primeiras Constituições do Brasil, de 1824 e de 1891, foram omissas quanto à licença maternidade.[1] Já o Decreto n. 21.417-A, de 1932, regulou o trabalho da mulher nos estabelecimentos industriais e comerciais e contemplou também o descanso obrigatório de quatro semanas antes e quatro semanas após o parto, em estabelecimento público ou particular, com previsão de aumento de até duas semanas antes e duas após por meio de atestado médico. Foi assegurado, ainda, o recebimento de metade do salário pelo período de afastamento, pago pelas caixas criadas pelo Instituto de Seguridade Social e na sua falta pelo empregador. Além disso, foi garantido à trabalhadora o retorno à mesma função, a proibição de dispensa baseada na gravidez, e dois intervalos diários, de meia hora cada para amamentação, nos estabelecimentos com mais de 30 empregadas acima de 16 anos.[2]

(*) Doutoranda em Direito do Trabalho na Universidade "La Sapienza" de Roma. Mestre em Direito Econômico e Socioambiental pela Pontifícia Universidade Católica do Paraná (PUCPR). Especialista em Direito e Processo do Trabalho pela mesma Instituição. Graduada em Direito pela Universidade Estadual de Maringá (UEM). Advogada trabalhista. Currículo: <http://buscatextual.cnpq.br/buscatextual/visualizacv.do?id=K4633260U6>.

(**) Doutorando em "Autonomia privata, impresa, lavoro e tutela dei diritti nella prospettiva europea e Internazionale" na Universidade "La Sapienza" de Roma. Especialista em Direito Civil e Empresarial pela Pontifícia Universidade Católica do Paraná (PUCPR). Graduado em Direito pelo Centro Universitário de Maringá. Advogado.

(1) MANDALOZZO, Silvana. *A maternidade no Direito do Trabalho*. Curitiba: Juruá, 1996. p. 28.
(2) BARROS, Alice Monteiro de. *Curso de Direito do Trabalho*. 9. ed. São Paulo: LTr, 2013. p. 855-856.

O Decreto citado foi derrogado quando, em 1935, o Brasil ratificou a Convenção n. 3 da OIT, através do Decreto n. 423, tendo em vista os conflitos entre os dois diplomas quanto à duração da licença maternidade e a imposição ao empregador do pagamento correspondente.[3] A Convenção n. 3 da OIT previa o pagamento da licença maternidade pelo Poder Público ou Instituições Previdenciárias, e o afastamento do trabalho pelo período de seis semanas antes e seis semanas após o parto, além da previsão de garantia de emprego no período.

A Constituição Brasileira de 1934 foi a primeira que tratou da licença maternidade, em seu art. 121, § 1º, "h", garantindo assistência médica à gestante, além do descanso antes e depois do parto, sem prejuízo do emprego e do salário.[4] Essa Constituição foi inspirada na Constituição da República de Weimar, apresentando um viés social democrático, consagrando muitos direitos que eram resultado de conquistas de diferentes categorias profissionais. Pela primeira vez na história do Brasil, uma Constituição dispôs um capítulo referente à ordem social e econômica.[5]

Já a Constituição de 1937 manteve a mesma diretriz da anterior, entretanto sem mencionar a palavra "emprego", garantindo apenas um período de descanso antes e após o parto e assistência médica à gestante, sem prejuízo do salário.[6]

Em 1943, através do Decreto-Lei n. 5.452, foi promulgada a Consolidação das Leis do Trabalho. Entretanto, em seu art. 393, e respectivo parágrafo, era prevista a obrigação do empregador em realizar o pagamento dos salários integrais durante o período de licença maternidade de seis semanas antes e seis semanas após o parto. Porém, essa disposição era contrária à Convenção n. 3 da OIT, que previa o pagamento pelo Poder Público ou pelas Instituições Previdenciárias.

Tal dispositivo gerava um grande problema tanto à empregada quanto ao empregador, pois acarretava em um comportamento discriminatório, que culminava no desemprego da mulher casada ou que engravidasse, além do prejuízo do empregador, que deveria arcar com o encargo relativo ao salário maternidade, que na realidade deveria ser custeado pela sociedade e não por ele individualmente.[7]

A Constituição de 1946 reintroduziu o direito ao emprego para a gestante e continuou a garantir o salário e descanso após o parto. Já a Constituição de 1967 e a Emenda Constitucional de 1969 não trouxeram qualquer alteração de conteúdo.[8]

No plano internacional, a Convenção n. 3 da OIT foi revista, em 1952, através da Convenção n. 103, que foi ratificada pelo Brasil, exceto no que tange às empregadas domésticas e rurais. Os pontos de destaque dessa revisão são o prazo de afastamento de doze semanas no mínimo, sendo um período anterior e outro posterior ao parto, além da proibição expressa do empregador de arcar com os custos da licença maternidade. A Convenção n. 103, da OIT, foi aprovada pelo Decreto Legislativo n. 20, de 1965 e foi promulgada pelo Decreto n. 58.820, de 1966.

Todavia, mesmo com a aprovação do Decreto de 1966 mencionado, somente após anos é que tal Convenção foi efetivamente aplicada quanto à previsão de custeio da licença maternidade pela Previdência Social, tendo em vista que não possuía regulamentação específica para esse fim, o que ocorreu somente em 1974/1975 com a Lei n. 6.136 e o Decreto n. 75.207.

Portanto, a responsabilidade pelo pagamento do salário maternidade correspondente a doze semanas ficou a cargo da Previdência Social, enquanto estiver em vigor o contrato, sendo arrolada como prestação previdenciária, somente através do disposto no Decreto n. 75.207, de 10 de janeiro de 1975, que regulamentou a Lei n. 6.136, de novembro de 1974. Foi corrigida, assim, a distorção presente desde a Convenção n. 3 da OIT, onde já se determinava que tal encargo fosse do Estado.[9]

Mauricio Godinho Delgado afirma que existem duas fases na legislação brasileira quanto à normativa da licença maternidade, uma antes do cumprimento da Convenção n. 103 da OIT, quando o pagamento da licença era a cargo do empregador, e outra após, quando o pagamento da licença passou a ser arcado pela previdência social.[10]

Finalmente, a Constituição de 1988 veio para consolidar os direitos e garantias fundamentais, in-

---

(3) BARROS, Alice Monteiro de. *A Mulher e o Direito do Trabalho*. São Paulo: LTr, 1995. p. 55.
(4) NASCIMENTO, Amauri Mascaro. *Direito do Trabalho na Constituição de 1988*. São Paulo: Saraiva, 1991. p. 184-185.
(5) CALIL, Léa Elisa Silingowschi. *Direito do Trabalho da mulher*: A questão da igualdade jurídica ante a desigualdade fática. São Paulo: LTr, 2007. p. 15.
(6) NASCIMENTO, *op. cit.*, p. 184-185.
(7) BARROS, Alice Monteiro de. *A Mulher e o Direito do Trabalho*. São Paulo: LTr, 1995. p. 55.
(8) NASCIMENTO, Amauri Mascaro. *Direito do Trabalho na Constituição de 1988*. São Paulo: Saraiva, 1991. p. 185.
(9) BARROS, *op. cit.*, p. 57.
(10) DELGADO, Mauricio Godinho. *Curso de Direito do Trabalho*. 13. ed. São Paulo: LTr, 2014. p. 1.136.

cluindo o direito à licença maternidade, que passa a ser de cento e vinte dias de duração.

Diante desse novo período de licença, surgiram divergências jurisprudenciais quanto ao custeio da extensão do benefício, pois se fosse pago pela previdência, deveria haver a sua previsão de custeio, tendo em vista que não há a possibilidade de ressarcimento pela seguridade social sem a fonte correspondente. Sendo assim, uma das correntes jurisprudenciais negou a auto executoriedade do art. 7º, XVIII da CRFB, afirmando que somente a partir do advento da Lei n. 8.213, de 1991, é que se regulamentou o texto constitucional, considerando-se devida a licença maternidade de 120 dias somente a partir dessa data. [11]

Dessa forma, a efetivação da licença maternidade de 120 dias prevista na Constituição foi realmente aplicada somente em 1991, alguns anos depois de sua previsão constitucional, por se tratar de norma, na prática, de eficácia limitada à regulamentação.

Em se tratando da Consolidação das Leis do Trabalho, esta prevê a proteção à maternidade no Título III (Das Normas Especiais de tutela do Trabalho), Capítulo III (Da Proteção do Trabalho da Mulher), Seção V (Da Proteção à Maternidade), compreendendo os arts. 391 a 400, que sofreram diversas modificações ao longo dos anos.

Com relação ao direito à licença maternidade, alguns pontos importantes devem ser analisados, são eles: o afastamento do trabalho; o pagamento do salário maternidade durante o período; a estabilidade prevista no art. 10, II, b, da ADCT; e a evolução de direitos dos adotantes.

O art. 382 da CLT trata do período de afastamento da licença maternidade, que pode iniciar entre o vigésimo oitavo dia antes do parto e a ocorrência deste. O período da licença previsto é de 120 dias, em conformidade com o disposto na Constituição.

Já o art. 392-A, que foi acrescentado com a Lei n. 10.421, de 2002, trata da licença à adotante, que na época previa um período de afastamento diferenciado dependendo da idade da criança adotada ou em guarda para fins de adoção. Caso a criança tivesse até 1 (um) ano de idade, o período de licença era de 120 (cento e vinte) dias; no caso de adoção ou guarda judicial de criança a partir de 1 (um) ano até 4 (quatro) anos de idade, o período de licença era de 60 (sessenta) dias, em se tratando de criança a partir de 4 (quatro) anos até 8 (oito) anos de idade, o período de licença era de 30 (trinta) dias.

Essa diferença do período de afastamento foi revogada com a Lei n. 12.010, de 2009, que estabeleceu o período de 120 dias de licença maternidade à mãe adotante, independentemente da idade da criança adotada.

Atualmente, com a mudança legislativa de 2013, por meio da Lei n. 12.873, o adotante homem também passou a ter direito à licença maternidade, nos casos de adoção em família com a ausência da mãe ou no caso de falecimento da mãe, observando-se o § 5º, do art. 392 (que concede a licença somente a um dos adotantes).

Ademais, existe também uma normativa que institui o Programa Empresa Cidadã, através da Lei n. 11.770, de 2008, que prevê a prorrogação da licença maternidade em 60 dias para além do período constitucional de 120 dias, mediante a concessão de incentivo fiscal. Nesse caso, o custeio não é arcado pelo INSS, mas sim pelo empregador, que pode, posteriormente, obter compensação na apuração de seu Imposto de Renda. Assim, conforme já tratado em trabalho anterior:

> [...] da mesma forma que o pagamento do salário-maternidade da empregada gestante, efetuado pelo empregador, é reembolsado pela Previdência, o pagamento realizado pelo empregador no caso do Programa Empresa Cidadã é compensado por dedução fiscal. Portanto, durante o período de prorrogação, a empregada terá direito à remuneração integral nos mesmos moldes do salário-maternidade pago pela Previdência Social, mas com dedução fiscal ao empregador. [12]

Entretanto, a extensão da licença maternidade descrita é restrita somente às empresas cadastradas no Programa Empresa Cidadã, sendo essas empresas as que recolhem o Imposto de Renda pelo sistema do Lucro Real, ou aos empregados da administração pública direta, indireta e fundacional. A aplicação à administração pública federal foi regulamentada pelo Decreto n. 6.690, de 2008.

Sendo assim, conforme já se concluiu em trabalho anterior, o Programa Empresa Cidadã não é universal com relação aos empregados e empregadores participantes, já que engloba somente empresas que se enquadram no modelo de lucro real, o que acaba excluindo a expressiva maioria das empresas brasileiras,

---

(11) BARROS, Alice Monteiro de. *A Mulher e o Direito do Trabalho*. São Paulo: LTr, 1995. p. 57-60.
(12) FOLLONI, André; PERON, Rita de Cássia Andrioli Bazila. Tributação extrafiscal e direitos fundamentais: programa empresa cidadã e licença-maternidade. *EJJL Espaço Jurídico Journal of Law*. Chapecó, v. 15, n. 2, p. 399-420, jul./dez. 2014. Disponível em: <http://editora.unoesc.edu.br/index.php/ espacojuridico/article/view/4495/3491>. Acesso em: 22 dez. 2014.

pois estas recolhem seus tributos pelo Simples Nacional ou pela sistemática do Lucro Presumido, excluindo, consequentemente, a maioria das empregadas.[13]

Conforme entendimento de Amauri Mascaro Nascimento[14] e Alice Monteiro de Barros[15], a extensão da licença maternidade, através do Programa Empresa Cidadã, se aplica também às empregadas ou empregados adotantes nos mesmos termos que às gestantes. Portanto, aqueles que tem direito à licença maternidade, nos termos legais, independentemente do sexo, também fazem jus à aplicação da prorrogação do programa Empresa Cidadã.

A modificação legislativa mais atual relacionada à licença maternidade foi em 2013, por meio da Lei n. 12.873, que incluiu e modificou alguns artigos da CLT (arts. 392-A e § 5º; 392-B e 392-C) e da Lei n. 8.213, de 1991 (arts. 71-A; 71-B e 71-C). Essa modificação foi muito significativa e trouxe o reconhecimento de diversos direitos, entretanto não resolveu a maioria dos problemas relacionados ao assunto.

As mudanças positivas dizem respeito à extensão da licença maternidade ao cônjuge ou companheiro empregado no caso de morte da genitora por todo o período ou pelo tempo restante a que teria direito a mãe, exceto no caso de falecimento do filho ou de seu abandono; e a extensão, no que couber, do disposto no art. 392-A e 392-B ao empregado homem que adotar ou obtiver guarda judicial para fins de adoção. Sendo assim, o homem também tem direito, em alguns casos, ao recebimento da licença maternidade, o que antes dessa mudança não era possível no ordenamento jurídico.

Desse modo, conforme já tratado em trabalho anterior, a recente mudança legislativa ao menos resolveu o grande problema da licença maternidade no caso da adoção:

> Com a Lei n. 12.873, de 2013, há a solução do enorme problema envolvendo o instituto da adoção. É reconhecido um direito que sempre ficou desamparado, pois absurdamente, antes, a legislação não concedia a licença-maternidade ao homem adotante, quando a família não contava com a presença de uma mulher, como nos casos de adoção de um homem solteiro, ou homem em relação homoafetiva.[16]

Ainda, segundo o mesmo trabalho:

> Com a promulgação da referida lei, foi sanado, então, um problema grave na legislação brasileira, que diferenciava homens e mulheres no momento da adoção, ferindo o princípio fundamental da igualdade do *caput*, do art. 5º, da CRFB, pois tratava de forma diferente homens e mulheres que se achavam na mesma situação fática, além de tratar de maneira diferente as crianças adotadas, pois se uma criança era adotada por uma família em que havia a presença feminina, esta criança teria todos os cuidados necessários, pois a mãe gozaria da licença-maternidade em sua plenitude, entretanto se uma criança fosse adotada por um homem, esta não teria qualquer cuidado, pela ausência da concessão da mesma licença.[17]

Sendo assim, com relação à adoção, os problemas mais graves de distinção de gênero entre os adotantes e distinção entre as crianças adotadas por homem ou mulher foram sanados. Um ponto muito positivo da Lei n. 12.873, de 2013.

Todavia, os problemas relacionados às famílias que tem ausência da mãe após o nascimento da criança não foram em nada sanados pela legislação. Perduram os problemas relacionadas às famílias que não contam com a presença materna logo após o nascimento da criança, naquelas em que se tem o abandono pela genitora e que a criança passa aos cuidados exclusivo do pai, dos avós ou de outro familiar. Ainda, nos casos em que há o falecimento da mãe e ausência do pai, onde os cuidados da criança não passam ao companheiro da genitora falecida, mas sim a um outro familiar.

Nesse sentido, já se concluiu em outro trabalho que:

> A Lei n. 12.873, de 2013, deveria ter regulado a concessão da licença-maternidade não somente ao pai em caso de morte da mãe, mas sim a extensão dessa licença ao responsável legal pela criança, independente de ser o pai ou outro familiar, nos casos de ausência da mãe, seja por morte, abandono, incapacidade ou outro motivo.[18]

---

(13) FOLLONI, André; PERON, Rita de Cássia Andrioli Bazila. Tributação extrafiscal e direitos fundamentais: programa empresa cidadã e licença-maternidade. *EJJL Espaço Jurídico Journal of Law*. Chapecó, v. 15, n. 2, p. 399-420, jul./dez. 2014. Disponível em: <http://editora.unoesc.edu.br/index.php/espacojuridico/article/view/4495/3491>. Acesso em: 22 dez. 2014.
(14) NASCIMENTO, Amauri Mascaro. *Curso de Direito do Trabalho*. 28. ed. São Paulo: Saraiva, 2013. p. 938.
(15) BARROS, Alice Monteiro de. *Curso de Direito do Trabalho*. 9. ed. São Paulo: LTr, 2013. p. 863.
(16) PERON, Rita de Cássia Andrioli Bazila. *A extensão da licença-maternidade ao responsável legal pela criança*: uma nova realidade socioeconômica para a atividade empresarial, 2015. 162 f. Dissertação (Mestrado em Direito) – Pontifícia Universidade Católica do Paraná, Curitiba, 2015, p. 26.
(17) PERON, Rita de Cássia Andrioli Bazila. *A extensão da licença-maternidade ao responsável legal pela criança*: uma nova realidade socioeconômica para a atividade empresarial. 2015. 162 f. Dissertação (Mestrado em Direito) – Pontifícia Universidade Católica do Paraná, Curitiba, 2015, p. 26.
(18) *Ibid.*, p. 26.

Ao analisar a Lei n. 12.873, de 2013, que estende a licença maternidade somente ao companheiro da mãe em caso de falecimento desta ou ao homem adotante, pode-se dizer que "a lei foi falha, pois abarcou somente duas situações que precisavam ser reguladas, deixando tantas outras sem previsão, o que deixa, consequentemente, inúmeras crianças sem amparo, por não estarem abarcadas pela lei."[19]

Outro ponto importante a ser analisado em se tratando da licença maternidade é o salário maternidade, que corresponde ao valor recebido pelo empregado que esta usufruindo da licença maternidade. A sua previsão legal se encontra na Lei n. 8.213, de 1991, no Título III (Do Regime Geral de Previdência Social), Seção V (Dos Benefícios), Subseção VII (Do Salário Maternidade).

O salário maternidade é uma renda mensal igual a remuneração integral da segurada. Não se trata de salário, mas possui natureza jurídica de benefício previdenciário, tendo em vista que não é pago pelo empregador, mas sim pelo INSS, pois vem prevista no inciso II do art. 201 e inciso XVIII do art. 7º, da Constituição Federal.[20]

O pagamento do salário maternidade pode ocorrer de duas maneiras, a primeira é o pagamento direto do INSS para a segurada, e o segundo é o pagamento feito pelo empregador com posterior compensação do valor no recolhimento previdenciário da empresa. Esse último é aplicado às empregadas comuns gestantes, já o primeiro é aplicado a todas as outras seguradas, inclusive à empregada adotante, e também ao empregado homem adotante ou ao pai da criança em caso de falecimento da mãe (novos casos introduzidos com a Lei n. 12.873, de 2013).[21]

Para implementar as previsões da Lei n. 12.873, de 2013, houve dentro do mesmo diploma a alteração da legislação previdenciária, modificando a Lei n. 8.213, de 1991, em seu art. 71-A, §§ 1º e 2º, e acrescentando os arts. 71-B, §§ 1º 2º e 3º; e art. 71-C.

Todas as seguradas, quais sejam, empregadas, domésticas, avulsas, contribuintes individuais, seguradas especiais e seguradas facultativas, têm o direito ao recebimento do benefício salário maternidade. Entretanto, existe a exigência de carência de dez meses no caso das contribuintes individuais e as seguradas facultativas para o recebimento do benefício. O que não ocorre no caso da empregada, da empregada doméstica e da trabalhadora avulsa que recebem o benefício sem qualquer carência, bastando ter contribuído um mês.[22]

Já a segurada especial, desde 1994, passou a ter o direito ao salário maternidade (com previsão no art. 71 da Lei n. 8.213, de 1991), correspondente a um salário mínimo, desde que comprovasse, nos últimos doze meses, o exercício da atividade rural, mesmo que descontínuo, de acordo com a Lei n. 8.861. Já a partir da Lei n. 9.87, de 1999, o período passou a ser de dez meses.[23]

Destaca-se, ainda que: "Atualmente, este benefício possui carência de 10 contribuições mensais, mas somente para as seguradas contribuinte individual, especial e facultativa. Se o parto é antecipado, também será a carência reduzida proporcionalmente." [24]

Uma última consideração acerca do pagamento do salário maternidade é que este somente será realizado pela Previdência Social enquanto estiver em vigor o contrato de trabalho, nos termos do art. 97, do Decreto n. 3.048, de 1999, sendo assim, caso haja a dispensa da empregada sem justa causa, será responsabilidade do empregador arcar com o pagamento do período correspondente à licença, mesmo nos casos em que este desconheça o estado de gestação da empregada.[25]

No período de afastamento da licença maternidade, é garantido a empregada, ou empregado titular do direito, a estabilidade provisória, nos termos da alínea *b*, inciso II, do art. 10, da ADCT, que proíbe a dispensa arbitrária ou sem justa causa desde a confirmação da gravidez até cinco meses após o parto. A estabilidade da gestante é: "a proibição da sua dispensa sem justa causa em determinado período" [26]

Tendo em vista a previsão constitucional, a dispensa em desacordo com esse princípio é nula, sendo a consequência a reintegração no emprego, perdurando a proteção até o final da estabilidade. São garantidos, ainda, todos os direitos do contrato de trabalho do período da estabilidade, em que o empregador, imotivadamente, obstou o desenvolvimento do vínculo jurídico.[27]

---

(19) *Ibid.*, p. 27.
(20) MARTINS, Sergio Pinto. *Direito do Trabalho*. 30. ed. São Paulo: Atlas, 2014. p. 670.
(21) DELGADO, Mauricio Godinho. *Curso de Direito do Trabalho*. 13. ed. São Paulo: LTr, 2014. p. 1137-1138.
(22) VIANNA, Cláudia Salles Vilela. *Previdência Social*: custeio e benefícios. 3. ed. São Paulo: LTr, 2014. p. 677-678.
(23) *Ibid.*, p. 677-678.
(24) IBRAHIM, Fábio Zambitte. *Curso de Direito Previdenciário*. 19. ed. Rio de Janeiro: Impetus, 2014. p. 668.
(25) BARROS, Alice Monteiro de. *Curso de Direito do Trabalho*. 9. ed. São Paulo: LTr, 2013. p. 876.
(26) NASCIMENTO, Amauri Mascaro. *Curso de Direito do Trabalho*. 28. ed. São Paulo: Saraiva, 2013. p. 937.
(27) *Ibid.*, p. 937.

A Lei Complementar n. 146, de 25 de junho de 2014, dispõe ser a estabilidade emprego para a gestante, do art. 10, II, *b*, da ADCT, estendida também a quem tiver a guarda do filho da mãe que falecer. *In verbis*: "Art. 1º. O direito prescrito na alínea *b* do inciso II do art. 10 do Ato das Disposições Constitucionais Transitórias, nos casos em que ocorrer o falecimento da genitora, será assegurado a quem detiver a guarda do seu filho".

Portanto, pode-se afirmar que formalmente a estabilidade é garantida à gestante e ao responsável legal pela criança em caso de falecimento da mãe e não somente ao seu companheiro como determinam as modificações legais trazidas pela Lei n. 12.873, de 2013.

Tem-se, ainda, a Súmula n. 244, do TST, que trata da estabilidade da gestante. Em seu primeiro inciso, estabelece que mesmo que haja desconhecimento do estado gravídico da empregada pelo empregador, ainda há o pagamento da indenização decorrente da estabilidade gestante do art. 10, II, *b*, do ADCT.

Já o segundo inciso dispõe que a reintegração só ocorre durante o período estabilitário, caso contrário serão restituídos os salários e demais direitos correspondentes ao período. Deve-se destacar, ainda, a OJ SDI-1 n. 399, do TST, que afirma expressamente que não se trata de abuso de direito de ação o ajuizamento após decorrido o prazo de estabilidade, visto que este esta submetido ao prazo prescricional previsto no inciso XXIX, do art. 7º, da CRFB.

Porém, caso seja determinada a reintegração no emprego dentro do período de estabilidade, se a empregada recusar o retorno, há sim, a configuração da renúncia à estabilidade provisória, salvo se comprovada a incompatibilidade entre as partes ou outro motivo justificável.[28] Por fim, caso haja a saída espontânea da empregada, ou mesmo a dispensa por justa causa, esta deixa de fazer jus à estabilidade provisória e seus corolários, bem como ao período de licença maternidade.[29]

Importante destacar o caso particular do empregado doméstico quanto à reintegração, pois possui uma peculiaridade diferenciada dos outros empregados. Sobre o assunto dispõe Marco Antônio César Villatore e Rodolfo Pamplona Filho:

> Interessante considerar, entretanto, que a supracitada norma será de difícil aplicação, no que tange à estabilidade propriamente dita, ou seja, à garantia de emprego assegurada pela lei, uma vez que, como já assentado logo nos Capítulos iniciais desta obra, o vínculo empregatício doméstico conta com a peculiaridade de se basear na estrita confiança entre as partes, dado que o empregado, por trabalhar na própria residência do empregador, acompanha a sua intimidade. Diante disso, uma vez rompido o laço de confiança no qual se pauta o contrato de emprego, difícil será a convivência entre os interessados, o que dificulta, por exemplo, a reintegração do empregado. Assim, o que poderá ser, verdadeiramente, efetiva nessa atual configuração é a imposição da indenização substitutiva, no caso de despedida arbitrária ou sem justa causa, no valor dos salários a que tinha direito no período da estabilidade (desde a confirmação da gravidez até cinco meses após o parto).[30]

Tornando à análise da Súmula n. 244, do TST, em seu inciso II, que foi alterado em 2012, em sessão do Tribunal Pleno, é garantida a estabilidade da gestante mesmo em hipótese de admissão por contrato a tempo determinado. Nesse mesmo sentido, tem-se o recente art. 391-A, da CLT, que assegura a estabilidade da gestante mesmo durante o prazo do aviso-prévio trabalhado ou indenizado.

Em se tratando da empregada adotante, entende-se que esta também tem direito à estabilidade provisória, nos mesmos termos da gestante, pois o art. 392-A, da CLT, estabelece que a adotante será concedida a licença maternidade nos termos do art. 392, que por sua vez garante o direito à licença maternidade sem prejuízo do emprego e do salário. Tal direito estende-se também ao homem adotante, por força do art. 392-C.

Serve, ainda, como garantia da estabilidade ao empregado e empregada adotante, o disposto no Lei Complementar n. 146, de 2014, que estende a estabilidade de emprego da gestante, do art. 10, II, *b*, da ADCT, também a quem tiver a guarda do filho da mãe que falecer, restando evidente que se deve também estender tal estabilidade ao adotante.

Não se pode esquecer de destacar que o mais importante a ser observado quanto à licença maternidade são os seus objetivos que são a proteção da criança e a proteção da família em sentido amplo, ou proteção familiar.

Nesse sentido, ao se analisar os objetivos da licença maternidade, pode-se perceber que, mesmo com todos os progressos legislativos a fim de assegurar esses direitos, o Brasil ainda tem um grande caminho a percorrer para que os objetivos da licença materni-

---

(28) BARROS, Alice Monteiro de. *Curso de Direito do Trabalho*. 9. ed. São Paulo: LTr, 2013. p. 879.
(29) *Ibid.*, p. 882.
(30) VILLATORE, Marco Antônio César; PAMPLONA FILHO, Rodolfo. *Direito do trabalho doméstico*. 3. ed. São Paulo: LTr, 2006. p. 138.

dade sejam alcançados de maneira mais satisfatória, de forma que não restem crianças sem proteção após o nascimento, e que as famílias possam ter mais importância social, para que seja proporcionado ao trabalhador maneiras de conciliar com dignidade o seu trabalho e os cuidados familiares.

A seguir é exposto brevemente acerca da licença maternidade na Itália e alguns mecanismos utilizados na efetivação desse direito em relação à proteção da criança e da família em sentido amplo, que podem servir de exemplo de medidas a serem tomadas e adaptadas à realidade brasileira.

3. A LICENÇA MATERNIDADE, PATERNIDADE E PARENTAL NA ITALIA

O direito italiano prevê a concessão de um "congedo di maternità", "congedo di paternità" e também de um "congedo parentali", que são respectivamente a licença maternidade, licença paternidade e a licença parental.

A Constituição Italiana prevê, em seu art. 37, a garantia dos direitos da trabalhadora mulher, estabelecendo que esta tem os mesmos direitos do trabalhador homem, a paridade de trabalho e a mesma remuneração. Assegura que as condições de trabalho devam consentir o cumprimento de sua essencial função familiar e assegura à mãe e ao filho uma adequada proteção.

Portanto, a Constituição Italiana, diferentemente da brasileira, trata da proteção à maternidade somente de maneira genérica, dispondo apenas acerca do direito de proteção à mãe e ao filho, deixando às normas não constitucionais os detalhes a respeito desse direito.

O Decreto Legislativo n. 151, de 26 de março de 2001, é chamado de texto único das disposições legislativas em matéria de tutela e sustento da maternidade e da paternidade. Em seu artigo, segundo define os seguintes conceitos: a) licença maternidade como a abstenção obrigatória do trabalho pela trabalhadora; b) licença paternidade como a abstenção do trabalho pelo trabalhador, que goza da licença maternidade alternativamente; c) licença parental como a abstenção facultativa da trabalhadora ou do trabalhador.

O Decreto Legislativo n. 151, de 26 de março de 2001, que foi emanado em decorrência do art. 15 da Lei n. 53, de 08 de março de 2000, constitui há mais de um decênio a estrutura jurídica de referimento em matéria de maternidade e paternidade na Itália. Com esse Decreto, o legislador realizou um importante reordenamento da matéria, orientado, entre outras coisas, a dar efetividade a algumas diretivas da comunidade europeia.[31]

Nesse sentido, afirma o Ilustre Professor Giuseppe Santoro Passareli[32]:

L'art. 37 Cost. prevede un'adeguata protezione alla lavoratrice madre e al bambino: per assicurare ciò, il d.lgs. 26 marzo 2001, n. 151, [...], contiene tutte le disposizioni in materia di tutela e sostegno della maternità e paternità. Innanzitutto, il T.U. sulla maternità offre la definizione di congedo di maternità, esteso come astensione obbligatoria dal lavoro (art. 2).[33]

Mesmo considerando que o Decreto Legislativo n. 151, de 26 de março de 2001, tenha dado atuação às disposições comunitárias, deve-se destacar que a Itália, antes do texto único sobre o assunto, era, entre os ordenamentos jurídicos comunitários, aquele com maiores garantias em matéria de tutela da maternidade, com a Lei n. 1.204/1971 e o Regulamento aprovado com o Decreto do Presidente da República n. 1.026/1976, mas também indiretamente, através da tutela contra a discriminação da Lei n. 1.903/1977.[34]

Apesar da atuação da normativa comunitária ter sido o primeiro passo de um processo direto de alargar progressivamente no curso dos anos o âmbito das tutelas já presentes na Lei n. 1.204/1971, não foram realizadas somente adequações normativas pelos legisladores, mas houve também a participação ativa da Corte Constitucional Italiana (Corte Costituzionale). Entre os atos da Corte Constitucional Italiana, pode-se citar o recente C. Cost. n. 205/2015, em matéria de indenização de maternidade para trabalhadoras autônomas.[35]

Com relação à duração da licença maternidade, o art. 16 do texto único dispõe que é proibido que as mulheres trabalhem durante os dois meses anteriores a data presumida do parto, salvo exceções do art. 20; no período entre a data presumida do parto e sua data efetiva (quando o parto se dá após a data prevista), durante os três meses posteriores ao parto e, caso o

---

(31) SALAZAR, Paola; MARIANI, Luca; ARLATI, Massimiliano. *Congedi parentali e maternità*. Varese: Giuffrè Editore, 2016. p. 5.
(32) SANTORO-PASSARELLI, Giuseppe. *Diritto dei lavori e dell'occupazione*. 5. ed. Torino: G. Giappichelli Editore, 2015. p. 309.
(33) "O art. 37 da Constituição prevê uma adequada proteção à trabalhadora mãe e ao seu filho: para que isso seja assegurado, o Decreto Legislativo n. 151, de 26 de março de 2001, contém todas as disposições em matéria de tutela e apoio à maternidade e paternidade. Antes de tudo, o texto único sobre maternidade oferece a definição de licença maternidade, entendido como a abstenção obrigatória do trabalho." Tradução livre.
(34) SALAZAR, op. cit., p. 5.
(35) SALAZAR, op. cit., p. 5.

parto ocorra antes da data prevista, nos dias não gozados antes do parto, que devem ser gozados após este. A sansão ao não cumprimento deste artigo é de prisão por até seis meses, estabelecida pelo art. 18 do mesmo decreto.

O art. 20 do texto único, afirma que a licença maternidade pode ser flexibilizada quanto a sua duração, em um mês antes do parto até quatro meses após o parto, com a condição de que o médico especialista do Serviço Sanitário Nacional ou um médico com esse conveniado e o médico competente aos fins de prevenção e tutela da saúde nos locais de trabalho atestem que essa opção da trabalhadora não acarrete prejuízos à sua saúde e do nascituro.

Portanto, a duração da licença maternidade é de cinco meses (dois antes e um após o parto ou um antes do parto e quatro após), somando-se o dia do parto e mais os dias entre a data presumida e a data efetiva do parto.

Em casos de parto prematuro e recuperação, a mãe tem direito, ainda, aos dias não gozados anteriores ao parto, que serão utilizados depois do seu retorno à casa, mesmo que esse período supere os cinco meses.[36]

O art. 19 do Decreto Legislativo n. 151/2001 dispõe que, os casos de interrupção voluntária ou espontânea da gravidez, são considerados para todos os efeitos como doença.

Importante destacar que, nos termos do art. 12, § 2º, do Decreto do Presidente da República n. 1.026/1976, a interrupção da gravidez que se dê após o 180º dia do início da gestação se considera parto, determinando o direito à prestação econômica prevista no caso de maternidade; ao contrário, quando ocorre antes do 180º dia é considerada aborto e determina o direito de obter a prestação econômica de doença.[37]

Com relação à saúde e segurança da trabalhadora gestante, o art. 7º, do texto único, estabelece alguns trabalhos proibidos à gestante e prevê que esta pode ser transferida de função para que se adeque às condições de segurança e saúde necessárias ao seu estado gravídico. Caso a função seja inferior, deve ser mantido o salário correspondente à mansão já exercida pela trabalhadora. Afirma ainda que em alguns casos quando não é possível nenhum enquadramento no trabalho, sem prejudicar a saúde ou segurança da gestante, a trabalhadora deve ser afastada pelo período da gravidez. Esse afastamento é determinado pelos inspetores do Ministério do Trabalho.

Com relação ao valor recebido no período da licença maternidade, o art. 22, do texto único, estabelece as diretrizes para o seu tratamento econômico. Estabelece que a trabalhadora tem direito à uma indenização diária de 80% da retribuição durante todo o período da licença maternidade. Dispõe ainda, que o período de licença maternidade deve ser computado no tempo de serviço para todos os efeitos, inclusive relativos ao décimo terceiro e gratificação natalícia e férias.

Pode-se dizer que quanto à indenização de maternidade vige o princípio da automaticidade das prestações, tendo em vista que a indenização de maternidade é concedida mesmo em casos de ausência de contribuição dos relativos contributos: o Decreto Legislativo n. 80, de 2015, estendeu esse princípio também aos trabalhadores e trabalhadoras não dependentes, pois é previsto o recolhimento dos contributos figurativos para o direito à aposentadoria e para a determinação desta.[38]

Sendo assim, na Itália não há a previsão legal do recebimento do valor integral do salário no período de licença maternidade, mas somente o recebimento do valor parcial, de 80%.

Com relação à estabilidade, mesmo não sendo tratada com essa terminologia, ela vem prevista como proibição da dispensa por um determinado período, sendo disciplinada pelo art. 54, do texto único.

Tal dispositivo assegura que é proibida a dispensa da trabalhadora do início do período de gravidez até um ano de idade do filho. A proibição da dispensa diz respeito ao caráter objetivo da gravidez, e a trabalhadora que for dispensada no curso do período em que é proibido deve apresentar ao empregador uma idônea certificação de que na época possuía as condições que proíbam a dispensa. A proibição de dispensa se aplica também ao pai, nos casos de licença paternidade, até que o filho complete um ano de idade, e nos casos de adoção e guarda, até um ano após a entrada da criança no núcleo familiar.

A jurisprudência concorda que, tendo em vista a natureza objetiva do estado de gravidez, a proibição da dispensa independe da notoriedade ou não da gravidez.[39] Não existe a obrigação da gestante de informar ao empregador seu estado gravídico, assim como o empregador não pode investigar o estado de gravidez das empregadas. Segundo a doutrina e a jurisprudência não seria nem mesmo possível reconhecer

---

(36) SALAZAR, Paola; MARIANI, Luca; ARLATI, Massimiliano. *Congedi parentali e maternità*. Varese: Giuffrè Editore, 2016. p. 41.
(37) *Ibid.*, p. 31.
(38) SANTORO-PASSARELLI, Giuseppe. *Diritto dei lavori e dell'occupazione*. 5. ed. Torino: G. Giappichelli Editore, 2015. p. 309.
(39) ZARATTINI, Pietro; PELUSI, Rosalba. *Manuale Lavoro*. 11. ed. Trebaseleghe: Novecento Editore, 2016. p. 344.

a existência de uma tal obrigação, tendo em vista as regras gerais de retidão e boa fé dos art. 1.175 e 1.375 do Código Civil Italiano, propriamente para prevenir formas de discriminação.[40]

Sendo assim, é nula a dispensa neste período estabelecido, nos casos de licença maternidade e paternidade até um ano da criança, sendo também nula a dispensa causada pelo requerimento de licença parental ou pela sua fruição.[41]

Caso ocorra a dispensa, o juiz através de uma sentença declara a sua nulidade, com a condenação do empregador a reintegrar o empregado no posto de trabalho, e a ressarcir os danos sofridos com o pagamento de uma quantia correspondente às últimas retribuições de fato. Essa quantia é direcionada a cobrir as retribuições perdidas do dia da dispensa ao da efetiva reintegração (com um mínimo de cinco mensalidades de retribuição). Sem prejuízo do ressarcimento do dano, o trabalhador pode requerer, em substituição à reintegração, o pagamento de uma indenização correspondente à 15 (quinze) mensalidades.[42]

O requerimento da indenização substitutiva, que deve ser apresentado entre trinta dias da comunicação do depósito da sentença ou do envio ao empregador da determinação de tornar ao posto de trabalho, determina a extinção do contrato de trabalho.[43]

A proibição da dispensa não se aplica nos seguintes casos, trazidos pelo § 3º do art. 54: a) culpa grave da parte da trabalhadora, que constitua justa causa; b) cessação das atividades da empresa para a qual trabalha; c) finalização da prestação para a qual a trabalhadora foi contratada ou resolução do contrato de trabalho por tempo determinado por vencimento do prazo; d) de êxito negativo da prova.

Entretanto, quanto aos itens *b* e *c* do artigo citado, deve-se analisar o disposto no art. 24, § 1º, do texto único, que estabelece que a indenização de maternidade é devida mesmo nos casos de resolução do contrato de trabalho, previstas no art. 54, § 3º, letras *b* (cessação das atividades da empresa) e *c* (finalização da prestação para a qual a empregada foi contratada o término de contrato de trabalho a tempo determinado por vencimento do prazo), quando verificadas no período da licença maternidade previstos dos art. 16 e 17.

É assegurado, também, ao trabalhador e a trabalhadora, quando do seu retorno da licença maternidade ou paternidade, o direito de, ao término do período, conservar o posto de trabalho e, salvo renúncia expressa, de retornar na mesma unidade produtiva onde trabalhava antes do afastamento, ou em outra unidade da mesma cidade, onde tem o direito de permanecer até quando a criança completar um ano. Além disso, é garantido a esses trabalhadores o direito de exercer as mesmas funções desenvolvidas ou função equivalente, nos termos do art. 56, do texto único. As mesmas disposições se aplicam nos casos de adoção e guarda, até que complete um ano da entrada da criança no núcleo familiar.

Com relação à licença paternidade, o art. 28, do texto único, estabelece que o pai trabalhador tem direito a ausentar-se do trabalho por toda a duração da licença maternidade, ou pela parte que resta (quando já parcialmente gozada pela mãe), em caso de morte ou grave doença da mãe, em caso de abandono, ou ainda de guarda exclusiva do pai da criança. O tratamento econômico e previdenciário é o mesmo reservado à mãe.

Além da licença paternidade, prevista no texto único, foi introduzida, também, uma licença paternidade obrigatória por um dia e facultativa por dois dias, que devem ser utilizados, necessariamente, entre o quinto mês de vida da criança, ainda que de maneira concomitante com a licença maternidade da mãe.[44] Entretanto, tendo em vista que o texto único define como licença paternidade aquela correspondente à licença maternidade e não esta última, quando se utilizar o termo de licença paternidade este se refere ao termo trazido pelo texto único.

Com a introdução da licença paternidade, em substituição à licença maternidade nos casos elencados anteriormente e em casos de guarda exclusiva do pai, nota-se a paridade entre o homem e a mulher no que diz respeito ao direito de tutela do nascituro, pois mesmo que não haja a presença da mãe, o filho pode contar com a presença paterna para que sejam satisfeitas todas as suas necessidades.

A paridade entre homens e mulheres no ordenamento jurídico italiano também pode ser observada quanto à adoção e a licença parental, que serão tratadas a seguir.

Em se tratando da adoção, importante destacar que o art. 2 da Lei n. 244/2007, §§ 452 e 453, substituíram e revogaram os arts. 26 e 27 do texto único

---

(40) SALAZAR, Paola; MARIANI, Luca; ARLATI, Massimiliano. *Congedi parentali e maternità*. Varese: Giuffrè Editore, 2016. p. 17.
(41) SALAZAR, Paola; MARIANI, Luca; ARLATI, Massimiliano. *Congedi parentali e maternità*. Varese: Giuffrè Editore, 2016. p. 76.
(42) *Ibid.*, p. 77.
(43) ZARATTINI, Pietro; PELUSI, Rosalba. *Manuale Lavoro*. 11. ed. Trebaseleghe: Novecento Editore, 2016. p. 383.
(44) SALAZAR, Paola; MARIANI, Luca; ARLATI, Massimiliano. *Congedi parentali e maternità*. Varese: Giuffrè Editore, 2016. p. 38.

sobre licença maternidade, que originalmente disciplinava o instituto nas hipóteses de adoção e guarda nacional e internacional. A fim de render as normas em exame mais coerentes com a realidade, em relação ao tempo de gestão das práticas de adoção, principalmente com a necessidade de garantir a efetiva fruição das licenças a partir do momento em que se verifica o efetivo ingresso do adotado na família adotiva, independentemente da idade (a norma precedente limitava a idade).[45]

No caso de adoção nacional, diferentemente do previsto para a mãe biológica, a trabalhadora ou trabalhador que adotar pode ausentar-se do trabalho em licença maternidade por um período máximo previsto de cinco meses, calculados a partir do dia sucessivo ao efetivo ingresso do menor no núcleo familiar, independentemente da idade do adotado.[46]

Nos casos de guarda, são concedidos três meses da data da guarda, independentemente da idade da criança, que devem ser gozados nos primeiros cinco meses da guarda.[47] Esse caso diz respeito à guarda sem fins de adoção.[48]

Já na adoção internacional, o adotante pode usufruir da licença maternidade a partir do dia sucessivo da entrada do menor no núcleo familiar, ou ainda, usufruir parcialmente em período antecedente ao seu ingresso. Essa alternativa se dá para possibilitar que o adotante utilize a licença a fim de ir ao país para os trâmites da adoção.[49] Na adoção internacional é assegurado, ainda, à trabalhadora ou ao trabalhador, o direito de gozar da licença maternidade ou paternidade no período correspondente à sua permanência no Estado Estrangeiro pelo tempo requerido para realizar a adoção, entretanto, esse período não comporta indenização ou retribuição. Sendo assim, existem essas duas possibilidades de licença caso o pai ou a mãe adotiva devam permanecer no país de origem do adotado por determinado período.

O art. 31, do texto único, estabelece que ao homem adotante ou que tenha a guarda da criança é reservado o mesmo tratamento e os mesmos direitos que às trabalhadoras mulheres.

O ordenamento jurídico italiano conta, ainda, com um importante direito, que ajuda na gestão familiar dos empregados e na melhor conciliação entre o trabalho e a vida pessoal, o que salvaguarda ainda mais os direitos das crianças e sua interação familiar. Se trata da licença parental.

A licença parental, está prevista no art. 32 e seguintes do texto único sobre maternidade e paternidade, tal dispositivo prevê que, para cada criança, nos seus primeiros 12 anos de vida (inicialmente eram 8 anos, mas com a modificação trazida pelo art. 7º, do Decreto Legislativo n. 80/2015 passaram a 12 anos)[50], cada um dos genitores tem direito de ausentar-se do trabalho segundo a modalidade estabelecida pelo artigo. As relativas licenças parentais dos genitores não podem em seu total exceder o limite de dez meses, salvo o disposto no parágrafo segundo.

Dentro desse limite, o direito de ausentar-se do trabalho compete: a) a mãe trabalhadora, depois do período de licença maternidade, por um período continuativo ou fracionado, não superior a seis meses; b) ao pai trabalhador, do nascimento do filho, por um período continuativo ou fracionado não superior a seis meses, podendo ser elevado a sete no caso do parágrafo segundo; c) quando a criança tenha somente um genitor, per um período continuativo ou fracionado não superior a dez meses.

A licença paternidade pode ser usufruída contemporaneamente pelos pais, inclusive o pai pode requerer a sua fruição durante o período de licença maternidade obrigatório da mãe (nos três meses após o parto).[51]

O parágrafo segundo do art. 32 dispõe que quando o pai trabalhador exerce o direito de afastar-se do trabalho por um período continuativo ou fracionado não inferior a três meses, o limite total da licença parental dos genitores é elevado a onze meses.

A licença parental pode ser fruída de maneira fracionada não somente dividida em dias, mas também em horas, conforme diretrizes previstas nos contratos coletivos das categorias.[52]

Sendo assim, a licença parental tem duração de 10 ou 11 meses, sendo seis meses reservados à mãe e seis meses ao pai. Há ainda a possibilidade de extensão de sete meses ao pai nos termos anteriormente expostos, totalizando 11 meses de licença parental.

---

(45) *Ibid.*, p. 40.
(46) SALAZAR, Paola; MARIANI, Luca; ARLATI, Massimiliano. *Congedi parentali e maternità*. Varese: Giuffrè Editore, 2016. p. 40-41.
(47) SANTORO-PASSARELLI, Giuseppe. *Diritto dei lavori e dell'occupazione*. 5. ed. Torino: G. Giappichelli Editore, 2015. p. 309.
(48) ZARATTINI, Pietro; PELUSI, Rosalba. *Manuale Lavoro*. 11. ed. Trebaseleghe: Novecento Editore, 2016. p. 342.
(49) SALAZAR, *op. cit.*, p. 40.
(50) SALAZAR, *op. cit.*, p. 57.
(51) ZARATTINI, Pietro; PELUSI, Rosalba. *Manuale Lavoro*. 11. ed. Trebaseleghe: Novecento Editore, 2016. p. 351.
(52) *Ibid.*, p. 351.

Existe uma outra possibilidade de prolongamento da licença parental em até três anos, nos casos em que a criança possui deficiência em situação grave, com a condição de que a criança não esteja internada a tempo integral em instituto especializado.

Com relação ao tratamento econômico da licença parental, nos termos do art. 34, do texto único, durante o período da licença é devido ao beneficiário, até o sexto ano da criança (inicialmente o limite de idade era até os três anos, mas o referido artigo foi modificado pelo art. 9º, do Decreto Legislativo n. 80/2015, passando a seis anos[53]), uma indenização de 30% da retribuição, por um período máximo total para os dois genitores de seis meses. O período restante não é indenizado.

Entretanto, pelo período superior aos seis meses será devida uma indenização também de 30%, nos casos em que o rendimento individual do interessado seja inferior a 2,5 vezes a quantia da alíquota base da aposentadoria a encargo da asseguração geral obrigatória. Ainda, no caso de filho com deficiência grave essa indenização também é aplicada a todo o período da licença.

No caso de parto de gêmeos ou mais, cada um dos genitores tem direito à licença parental em relação a cada um dos filhos nascidos, assim, para cada filho nascido, há o direito de seis meses para a mãe e de até sete meses para o pai.[54]

O período da licença parental é computado no tempo de serviço, excluindo-se os efeitos relativos às férias, décimo terceiro ou gratificação de natal.

Nos termos do art. 36, do texto único, a licença parental também é aplicada aos casos de adoção e guarda. O período de gozo da licença parental será até os primeiros 12 anos do ingresso do menor na família, mas o limite para receber a indenização de 30% é até os primeiros seis anos do ingresso do menor na família, tendo em vista as modificações do art. 10, do Decreto Legislativo n. 80/2015.[55]

A Corte de Cassazione Italiana, que corresponde à última instância judiciária nacional, entende que a licença parental tem o objetivo restrito à promoção pelo pai ou pela mãe das exigências organizativas da família nos primeiros anos de vida da criança, sendo que o período não pode ser utilizado para a prestação de outra atividade de trabalho. Caso ocorra é um motivo de justa causa. O entendimento da corte é no sentido de que a licença parental é um direito potestativo do empregado, que pode exercitá-lo frente ao empregador e frente ao ente que concede a indenização correspondente, a fim de garantir com a própria presença a satisfação das necessidades afetivas do filho e as exigências da sua plena inserção na família.[56]

Além da Itália, grande parte dos países europeus possuem a licença parental como forma de tutela e incentivo à maternidade e paternidade, à melhor convivência familiar.

Alguns exemplos são a Bélgica, que estabelece a licença parental em 17 semanas para cada um dos genitores, pagas com quantias estabelecidas pelo Sistema de Seguridade Social; a Alemanha, onde a licença parental é de 156 semanas, das quais 52 pagas do Sistema de Seguridade Social para cada um dos genitores em 67%, com um mínimo de 300 euros por mês e um máximo de 1.800 euros ao mês (100% em caso de rendimento inferior à 1000 euros), a licença é fruída de uma só volta ou fracionada até o terceiro ano de idade da criança (entre o terceiro e o oitavo ano da criança é necessária a aprovação do empregador); e a Dinamarca, que concede licença parental de 32 semanas para cada um dos genitores, pagas em 100% do salário, financiada pelo Sistema de Seguridade Social e do empregador (com integração a 100% a cargo do empregador), sendo prevista também a opção *parttime*; pode ser usufruída de uma só vez ou fracionada até uma certa idade da criança.[57]

Destaca-se, ainda, a Convenção n. 156 OIT sobre a Igualdade de Oportunidades e de Tratamento para Trabalhadores e Trabalhadoras com Responsabilidades Familiares, que prevê a conciliação entre o trabalho e as responsabilidades familiares, sendo importante fonte internacional de referimento.

O instituto da licença parental representa grande avanço no ordenamento jurídico italiano e europeu quanto à proteção da maternidade e paternidade e principalmente com relação à proteção da criança, pois permite uma maior interação familiar e a adequada convivência com os pais.

Porém, na Itália, não se observam somente leis direcionadas a maternidade e paternidade em senso estrito, mas também uma série de normas mais amplas que possibilitam a conciliação entre o trabalho e a vida familiar, partindo-se de uma análise sistêmica.[58]

---

(53) SALAZAR, Paola; MARIANI, Luca; ARLATI, Massimiliano. *Congedi parentali e maternità*. Varese: Giuffrè Editore, 2016. p. 50 e 57.
(54) ZARATTINI, Pietro; PELUSI, Rosalba. *Manuale Lavoro*. 11. ed. Trebaseleghe: Novecento Editore, 2016. p. 351.
(55) SALAZAR, Paola; MARIANI, Luca; ARLATI, Massimiliano. *Congedi parentali e maternità*. Varese: Giuffrè Editore, 2016. p. 57.
(56) ZARATTINI, *op. cit.*, p. 350.
(57) SALAZAR, *op. cit.*, p. 12-13.
(58) SALAZAR, Paola; MARIANI, Luca; ARLATI, Massimiliano. *Congedi parentali e maternità*. Varese: Giuffrè Editore, 2016. p. 6-8.

Para efetuar essa análise, devem-se levar em consideração as modificações legislativas em sentido amplo, que abrangem diversas modalidades de trabalho que possibilitam uma melhor gestão entre a vida familiar e o trabalho. Entre essas modalidades estão o trabalho *parttime*, regulado pelo Decreto Legislativo n. 81/2015; a flexibilidade do horário de trabalho, sendo uma flexibilidade organizativa, com o trabalho "ágil", que possui limitações de horas extras e da utilização do banco de horas, regulado pelo Decreto Legislativo n. 66/2003; o teletrabalho, mesmo que somente durante um determinado período, ligado à necessidades da maternidade e paternidade; dentre outras modalidades de trabalho e de benefícios resultantes de uma flexibilização organizativa da empresa em favor da adequação da vida em família e do emprego.[59]

Sobre o plano da conciliação vida-trabalho, o *Jobs Act* (Lei n. 183/2014) já contina uma amplitude grande de tendências a realizar não somente uma maior flexibilidade organizativa, mas também uma melhor integração a nível territorial dos serviços de cura e assistência no âmbito público e privado (art. 1º, § 9º, da Lei n. 183/2014). Já o Decreto Legislativo n. 80/2015 interveio de maneira muito mais consistente no plano da tutela da maternidade e paternidade e, em medida mais específica sobre certos âmbitos, como por exemplo do teletrabalho. Na verdade, a parte mais significativa das novidades trazidas pelo Decreto são dedicadas ao exercício do poder familiar da mãe e do pai trabalhador através de intervenções seja de tipo econômico, seja de tipo substancial. Entre esse último é um ótimo exemplo a extensão da licença paternidade nas hipóteses de cônjuge trabalhador autônomo ou profissional liberal (hipóteses que até então não eram previstas pela lei, mas somente estendidas pela jurisprudência).[60]

No mesmo decreto citado, bem como em demais normativas também ligadas à reforma da legislação do trabalho, existem disposições que tocam em modo indireto o tema da conciliação entre vida-trabalho. São eles: o art. 8º, § 7º do Decreto Legislativo n. 81/2015, que prevê o poder do empregado requerer a modificação do contrato de trabalho a tempo integral, em tempo parcial, em substituição da licença parental; o art. 2.103, § 5º do CC que foi modificado pelo art. 3º do Decreto Legislativo n. 81/2015, que prevê a possibilidade de acordo com o empregador para haja a mudança de função do trabalhador visando o melhoramento das suas condições de vida; o art. 24 do Decreto Legislativo n. 151/2015 que prevê a possibilidade de concessão gratuita aos próprios colegas (dentro do limite da lei e com base na previsão do contrato coletivo) os repousos e as férias adquiridas, com exclusão do mínimo disponível.[61]

Muito importante destacar também uma reforma no ordenamento jurídico italiano, que ocorreu através Decreto d.m. 22 de dezembro de 2012, publicado pela Gazeta Oficial n. 37, de 22 de dezembro de 2012, e sucessivamente com o Decreto d.m. 28 de outubro de 2014, que ocasionou uma mudança nas disposições da Lei n. 92/2012 de reforma do mercado de trabalho concernente a tutela da maternidade e paternidade (art. 4º, §§ 24, 25 e 26).[62]

Entre as novidades previstas da lei, foi apresentada uma peculiaridade (sempre em caráter experimental) – uma forma de sustento econômico para as famílias de trabalhadores dependentes do setor privado que consiste em uma contribuição econômica a cargo do INPS (Instituto Nacional da Previdência Social), do qual os trabalhadores podem obter uma substituição do gozo do período de licença parental com a finalidade de financiar gastos relativos a serviços de babás, ou para o acesso a rede pública ou privada credenciada de serviços para a infância.[63]

O Decreto d.m. de 28 de outubro de 2014, que disciplina os critérios de acesso e as modalidades de utilização do benefício para os anos de 2014 e 2015, iniciou com a contribuição de 300 a 600 euros mensais, sendo estendido também as trabalhadoras do setor público. Essa contribuição é concedida por um período máximo de seis meses, divisível somente por frações mensais inteiras. Utilizado em alternativa à licença parental, este comporta na renúncia dessa licença por parte da trabalhadora.[64]

Para o serviço de babá, o INPS entrega à mãe o valor de 600 euros em voucher para cada mês de licença que esta renuncia, já nos casos de uso da rede pública dos serviços para a infância ou dos serviços privados credenciados, o INPS paga diretamente à estrutura escolhida, até o limite máximo de 600 euros mensais, diante do atestado da instituição de que a criança goza dos serviços do local.[65]

---

(59) *Ibid.*, p. 6-8.
(60) SALAZAR, Paola; MARIANI, Luca; ARLATI, Massimiliano. *Congedi parentali e maternità*. Varese: Giuffrè Editore, 2016. p. 8-9.
(61) *Ibid.*, p. 9.
(62) *Ibid.*, p. 55.
(63) *Ibid.*, p. 55.
(64) SALAZAR, Paola; MARIANI, Luca; ARLATI, Massimiliano. *Congedi parentali e maternità*. Varese: Giuffrè Editore, 2016. p. 55.
(65) ZARATTINI, Pietro; PELUSI, Rosalba. *Manuale Lavoro*. 11. ed. Trebaseleghe: Novecento Editore, 2016. p. 352.

Tal iniciativa incentiva o trabalhador a retornar ao trabalho, mas sem prejuízo do cuidado com a criança, pois garante uma assistência adequada ao filho, enquanto o pai ou a mãe podem retomar suas atividades profissionais.

Existe ainda um importante instrumento de incentivo à conciliação entre tempo de vida e tempo de trabalho, voltado ao incentivo da empresa privada na sua promoção. Esse instrumento é previsto no art. 9º, da Lei n. 53, de 2000, e dispõe que com a finalidade de promover e incentivar formas de articulação da prestação de trabalho, voltadas a conciliar tempo de vida e de trabalho, no âmbito do Fundo pela Ocupação de qual o art. 1º, § 7º, do Decreto Lei n. 148/1993, convertido, com modificações, da Lei n. 236/1993, é destinada uma quota anual a favor de empresas que apliquem acordos contratuais que prevejam ações positivas para a flexibilidade, e em particular que criem:

a) Projetos articulados para consentir à trabalhadora ou ao trabalhador pai, ainda que um dos dois seja trabalhador autônomo, ou quando tem a guarda ou adoção de um menor, de usufruir de particulares formas de flexibilidade de horários e de organização do trabalho, entre os quais o trabalho "part time" reversível, teletrabalho, trabalho a domicílio, horário flexível de entrada e saída, banco de horas, flexibilidade de turnos, horário concentrado, com prioridade aos genitores que tenham filhos até os oito anos de idade ou até doze anos de idade, em caso de guarda ou adoção.

b) Programas de formação para a recolocação dos trabalhadores depois do período de licença;

c) Projetos que consintam a substituição do titular da empresa ou o trabalhador autônomo, que se beneficiem do período de abstenção obrigatória ou da licença maternidade, com outro empreendedor ou trabalhador autônomo.

Diante do exposto, pode-se constatar que o ordenamento jurídico italiano visa proteger a maternidade/paternidade no sentido mais amplo de proteção à família, pois o Poder Público, principalmente através da atuação do legislativo, busca meios de manter a integração familiar, cuidando assim do bem-estar dos filhos, através de medidas concretas na efetivação desses direitos.

O ordenamento jurídico italiano busca uma melhor integração entre a família e o trabalho, para que o trabalhador tenha uma vida mais equilibrada e possa valorizar a sua família e investir no seu bem-estar, modelo que pode ser seguido também pelo ordenamento jurídico brasileiro.

Deve-se pensar que no Brasil a maternidade e paternidade tem proteção somente nos primeiros meses de vida da criança, ou nos primeiros meses de convivência, no caso da adoção, mas os cuidados com a criança e a interação da família vão muito além desse período. O direito tem que levar em consideração que as famílias devem ter condições favoráveis de conciliação de trabalho e vida familiar, pois esse equilíbrio é muito importante e possui reflexos na família e na sociedade. Com mais tempo para cuidar dos filhos os pais criam melhores cidadãos para toda a sociedade. O benefício não é só familiar, mas social.

Esse equilíbrio entre família e trabalho poderia facilmente ser implementado de maneira efetiva no Brasil, seja através de políticas públicas, seja através de novas leis que estabeleçam diretrizes nesse sentido, seguindo o ótimo exemplo da Itália, que possui diversas políticas de flexibilização organizativa, além da licença parental.

4. CONSIDERAÇÕES FINAIS

Diante o exposto, pode-se constatar que existem muitas diferenças quanto à licença maternidade no Brasil e na Itália, entretanto, as maiores diferenças são com relação à licença parental e as demais medidas tomadas pelo ordenamento jurídico italiano para que as crianças recebam os cuidados para além do período de licença maternidade, de maneira que os trabalhadores tenham como conciliar de maneira digna o seu trabalho e a organização familiar.

Não obstante as grandes mudanças legislativas favoráveis no Brasil em relação à maternidade, ainda existem muitos problemas a serem resolvidos com relação ao tema, para que se atenda ao objetivo da proteção da maternidade em sentido amplo, com a proteção da criança e da família. Para isso, deve-se levar em consideração que os direitos da criança devem ser assegurados de maneira mais efetiva, sem deixar lacunas legais que se traduzam em crianças sem proteção e famílias sem amparo.

A implementação da licença parental seria um enorme passo para o Brasil na conciliação entre família-trabalho, mas apenas uma das medidas que podem ser tomadas nesse sentido, pois existem muitas outras políticas que podem ser implementadas para atingir esse objetivo. Não se pode esquecer que nossa sociedade é composta de famílias e que é em seu seio que se formam os novos cidadãos.

Essas medidas não precisariam ser taxativas e *erga omnes* como no caso da licença maternidade, mas sim facultativas e flexíveis, atendendo as crescentes necessidades de cada uma das famílias hodiernas.

Um bom ponto de partida seria o legislador, bem como o judiciário, ampliarem e flexibilizarem as opções à sociedade, para que assim as famílias escolham o que for mais favorável à sua própria realidade, como no caso italiano, estudado neste artigo, onde o Estado fornece às famílias muito mais autonomia para sua organização em relação à jornada de trabalho e gestão familiar.

Em suma, tais medidas seriam um grande avanço social e uma forma de implementação do disposto no art. 226 e § 7º, da Constituição da República Federativa do Brasil, que dispõe que a família é a base da sociedade, sendo o planejamento familiar de livre decisão do casal, mas competindo ao Estado propiciar recursos educacionais e científicos para o exercício desse direito, que é fundado nos princípios da dignidade da pessoa humana e da paternidade responsável.

5. REFERÊNCIAS BIBLIOGRÁFICAS

BARROS, Alice Monteiro de. *A Mulher e o Direito do Trabalho*. São Paulo: LTr, 1995.

_____. *Curso de Direito do Trabalho*. 9. ed. São Paulo: LTr, 2013.

CALIL, Léa Elisa Silingowschi. *Direito do Trabalho da mulher*: A questão da igualdade jurídica ante a desigualdade fática. São Paulo: LTr, 2007.

DELGADO, Mauricio Godinho. *Curso de Direito do Trabalho*. 13. ed. São Paulo: LTr, 2014.

FOLLONI, André; PERON, Rita de Cássia Andrioli Bazila. Tributação extrafiscal e direitos fundamentais: programa empresa cidadã e licença-maternidade. *EJJL Espaço Jurídico Journal of Law*. Chapecó, v. 15, n. 2, p. 399-420, jul./dez. 2014. Disponível em: <http://editora.unoesc.edu.br/index.php/espacojuridico/article/view/4495/3491>. Acesso em: 22 dez. 2014.

IBRAHIM, Fábio Zambitte. *Curso de Direito Previdenciário*. 19. ed. Rio de Janeiro: Impetus, 2014.

MANDALOZZO, Silvana. *A maternidade no Direito do Trabalho*. Curitiba: Juruá, 1996.

MARTINS, Sergio Pinto. *Direito do Trabalho*. 30. ed. São Paulo: Atlas, 2014.

NASCIMENTO, Amauri Mascaro. *Curso de Direito do Trabalho*. 28. ed. São Paulo: Saraiva, 2013.

_____. *Direito do Trabalho na Constituição de 1988*. São Paulo: Saraiva, 1991.

PERON, Rita de Cássia Andrioli Bazila. *A extensão da licença-maternidade ao responsável legal pela criança*: uma nova realidade socioeconômica para a atividade empresarial. 2015. 162 f. Dissertação (Mestrado em Direito) – Pontifícia Universidade Católica do Paraná, Curitiba, 2015.

SALAZAR, Paola; MARIANI, Luca; ARLATI, Massimiliano. *Congedi parentali e maternità*. Varese: Giuffrè Editore, 2016.

SANTORO-PASSARELLI, Giuseppe. *Diritto dei lavori e dell'occupazione*. 5. ed. Torino: G. Giappichelli Editore, 2015.

VIANNA, Cláudia Salles Vilela. *Previdência Social*: custeio e benefícios. 3. ed. São Paulo: LTr, 2014.

VILLATORE, Marco Antônio César; PAMPLONA FILHO, Rodolfo. *Direito do trabalho doméstico*. 3. ed. São Paulo: LTr, 2006.

ZARATTINI, Pietro; PELUSI, Rosalba. *Manuale Lavoro*. 11. ed. Trebaseleghe: Novecento Editore, 2016.

Reforma Trabalhista no Brasil: A Prevalência do Negociado sobre o Legislado e a Comparação com o Contrato Coletivo Italiano

Roberto Vinícius Hartmann(*)
Marco Antônio César Villatore(**)

1. INTRODUÇÃO

A temática da Reforma Trabalhista está na pauta de discussões de todos os estudiosos do Direito do Trabalho, principalmente após a promulgação pelo Presidente Michel Temer, da Lei n. 13.467, de 13 de julho de 2017 e que entrou em vigor em 11 de novembro de 2017.

Referida legislação é oriunda do Projeto de Lei n. 6.787, que foi apresentado pelo Poder Executivo em 23 de dezembro de 2016, com o intuito de promover alterações no Decreto-Lei n. 5.452/1943 (Consolidação das Leis do Trabalho) e nas Leis n. 6.019/1974, sobre Trabalho Temporário; n. 8.036/1990, que trata do Fundo de Garantia do Tempo de Serviço; e n. 8.212/1991, que versa sobre a Seguridade Social[1].

As alterações efetivadas na legislação trabalhista vieram atreladas a um discurso que sempre vem à tona em momentos de crise, qual seja: o de que são necessárias mudanças na área trabalhista para que ocorra uma adequação da legislação aos tempos modernos em que vivemos, de modo que as empresas possam retomar o seu crescimento econômico com uma maior competitividade no mercado, mediante a geração de novos postos de trabalho.

Ocorre que a explicação dos defensores da Reforma Trabalhista está costumeiramente atrelada ao fantasma do desemprego, o que de fato há aflição por parte de toda a população, já que no primeiro trimestre de 2017, o Brasil atingiu a maior taxa de desocupação de sua história, atingindo o patamar de 13,6%, ou seja, 14.084.000 de brasileiros[2].

(*) Advogado trabalhista, Graduado em Direito pela Pontifícia Universidade Católica do Paraná (PUCPR), Pós-Graduado em Direito e Processo do Trabalho pela Universidade Anhanguera-Uniderp e Rede de Ensino Luiz Flávio Gomes e Mestrando no Programa de Pós-Graduação (Mestrado em Direito Econômico e Desenvolvimento) pela Pontifícia Universidade Católica do Paraná (PUCPR). E-mail: <roberto_hartmann604@hotmail.com>.

(**) Advogado Trabalhista, Professor Titular de Direito do Trabalho da Graduação e Pós-Graduação (Especialização, Mestrado e Doutorado) na Pontifícia Universidade Católica do Paraná (PUCPR), Professor Adjunto III de Direito do Trabalho da Graduação na Universidade Federal de Santa Catarina (UFSC) e na UNINTER. Mestre pela Pontifícia Universidade Católica de São Paulo (PUCSP), Doutor pela Universidade de Roma I, "La Sapienza"/UFSC e Pós-Doutor pela Universidade de Roma II, "Tor Vergata". Líder do Grupo de Pesquisa "Núcleo de Estudos Avançados de Direito do Trabalho e Socioeconômico – NEATES". Linha de pesquisa: Direitos Sociais, Desenvolvimento e Globalização. Áreas de interesse: Direito do Trabalho e Direito Internacional do Trabalho.

(1) CÂMARA DOS DEPUTADOS. *Projeto de Lei n. 6.787/2016*. Disponível em: <http://www.camara.gov.br/proposicoesWeb/fichadetramitacao?idProposicao=2122076>. Acesso em: 03 set. 2017.

(2) VEJA. *Desemprego é o maior da história para o trimestre, diz IBGE*. Disponível em: <http://veja.abril.com.br/economia/desemprego-cai-e-atinge-14-milhoes-diz-ibge/>. Acesso em: 03 set. 2017.

Houve uma relativa melhora no segundo semestre de 2017, quando atingiu 12,8% de desocupação, mas que somente se viabilizou em razão do aumento do número de empregados sem carteira de trabalho assinada e de trabalhadores por conta própria, já que o número de pessoas trabalhando com carteira assinada manteve-se estável, segundo dados do Instituto Brasileiro de Geografia e Estatística (IBGE)[3].

Os dados são realmente preocupantes, principalmente se verificarmos a análise entre os anos de 2002 até 2015 feitas pelo Instituto de Pesquisa Econômica Aplicada (IPEA)[4], em que se constatava um decrescimento do desemprego, chegando a atingir, em 2014, o índice de 4,3% da população desempregada.

Mesmo assim, não se justifica a implementação de uma Reforma Trabalhista, pautada nos apelos do grande empresariado que almeja exclusivamente uma maior lucratividade e, portanto, preconiza a flexibilização da legislação, que, no Brasil, coincide significativamente com a precarização das relações de trabalho, impondo sobre os trabalhadores o ônus pelo decrescimento econômico.

Jorge Luiz Souto Maior afirma que a Reforma Trabalhista para além do desrespeito aos parâmetros democráticos em sua tramitação acaba impondo "uma enorme derrota aos trabalhadores, como se tivessem sido eles, ao longo da história do Brasil, grandes privilegiados e como se fossem, em razão de seus direitos (que nunca foram de fato cumpridos), os culpados da crise econômica"[5].

Temos que outras alternativas poderiam ser utilizadas para a retomada do crescimento econômico, já que o problema não é trabalhista, muito embora diversos empregadores entendam que os direitos trabalhistas sejam um fardo muito árduo para suas empresas.

Sergio Pinto Martins sugere que poderiam ser reajustados os encargos sociais incidentes sobre a folha de pagamento dos empregados, uma vez que o salários pagos no Brasil não são altos, mas ter que pagar uma contribuição de 35,8% é excessivamente oneroso, sem se falar na tributação dos produtos que é altíssima e igualmente poderia ser diminuída[6].

Tal assertiva de que o custo da mão de obra em nosso país é elevado, é desmantelado por Jorge Luiz Souto Maior ao afirmar que:

> E nem se sustente que um custo menor gera mais empregos, pois, em 2016, o custo da hora trabalhada no Brasil, no setor industrial, chegou a U$ 2,90 por hora, enquanto que, na China, esse custo era de U$ 3,60 por hora, no mesmo período. Ocorre que o custo menor não ajudou a criar emprego no Brasil, pois a economia apresentou uma queda de 3,6% do PIB, enquanto o crescimento da China foi de 6,7% no ano [...][7].

Ademais, analisando os demais argumentos utilizados para a aprovação da Reforma Trabalhista, e que, diga-se de passagem, não se sustentam, temos a alegação da modernização da legislação, a qual estaria defasada para o tempo em que vivemos. Isso não é verdade, quando constatado que aproximadamente 80% dos artigos da Consolidação das Leis do Trabalho não estão mais em vigor, ou seja, "dos 921 artigos da CLT de 1943, apenas 188 continuam vigentes até hoje e praticamente nenhum destes fixa, digamos assim, custos aos empregadores"[8].

A jurisprudência dos Tribunais Regionais e do Tribunal Superior do Trabalho tem estado constantemente debatendo as temáticas laborais e fixando novos entendimentos que se adequem aos parâmetros de uma relação empregatícia vivenciada em pleno século XXI.

Outra alegação que não subsiste na realidade é o de que a flexibilização ensejará um maior número de postos de trabalho, não existindo qualquer estudo científico que prove tender a retirada de direitos trabalhistas a solucionar o problema da informalidade e do desemprego, seja pelo fato de que o "[...] empregador poderá fazer a automação de seu estabelecimento, aumentando a produtividade, sem contratar trabalhadores"[9] ou simplesmente pelo fato de que a

---

(3) INSTITUTO BRASILEIRO DE GEOGRAFIA E ESTATÍSTICA. *PNAD Contínua:* taxa de desocupação foi de 12,8% no trimestre encerrado em julho. Disponível em: <http://agenciadenoticias.ibge.gov.br/agencia-sala-de-imprensa/2013-agencia-de-noticias/releases/16153-pnad-continua-taxa-de-desocupacao-foi-de-12-8-no-trimestre-encerrado-em-julho.html>. Acesso em: 03 set. 2017.
(4) INSTITUTO DE PESQUISA ECONÔMICA APLICADA. *Taxa de desemprego.* Disponível em: <http://www.ipeadata.gov.br/exibeserie.aspx?serid=38401>. Acesso em: 03 set. 2017.
(5) SOUTO MAIOR, Jorge Luiz. *A quem interessa essa "reforma" trabalhista?* Disponível em: <http://www.jorgesoutomaior.com/blog/a-quem-interessa-essa-reforma-trabalhista>. Acesso em: 02 set. 2017.
(6) MARTINS, Sergio Pinto. Reforma trabalhista. *Revista Síntese Trabalhista e Previdenciária,* São Paulo, v. 28, n. 329, p. 37-49, nov. 2016.
(7) SOUTO MAIOR, Jorge Luiz. *V – O custo do trabalho no Brasil é excessivo.* Disponível em: <http://www.jorgesoutomaior.com/blog/v-o-custo-do-trabalho-no-brasil-e-excessivo>. Acesso em: 03 set. 2017.
(8) MAIOR, Jorge Luiz Souto. *A quem interessa essa "reforma" trabalhista?* Disponível em: <http://www.jorgesoutomaior.com/blog/a-quem-interessa-essa-reforma-trabalhista>. Acesso em: 02 set. 2017.
(9) MARTINS, Sergio Pinto. Reforma trabalhista. *Revista Síntese Trabalhista e Previdenciária,* São Paulo, v. 28, n. 329, p. 37-49, nov. 2016.

redução dos encargos trabalhistas não garante que o empregador irá optar por ter maior lucratividade e com isso deixar de contratar novos empregados.

O Brasil, ao promulgar uma Reforma Trabalhista que precariza as relações de emprego, está indo na contramão do que a Organização Internacional do Trabalho afirma a partir de seus estudos sobre a flexibilização em países da Europa. Naquele continente, também foi igualmente utilizado o pretexto de se estimular um crescimento nos níveis de empregabilidade pautado na redução da proteção aos empregados, o que na prática não se efetivou[10].

Antonio Casimiro Ferreira afirma que

> "o padrão que liga' as estruturas criadas no ambiente de um retorno ao liberalismo econômico deletério, pois 'configura um modelo político-econômico punitivo em relação aos indivíduos, orientado pela crença de que os excessos do passado devem ser reparados pelo sacrifício presente e futuro, enquanto procede a implementação de um arrojado projeto de erosão dos direitos sociais e de liberalização econômica da sociedade"[11].

Evidencia-se o tamanho do equívoco cometido em nosso país quando se tem asseverado que:

> Por ejemplo, en Argentina, Brasil, China y Sudáfrica, la adopción de modalidades innovadoras de protección social ha ayudado a mejorar la seguridad del ingreso de los trabajadores en situaciones de empleo vulnerable. En diversas economias avanzadas y en desarrollo, los gobiernos han aplicado combinaciones de políticas en matéria de protección social y de mercado de trabajo que han permitido incrementar el empleo formal[12].

Resta claro que nos países que adotam uma legislação assegurando os Direitos Trabalhistas de forma clara tende a apresentar um desenvolvimento econômico e social melhor, baseado nas premissas de um emprego formal.

Situação negativa, quando se vislumbra a precarização de direitos do trabalho, tem-se comprovado na Itália, onde ocorreram diversas alterações legislativas que conduziram a uma desregulamentação da legislação trabalhista, o que acabou gerando um aumento exponencial no número de empregos a tempo parcial, constatando-se que, no período entre 2008 e 2015, houve um crescimento de 4 pontos percentuais ou mais no referido país, chegando ao número de 18,5% dos empregados contratados a tempo parcial. Referida conjuntura vem ocorrendo de forma involuntária, já que os trabalhadores passaram a aceitar esse regime contratual, pois não conseguiram encontrar empregos permanentes[13].

Ao se tratar de uma Reforma Trabalhista, como a que foi imposta em nosso país, dever-se-ia possibilitar uma discussão ampla do assunto com todos os interessados e afetados, especialmente a classe trabalhadora que foi tolhida de manifestação, pois é uníssono entre os estudiosos do Direito que mudanças na legislação trabalhista poderiam e deveriam acontecer, mas não do modo como foi realizada, nem mesmo com o objetivo de precarização quanto à proteção das relações empregatícias.

De maneira muito nítida, foi perceptível que a alteração legislativa ocorreu por imposição dos interesses dos grandes empresários, que de modo contumaz entendem que os direitos trabalhistas significam um empecilho para uma maior lucratividade em suas empresas e servem de base para a sustentação de um governo que vê suas bases estremecidas diante de tantos escândalos de corrupção[14].

---

(10) O mencionado estudo também apontou que "De hecho, los resultados que presenta el informe indican que, cuando los cambios introducidos están mal diseñados y debilitan la legislación sobre protección al empleo, su aplicación será con toda probabilidad contraproducente para el empleo y la participación en el mercado laboral, tanto a corto como a largo plazo". "De fato, os resultados do relatório indicam que, quando as mudanças introduzidas são mal concebidas e enfraquecem a legislação de proteção ao emprego, sua implementação será com toda a probabilidade contraproducente para o emprego e a participação no mercado de trabalho, tanto a curto como a longo prazo" (tradução literal dos autores). (ORGANIZACIÓN INTERNACIONAL DEL TRABAJO. *Perspectivas Sociales y del Empleo en el Mundo. El empleo en plena mutación. Resumen ejecutivo*. 2015. p. 6).

(11) FERREIRA, Antonio Casimiro. Para uma concepção decente e democrática do trabalho e dos seus direitos: (Re)pensar o direito das relações laborais. In: SANTOS, Boaventura de Souza (Org.). *A Globalização e as ciências sociais*. 2. ed. São Paulo: Cortez, 2002. p. 13.

(12) "Por exemplo, na Argentina, no Brasil, na China e na África do Sul, a adoção de formas inovadoras de proteção social ajudou a melhorar a segurança dos rendimentos dos trabalhadores em situações de emprego vulnerável. Em diversas economias avançadas e em desenvolvimento, os governos aplicaram combinações de políticas em matéria de proteção social e de mercado de trabalho que permitiram aumentar o emprego formal" (tradução literal dos autores). ORGANIZACIÓN INTERNACIONAL DEL TRABAJO. *Perspectivas Sociales y del Empleo en el Mundo. El empleo en plena mutación. Resumen ejecutivo*, 2015. Disponível em: <http://www.ilo.org/wcmsp5/groups/public/---dgreports/---dcomm/---publ/documents/publication/wcms_368643.pdf>. Acesso em: 03 set. 2017. p. 5.

(13) INTERNATIONAL LABOUR ORGANIZATION. *World Employment Social Outlook Trends 2017*. Disponível em: <http://www.ilo.org/wcmsp5/groups/public/---dgreports/---dcomm/---publ/documents/publication/wcms_541211.pdf>. Acesso em: 03 set. 2017. p. 28.

(14) Nesse sentido, interessante a crítica feita por Jorge Luiz Souto Maior quando assevera que: "Aliás, é bastante curioso que precisamente no momento histórico em que se diz estar pretendendo banir do cenário nacional a corrupção, o que implicaria interferir no poder das grandes

Ocorre que uma mudança dessa magnitude não poderia ter sido realizada como o foi, ou seja, quando apresentado o Projeto de Lei n. 6.787, havia a proposta de alteração em apenas 7 artigos e, em menos de 7 meses, tempo decorrido até a sua promulgação, ocorreram 1.340 emendas[15] com a modificação de mais de uma centena de artigos de normas trabalhistas.

Esquecem-se os seus defensores de que há um impacto muito negativo na precarização das relações de trabalho, tanto para o empregado quanto para a sociedade como um todo. Afirmam Pedro Mahin Araujo Trindade e João Gabriel Pimentel Lopes que a Reforma Trabalhista:

> Segue na contramão, também, da erradicação da pobreza e da marginalização, bem como agrava as desigualdades sociais e regionais [...] A reforma trabalhista achatará salários, reduzindo o acesso da população a bens e serviços essenciais para a sua sobrevivência digna; ampliará jornadas de trabalho, impedindo a construção de uma vida plena também fora da relação de trabalho; inflacionará o número de acidentes e de adoecimentos no trabalho, e gerará mais mortes por causas ligadas às atividades laborais[16].

Incontestáveis são os efeitos negativos de uma reforma de tamanha proporção, que, além de afetar a todos os empregados, não trará benefícios na seara social, nem tão pouco numa melhora do quadro econômico crítico vivido em nosso país.

Parece-nos muito claro que a união do capital com o governo não se presta a assegurar e muito menos a ampliar os direitos sociais que tão sofridamente foram alcançados ao longo da história, e que o único meio de barrar isso se perfaz com a união de toda a sociedade e, especialmente entre trabalhadores e sindicatos, contra os arbítrios perpetrados[17]. A derrocada é evidente.

Passemos agora a tratar sobre um dos principais pontos de modificação advindo da Lei n. 13.467/2017, qual seja, a prevalência do negociado sobre o legislado e, a partir disso, tratar comparativamente com o sistema italiano de contrato coletivo.

2. NEGOCIAÇÃO COLETIVA NO BRASIL

Antes de adentrarmos aos meandros das novas regras sobre negociação coletiva em nosso país, vale relembrar que essa não é a primeira vez que se objetivou a prevalência do negociado sobre o legislado, sendo que o primeiro projeto de lei apresentado nesse sentido foi proposto pelo Poder Executivo em 2001 (PLC n. 134/2001), época da Presidência de Fernando Henrique Cardoso, mas que à época não prosperou e acabou sendo arquivado em 2003[18].

Já uma segunda tentativa adveio com Projeto de Lei n. 4.962/2016, que propunha fazer uma alteração no art. 618 da Consolidação das Leis do Trabalho, possibilitando a "[...] flexibilização temporária da jornada de trabalho e do salário mediante acordo coletivo de trabalho"[19]. Referido projeto, evidentemente, não prosperou diante da efetivação do negociado sobre o legislado da nova legislação trabalhista.

Oportuno para o momento, antes de prosseguirmos, destacar que além das inúmeras outras discussões sobre a inconstitucionalidade da Reforma Trabalhista que fugiriam ao foco do presente trabalho, a nova sistemática de negociação coletiva adotada nos parece eivada de inconstitucionalidade.

Tal situação é patente e pode ser mais bem elucidada por Carlos Henrique Bezerra Leite, quando afirma que nosso país está pautado no Estado Democrático de Direito, e que tem como sustentáculo deste sistema o princípio da legalidade, ou seja, de quem ninguém é obrigado a fazer ou deixar de fazer algo senão em virtude de lei e, portanto, faz um questio-

---

empresas e na sua correlação com políticos e na sua influência sobre as instituições públicas, difunde-se esse ataque midiático à Justiça do Trabalho e se o faz com o argumento, sempre expresso, de que ela interveio na vontade das empresas. Ou seja, quando se diz estar passando o Brasil a limpo, é alarmante que se esteja promovendo um achincalhamento público de uma instituição que não se corrompeu, que não cedeu e que não abriu mão de cumprir a sua função de impor limites, constitucionalmente previstos, à exploração do trabalho pelo capital" (MAIOR, Jorge Luiz Souto. *A quem interessa essa "reforma" trabalhista?* Disponível em: <http://www.jorgesoutomaior.com/blog/a-quem-interessa-essa--reforma-trabalhista>. Acesso em: 02 set. 2017).

(15) CÂMARA DOS DEPUTADOS. *Projeto de Lei n. 6.787/2016.* Disponível em: <http://www.camara.gov.br/proposicoesWeb/fichadetramitacao?idProposicao=2122076>. Acesso em: 03 set. 2017.

(16) TRINDADE, Pedro Mahin Araujo; LOPES, João Gabriel Pimentel. *Reforma trabalhista, prevalência do negociado sobre o legislado e retrocesso social.* Disponível em: <http://www.migalhas.com.br/dePeso/16,MI260869,91041-Reforma+trabalhista+prevalencia+do+negociado+sobre+o+legislado+e>. Acesso em: 03 set. 2017.

(17) GARCIA, Gustavo Filipe Barbosa. Tendências da Reforma Trabalhista no Sistema Capitalista. *Revista Síntese Trabalhista e Previdenciária*, São Paulo, v. 28, n. 333, p. 215-217, mar. 2017.

(18) LORA, Ilse Marcelina Bernardi. A prevalência do negociado sobre o legislado na reforma trabalhista. *Revista Síntese Trabalhista e Previdenciária*, São Paulo, v. 28, n. 329, p. 19-32, nov. 2016.

(19) CÂMARA DOS DEPUTADOS. *Projeto de Lei n. 4.962/2016.* Disponível em: <http://www.camara.gov.br/proposicoesWeb/fichadetramitacao?idProposicao=2081782>. Acesso em: 03 set. 2017.

namento proeminente: "Convenções e acordos coletivos são leis?"[20], ou seja, evidente é a inviabilidade de se negociar em prejuízo aos direitos mínimos assegurados em nossa legislação. A ideia é complementada pela assertiva de que:

> [...] a Carta de 1988, houve um processo de constitucionalização dos direitos trabalhistas em função do que se pode dizer que, em linha de princípio, qualquer proposta de alteração das normas infraconstitucionais tendente a abolir, reduzir ou extinguir direito sociais dos trabalhadores importa violação do art. 7º, *caput*, da Constituição"[21].

Ademais, referido autor, ao tratar da Projeto de Lei n. 4.962/2016 explica que recepcionar em nosso ordenamento jurídico o negociado sobre o legislado causa violações a Declaração Universal dos Direitos Humanos, a qual elevou os direitos sociais dos trabalhadores à categoria de direitos humanos fundamentais, bem como causaria burla ao item 13 da Conferência Internacional do Teerã de 1968, ao item 5º, Parte I, da Declaração e Programa de Ação adotada pela Conferência Mundial sobre Direitos Humanos das Nações Unidas de 1993 e ao Pacto Internacional dos Direitos Econômicos, Sociais e Culturais de 1966[22], o qual apresentou em seu bojo, a ideia de que:

> [...] os direitos sociais, culturais e econômicos são inerentes à dignidade da pessoa humana e que o ideal do ser humano livre, liberto do temor e da miséria, só pode ser concretizado à medida que se criem condições que permitam a cada um gozar de seus direitos econômicos, sociais e culturais, assim como de seus direitos civis e políticos[23].

Aceitar a prevalência do negociado sobre o legislado viola frontalmente o Estado Democrático de Direito, assegurado pela Constituição de 1988, bem como afronta os princípios elencados em tratados internacionais dos quais o Brasil é signatário.

Tal situação não impede que façamos alguns comentários a respeito da negociação coletiva, que manteve a premissa de ser considerada como gênero, do qual subsistem duas espécies, quais sejam: a Convenção Coletiva e o Acordo Coletivo.

De acordo com o art. 611, *caput*, da Consolidação das Leis do Trabalho, que se manteve intacto frente à Reforma Trabalhista, temos que a Convenção Coletiva é aquela mediada entre o sindicato representante dos empregadores e aquele representante dos empregados que pactua um acordo de caráter normativo das relações de trabalho[24].

Já o art. 611, § 1º da referida legislação, preservou a possibilidade de o sindicato, que representa uma categoria econômica (leia-se sindicato dos empregados), de realizar um acordo com uma ou mais empresas, com o fito de estabelecer relações de trabalho aplicáveis especificamente àquela(s) empresa(s)[25].

A inovação da Reforma Trabalhista começa com o art. 611-A que, de imediato, prevê na redação do *caput* a prevalência do negociado sobre o legislado, asseverando no inciso I a possibilidade de pactuação de jornada de trabalho desde que respeitados os limites impostos pela Constituição de 1988[26].

Neste primeiro ponto, já existe um questionamento, visto que o novo art. 611-B, parágrafo único estabelece que "regras sobre duração do trabalho e intervalos não são consideradas como normas de saúde, higiene e segurança do trabalho para os fins do disposto neste artigo"[27], portanto, a previsão constante no art. 59 da CLT[28], que autoriza a realização excepcional de até 02 horas extras na duração normal da jornada de trabalho, poderá passar a vigorar como regra, já que duração de trabalho não mais se considera norma de saúde, higiene e segurança do trabalho, o que é deverás preocupante, pois se sabe que o risco de acidentes de trabalho aumenta substancialmente no cumprimento de jornadas de trabalho excessivas.

---

(20) BEZERRA LEITE, Carlos Henrique. *A quem interessa o modelo negociado sobre o legislado no Brasil?*, São Paulo, v. 28, n. 329, p. 9-15, nov. 2016.
(21) *Ibidem*. p. 10.
(22) BEZERRA LEITE, Carlos Henrique. *A quem interessa o modelo negociado sobre o legislado no Brasil?*, São Paulo, v. 28, n. 329, p. 9-15, nov. 2016.
(23) *Ibidem*. p. 11.
(24) BRASIL. Decreto-Lei n. 5.452, de 1º de maio de 1943. Disponível em: <http://www.planalto.gov.br/ccivil_03/decreto-lei/Del5452.htm>. Acesso em: 03 set. 2017.
(25) *Ibidem*.
(26) BRASIL. Lei n. 13.467, de 13 de julho de 2017. Disponível em: <http://www.planalto.gov.br/ccivil_03/_ato2015-2018/2017/lei/L13467.htm#art6>. Acesso em: 03 set. 2017.
(27) *Ibidem*.
(28) BRASIL. Decreto-Lei n. 5.452, de 1º de maio de 1943. Disponível em: <http://www.planalto.gov.br/ccivil_03/decreto-lei/Del5452.htm>. Acesso em: 03 set. 2017.

Outra questão que nos causa estranheza e novamente incide no problema anteriormente apontado pelo art. 611-B, parágrafo único, diz respeito ao intervalo intrajornada, que passa a ser agora de no mínimo 30 minutos, quando a jornada for maior do que 06 horas, conforme art. 611-A, III[29]. Bem se sabe que os estudos apontam para um intervalo mínimo de uma 01 hora, pois necessário para as recomposições física e mental dos empregados, mas, igualmente ao anterior, deixou de ser norma de saúde, higiene e segurança do trabalho, e novamente os empregados terão prejuízos com isto.

No inciso IX do art. 611-A[30] há nova preocupação quanto à possibilidade de negociação das gorjetas, as quais haviam passado por uma regulamentação recente com a promulgação da Lei n. 13.419/2017[31] em que se estabeleciam os percentuais máximos que poderiam ser retidos pela empresa do que fosse pago a essa titulação para os empregados, sendo que esse percentual agora poderá ser majorado e, consequentemente, diminuído o valor recebido pelos empregados.

Chegamos, agora, a um dos pontos de extrema preocupação nessa discussão, qual seja, a possibilidade de determinação de enquadramento do grau de insalubridade, de acordo com o inciso XII[32] do supramencionado artigo. Ocorre, aqui, uma inadequação legislativa, pois o art. 611-B, XVIII[33] estabelece que não pode ocorrer a supressão ou a redução por negociação coletiva do adicional de remuneração para atividades insalubres.

A partir daí, persiste a dúvida, porque o entendimento que vinha prevalecendo era o pagamento dos adicionais de 10% (mínimo), 20% (médio) e 40% (máximo), conforme a Norma Regulamentadora n. 15 do Ministério do Trabalho e que, salvo melhor juízo, poderá agora simplesmente ser pactuado o pagamento, por exemplo, do adicional de 10%, enquanto que a Norma do Ministério do Trabalho estaria prevendo 40% ou ainda, na pior das hipóteses, a viabilidade do pagamento de qualquer percentual, por exemplo 5% ou 2% ou até a dispensa do pagamento de percentual por mera deliberação em negociação coletiva, pois se já não há necessidade de respeito pelo mínimo assegurado, na legislação, quem dirá perante uma singela normatização do Ministério do Trabalho.

Para completar o tamanho do absurdo, o inciso XIII estabelece que pode ser negociada a "prorrogação de jornada em ambientes insalubres, sem licença prévia das autoridades competentes do Ministério do Trabalho"[34], ou seja, quem tem a capacidade técnica para determinação de viabilidade da prática de horas extras, em ambiente adverso à saúde dos empregados, incredulamente não precisa mais ser consultado.

Além disso, a redação do § 1º do artigo em questão estabelece que a Justiça do Trabalho terá competência para análise apenas da formalidade das convenções coletivas e acordos coletivos, devendo pautar "[...] sua atuação pelo princípio da intervenção mínima na autonomia da vontade coletiva", conforme art. 8º, § 3º da nova legislação[35], ou seja, retira do Poder Judiciário a sua autonomia de análise do conteúdo das negociações coletivas para inviabilizar a anulação das situações que ensejam violação a direitos mínimos dos empregados.

Igualmente oportuno dissertar a respeito do que está previsto no § 2º do art. 611-A que expressamente prevê a "inexistência de expressa indicação de contrapartidas recíprocas em convenção coletiva ou acordo coletivo de trabalho não ensejará sua nulidade por não caracterizar um vício do negócio jurídico"[36], ou seja, constata-se neste ponto a reiteração da viabilidade de retirada de garantias legais mínimas por negociações coletivas sem a exigência de qualquer benefício a ser pago pelos empregadores, já que tal situação não invalida o pactuado.

Como último ponto do questionamento do art. 611-A, temos o seu § 3º particularizam que "[...] se for pactuada cláusula que reduza o salário ou a jornada, a convenção coletiva ou o acordo coletivo de trabalho deverão prever a proteção dos empregados contra dispensa imotivada durante o prazo de vigência do instrumento coletivo"[37]. Da referida norma, se extrai primeiramente a possibilidade de redução de

---

(29) BRASIL. Lei n. 13.467, de 13 de julho de 2017. Disponível em: <http://www.planalto.gov.br/ccivil_03/_ato2015-2018/2017/lei/L13467.htm#art6>. Acesso em: 03 set. 2017.
(30) Ibidem.
(31) BRASIL. Lei n. 13.419, de 13 de março de 2017. Disponível em: <http://www.planalto.gov.br/ccivil_03/_ato2015-2018/2017/lei/L13419.htm>. Acesso em: 03 set. 2017.
(32) BRASIL. Lei n. 13.467, de 13 de julho de 2017. Disponível em: <http://www.planalto.gov.br/ccivil_03/_ato2015-2018/2017/lei/L13467.htm#art6>. Acesso em: 03 set. 2017.
(33) Ibidem.
(34) Ibidem.
(35) BRASIL. Lei n. 13.467, de 13 de julho de 2017. Disponível em: <http://www.planalto.gov.br/ccivil_03/_ato2015-2018/2017/lei/L13467.htm#art6>. Acesso em: 03 set. 2017.
(36) Ibidem.
(37) Ibidem.

salários dos empregados, não apresentando qualquer restrição expressa que justifique a minoração, além de estabelecer como única contrapartida a proteção contra dispensa imotivada, ou seja, estar-se-á utilizando do medo do desemprego para que haja a concordância de prejuízo à remuneração do empregado.

Resta-nos também tecer uma análise sobre o art. 611-B[38], X, estabelecendo que a remuneração das horas extras será de no mínimo 50% a do normal, o que aparentemente não contraria o que estava vigente anteriormente, mas que nada impedirá pactuem as negociações coletivas o pagamento inferior a 100% para domingos e feriados, contrariando o entendimento prevalecente na jurisprudência trabalhista na Súmula n. 146 do Tribunal Superior do Trabalho[39].

Por fim, importante mencionar um ponto de relevância e que afeta diretamente a negociação coletiva, dizendo respeito ao poderio dos sindicatos representantes dos empregados em fazer frente ao grande empresariado quando lhe é tirada a fonte de receita primordial, qual seja a contribuição sindical que anteriormente era obrigatória, contudo, passará a ser facultativa e mediante autorização prévia e expressa dos empregados para o desconto, conforme art. 579 da nova lei[40].

Os sindicatos que representam as categorias econômicas ou profissionais já se mostram em muito enfraquecidos e lhes retirar a fonte de custeio obrigatória só tenderá ao seu fechamento. Antes de se realizar tal corte, dever-se-ia discutir sobre uma verdadeira Reforma Sindical que desfizesse o modelo de unicidade sindical adotado em nosso ordenamento jurídico, para então viabilizar a recepção da Convenção n. 87 da Organização Internacional do Trabalho, que assegura a liberdade sindical e, somente a partir disso, poderíamos ter sindicatos mais fortes para pactuarem Convenções e Acordos Coletivos de Trabalho.

3. CONTRATO COLETIVO NA ITÁLIA

No ordenamento jurídico italiano, verifica-se sobremaneira a relevância dos tidos Contratos Coletivos de Trabalho, sendo que o importante é que "[...] o ajuste tende a ser cumprido, ganha eficácia pela vontade das partes, e gera transformações positivas no cotidiano da vida dos operários e das empresas"[41].

Importante frisar que, diferentemente do que se adota no Brasil, ao tratar da negociação coletiva como sendo gênero do qual defluem as espécies Convenção Coletiva e Acordo Coletivo de Trabalho, no Direito italiano, temos a figura do Contrato Coletivo de Direito Comum, tendo em vista que a Justiça do Trabalho italiana não é autônoma, sendo vista como um braço da justiça comum civil[42].

Gino Giugni assevera que os Contratos Coletivos de Direito Comum têm uma natureza jurídica "privatista", sendo que tem como única fonte de regulamentação prevista no Código Civil para contratos em geral[43]. Diante disso, verifica-se a prevalência da plena liberdade sindical, pautada na autonomia da vontade privada, para o entabulamento de contratos coletivos, conforme explicita o referido autor:

> Il contratto collettivo di diritto comune è, espressione di autonomia privata [...] i contratti collettivi di diritto comune realizzano la composizione d'interessi in conflitto attraverso l'accordo delle parti, utilizzando l'autonomia che l'ordinamento riconosce ai soggetti privati[44].

Ademais, há um expresso reconhecimento da liberdade sindical e da autonomia da vontade das partes para realizarem um contrato coletivo já que a Itália ratificou as Convenções n. 87 (Liberdade Sindical e Proteção ao Direito de Sindicalização) e n. 98 (Direito de Sindicalização e de Negociação Coletiva) da Organização Internacional do Trabalho[45].

---

(38) BRASIL. Lei n. 13.467, de 13 de julho de 2017. Disponível em: <http://www.planalto.gov.br/ccivil_03/_ato2015-2018/2017/lei/L13467.htm#art6>. Acesso em: 03 set. 2017.
(39) TRIBUNAL SUPERIOR DO TRABALHO. Súmula n. 146. Disponível em: <http://www3.tst.jus.br/jurisprudencia/Sumulas_com_indice/Sumulas_Ind_101_150.html#SUM-146>. Acesso em: 03 set. 2017.
(40) BRASIL. Lei n. 13.467, de 13 de julho de 2017. Disponível em: <http://www.planalto.gov.br/ccivil_03/_ato2015-2018/2017/lei/L13467.htm#art6>. Acesso em: 03 set. 2017.
(41) RODRIGUES, Adriana Letícia Saraiva Lamounier; ARAÚJO, Diego Manenti Bueno de. *Cultura negocial no direito coletivo do trabalho*: um estudo comparativo entre Brasil e Itália. Disponível em: <http://www.publicadireito.com.br/artigos/?cod=47e51e9d11cf800f>. Acesso em: 03 set. 2017. p. 4-5.
(42) *Ibidem*. p. 10.
(43) GIUGNI, Gino. *Diritto Sindicale*. Bari: Cacucci Editore, 2015. p. 139.
(44) "O contrato coletivo de direito comum é expressão de autonomia privada [...] os contratos coletivos de direito comum realizam a composição de interesses em conflito através de acordo das partes, usando a autonomia que o ordenamento reconhece aos sujeitos privados". *Ibidem*. p. 139-140.
(45) INTERNATIONAL LABOUR ORGANIZATION. *Ratifications for Italy*. Disponível em: <http://www.ilo.org/dyn/normlex/en/f?p=NORMLEXPUB:11200:0::NO::P11200_COUNTRY_ID:102709>. Acesso em: 03 set. 2017.

O Contrato Coletivo assume uma posição central para o Direito Juslaboralista italiano, tendo por objetivo pactuar condições mínimas de trabalho livremente "desde que não haja lei regulamentando ao contrário e que a matéria tratada seja digna de tutela"[46], mediante uma eficácia obrigatória para as partes[47].

O que fica evidente a partir disso é que para o Direito do Trabalho italiano há grande relevância nos contratos coletivos de direito comum, mas que os mesmos não podem ser contrários ao que está previsto na legislação, ou seja, diferentemente do que se viu com a aprovação da Reforma Trabalhista, no Brasil, que passou a permitir a prevalência do negociado sobre o legislado.

4. CONSIDERAÇÕES FINAIS

Diante de todo o exposto, restou evidenciado que a Reforma Trabalhista no Brasil se consolidou apenas para atingir os objetivos do grande empresariado, em detrimento dos direitos dos trabalhadores, tão arduamente alcançados no decorrer do tempo.

As justificativas apresentadas para a promulgação da nova legislação não se justificam, ainda mais quando pensamos que outras medidas poderiam ter sido adotas para a superação da crise econômica, como o reajuste dos encargos sociais incidentes sobre as folhas de pagamentos e a diminuição da tributação sobre os produtos.

Ademais, a Reforma Trabalhista padece em muitos pontos de inconstitucionalidade, especialmente ao tratarmos do negociado sobre o legislado, tanto pela violação ao princípio da legalidade quanto pelo desrespeito ao Estado Democrático de Direito, bem como pela infringência a Tratados de Direito Internacional de que o Brasil é signatário.

A Lei n. 13.467/2017 modifica e insere em torno de 120 pontos da Consolidação das Leis Trabalhistas, flexibilizando certos direitos, regulamentando determinadas situações e até mesmo desregulamentando outros tantos direitos dos trabalhadores.

Infelizmente, as mudanças de paradigma do Estado brasileiro e a necessidade de se alcançarem melhoras econômicas tangíveis já afetam importantes direitos dos cidadãos, e no âmbito laboral, de árdua conquista dos trabalhadores, ainda que para isto violem direitos constitucionais.

É também evidente que os muitos pontos apresentados pelos novos arts. 611-A e 611-B dão margem para que as negociações coletivas pactuem situações prejudiciais para os empregados e para a sociedade como um todo, principalmente quando vemos que, em nosso país, os sindicatos representantes das categorias econômicas ou profissionais não apresentam verdadeiro poderio de negociação, e, ainda mais agora, que tolhidos de sua fonte de custeio obrigatória.

Por fim, comparativamente ao Direito do Trabalho italiano, temos que, naquele continente, embora haja a prevalência da autonomia privada pautada na liberdade sindical, os Contratos Coletivos de Direito Comum não podem ser contrários ao que está previsto na legislação, ou seja, não podem prejudicar os empregados frente ao mínimo que se encontra garantido por lei.

5. REFERÊNCIAS BIBLIOGRÁFICAS

BEZERRA LEITE, Carlos Henrique. *A quem interessa o modelo negociado sobre o legislado no Brasil?*, São Paulo, v. 28, n. 329, p. 9-15, nov. 2016.

BRASIL. Decreto-Lei n. 5.452, de 1º de maio de 1943. Disponível em: <http://www.planalto.gov.br/ccivil_03/decreto-lei/Del5452.htm>. Acesso em: 03 set. 2017.

BRASIL. Lei n. 13.419, de 13 de março de 2017. Disponível em: <http://www.planalto.gov.br/ccivil_03/_ato2015-2018/2017/lei/L13419.htm>. Acesso em: 03 set. 2017.

BRASIL. Lei n. 13.467, de 13 de julho de 2017. Disponível em: <http://www.planalto.gov.br/ccivil_03/_ato2015-2018/2017/lei/L13467.htm#art6>. Acesso em: 03 set. 2017.

CÂMARA DOS DEPUTADOS. Projeto de Lei n. 4.962/2016. Disponível em: <http://www.camara.gov.br/proposicoesWeb/fichadetramitacao?idProposicao=208178>. Acesso em: 03 set. 2017.

CÂMARA DOS DEPUTADOS. Projeto de Lei n. 6.787/2016. Disponível em: <http://www.camara.gov.br/proposicoesWeb/fichadetramitacao?idProposicao=2122076>. Acesso em: 03 set. 2017.

FERREIRA, Antonio Casimiro. Para uma concepção decente e democrática do trabalho e dos seus direitos: (Re)pensar o direito das relações laborais. In: SANTOS, Boaventura de Souza (Org.). *A Globalização e as ciências sociais*. 2. ed. São Paulo: Cortez, 2002. p. 13.

GARCIA, Gustavo Filipe Barbosa. Tendências da Reforma Trabalhista no Sistema Capitalista. *Revista Síntese Trabalhista e Previdenciária*, São Paulo, v. 28, n. 333. p. 215-217, mar. 2017.

GIUGNI, Gino. *Diritto Sindicale*. Bari: Cacucci Editore, 2015.

INSTITUTO BRASILEIRO DE GEOGRAFIA E ESTATÍSTICA. *PNAD Contínua:* taxa de desocupação foi de 12,8%

---

(46) RODRIGUES, Adriana Letícia Saraiva Lamounier; ARAÚJO, Diego Manenti Bueno de. *Cultura negocial no direito coletivo do trabalho:* um estudo comparativo entre Brasil e Itália. Disponível em: <http://www.publicadireito.com.br/artigos/?cod=47e51e9d11cf800f>. Acesso em: 03 set. 2017, p. 11.

(47) *Ibidem*. p. 11.

no trimestre encerrado em julho. Disponível em: <http://agenciadenoticias.ibge.gov.br/agencia-sala-de-imprensa/2013-agencia-de-noticias/releases/16153-pnad-continua-taxa-de-desocupacao-foi-de-12-8-no-trimestre-encerrado-em-julho.htm>. Acesso em: 03 set. 2017.

INSTITUTO DE PESQUISA ECONÔMICA APLICADA. *Taxa de desemprego.* Disponível em: <http://www.ipeadata.gov.br/exibeserie.aspx?serid=38401>. Acesso em: 03 set. 2017.

INTERNATIONAL LABOUR ORGANIZATION. *Ratifications for Italy.* Disponível em: <http://www.ilo.org/dyn/normlex/en/f?p=NORMLEXPUB:11200:0::NO::P11200_COUNTRY_ID:102709>. Acesso em: 03 set. 2017.

INTERNATIONAL LABOUR ORGANIZATION. *World Employment Social Outlook Trends 2017.* Disponível em: <http://www.ilo.org/wcmsp5/groups/public/---dgreports/---dcomm/---publ/documents/publication/wcms_541211.pdf>. Acesso em: 03 set. 2017.

LORA, Ilse Marcelina Bernardi. A prevalência do negociado sobre o legislado na reforma trabalhista. *Revista Síntese Trabalhista e Previdenciária,* São Paulo, v. 28, n. 329, p. 19-32, nov. 2016.

MARTINS, Sergio Pinto. Reforma trabalhista. *Revista Síntese Trabalhista e Previdenciária,* São Paulo, v. 28, n. 329, p. 37-49, nov. 2016.

ORGANIZACIÓN INTERNACIONAL DEL TRABAJO. *Perspectivas Sociales y del Empleo en el Mundo. El empleo en plena mutación. Resumen ejecutivo,* 2015. Disponível em: <http://www.ilo.org/global/research/global-reports/weso/2015-changing-nature-of-jobs/WCMS_368643/lang--es/index.htm>. Acesso em: 03 set. 2017.

RODRIGUES, Adriana Letícia Saraiva Lamounier; ARAÚJO, Diego Manenti Bueno de. *Cultura negocial no direito coletivo do trabalho:* um estudo comparativo entre Brasil e Itália. Disponível em: <http://www.publicadireito.com.br/artigos/?cod=47e51e9d11cf800f>. Acesso em: 03 set. 2017.

SOUTO MAIOR, Jorge Luiz. *A quem interessa essa "reforma" trabalhista?* Disponível em: <http://www.jorgesoutomaior.com/blog/a-quem-interessa-essa-reforma-trabalhista>. Acesso em: 02 set. 2017.

SOUTO MAIOR, Jorge Luiz. *V – O custo do trabalho no Brasil é excessivo.* Disponível em: <http://www.jorgesoutomaior.com/blog/v-o-custo-do-trabalho-no-brasil-e-excessivo>. Acesso em: 03 set. 2017.

TRIBUNAL SUPERIOR DO TRABALHO. Súmula n. 146. Disponível em: <http://www3.tst.jus.br/jurisprudencia/Sumulas_com_indice/Sumulas_Ind_101_150.html#SUM-146>. Acesso em: 03 set. 2017.

TRINDADE, Pedro Mahin Araujo; LOPES, João Gabriel Pimentel. *Reforma trabalhista, prevalência do negociado sobre o legislado e retrocesso social.* Disponível em: <http://www.migalhas.com.br/dePeso/16,MI260869,91041-Reforma+trabalhista+prevalencia+do+negociado+sobre+o+legislado+e>. Acesso em: 03 set. 2017.

VEJA. *Desemprego é o maior da história para o trimestre, diz IBGE.* Disponível em: <http://veja.abril.com.br/economia/desemprego-cai-e-atinge-14-milhoes-diz-ibge/>. Acesso em: 03 set. 2017.

O Direito de Greve no Ordenamento Brasileiro e o Tratamento Legislativo no Ordenamento Italiano

Ronald Silka de Almeida[*]
Tatiana Lazzareti Zempulski[**]

1. INTRODUÇÃO

O presente estudo tem como objetivo efetuar a análise comparativa do instituto da greve no Ordenamento Brasileiro e o previsto no Estado Italiano, e para tal, se efetua inicialmente um breve escorço sobre o desenvolvimento do direito do trabalho até a regulamentação que em sua história passou por fases consideradas como objeto de delito, de aceitação e efetivamente de regulamentação sendo esta última o objeto de comparação.

No segundo item se verifica a evolução e influências das normas da União Europeia, com as suas diretivas e efetivamente o estudo comparado de alguns institutos do direito de greve entre ordenamentos.

Para, finalmente, se delinear a comparação das normas de direito do trabalho do Brasil com as transformações e ordenamentos desenvolvidos na Itália.

2. O DIREITO DO TRABALHO E A GREVE NO BRASIL

Entre os estudiosos existe uma predominância de que o marco histórico do Direito do Trabalho está vinculado ao fenômeno denominado "Revolução Industrial".

O homem por sua natureza, e decorrente da necessidade de sobrevivência, se associou e vive em sociedade e assim aprendeu a obter bens, trocando excedentes de sua produção individual por outros bens. Porém, com o desenvolvimento das sociedades, o trabalho passou a ser, em determinada fase da história, mais precisamente na Antiguidade Clássica, como atividade abjeta, relegada a plano inferior e, por isso, confiada a indivíduos cujo *status* na sociedade era excludente – os servos e os escravos (ALMEIDA; EGGERS, 2007, p. 82).

---

[*] Mestre em Direito pela Faculdades Integradas do Brasil – UniBrasil. Pós-graduação em Formação Pedagógica do Professor Universitário pela PUC-PR. Pós-graduação em Direito Material e Processual do Trabalho pela PUC-PR. Graduado em Direito pela Faculdade de Direito de Curitiba. Professor convidado do curso de Pós-graduação em Direito do Trabalho PUCPR e do curso de Pós-graduação em Direito Previdenciário e do Trabalho da Faculdade Estácio. Professor na Faculdade Internacional de Curitiba – UNINTER. Pesquisador do Grupo de Pesquisa PÁTRIAS da UniBrasil – PR. Ex-Diretor da Associação dos Advogados Trabalhistas do Paraná. Membro do Instituto dos Advogados do Paraná – IAP. E-mail: <ronaldsilka@gmail.com>.

[**] Graduada em Direito pela Universidade Estadual de Ponta Grossa, com Pós-Graduação em Direito do Trabalho pela PUC-PR e Mestre em Direito Empresarial e Cidadania pelo Centro Universitário Curitiba – Unicuritiba. Professora do Curso de Especialização em Direito Previdenciário do Centro Universitário Curitiba – Unicuritiba e Professora adjunta da Organização Paranaense de Ensino Técnico – OPET, e no curso de Bacharelado em Direito do Centro Universitário Internacional – Uninter. E-mail: <tatizemp@hotmail.com>.

O escravo era coisa (res) e não pessoa, podendo o seu proprietário dele dispor vendê-lo, trocá-lo, utilizá-lo como lhe aprouvesse e até matá-lo. A relação jurídica era de domínio absoluto por parte do dono, a cujo patrimônio o escravo pertencia e se incorporava o produto de seu trabalho (SÜSSEKIND, 2004, p. 4).

O termo *trabalho*, segundo alguns dicionários etimológicos (CUNHA, 1986, p. 779), deriva do latim vulgar *tripaliare*, que significa "martirizar com o *tripalium*" (instrumento de tortura composto de três paus).

Com o aumento da população e a complexidade das relações sociais e humanas fizeram com que os senhores passassem a se utilizar da mão de obra de escravos de outros senhores, arrendando-lhes os serviços, portanto, paulatinamente os homens livres de baixo poder aquisitivo passaram a ser incluídos entre os que arrendavam os seus serviços (ALMEIDA; EGGERS, 2007, p. 82).

Dois fatos ocorreram: primeiro a decadência da escravidão no Império Romano em razão da política igualitária implantada por Marco Aurélio e pelos Severos (BARROS, 2006, p. 54), do ideal humanitário apregoado pelo cristianismo e pela filosofia estoica (HOUAISS, 2002), associada à fuga constante dos escravos, foram fatores que contribuíram para o declínio dessa forma de trabalho. Em segundo plano, dentro do chamado sistema feudal, apareceram os primeiros agrupamentos de indivíduos que, fugindo das terras dos nobres, fixaram-se nas *urbes*, estabelecendo-se, pela identidade de ofícios entre eles, uma aproximação maior, a ponto de surgirem as denominadas Corporações de Ofício, nos quais se firmavam contratos de locação de serviços em subordinação ao "Mestre" da Corporação.

Diante de diversos fatores conjugados como os abusos praticados pelos Mestres nas Corporações de Ofícios, geradores de greves e revoltas dos companheiros, o contrato de trabalho perpétuo, as novas exigências sociais e econômicas fizeram com que ocorresse a transição da sociedade artesanal para a capitalista. O fenômeno acelerador da crise artesanal foi a inovação tecnológica, globalmente designada Revolução Industrial (BARROS, 2006, p. 57).

A nova sociedade capitalista consagrou a liberdade para o exercício das profissões, artes e ofícios e, consequentemente, para as livres contratações, porém com a inovação tecnológica, a ferramenta manual é substituída pela máquina.

A Revolução Industrial acarretou mudanças no setor produtivo e deu origem à classe operária, e conforme explica Barros (2006, p. 54): "as relações de trabalho presididas pelos critérios heterônomos das corporações de ofício foram substituídas por uma regulamentação essencialmente autônoma", o que faz eclodir "uma liberdade econômica sem limites, com opressão dos mais fracos, gerando, segundo alguns autores, uma nova forma de escravidão".

A utilização das "meias forças dóceis", ou seja, o emprego generalizado de mulheres, crianças e adolescentes, pois a máquina reduziu o esforço físico e estas não estavam preparadas para reivindicar quaisquer direitos suportando, assim, ínfimos salários, jornadas desumanas e condições de higiene degradantes, com graves riscos de acidente (BARROS, 2006, p. 59), ou seja, o trabalho retribuído por salário, sem regulamentação alguma, era motivo de submissão de trabalhadores a condições análogas as dos escravos, não existindo, então, nada que se pudesse comparar a proteção do indivíduo aos desmandos do patrão.

Com as manifestações de trabalhadores por melhores condições de trabalho e de subsistência, através de greves e de revoltas, despontam as primeiras preocupações em relação à proteção dos empregados e dão origem às legislações neste sentido.

A greve nos primeiros tempos do Direito do Trabalho e do sindicalismo era proibida, "assim como nas distintas experiências autoritárias vivenciadas ao longo dos últimos dois séculos, a greve afirmou-se nas sociedades democráticas como inquestionável direito dos trabalhadores" (GODINHO, 2017, p. 1.612).

A greve surge como movimentos de reivindicação ocorridos no período da Revolução Industrial, quando então se passa pelo processo gradual de substituição do trabalho do homem pela máquina a vapor. De pronto, deve-se esclarecer que alguns estudos indicam que os movimentos grevistas existiam desde a mais remota antiguidade, porém, segundo Rabie (1957, p. 303) "a greve era fenômeno desconhecido na antiguidade", mesmo porque não se pode falar do movimento reivindicatório quando não existia a liberdade de trabalho.

Catharino (1977, p. 261) leciona que a denominação greve tem origem no termo francês "grève" que significa praia areal, pois está ligado "ao fato dos operários franceses terem se reunido na Praça do Hotel de Ville, em Paris, quando desempregados, ou para discutirem fatos relativos à suspensão do trabalho", esclarece ainda que a referida praça, após as enchentes do rio Sena, ficava cheia de detritos chamados de "gravé", e que levou a Praça a ser denominada de "Place de la Gravé, e mais tarde por vício de pronúncia Place de la Grève", o que deu origem ao termo greve.

O movimento de greve se desenvolveu em meados do século XIX, com o embate entre a indústria e a afirmação da liberdade de trabalho, e nessa fase histórica se apresenta como ato antijurídico, como ato social contrário à soberania, à semelhança da guerra entre nações, sendo declarado como ilegal – delito de greve (RABIE, 1957, p. 303).

Porém, como explica Gomes e Gotstschalk (1991, p. 692), "a tolerância de sua prática, numa fase posterior, o reconhecimento do direito pela ordem jurídica, mais tarde, revelam a parcial correção histórica do equívoco", uma vez que era o único meio que a classe trabalhadora, através de movimentos coordenados e organizados tinha como forma de participar na vida jurídica dos bens, do progresso e da civilização.

Em sua transformação histórica (JORGE NETO; CAVALCANTE, 2015, p. 1.401), a greve pode ser compreendida sob os seguintes fundamentos: "a) greve delito, sendo considerada como ilícito penal e civil, como resolução contratual", e envolvendo ainda a concepção paternalista e autoritária do Estado, posto que este aparelhado de órgãos destinados a solucionar por via impositiva os conflitos coletivos; "b) greve liberdade" – deixa de constituir um ilícito penal, havendo somente a ilicitude civil" e passa a existir a sua tolerância, neste período desenvolve-se a concepção liberal do Estado, em que este assiste como mero espectador, somente é acionado para fins de punição quando enseja violência ou atos de vandalismo; e "c) por fim, passa a ser tida como direito, de natureza constitucional, como forma de atuação de legítima defesa dos trabalhadores, visando à recomposição coletiva do antagonismo entre o capital e o trabalho".

A concepção constitucional de greve surge, segundo Nascimento (2015, p. 489), a partir do momento em que "passou a ser um direito assegurado pelas leis e proclamado em diversas declarações internacionais de direitos fundamentais", e cita "o Pacto Internacional da ONU sobre direitos econômicos, sociais e culturais e pela Carta Social do Conselho da Europa (1961), nos quais é reconhecido o direito de ação coletiva para trabalhadores e empregadores".

Esclarece, ainda Nascimento (2015, p. 489), que várias Constituições pós-corporativistas passaram a garantir o direito de greve, como a da Itália (1947) no art. 40; da Espanha (1978) no art. 28, n. 2; de Portugal (VII Revisão 2005) no art. 57; o mesmo ocorrendo em Constituições de países latino-americanos: a da Argentina (art. 14 bis); do México (art. 123); do Uruguai de 1934 (art. 57).

Referidas fases ficam claras no Brasil, quando se apresenta: a) o período do ilícito penal, "o Código Penal (1890) proibia a greve, ainda que pacífica, com alteração do Decreto n. 1.162, de 12.12.1890, a norma fixa punição apenas para a violência cometida durante o movimento o movimento paredista" (JORGE NETO; CAVALCANTE, 2015, p. 1.401), porém com a Lei n. 38, de 04.04.1935, a greve era considerada como delito; b) a partir da Constituição de 1937, ocorre o período de tolerância, ela não é permitida mas se tolera a greve e o *lockout*, considerados como recursos antissociais nocivos ao trabalhador e ao capital (art. 139); c) Pela Constituição de 1946, se reconhece o direito de greve, mantida na CF/67 e na EC n. 1/1969, e com a Constituição de 1988 ocorre a admissão do direito de greve para os setores público e privado, através do disposto no art. 9º.

Ocorre que a regulamentação legal por meio da Lei n. 7.783/1989 restringe-se ao serviço privado, entretanto, para o serviço público utiliza-se de decisão do Plenário do Supremo Tribunal Federal (STF) que entendeu pela omissão legislativa quanto ao dever constitucional em editar lei que regulamente o exercício do direito de greve no setor público, desta forma, em decorrência dessa omissão, aplica-se também ao setor privado, no que couber, a lei de greve vigente no setor privado.

Referida decisão de aplicação dos termos da Lei n. 7.783/1989 aos servidores do Serviço Público, ocorreu no dia 25 de outubro de 2007, no julgamento dos Mandados de Injunção (MIs) 670, 708 e 712, ajuizados, respectivamente, pelo Sindicato dos Servidores Policiais Civis do Estado do Espírito Santo (Sindpol), pelo Sindicato dos Trabalhadores em Educação do Município de João Pessoa (Sintem) e pelo Sindicato dos Trabalhadores do Poder Judiciário do Estado do Pará (Sinjep) (BRASIL, STF, 2007).

O conceito legal de greve sofreu modificações em nosso país, decorrente da previsão constitucional (de 1937 a 1988), porém a Constituição Federal de 1988 em seu art. 9º é mais liberal e considera que greve é a paralisação coletiva provisória, parcial ou total, das atividades dos trabalhadores em face de seus empregadores ou tomadores de serviço, com o objetivo de exercer pressão, visando a defesa ou conquista de interesses coletivos, ou com objetivos sociais mais amplos.

Conforme explica Brito Filho (2009, p. 253), em relação aos meios de solução de conflitos, o que revela, de fato, a força dos trabalhadores, quando bem manejado, é a greve, pelo impacto que produz dentro da relação capital-trabalho, sendo a abstenção do trabalho, por vezes, a única forma de encontrar o ponto de equilíbrio para a solução do conflito.

Ainda, segundo Brito Filho (2009, p. 256), diversas são as definições dadas à greve, dependendo da visão do intérprete, este ato coletivo de protesto é conceituado com maior ou menor amplitude.

Para a concepção político trabalhista, que corresponde ao modelo dinâmico, a greve seria ato amplo de protesto, podendo ser utilizado pelos mais variados motivos, não tendo de ser, necessariamente, voltada para a defesa de interesses do trabalhador no âmbito da relação capital-trabalho.

Já a concepção econômico profissional, correspondente ao modelo trabalhista estático, que compreende a greve como ato mais restritivo, limitado à defesa dos interesses profissionais dos trabalhadores, admitindo-se, dentro desta concepção, dois tipos de greve: a) greve econômica – que seria o ato de protesto voltado contra o empregador, em busca de melhoria ou manutenção de condições de trabalho e; b) greve político-econômica, voltada contra atos do Estado, mas que se refletem, diretamente, na relação entre o capital e o trabalho.

2.1. A Lei de greve

Perante o ordenamento jurídico nacional, a greve é considerada um direito reconhecido decorrente da liberdade do trabalho, mas não de cunho irrestrito, podendo haver punição quanto aos excessos, bem como encontrará restrições de atuação junto aos serviços ou atividades essenciais (art. 9º, §§ 1º e 2º, CF e art. 1º, Lei n. 7.783/1989).

O direito de greve não é absoluto, pois, para o regular exercício do movimento paredista, a legislação brasileira fixou diversos mecanismos a serem observados tais como: legitimação para a instauração; procedimentos para a deflagração (aviso-prévio e manutenção dos serviços essenciais); negociação obrigatória; efeitos quanto a decisão; responsabilidade dos envolvidos na greve; determinação de hipóteses que justificam a greve como abusiva.

Segundo o art. 2º da Lei n. 7.783/1989, "considera-se legítimo exercício do direito de greve a suspensão coletiva, temporária e pacífica, total ou parcial, de prestação pessoal de serviços a empregador".

A legitimação para a instauração da greve está estabelecida através do disposto nos arts. 8º, III, da Constituição Federal e art. 513, *a*, da CLT, cabendo ao Sindicato dos trabalhadores a defesa dos direitos coletivos e individuais da categoria, interpretação que é confirmada pelo art. 8º, VI, da CF/88, que determina ser obrigatória a participação dos sindicatos nas negociações coletivas. Na falta de entidade sindical, a legitimidade recai para a comissão de negociação, instituída por assembleia geral dos trabalhadores interessados e que deliberará sobre o movimento (art. 4º, § 2º, da Lei n. 7.783/1989).

A norma legal também determina procedimentos para a deflagração, mormente quanto à negociação, ao aviso-prévio e à manutenção dos serviços essenciais, é de se observar que conforme o disposto no art. 3º, da lei de greve, quando frustrada a negociação ou verificada a impossibilidade de recurso via arbitral, é facultada a cessação coletiva do trabalho, ou seja, a negociação coletiva é uma fase antecedente e necessária para a decretação da greve (JORGE NETO; CAVALCANTE, 2015, p. 1.411).

Com relação ao aviso-prévio, explica Nascimento (2011, p. 506), que não é lícita a *greve surpresa*. O empregador tem o direito de saber antecipadamente sobre a futura paralisação das atividades, mormente, pelo fato de que são necessárias providências, antes da cessação do trabalho, diante dos compromissos da empresa e em face das suas naturais condições de atividade e de produção, daí a necessidade do aviso-prévio. Após a deliberação em assembleia segue-se o aviso ao empregador, com antecedência mínima de 48 horas (art. 3º, parágrafo único, Lei n. 7.783/1989), ampliadas para 72 horas nas atividades essenciais, conforme o disposto no art. 13. Não somente o empregador deve ser comunicado, mas também é obrigatório o anúncio da greve para conhecimento dos usuários com a mesma antecedência.

A Lei de greve em seu art. 6º, garante ao trabalhador, o emprego de meios pacíficos tendentes a persuadir ou aliciar os trabalhadores para aderirem ao movimento, bem como a arrecadação de fundos e a livre divulgação das atividades coletivas. Entretanto, ressalta nos §§ 1º, 2º, que em nenhuma hipótese, os meios adotados por empregados e empregadores poderão violar ou constranger os direitos e garantias fundamentais de outrem, bem como é vedado às empresas adotar meios para constranger o empregado ao comparecimento ao trabalho, bem como capazes de frustrar a divulgação do movimento.

Importante ainda observar que a norma deixa claro que as manifestações e atos de persuasão utilizados pelos grevistas não poderão impedir o acesso ao trabalho nem causar ameaça ou dano à propriedade ou pessoa, conforme o disposto no § 3º, do referido art. 6º.

A participação no movimento paredista causa efeitos nos contratos individuais de trabalho e o principal é a suspensão do contrato individual de trabalho, consoante o disposto no art. 7º, *caput*, da lei de greve, e mais as relações obrigacionais devem durante o período ser regidas pelo acordo, convenção, laudo arbitral ou decisão da Justiça do Trabalho.

Portanto, explica Brito Filho (2009, p. 278), durante a greve,

> ocorre a paralisação dos efeitos dos contratos individuais de trabalho, relativamente aos grevistas, isto é, as obrigações das partes ficam suspensas, não havendo a obrigação do empregado de prestar serviços, nem do empregador de efetuar o pagamento da contraprestação.

É de se observar, conforme cita Castillo (1993, p. 102) que a suspensão do contrato de trabalho é um fato contemporâneo e moderno posto que a participação no movimento paredista era motivo de ruptura do contrato.

Em relação à manutenção dos equipamentos, explana Nascimento (2011, p. 507), que durante a greve, o sindicato ou a comissão de negociação, mediante acordo com a organização sindical patronal da empresa, manterá em atividade equipes de empregados com o propósito de assegurar os serviços cuja paralisação resultar em prejuízo irreparável, pela deterioração irreversível de bens, máquinas e equipamentos, bem como a manutenção dos serviços essenciais à retomada das atividades da empresa, quando da cessação do movimento (art. 9º, Lei n. 7.783/1989).

Observe-se que em não havendo acordo, é assegurado ao empregador, enquanto perdurar o movimento, o direito de contratar diretamente os serviços necessários para esse fim (art. 9º, parágrafo único).

Serviços essenciais – algumas atividades, diante de sua importância não somente econômica, mas principalmente para a comunidade que será afetada, recebem tratamento diferenciado, razão pela qual a maioria dos ordenamentos que tratam da matéria enumeram de forma exaustiva quais são as atividades essenciais, a Lei n. 7.783/1989, regula a matéria nos arts. 10 a 13.

São considerados serviços essenciais (art. 10, Lei n. 7.783/1989): a) tratamento e abastecimento de água, produção e distribuição de energia elétrica; b) assistência médica e hospitalar; c) distribuição e comercialização de medicamentos e alimentos; d) funerários; e) transporte coletivo; f) captação e tratamento de esgoto e lixo; g) telecomunicação; h) guarda, uso e controle de substâncias radioativas, equipamentos e materiais nucleares; i) processamento de dados ligados a serviços essenciais; j) controle de tráfego aéreo; l) compensação bancária.

Para Batalha (1992, p. 267), a "enumeração é taxativa e não exemplificativa", mesmo que se entenda pela existência de outras atividades que mereçam a qualidade de essenciais, somente as enumeradas na lei o são, do ponto de vista jurídico.

Observe-se que no caso dos serviços essenciais, a greve não é proibida, mas é necessário manter a prestação de serviços para garantir o que se denomina "necessidades inadiáveis da comunidade" (BRITO FILHO, 2009, p. 287), porém é submetida a algumas regras especiais tais como: garantir durante a greve a prestação dos serviços indispensáveis ao atendimento das necessidades inadiáveis (art. 11).

Observe-se a posição do Tribunal Superior do Trabalho (TST), quanto à greve nos serviços essenciais, através do disposto na Orientação Jurisprudencial n. 38, da Seção de Dissídios Coletivos: "É abusiva a greve que se realiza em setores que a lei define como sendo essenciais à comunidade, se não é assegurado o atendimento básico das necessidades inadiáveis dos usuários do serviço, na forma prevista na Lei n. 7.783/1989" (TST, 2017).

A norma fixa hipóteses que justificam a greve como abusiva e a responsabilidade dos envolvidos na greve, embora tratando-se de um direito que deve ser exercido de forma regular, mas o abuso desse direito sujeita os responsáveis às penas da lei (art. 15, Lei n. 7.783/1989).

O conceito de abuso identifica-se, por força da lei (art. 14, Lei n. 7.783/1989), com o de ilegalidade. Conforme esclarece Nascimento (2011, p. 508), abuso é o descumprimento de exigência da lei, bem como a manutenção da greve após acordo ou decisão judicial (art. 14), salvo se a finalidade da paralisação é exigir o cumprimento de norma legal convencional ou quando a superveniência de fato novo venha modificar substancialmente a relação de trabalho (art. 14, parágrafo único).

E, complementa, que a responsabilidade pelos atos abusivos é apurada segundo a lei trabalhista, civil e penal (art. 15), podendo o Ministério Público requisitar a abertura de inquérito e processar criminalmente aqueles que praticam ilícitos penais. O empregador pode, no caso de abuso, despedir por justa causa (arts. 7º e 14, Lei n. 7.783/1989). O sindicato é passível de responder por perdas e danos.

Portanto, conforme lecionam Jorge Neto e Cavalcante (2015, p. 1.421):

> Se o trabalhador, durante a paralisação, extravasa os limites quanto ao exercício de seu direito de greve, de acordo com a natureza do ato, pode levar à responsabilidade trabalhista (perda dos dias durante a greve, justa causa etc.), à civil (obrigação de indenizar danos materiais e morais causados a terceiros, ao empregador e a outros colegas de trabalho não grevistas etc.) e, por fim, à penal, quando a sua conduta esteja em sintonia com os tipos previstos no Código Penal (lesão corporal, dano, homicídio etc.).

Ainda, é de se observar que o Sindicato como entidade, em sendo uma associação de pessoas, com fins próprios e previstos no ordenamento legal, pode ser responsável, do ponto de vista civil em caso de danos materiais, quando não atende às determinações do Tribunal do Trabalho, sejam para a manutenção de um percentual mínimo de atividades essenciais ou quando descumpre ordem de retorno ao trabalho, e principalmente quando incentiva a depredação de patrimônio da empresa.

Neste sentido, Nascimento (p. 733) explica que:

> Não há como afastar a responsabilidade de um sindicato pela greve abusiva sob o argumento de que a declaração de greve é da assembleia dos trabalhadores e, portanto, estes é que deliberaram, não sendo possível à pessoa jurídica sindical responder por atos determinados pela sua assembleia geral ou extraordinária.

Assim, se passa à análise do direito de greve na união europeia e no ordenamento italiano.

3. O DIREITO DE GREVE NA UNIÃO EUROPEIA E NO ORDENAMENTO ITALIANO

A Europa, um continente fragmentado por pluralidade de nações se viu, para a manutenção de seu equilíbrio econômico e social, na necessidade de criar um sistema de proteção e de equilíbrio permanente das nações, por meio de um mecanismo de associação a outros Estados para o fortalecimento e a manutenção da paz, e esse processo ocorreu da seguinte forma:

Pelo Tratado de Roma de 1975, surge a Comunidade Europeia exigindo a criação de um mercado comum e a coordenação de políticas econômicas e sociais a ser aplicada nos Estados-membros, bem como a criação da Comissão, o Conselho, o Parlamento e a Corte Europeia, com a finalidade de administrar os assuntos da Comunidade e dos membros;

Em 1991, foi assinado o Tratado de Maastricht, passando a Comunidade Europeia a ser tratada como União Europeia, que teve como finalidade os seguintes aspectos:

> a) promoção do progresso social e econômica, facilitado pela união monetária e econômica; b) implementação de uma política externa e de uma política de segurança comum, com a busca da preservação da paz; c) cooperação na justiça e nos assuntos internos dos Estados, mediante o princípio da subsidiariedade; d) estabelecimento de uma cidadania comum; e, e) desenvolvimento e consolidação da democracia na região, com a observância do Estado de Direito e com o respeito aos direitos e às liberdades fundamentais (FLÁVIA PIOVESAN, 2002, p. 49).

Decorrente do Tratado de Maastricht, a soberania nacional dos participantes da Comunidade Europeia passa a ser discutida, principalmente as questões relacionadas a moeda, considerada um dos elementos essenciais da soberania nacional, portanto, traça-se uma trilha comunitária com o objetivo de transferir parte da soberania de cada Estado integrante para uma esfera de Poderes Comunitários. No entanto, alguns países se recusaram a utilizar a moeda comum, como foi o caso do Reino Unido, Dinamarca e Suécia. (ELIZABETH ACCIOLY, 2011, p. 42-43).

Em 1997, é firmado o Tratado de Amsterdã, que entra em vigor em 1999, proclamando que: "A União Europeia é fundada nos princípios da liberdade, democracia, respeito aos direitos humanos e às liberdades fundamentais e Estado de Direito", contendo no referido tratado o alerta de que os Estados membros que não observarem ou violarem de forma reiterada os direitos humanos sofrerão sanções políticas e econômicas a serem aplicadas pela união.

O modelo comunitário da União Europeia orienta-se pelo modelo supranacional, "ou seja implica a cessão de direitos de soberania dos Estados membros às instituições da União Europeia, estando vigente a supremacia e a aplicação direta do Direito Comunitário em relação ao Direito Interno dos Estados" (FLÁVIA PIOVESAN, 2002, p. 49).

O Estado, ao participar dessa "organização", deixa de ser supremo e sofre limites, submetendo de forma reflexa o cidadão às normas da União, fazendo causar assim efetiva redução da soberania popular e na participação democrática do povo nas decisões da comunidade, em que pese a existência de uma cláusula democrática compondo a Convenção da União.

Em 2001, por meio de trabalho de uma conferência intergovernamental, especialmente convocada em 2000, é firmada a Carta dos Direitos Fundamentais da União Europeia através do Tratado de Nice, que tem como objetivo os direitos fundamentais sociais, tanto é que está organizada em sete capítulos que tem como objeto: I – a dignidade: II – a liberdade; III – igualdade; IV – a solidariedade; V – a cidadania; VI – a justiça; VII – as disposições gerais. Referido tratado em síntese tem como preocupação o perigoso *dumping social*, em razão da diversidade de culturas, mercado de trabalho e economia (CARINCI, 2015, p. 33-34).

Em 2004, é firmado o Tratado Constitucional Europeu, cujo "Club" é formado por 15 (quinze) países, e que tem como objetivo principal a formação efetiva de um mercado comum e de uma moeda comum em razão do problemático avanço e imprevisível mercado global (CARINCI, 2015, p. 34).

Após um período de reflexão e com a finalidade de contornar a rejeição da participação efetiva dos franceses e holandeses, firmou-se em Lisboa, em 13 de dezembro de 2007, o tratado que passou a vigorar no início de 2009, e que dá origem efetiva ao Conselho da União Europeia.

No tratado de Lisboa de 2007, buscou-se harmonizar os ordenamentos jurídicos dos Estados membros, posto que alguns ordenamentos traziam dificuldade da manutenção da liberdade do direito do trabalho e da economia. Assim, foi copiado o disposto no art. 13 da Carta comunitária de 1989 que tratava dos direitos sociais fundamentais dos trabalhadores e foi incluído no art. 151 do Tratado Fundamental da União Europeia (TFUE). Entretanto, o art. 153, exclui a competência da União para decidir e regulamentar o direito de greve dos trabalhadores de cada Estado. Ocorre, que tal exclusão não elimina a possibilidade de os Estados por meio de sistemas coletivos internos regularem o referido instituto e a possível interferência do ordenamento da união em razão da liberdade econômica do Tratado (CASALE, 2015, p. 140).

Observa-se, desta feita, que a União Europeia foi criada mediante finalidade econômica, porém por meio da criação de suas diretivas, que são determinações para que os Estados membros se organizem internamente de forma a harmonizar as suas legislações em matéria econômica e também social, neste ponto direcionadas ao Direito do Trabalho e inclusive no direito de greve dos trabalhadores de forma a ocorrer uma proximidade de interesses entre os participantes da união.

Assim, passa-se à análise do Direito de Greve no Estado Italiano em comparação com o sistema brasileiro.

3.1. O direito de greve no ordenamento italiano

A Itália, após o período da ditadura fascista, conforme Nascimento (2015, p. 489),

> Passou a desenvolver esforços, a partir de 1948, no sentido de dotar o seu sistema de relações de trabalho de características democráticas, anticorporativistas, de autonomia privada coletiva, criando um direito sindical fundado na liberdade de organização das formas de representação dos trabalhadores.

A representação dos trabalhadores tiveram como base a Convenção n. 87 da Organização Internacional do Trabalho – OIT, que trata da liberdade de associação sindical e de implemento do livre direito de sindicalização, tal previsão está logo no art. 2º do instrumento:

> os trabalhadores e os empregadores, sem distinção de qualquer espécie, terão direito de constituir, sem autorização prévia, organizações de sua escolha, bem como o direito de se filiar a essas organizações, sob a única condição de se conformar com os estatutos das mesmas.

Ainda, informa Nascimento (2015, 490), que "para a consecução desses objetivos, cuidou-se de saber qual seria a melhor forma para que essas diretrizes se refletissem sobre o sistema jurídico e a ideia acolhida teve como pressuposto a desvinculação das relações coletivas dos esquemas legais, o quanto se fizesse viável, valorizado o entendimento de que a lei limita", e a partir deste pressuposto "a liberdade deve ser encontrada fora dos seus quadros e deve florescer do exercício concreto das relações sociais".

A partir desta nova ótica, segundo Nascimento (2015, p. 490):

> A ação sindical tornou-se dinâmica e não reprimida e a sua mais relevante manifestação passou a ser encontrada no exercício do *sciopero*, consistente na abstenção do trabalho por certo número de empregados, para a tutela de um interesse comum.

Conforme leciona Passarelli (2015, p. 135), a greve que era proibida no direito autoritário, sendo permitida no Estado liberal, deixa de ser vista como delito, e sim como liberdade e direito protegido pelo Estado, com proteção constitucional, previsto no art. 40 (Constituição Federal Italiana), porém enviando para o legislador ordinário a competência de regular a forma de exercício do mesmo – "O direito de greve exerce-se no âmbito das leis que o regulam".

Smuraglia (1958, p. 207) explica que a greve passa a ser considerada função eminentemente instrumental, como um dos meios mais importantes para a realização da igualdade substancial, e não meramente formal, entre os cidadãos, máxima aspiração econômica da Constituição italiana.

Ainda, segundo Smuraglia (1958), ou seja, "o Estado não intervém, diretamente, mas cria garantias para que os trabalhadores atuem na procura de melhoria da sua condição social", segundo o convencimento de que, através do exercício da ação sindical direta, os trabalhadores poderão adquirir uma ulterior consciência da própria possibilidade e mais facilmente conquista os direitos de participação na organização política, econômica e social do País, considerada pela Constituição como a meta principal a atingir.

Para Gino Giugni (1980, p. 200), "a falta de uma legislação regulamentadora fez que o exercício do direito de greve se tornasse objeto de decisões dos tribunais, criando-se uma jurisprudência limitadora do texto constitucional".

Na visão de Giuseppe Santoro-Passarelli (2015, p. 135), o fato de o instituto da greve ser um direito de fundo constitucional (art. 40 da Constituição italiana) e enviar para o legislador ordinário a tarefa de ajustar o modo de operação, não lhe retira, desde o início de vigência da norma, a possibilidade de "ser imediatamente e diretamente recebida, ou seja, aplicável pelo juiz", em que pese "a ausência desta legislação de execução".

E, como continua Santoro-Passarelli (2015, p. 135), a ausência de uma norma de lei ordinária, que se refere ao art. 40 da Constituição, explica o porquê que a jurisprudência tem que resolver as questões através de uma função de substituição, e isto no período de cinquenta anos através da interpretação, e colocada sob a base de três questões: 1. a qualificação da greve e a consequente determinação preparatória para fins lícitos da mesma; 2. a questão do titular do direito à greve, resolvido pela doutrina majoritária privilegiando a tese da propriedade particular que dá titularidade coletiva; 3. os procedimentos para o exercício do direito à greve.

Diferente do Ordenamento Jurídico Brasileiro que apresenta uma lei ordinária que regulamenta a greve para o serviço privado, na Itália, em que pese existir previsão constitucional, a real previsão ocorre pela jurisprudência da Corte de Cassação, e para os serviços públicos essenciais pelas Leis ns. 146/1990 e 83/2000.

Com relação à legitimação, explica Santoro-Passarelli (2015, p. 135-136) que em razão da greve "ter sido elevada à categoria de direito constitucional e qualificada pela doutrina mais relevante como direito potestativo", esta "legitima o trabalhador a suspender a sua obrigação e coloca a entidade patronal em uma posição de sujeição porque ele não pode evitar o exercício do direito à greve".

Por conseguinte, conclui Santoro-Passarelli (2015, p. 137), em relação ao exercício do instituto como um direito potestativo, este "contribuiu para consolidar a tese de legitimidade individual do direito à greve, porém para o exercício necessariamente coletivo" e desde que "o sujeito passivo do direito de greve seja exclusivamente o empregador".

Portanto, e neste sentido, os titulares do direito de greve são em primeiro lugar todos os trabalhadores subordinados em sentido técnico, com exceção dos militares, o pessoal de segurança pública [...], o marítimo no período de navegação, e os que a lei limita e determina como sendo serviços públicos essenciais", e mais, também tem sido reconhecida a titularidade aos trabalhadores não assalariados parassubordinados porque sujeitos contratualmente fracos contra o empregador (SANTORO-PASSARELLI, 2015, p. 141; cita a decisão "Cass. 29 giugno 1978, n. 3278, *in Foro it.*, 1978, I, c, 1626").

Para a execução da greve deve-se verificar o procedimento de deflagração, primeiro no caso do serviço privado, devem-se realizar todos os meios de negociação possíveis, uma vez que conforme cita Santoro-Passarelli (2015, p. 142), não se admite "a forma anômala de greve, sendo sempre penalizada a greve selvagem e de improviso".

Explica Nascimento (2015, p. 494) que o direito de greve deve ser exercido "segundo um procedimento que prevê aviso-prévio" (10 dias no mínimo – coma 5, art. 12 – Lei n. 146/2000) e junto com este a "indicação da duração da greve, além das medidas destinadas a permitir níveis indispensáveis de funcionamento do serviço, e que são garantidas por meio da continuidade do trabalho do pessoal necessário para esse fim".

Alerta, Santoro-Passarelli (2015, p. 149), que uma das novidades mais importantes introduzidas pela Lei n. 83 de 2000, diz respeito à inserção obrigatória nos contratos ou nas convenções coletivas dos processos de conciliação e de negociação, para se realizar antes da proclamação da greve (art. 2º, § 2º).

Efeitos no contrato de trabalho são analisados em razão da greve ser ou não legitima, acarretando em todo o caso a suspensão das obrigações contratuais.

A Lei n. 146 de 1990, de forma mais detalhada, apresenta dois aspectos sobre os quais seriam os serviços essenciais, conforme explica Santoro-Passarelli (2015, p. 147), a lei enumera no ponto 1 do art. 1º. Os direitos da pessoa que não podem ser sacrificados a partir do exercício da greve, tais como o direito à vida, saúde, segurança, a liberdade de circulação, de assistência e de segurança social, educação", e, de uma forma ampla esclarece que "no § 2º indica, a título de exemplo, os serviços funcionais para sua satisfação, salientando a partir de um lado o carácter teleológica dos mesmos serviços essenciais e por outro a irrelevância de natureza pública ou privada, autônoma ou relação de trabalho subordinada do participante grevista.

É de se observar, conforme Nascimento (2015, p. 493), que são relacionados na referida lei os seguintes serviços:

a) higiene e saúde; b) transportes públicos, ainda que em concessão, e a disciplina do tráfego; c) a produção e a produção de energias, recursos naturais e bens de primeira necessidade, além da gestão e manutenção das respectivas unidades; d) a proteção civil; e) a administração da justiça; f) o correio, as telecomunicações e a informação rádio televisão pública; a instrução, com especial referência a escrutínios e exames das escolas públicas e legalmente reconhecidas de qualquer ordem de instrução, além dos exames conclusos dos ciclos de instrução universitária; h) a distribuição de cheques de indenizações com fins de sustento; i) as operações de aduana e de controle de mercadorias perecíveis.

Para o sistema italiano, esclarece Nascimento (2015, p. 494), considera-se abusiva a greve que não apresenta o aviso-prévio, ou que não prestam os serviços necessários para assegurar os níveis indispensáveis de funcionamento do serviço essencial, ficando os grevistas sujeitos às sanções disciplinares proporcionais à gravidade da infração. E, esclarece ainda o referido autor que com relação aos sindicatos "no caso de greve ilegal, sujeitam-se a sofrer suspensão não inferior a um mês, de algumas vantagens patrimoniais".

Cláusula de trégua sindical conforme cita Santoro-Passarelli (2015, p. 144), trata-se de norma inserida no contrato coletivo, que limita o exercício de greve no período de vigência do referido contrato, e que tem como pressuposto desenvolver a paz sindical e se evitar o confronto de interesses.

3.2. Tabela comparativa

Assim, diante do exposto, apresenta-se tabela ilustrando algumas comparações entre os institutos no ordenamento brasileiro e italiano.

Requisitos	Brasil	Itália
Norma regulamentadora	art. 9º, §§ 1º e 2º, CF e art. 1º, Lei n. 7.783/1989 para o serviço privado. Para serviço público – decisão do STF.	Art. 40, Constituição. Sem regulação no serviço privado. Leis ns. 146/1990 e 83/2000 para os serviços públicos essenciais.
Legitimidade / titularidade	Sindicato – art. 8º, III, CF e art. 513, *a*, CLT. Comissão de negociação – art. 4º, § 2º, da Lei n. 7.783/1989.	Sindicato e também o indivíduo no caso do autônomo – para subordinados *debole* (frágil).
Procedimentos de deflagração	Negociação obrigatória inclusive utilização da mediação e arbitragem. Pré-aviso: 48 horas (art. 3º, parágrafo único, Lei n. 7.783/1989), ampliadas para 72 horas nas atividades essenciais – art. 13.	Negociação obrigatória inclusive utilização da mediação e arbitragem. Pré-aviso: – 10 dias no mínimo – coma 5, art. 12 – Lei n. 146/2000.
Efeitos no Contrato de Trabalho	Suspensão – art. 7º, *caput*.	A jurisprudência da Corte de Cassação – entende pela suspensão das obrigações.
Serviços essenciais	Rol taxativo – art. 10, Lei n. 7.783/1989.	Rol exemplificativo – art. 1º – Lei n. 146/2000 para os serviços públicos essenciais – proibição nos serviços militares, segurança pública, marítimo no período de navegação. – Distribuição de cheques e de indenizações com fins de sustento.
Abusividade	Responsabilidade dos participantes e dos sindicatos, no âmbito: trabalhista, civil e penal. Arts. 14 e 15, Lei n. 7.783/1989.	Aquela que não observa os requisitos de aviso-prévio e de manutenção dos serviços essenciais, podem ser sancionados os grevistas e sindicatos.
Cláusula de trégua	Sem previsão no ordenamento brasileiro	Norma constante no acordo coletivo que limita o exercício do direito de greve no período de vigência do acordo.

4. CONSIDERAÇÕES FINAIS

O direito de greve trata-se de uma conquista da classe dos trabalhadores, de forma coletiva, representados por seus sindicatos, cujo objetivo é pressionar os empregadores por meio de paralisações parciais ou total para que as reivindicações sejam ouvidas e acolhidas.

Ocorre que, analisando o histórico do direito à greve, observou-se que nem sempre esse direito pode ser exercido de forma plena, pois, as manifestações eram vistas como atos ilegais e eram regulamentadas como ilícitos penais tanto na Itália quanto no Brasil.

No entanto, no século XX, após a queda do governo fascista de Mussolini, verificou-se que o direito de greve deixa de ser visto como um ilícito penal, e passa a ser tratado como um direito fundamental de liberdade com "status" constitucional.

A luta dos companheiros italianos, denominação dada aos líderes sindicais e operários que integravam os movimentos contra os donos das fábricas, chamados de fascistas, que se recusavam a melhorar as condições de trabalho, sejam decorrentes de jornadas exaustivas ou da falta de condições seguras de trabalho que ensejavam o adoecimento dos trabalhadores, trouxe uma proteção para as gerações posteriores de trabalhadores.

No Brasil, a luta sindical e o exercício do direito de greve chega por meio das ideias trazidas pelos imigrantes italianos que vieram para o Brasil compor a mão de obra especializada das fábricas recém instaladas na cidade de São Paulo, polo industrial no início do Século XX.

Tais imigrantes eram taxados anarquistas, porque influenciavam os operários brasileiros a lutar pelos seus direitos e por melhores condições de trabalho e de salário, ajudando na fundação dos primeiros sindicatos nacionais.

No entanto, observa-se que o direito de greve na Itália é extremamente organizado, as categorias cumprem rigorosamente a lei, principalmente a informação e o cumprimento do dia e da hora que se iniciará e terminará a greve.

Já no Brasil, os sindicatos não cumprem a Lei n. 7.783/1989, constata-se a ocorrência de greves "surpresa" que iniciam sem aviso-prévio e não possuem data para o término, acarretando a necessidade de intermediação dos Tribunais do Trabalho, declaração de greves em setores essenciais como ilegais, verificando o flagrante desrespeito à lei e à população.

5. REFERÊNCIAS BIBLIOGRÁFICAS

ACCIOLY, Elizabeth. *Mercosul e União Européia*. Estrutura Jurídico – Institucional. 4. ed. rev. e atual. Curitiba: Juruá, 2011.

ALMEIDA, Ronald Silka de; EGGERS, Andréia. Trabalho fator de inclusão social e a educação. VILLATORE, Marco Antônio César; HASSON, Roland (Coords.). In: *O Estado e a Atividade Econômica* – O Direito Laboral em perspectiva. Curitiba: Juruá, 2007. v. 1.

BARROS, Alice Monteiro. *Curso de Direito do Trabalho*. 2. ed. São Paulo: LTr, 2006.

BRASIL – STF – 2007 – Disponível em: <http://www.stf.jus.br/portal/cms/verNoticiaDetalhe.asp?idConteudo=75355>.

BRASIL – TST – 2017 – Disponível em: <http://www.tst.jus.br/web/guest/livro-de-sumulas-ojs-e-pns>.

BRITO FILHO, José Claudio Monteiro de. *Direito Sindical*. 3. ed. São Paulo: LTr, 2006.

CASALE, D. Libera prestazione dei servizi, libertà di stabilimento; riconoscimento di tittolli e qualifiche professionali. In: CARINCI, Franco; PIZZOFERRATO, Alberto. *Diritto del lavoro dell'Unione Europeia*. Torino: G. Giappichelli Editore, 2015.

CASTILLO, Santiago Pérez de. *El derecho de la huelga*. 1. ed. Montevidéu: Fundación de Cultura, 1993.

CATHARINO, José Martins. *Tratado Elementar de Direito Sindical*. São Paulo: LTr., 1977.

CUNHA, Antonio Geraldo. *Dicionário Etimológico Nova Fronteira da Língua Portuguesa*. 2. ed. Rio de Janeiro: Nova Fronteira, 1986.

GODINHO, Maurício Godinho. *Curso de Direito do Trabalho*. 16. ed. rev. e ampl. São Paulo: LTr, 2017.

GIUGNI, Gino. *Diritto Sindicale*. 5. ed. Bari: Cacucci, 1980.

HOUAISS, Antonio. *Dicionário eletrônico*. Rio de Janeiro: Objetiva, 2002.

JORGE NETO, Francisco Ferreira; CAVALCANTE, Jouberto de Quadros Pessoa. *Direito do Trabalho*. 8. ed. São Paulo: Atlas, 2015.

NASCIMENTO, Amauri Mascaro; NASCIMENTO, Sônia Mascaro; NASCIMENTO, Marcelo Mascaro. *Compêndio de Direito Sindical*. 8. ed. São Paulo: LTr, 2015.

_____. *Consequências da ilicitude da greve*. Revista LTr: legislação do trabalho. São Paulo: LTr, v. 59, n. 6, p. 727-735, jun. 1995.

PIOVESAN, Flávia. Globalização Econômica, Integração Regional e Direios Humanos. In: PIOVESAN, Flávia (Coord.). *Direitos Humanos, Globalização Econômica e Integração Regional*. Desafios do Direito Constitucional internacional. São Paulo: Max Limonad, 2002.

RABIE, Hamed A. *Lo sciopero, forma dela storia?* Milano: Giuffrè, 1957.

SANTORO-PASSARELLI, Giuseppe. *Diritto dei lavori e dell'occupazione*. Torino: G. Giappichelli Editore, 2015.

SMURAGLIA, Carlo. *La costituzione e il sistema del diritto del lavoro*. Milano: Feltrinelli, 1958.

SÜSSEKIND, Arnaldo. *Curso de Direito do Trabalho*. 2. ed. Rio de Janeiro: Renovar, 2004.

Súmulas, Crise e Ordem Constitucional:
alguns elementos para debate

Valdete Souto Severo[*]

O TRT da Quarta Região já ultrapassou a marca de cem súmulas editadas. Apenas este ano, foram 28 novas súmulas, além de outras alteradas e de duas "teses jurídicas prevalecentes". A aceleração na construção de entendimentos cristalizados, sem dúvida, tem relação com a alteração promovida em 2014, no art. 896 da CLT, notadamente no seu parágrafo terceiro, quando determina que os Tribunais Regionais uniformizem sua jurisprudência e apliquem o incidente de uniformização de jurisprudência previsto no novo CPC.

Os reflexos dessa atividade legislativa do Poder Judiciário sequer podem ser completamente dimensionados e certamente ainda serão aprofundados, mas já é possível propor algumas reflexões. A primeira delas é a de que estamos alterando drasticamente a forma de produzir o Direito. Há uma quebra evidente do equilíbrio entre os poderes da República, algo que não se limita à realidade regional, porque se verifica igualmente em nível nacional, com o processo de cristalização de entendimentos empreendido pelo TST (que já tem 462 súmulas no total, sem contar as orientações jurisprudenciais) e pelo STF, se considerarmos apenas a seara trabalhista.

As súmulas mais recentemente editadas pelo TRT da Quarta Região (TRT4) fornecem um material interessante de análise. A Súmula n. 97 estabelece que "o pagamento da remuneração relativa às férias fora do prazo legal resulta na incidência da dobra, excluído o terço constitucional quando este for pago tempestivamente". Se olharmos para a Constituição, encontraremos no artigo sétimo, o inciso XVII, que afirma ser direito constitucional dos trabalhadores a "gozo de férias anuais remuneradas com, pelo menos, um terço a mais do que o salário normal". Ou seja, férias significa tempo de descanso com remuneração correspondente a salário acrescido de 1/3. Na CLT, a regra do art. 137 é a de que "sempre que as férias forem concedidas após o prazo de que trata o art. 134, o empregador pagará em dobro a respectiva remuneração". Qual remuneração? Salário acrescido de 1/3. Pois bem, a Súmula n. 97 autoriza que o acréscimo de 1/3 não componha o cálculo da dobra, criando interpretação restritiva que, na realidade fática, implicará

(*) Especialista em Processo Civil pela UNISINOS. Especialista em Direito do Trabalho, Processo do Trabalho e Direito Previdenciário pela UNISC. Master em Direito do Trabalho, Direito Sindical e Previdência Social, pela Universidade Européia de Roma – UER (Itália). Especialista em Direito do Trabalho e Previdência Social pela Universidade da República do Uruguai (UDELAR). Mestre em Direitos Fundamentais pela Pontifícia Universidade Católica – PUC-RS. Doutora em Direito do Trabalho pela USP/SP. Pesquisadora do Grupo de Pesquisa Trabalho e Capital (USP) e RENAPEDTS – Rede Nacional de Pesquisa e Estudos em Direito do Trabalho e Previdência Social. Professora e Diretora da FEMARGS – Fundação Escola da Magistratura do Trabalho do RS. Juíza do trabalho no Tribunal Regional do Trabalho da Quarta Região.

a supressão de parte do valor devido ao trabalhador. A "dobra" do salário, que é o que a Súmula n. 97 do TRT4 diz que deve ser pago, não constitui dobra da remuneração correspondente às férias, já que a remuneração relativa às férias é igual ao salário acrescido de 1/3. Então, se suprimimos o acréscimo de 1/3, não estaremos mais remunerando o descanso anual devido, mas apenas pagando salário. A compreensão de que o pagamento do dobro da remuneração correspondente às férias, não abrange parte da rubrica que lhe corresponde, é ainda contrária ao entendimento cristalizado pelo TST na Súmula n. 450, segundo a qual "é devido o pagamento em dobro da remuneração de férias, **incluído o terço constitucional**, com base no art. 137 da CLT, quando, ainda que gozadas na época própria, o empregador tenha descumprido o prazo previsto no art. 145 do mesmo diploma legal".

A Súmula n. 98 fixa que "o empregado faz jus à indenização correspondente aos gastos realizados com a lavagem do uniforme quando esta necessitar de produtos ou procedimentos diferenciados em relação às roupas de uso comum". Qual é a base legal para essa restrição à regra do artigo segundo da CLT, pela qual os riscos e, portanto, o ônus do empreendimento deve ser suportado pelo empregador? Note-se que a orientação cristalizada parte do pressuposto de que os gastos com lavagem de uniforme devem ser suportados pelo empregador, mas cria condição para isso. Essa condição fixada pelo TRT não está estabelecida na legislação trabalhista.

A Súmula n. 99 estabelece que "a recusa injustificada da empregada gestante à proposta de retorno ao trabalho afasta o direito à indenização do período da garantia de emprego prevista no art. 10, inciso II, alínea *b*, do ADCT, a partir da recusa". Ora, porque a gestante despedida de modo ilegal e inconstitucional, precisa justificar sua recusa ao trabalho, se sequer ao empregador, malgrado a disposição expressa do inciso I do artigo sétimo da Constituição, exige-se justificativa para o ato de dispensa? E mais: qual é a norma jurídica que permite essa restrição ao direito fundamental de garantia no emprego, estabelecido no referido artigo sétimo, I, e no art. 10 dos Atos das Disposições Constitucionais Transitórias? E ainda mais: o que fazer com a norma expressa do art. 496 da CLT, cuja aplicação por analogia é o parâmetro que a legislação trabalhista nos oferece para resolver situação como aquela descrita pela súmula? Esse dispositivo estabelece que "quando a reintegração do empregado estável for desaconselhável, dado o grau de incompatibilidade resultante do dissídio, especialmente quando for o empregador pessoa física, o tribunal do trabalho poderá converter aquela obrigação em indenização devida nos termos do artigo seguinte". A Lei n. 9.029, quando trata de despedida discriminatória, utiliza o mesmo critério. A Convenção n. 158 da OIT, cuja utilização, apesar de sua denúncia por decreto ainda sujeito à análise na ADI n. 1625, já foi chancelada pelo TST no caso EMBRAER, também dá a mesma solução: sendo inviável a reintegração, deve o empregado receber o valor que corresponde ao período de garantia no emprego. Note-se: não se trata de concordar ou não com a afirmação contida na referida súmula. Trata-se de examinar a sua compatibilidade com o ordenamento jurídico trabalhista vigente, para o efeito de discutir, seriamente, as consequências desse apartamento entre o que dispõem as normas jurídicas e o que está sendo decretado pelas súmulas de nossos tribunais.

Seguindo a leitura das últimas súmulas editadas pelo TRT4, temos ainda a determinação de que "havendo condenação solidária ou subsidiária, o recolhimento das custas processuais por um dos recorrentes aproveita aos demais, independentemente de aquele que efetuou o recolhimento pedir a exclusão da lide" (Súmula n. 102). Isso, apesar da dicção expressa do art. 789, parágrafo primeiro, da CLT. Aliás, até mesmo o CPC, cuja aplicação aqui não seria de se cogitar, pois ausente omissão, dispõe que "concorrendo diversos autores ou diversos réus, os vencidos respondem proporcionalmente pelas despesas e pelos honorários", devendo a sentença "distribuir entre os litisconsortes, de forma expressa, a responsabilidade proporcional pelo pagamento das verbas previstas no caput" e, se nada dispuser a sentença, diz o parágrafo segundo desse art. 87, "os vencidos responderão solidariamente pelas despesas e pelos honorários". Parece haver uma tendência, que está bem representada pelo teor da Súmula n. 331 do TST, em proteger os interesses da tomadora, criando em seu favor "direitos" que não estão previstos na legislação trabalhista. Além do direito de não recolher custas, instituído pela Súmula n. 102 do TRT4, temos em âmbito nacional a criação, pela referida Súmula n. 331, dos direitos de figurar no polo passivo da reclamatória desde o início (apesar do texto expresso do art. 4º da LEF que autoriza promoção de <u>execução</u> contra o responsável); de fruir o benefício de ordem da denominada responsabilidade subsidiária ou mesmo o de promover atravessamento de força de trabalho em hipóteses não previstas no ordenamento jurídico. A Súmula n. 331 do TST chega a criar conceitos de atividade-fim e atividade-meio, promovendo uma tentativa de alteração na racionalidade dos arts. 2º e 3º da CLT, que ao conceituarem empregado e, especialmente, empregador, não apenas reconhecem o fato de que essa relação jurídica se estabelece entre dois polos (trabalho e capital), mas também equiparam expressamente o *empregador* à empresa, e, pois, ao *tomador* de força de trabalho.

A Súmula n. 107 do TRT4 fala em "quitação do contrato de trabalho em acordo judicial firmado em ação anterior", algo que, como bem sabemos, embora seja prática reiterada na Justiça do Trabalho, não encontra amparo legal. Ao contrário, quitação é resultado de pagamento, por força do que expressamente estabelecem os artigos 320 do Código Civil, quando menciona que a quitação deve designar "o valor e a espécie da dívida quitada, o nome do devedor, ou quem por este pagou, o tempo e o lugar do pagamento, com a assinatura do credor, ou do seu representante", o art. 843 do mesmo código, segundo o qual a "transação interpreta-se restritivamente", ou o § 2º do art. 477 da CLT, segundo o qual a quitação "deve ter especificada a natureza de cada parcela paga ao empregado e discriminado o seu valor, sendo válida a quitação, apenas, relativamente às mesmas parcelas". Novamente, até mesmo o CPC, cuja aplicação é desnecessária por termos norma expressa na CLT, irá dispor que acordo homologado é transação (art. 487) e que a decisão judicial que homologa o ajuste tem "força de lei nos limites da questão principal expressamente decidida" (art. 503).

A necessidade de sumular entendimentos é algo preconizado em documentos cujo teor deveria nos (pre)ocupar. O Documento Técnico n. 319, do Banco Mundial, refere-se á necessidade de "aumentar a eficiência e eficácia do judiciário", que conceitua como "habilidade em solver conflitos de uma maneira **previsível**, justa e rápida". Diz que a finalidade das instituições jurídicas e legais deve ser "promover o desenvolvimento do setor privado". Acrescenta que:

> Um poder judiciário eficaz e funcional é **relevante ao desenvolvimento econômico. A função do Poder Judiciário** em qualquer sociedade é o de **ordenar as relações sociais** e solver conflitos entre os diversos atores sociais. Atualmente, o Judiciário é incapaz de assegurar a resolução de conflitos de forma previsível e eficaz, **garantindo assim os direitos individuais e de propriedade**. (...) A reforma do Judiciário faz parte de um **processo de redefinição do estado e suas relações com a sociedade**, sendo que o desenvolvimento econômico não pode continuar sem um efetivo reforço, definição e interpretação dos direitos e garantias sobre a propriedade. Mais especificamente, a **reforma do judiciário tem como alvo o aumento da eficiência** e equidade em solver disputas, aprimorando o acesso a justiça que atualmente não tem promovido o desenvolvimento do setor privado.

Na sequência, refere que "os **juízes tem tido pouco treinamento** antes de assumir suas responsabilidades administrativas ou judicantes" e que há amplo reconhecimento da necessidade das reformas" propostas, que inclusive, segundo o mesmo documento, já foram iniciadas em vários países na América Latina e Caribe, "aumentando a demanda de assistência e assessoria ao Banco Mundial". Quando refere-se mais especificamente aos "objetivos da reforma", afirma:

> A **reforma econômica requer um bom funcionamento do judiciário o qual deve interpretar e aplicar as leis e normas de forma previsível** e eficiente. (...) Neste contexto, um judiciário ideal aplica e interpreta as leis de forma igualitária e eficiente o que significa que deve existir: a) **previsibilidade nos resultados dos processos**".

É interessante, ainda, observar que o Documento recomenda em relação aos juízes, após ressaltar a importância do respeito à independência judicial, a criação de um relatório anual "visando **educar os juízes sobre os comportamentos que não são aceitáveis**, e informar o público dos processos disciplinares".

Pois bem, a EC n. 45/2004, redistribuindo competência (e com isso legitimando o discurso de que não há mais razão em uma estrutura própria para lidar com as relações entre capital e trabalho), criando o CNJ, a possibilidade de súmula vinculante e o PJe, caminha na direção preconizada pelo Banco Mundial; o novo Código de Processo Civil também, basta verificar o teor dos arts. 927 e 932, com suas determinações de observância às súmulas (mesmo não vinculantes).

Precisamos de previsibilidade, esse é o discurso oficial. É a previsibilidade que nos confere segurança jurídica. Essa premissa, por si só, comporta discussões. Direito é cultura e sua função na realidade democrática, antes mesmo da preocupação com a previsibilidade (que talvez seja algo inatingível) é a de ser efetivo, promovendo redução de desigualdades, majoração dos espaços de discussão e de intervenção da realidade social, sem – é claro – romper com a racionalidade da sociedade do capital. Mas essa é outra história. Para a finalidade dessa reflexão, vou assumir como verdadeira a necessidade de buscar previsibilidade nas decisões judiciais.

Ainda assim, a segurança compreendida como previsibilidade das respostas do Poder Judiciário só faz sentido dentro de uma lógica de Estado Social e Democrático de Direito, se as respostas "esperadas" estiverem de acordo com o que estabelece o ordenamento jurídico vigente, especialmente a Constituição. Do contrário, além de não sabermos o que esperar de um Poder Judiciário que julga a partir das súmulas que ele mesmo edita, ainda corremos o risco de estar desconstruindo a ordem jurídica, apartando-nos das normas constitucionais e, com isso, criando a mais completa insegurança jurídica. Para tratarmos do assunto com seriedade, portanto, teríamos de partir do pressuposto de que as súmulas conferem previsibilidade e, pois, segurança jurídica, apenas e na medida em que concretizam a ordem constitucional vigente. Sabemos que não é isso que ocorre.

O argumento da previsibilidade, como algo a ser obtido por meio da cristalização de entendimentos em súmulas é facilmente refutado, ainda, pela constatação de que esses entendimentos cristalizados, não são coerentes entre si. Temos súmulas regionais contrárias às nacionais, como no exemplo da Súmula n. 61 do TRT4 e da 219 do TST, ambas acerca dos honorários de advogado na Justiça do Trabalho. Do mesmo modo, a própria Súmula n. 97 do TRT4, antes examinada, é contrária ao que estabelece a Súmula n. 450 do TST, como já mencionado. Também temos súmulas absolutamente contraditórias entre si, em âmbito nacional, como a Súmula n. 327 do STF e a 114 do TST, a primeira referindo à existência de prescrição intercorrente no processo do trabalho e a segunda dispondo o exato contrário. Ou, ainda, súmulas que dizem o contrário do que pretendem dizer, como é o caso da Súmula Vinculante n. 4 do STF, que veda a utilização do salário mínimo como base para cálculo de adicional de salário e é utilizada para que o salário mínimo siga sendo a base para o cálculo do adicional de insalubridade.

E o que dizer de súmulas que contrariam literalmente normas jurídicas válidas e vigentes? Para o cidadão brasileiro que lê a Constituição, claro está que a jornada máxima de trabalho no Brasil é de oito horas. E se trabalhar em turnos de revezamento, tem direito à jornada de seis horas. Se esse cidadão buscar as normas da CLT, descobrirá que, na linha do parâmetro constitucional, essa jornada máxima poderá ser estendida apenas **excepcionalmente**, e no máximo por 2h a mais por dia. Seria razoável admitirmos que é expressão de segurança jurídica a certeza de que o Poder Judiciário, ao examinar eventual litígio trabalhista, deverá cumprir a Constituição, fazendo respeitar esses limites máximos da exploração do tempo de trabalho. Essa previsibilidade poderia ser reivindicada. Não é o que ocorre, porém. Os parâmetros – constitucional e legal – são diariamente desrespeitados, porque temos súmula, como a 444, que estabelece que "é valida, em caráter excepcional, a jornada de doze horas de trabalho por trinta e seis de descanso, prevista em lei ou ajustada exclusivamente mediante acordo coletivo de trabalho ou convenção coletiva de trabalho".

Do mesmo modo, se olharmos para a Constituição e para a legislação trabalhista, não encontraremos autorização para "terceirizar", mas a Súmula n. 331 autoriza tal procedimento. Mesmo quem encontra constitucionalidade em lei anterior e contrária à norma do art. 7º, I, da Constituição, como é o caso da lei dos vigilantes, e vê ali autorização legislativa para terceirizar, não encontrará norma alguma autorizando, por exemplo, terceirização em atividades de conservação e limpeza.

Se atentarmos para o que estabelece a CLT e o CPC, veremos que sempre que a lei determinar a documentação de um ato, esse documento deverá ser trazido ao processo, sob pena de que admitamos, como corretos, os fatos alegados contra a parte que deveria produzi-lo (art. 400 do CPC). Essa lógica vale na jurisprudência, com exceção dos litígios que versam sobre jornada, apesar de regra expressa prevendo o dever de documentação, no art. 74 da CLT. Por quê? Porque a Súmula n. 338 do TST assim autoriza.

Há que se ponderar, ainda, o fato de que as súmulas, como verbetes que são, que se dissociam do fato concreto, são interpretáveis; estão sujeitas ao "jogo de significações" do Direito. E isso é suficiente para acabar de vez com nossa ilusão de previsibilidade. Por isso é que mesmo diante do verbete: "salvo nos casos previstos na Constituição, o salário mínimo não pode ser usado como indexador de base de cálculo de vantagem de servidor público ou de empregado, nem ser substituído por decisão judicial" (Súmula Vinculante n. 4), os intérpretes aplicadores do Direito seguem utilizando o salário mínimo como base para o cálculo da insalubridade, fundamentando suas decisões na própria súmula! Direito é linguagem e a linguagem do Direito tem um compromisso ideológico muito claro.

A previsibilidade supostamente outorgada pela súmula é, pois, uma falácia.

Então, se é fácil concluir que as súmulas não conferem segurança, nem mesmo aquela compreendida como previsibilidade, por que essa ânsia em sumular e determinar a obediência de juízes e tribunais a tais decretos judiciais? Por que o próprio legislativo repassa ao judiciário essa autorização para ignorar aquilo que o justifica como poder de Estado? O teor do Documento n. 319 do Banco Mundial, antes referido, dá a pista: trata-se de reformular o papel do Estado, que só não deve desaparecer completamente, porque precisa atuar em favor do capital, concedendo isenções fiscais, salvando bancos e recuperando empresas.

O Estado, enquanto ente regulador das relações sociais, com atribuição de fixar as normas de conduta e impor sua observância, serviu à consolidação de um tipo específico de sociedade. O incentivo à mediação extrajudicial de conflitos, que também é tônica do Documento n. 319 e está fartamente albergado no texto do novo CPC, pode ser considerado um bom exemplo do que estou tentando evidenciar. A privatização da saúde, da educação e mesmo dos presídios, também servem de exemplo. Sob a perspectiva da racionalidade liberal, o Estado talvez já tenha exaurido sua função. Se ainda não foi completamente sacrificado, é porque tem certa serventia como arma para a imposição dessa mesma racionalidade, evidenciada na possibilidade de utilização de dinheiro público para financiar empreiteiras ou salvar instituições bancárias, ou na utilização da força repressora do Estado para coibir movimentos sociais ou despejar assentados.

Esse movimento de superação do Estado não é linear nem pode ter seus contornos explicitados em um texto como este. Afinal de contas, a história não é linear. Desenvolve-se em um movimento complexo, dialético e muitas vezes contraditório, cujas pistas, porém, não podemos deliberadamente ignorar. Se voltarmos à questão das súmulas e nos permitirmos um olhar panorâmico para o modo como estamos produzindo Direito ultimamente, talvez nos impressione o fato de que o Poder Judiciário esteja protagonizando esse movimento, sem atentar para a circunstância de que seu objetivo final inclui claramente a completa desnecessidade de um Poder Judiciário. Sim, porque se a função dos juízes deve se restringir a aplicar súmulas e a dos Tribunais Regionais a de sumular, impedindo recursos que contrariem seus decretos, em pouco tempo a atividade judicial que ocorre em primeiro e segundo graus de jurisdição, onde os fatos são examinados, as pessoas são vistas e ouvidas, e a realidade material é próxima, será desnecessária. Bastarão os verbetes dos tribunais superiores, e será possível concretizar a ideia, já defendida por alguns, de criar um programa do PJe capaz de sugerir minutas de decisões. Teremos a justiça *fast food* e finalmente atingiremos o ideal de eficiência e rapidez que o Banco Mundial zelosamente preconiza.

Precisamos pensar sobre isso, sobretudo se lidamos com o Direito do Trabalho, pois não é segredo que para a visão econômica do Direito a Justiça do Trabalho é um problema a ser resolvido. É emblemático desse discurso econômico, e da intenção de matar o Judiciário fazendo-o consumir as próprias entranhas, o corte de orçamento promovido pela Lei n. 13.255/2016. Em sua exposição de motivos, o Relator, então Deputado Ricardo Barros, registra que o prazo prescricional "de dois anos é excessivo", que "é fundamental diminuir a demanda de litígios na justiça trabalhista" e que a proposta de corte constitui "forma de estimular uma reflexão sobre a necessidade e urgência de tais mudanças". Propõe, então, "ajustes", ao argumento de que "as regras atuais estimulam a judicialização dos conflitos trabalhistas, na medida em que são extremamente condescendentes com o trabalhador". Essa declarada punição à Justiça do Trabalho, pela prática do *crime* de promover direitos sociais dos trabalhadores, foi de certo modo chancelada pelo STF, quando julgou recentemente improcedente a Ação Direta de Inconstitucionalidade (ADI-5468) da referida lei de orçamento. Eis mais uma pista da gravidade do problema que estamos enfrentando.

Não é um caso que o Poder Judiciário figure como alvo das reformas que a economia propõe para o Direito, e que a Justiça do Trabalho esteja no olho desse furacão. É do Poder Judiciário o dever, dentro da atual lógica das relações sociais, de garantir direitos sociais e, com isso, promover mudanças que interfiram na proteção à propriedade privada e, por consequência, na concentração de renda. A Justiça do Trabalho, dentro do espectro de atuação do Poder Judiciário, já nasce comprometida com a imposição de limites à lógica liberal. Como refere a Exposição de Motivos do Anteprojeto da Justiça do Trabalho, de 11 de novembro de 1936, o Judiciário Trabalhista nasce da "necessidade de harmonizar os interesses em lucta", comprometendo-se a não "ser neutro, nem abstencionista, deante das perturbações collectivas, deixando as forças sociaes entregues aos proprios impulsos".

A instituição de um pacto histórico entre as características inerentes ao capital (produção de miséria, concentração de renda, esgotamento de recursos naturais, etc) e a necessidade de sobrevivência desse sistema (e do próprio ambiente em que vivemos), que no caso brasileiro é evidenciada pelos termos da Constituição de 1988, resulta no fortalecimento da atuação do Poder Judiciário, que desponta no início desse século, segundo alguns autores, como o "guardião da democracia". Ao Poder Judiciário incumbiria, então, sob a lógica de um Estado Social, intervir nas garantias liberais, promovendo a redução das desigualdades. Essa função, que nada tem de revolucionária, é preciso que se reconheça, é o que justifica o ataque. Neutralizar o Judiciário, tornando-o refém de orientações cristalizadas pelos órgãos de cúpula, é mais efetivo do que alterar a Constituição. O raciocínio é simples: ao Judiciário incumbe fazer valer a Constituição, com os compromissos de contenção da lógica do capital, assumidos historicamente como necessários. Se a atuação do Judiciário é neutralizada por uma perspectiva econômica de eficiência e previsibilidade, a partir de cristalizações promovidas pelos órgãos de cúpula, não há mais barreiras à consolidação de (ou retorno a) uma racionalidade estritamente liberal.

A necessidade de garantia de direitos sociais produz demandas. O próprio Banco Mundial reconhece esse fato no já referido Documento n. 319. Essas demandas, na lógica de organização social que adotamos, dependem de um Poder Judiciário forte, independente e eficaz. Nada de novo nesse discurso.

Como já referi, a existência da Justiça do Trabalho no Brasil decorre do reconhecimento da necessidade de garantir, através de um judiciário forte e independente, direitos que na realidade da vida a classe destituída de poder econômico e político não consegue exercer. E não é só da Justiça do Trabalho que se trata. Sem uma magistratura independente, que tenha condições de determinar que uma instituição financeira não cobre juros extorsivos, que um político influente não abuse de seu poder, nem promova atos de corrupção, que o direito de expressão e mobilização seja garantido sem truculência policial, entre tantos outros exemplos que poderiam ser aqui referidos, não há democracia. Por consequência, não há liberdade. Essa é a base a partir da qual toda a lógica dos direitos sociais fundamentais é construída e que se inscreve como uma necessidade de sobrevivência do próprio capital, porque onde faltam condições mínimas de existência digna, onde transformamos pessoas em animais, o que sobra é a barbárie.

A preocupação do capital em neutralizar a atuação Poder Judiciário através da sedução de atribuir-lhe o poder de criar suas próprias normas permite ainda outra reflexão. Embora sirva ao sistema, estando longe de promover alteração das bases (díspares) sobre as quais a sociedade capitalista se assenta, o Poder Judiciário realmente pode atuar para impor limites. A consolidação de entendimentos como o que permite condenação de ofício, pela prática de *dumping* social, reconhece a fraude na terceirização de atividades como a de telemarketing ou consagra o dever de motivar a despedida disparam o alerta sobre as potencialidades do Judiciário diante da pretensão constitucional de construir uma sociedade solidária. Bem por isso, o chamado "ativismo judicial", expressão que comporta, de acordo com quem estiver enfrentando o tema, tanto decisões que fazem valer a ordem constitucional quanto aquelas que dela se distanciam atuando de modo solipsista, é argumento para o extremo controle das decisões judiciais, pretendido (e ao mesmo tempo boicotado) pelo novo CPC.

Ao mesmo tempo que tenta reduzir ao máximo a possibilidade de julgamento que saia dos limites impostos pelas partes, vedando por exemplo "decisão surpresa" (art. 10) ou estabelecendo de modo exaustivo o que não é fundamentação (art. 489), o CPC autoriza julgamento fora da lide. Admite a ponderação (art. 489) e permite julgamento liminar, sem ouvir o demandado, de improcedência da demanda quando o pedido contrariar, por exemplo, súmula, ou verificar prescrição (não arguida, obviamente, pela parte) (art. 332). Autoriza, também, que o relator, de ofício, remeta recurso de caso sem repetição, para o qual *ele* atribui relevância social, ao julgamento por órgão colegiado, cuja decisão vinculará todos os juízes e órgãos fracionários (art. 947), ou que em incidente de resolução de demandas repetitivas, instaurado em razão de "risco de ofensa à isonomia e à segurança jurídica" (!), haja julgamento mesmo diante da desistência da parte (art. 976, § 1º), inclusive com fixação de "tese jurídica" que (mesmo não tendo sido referida pelas partes) vinculará todos os demais processos individuais ou coletivos (art. 985).

Essa esquizofrenia do novo CPC, que é apenas trazida como exemplo, pode ter sido potencializada pelo modo como foi construído o novo código, albergando as mais diferentes teses das mais diferentes correntes doutrinárias, mas certamente é também reflexo desse contexto, em que a própria função do Estado, especialmente por meio do Poder Judiciário, é questionada pelo capital.

Os juízes têm à sua disposição normas capazes de transformar a realidade social, ainda que sob a perspectiva do sistema, e sem dúvida tem o dever de concretizá-las. Para isso, porém, precisam ser independentes para julgar, concretizando a ordem jurídica da Constituição, o que implica, sobretudo, não estarem sujeitos a decretos judiciais que cristalizam discussões jurídico-sociais, antes mesmo que elas ocorram. Ao impor o julgamento a partir de súmulas, tantas delas contrárias a racionalidade constitucional, comprometemos decisivamente essa função. E, por consequência, a própria razão pela qual temos um Poder Judiciário, no contexto de (tentativa de consolidação de um) Estado Social.

A ilusão de poder criar suas próprias normas, apartando-se da legislação editada e mesmo da ordem constitucional estabelecida, revela-se como uma cilada. Envaidecido com as possibilidades que a disciplina da pseudo uniformidade lhe confere, o Poder Judiciário está criando sua própria constituição, na qual o negociado sobre o legislado, a jornada de 12h, a quitação geral do contrato, o fracionamento (ou a não concessão) das férias e a supressão das horas *in itinere* já são realidade. A aprovação de alterações legislativas, após prévia discussão pública e aprovação parlamentar, torna-se desnecessária. E se a produção legislativa não tem mais relevância, em pouco tempo, também os juízes não terão. Não haverá necessidade de uma estrutura de poder para interpretar/aplicar leis, se as leis não são mais aplicadas. Bastará um órgão burocrático, com a atribuição de ditar decretos e fazer valer suas próprias decisões, atendendo a interesses que não se confundem com inclusão social, redução de desigualdades ou promoção do bem comum.

Crise tem sempre algo de positivo, porque nos convida à reflexão e nos instiga a tomar posição, e agir. Estamos diante de uma crise, na qual o Poder Judiciário, e o Judiciário Trabalhista em particular, tem sua própria existência fragilizada, sob o disfarce do poder que a edição de súmulas parece outorgar-lhe. Uma crise da existência mesma do Estado, em que o capital internacional desamarra-se e se propõe, de modo muito claro e ostensivo, como revela o exemplo emblemático do Documento n. 319, a buscar novas bases de convívio social, rompendo com os compromissos de contenção expressados especialmente nas constituições do segundo pós-guerra.

Os caminhos ainda serão construídos e talvez consigamos sair desse momento de transição fortalecidos, fazendo do esgotamento do Estado, como forma jurídica do capital, a razão para o repensar desse modelo de sociedade e de todas as amarras que o configuram como elemento de exclusão e miséria. Para isso, porém, é preciso, antes de tudo, reconhecer o movimento de destruição do Poder Judiciário e, em especial, do Judiciário Trabalhista, que está em marcha. E lutar contra ele.

Produção Gráfica e Editoração Eletrônica: LINOTEC
Projeto de Capa: FABIO GIGLIO
Impressão: BOK2

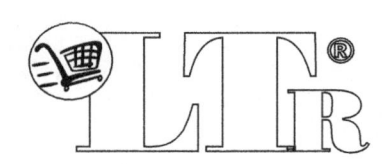

LOJA VIRTUAL
www.ltr.com.br

E-BOOKS
www.ltr.com.br